주제별로 살펴 본 서양근대사

르네상스부터 3월혁명(1848)까지의 시기를 중심으로

주제별로 살펴본 서양근대사

르네상스부터 3월혁명(1848)까지의 시기를 중심으로

2014년 3월 5일 초판1쇄 발행
2024년 8월 25일 초판2쇄 발행

지은이 | 김장수
펴낸이 | 이찬규
펴낸곳 | 선학사
등록번호 | 제10-1519호
주소 | 13209 경기도 성남시 중원구 사기막골로 45번길 14 A동 1007호
전화 | 02) 704-7840
팩스 | 02) 704-7848
이메일 | ibookorea@naver.com
홈페이지 | www.북코리아.kr
ISBN | 978-89-8072-254-9(93900)

값 20,000원

주 제 별 로 살 펴 본
서양근대사

르네상스부터 3월혁명(1848)까지의 시기를 중심으로

김장수

선학사

I

필자가 서양 근대사를 강의한지도 벌써 20년이 지났다. 이에 따라 필자는 그동안 강의에 활용한 자료들을 토대로 서양근대사를 주제별로 새롭게 조명하겠다는 생각도 가지게 되었다. 이를 위해 필자는 서양근대사에서 다루어야 할 사안들을 숙고하게 되었고 거기서 르네상스(Renaissance), 지리상의 발견, 종교개혁, 절대왕정체제, 계몽사상, 산업혁명, 아메리카 혁명, 프랑스 대혁명, 나폴레옹체제, 메테르니히(Metternich)체제, 1848년 혁명을 주제들로 선택했다. 이렇게 주제들을 선정한 이후 절대왕정체제가 서양근대사에서 차지하는 비중이 매우 높다는 사실을 인지하게 되었고 여기서 이것을 다른 주제들보다 비중 있게 다루어야 한다는 판단도 하게 되었다.

이후부터 필자는 각 주제에 필요한 자료들을 수집하는데 주력했고 그것들을 토대로 한 집필 작업도 시작했다. 그러나 주변의 여러 일 때문에 집필 작업은 답보상태에서 벗어나지 못하다가 올 초부터 어느 정도의 진척도 가능하게 되었다.

II

본서의 첫 번째 주제로 선전한 르네상스는 중세 말기 이탈리아 북부 지방, 즉 피렌제(Firenz), 밀라노(Milano), 그리고 베네치아(Venezia)를 중심으로 전개되었는데 여기서는 종교적 영향에서 벗어나 인간을 있는 그대로 보려는 시도, 즉 세속주의적 시도가 펼쳐졌는데 그 롤 모델(Role Model)이 되었던 것이 바로 고대 그리스와 로마 시대의 문명이었다. 즉 이 시기에는 영혼, 금욕, 내세를 강조한 이전의 종교적 세계관과는 달리 인간, 물질, 쾌락, 현세를 지향하는 세속주의가 부각되었다. 이후부터 이러한 문예부흥운동은 전 유럽으로 확산되었는데 그 과정에서 지역에 따른 편차도 확인되었는데 그것은 기독교의 영향강도에서 비롯된 것 같다.

이베리아 반도가 재기독교화(reconquista: 1063-1492)된 것과 오스만튀르크가 1453년 동로마제국을 멸망시킴에 따라 유럽인들은 기독교의 확산이 절실히 필요하다는 인식을 가지게 되었다. 아울러 동양에 대한 이들의 관심역시 증대되었는데 그것은 1295년에 출간된 마르코 폴로(Marco Polo)의 '동방견문록'과 연계시킬 수 있을 것이다. 또한 유럽인들은 이탈리아 및 아라비아 상인들의 폭리로부터 벗어나 향료, 금, 은, 비단 등의 동방물품을 저가로 구입하고자 했다. 이러한 분위기하에서 새로운 인도항로의 개척필요성이 제기되었고 그러한 과정에서 발견된 신대륙에서 금과 은이 대량으로 유럽대륙으로 유입되기 시작했다. 이에 따라 유럽에서는 가격폭등현상이 초래되었는데 이것은 상업혁명(Commercial Revolution)을 유발시키는 요인으로도 작용했다. 이러한 과도기적 상황 하에서 생산수단을 가진 상인과 수공업자들, 즉 시민 계층은 막대한 부를 축적하게 되었고 이것을 토대로 자신들의 활동영역도 확대시키려고 했다.

종교개혁에서는 기독교의 세속화현상과 거기서 비롯된 부패현상의 만연과 면벌부판매(Ablaßhandel)의 부당성을 지적한 루터(M.Luther)의 활동이 중점적으로 취급되었다. 루터는 면벌부판매의 부당성을 지적하면서 95개조의 반박문을 발표했다. 이 당시 루터는 형식상으로는 성서지상주의(*sola scriptura*), 내용상으로는 신앙지상주의를 지향했다. 즉 그는 믿음(*sola fide*)과 신의 은총(*sola gratis*)을 통해 인간이 영생의 축복을 얻을 수 있다는 관점을 피력했던 것이다. 아울러 그는 신앙을 중요시하고 그 유일한 근거로 성서를 제시했다. 이러한 루터의 관점에 대해 로마교회는 동의하지 않았고 그것은 그를 파문시키는 계기가 되었다. 파문을 당한 이후에도 루터는 자신의 관점을 견지했고 그것은 신성로마제국 내에서 적지 않은 동조세력도 얻게 했다. 이후부터 신성로마제국에서는 신교 제후와 황제간의 대립이 약 20년간 지속되었다. 그러다가 1555년 2월 5일부터 개최된 아우구스부르크(Augusburg)종교회의에서 제후 및 자유도시에 대한 신앙의 자유(*cujus regio, ejus religio*: 그의 지역이 곧 그의 종교)가 허용되었고 그것에 따라 루터 파도 선교의 자유를 얻게 되었다. 그러나 이러한 신앙의 자유는 일반인 모두에게 허용된 것이 아니라 제후와 도시에게만 허용되었다. 16세기 중엽이후부터 루터 파는 북부 독일을 중심으로 스웨덴, 덴마크, 노르웨이 등으로 확산되었다.

절대주의(Absolutism)는 동방적 전제주의와는 달리 봉건적 정치체제로부터 근대 시민적 민주정치로 이행하는 과정에서 나타난 정치체제라 하겠다. 따라서 절대왕정 또는 절대주의 국가는 봉건 영주들이 주도한 지방분권적 정치체제를 탈피하고 강력한 왕권을 중심으로 사법, 행정, 그리고 군사적인 측면에서 중앙집권이 이루어진 근대 초기의 국가로 이해해야 할 것이다. 절대왕정이란 국왕이 자신의 관료조직과 군사조직을 바탕으로 전 영토에 걸쳐 국가권력을 실질적이고 효과적으로 행사하는 정치체제를 말한다. 그러나 이러한 정치체제하에서 부각된 왕권의 절대성은 중세의 봉건적 권력에 대비할 경우에만 그 유효성을 가질 수 있는데 그것은 이러한 절대성이 고대 이집트의 파라오(Pharaoh)나 로마 황제(Emperor)의 그것과는 비교할 정도가 아니었기 때문이다. 그런데 절대왕정체제를 유지하는데 가장 중요한 요소로는 관료제와 상비군을 들 수 있다. 국가의 통치 및 행정에서 국왕의 의사를 충실히 수행하는 관료집단은 왕권강화의 필수적 요소인데 이들 집단의 대다수는 귀족 계층이 아닌 평민 계층, 다시 말해서 중산층 또는 시민 계층이었고 이들은 봉토 대신에 봉급을 받았다. 그러므로 보다 많은 관리들을 채용하기 위해서는 국가의 재정지출증가가 요구되었고 그것은 국왕으로 하여금 보다 많은 재원을 확보하게 하는 요인으로도 작용했다.

왕권신수설을 근간으로 한 절대왕정체제에 대한 이론적 근거는 프랑스의 정치사상사 겸 역사가였던 보댕(J.Bodin)과 루이 14세(Louis XIV)의 아들을 개인적으로 가르쳤던 모(Meaux) 주교 보쉬에(J. Bossuet)로부터 제기되었다. 그리고 절대왕정체제는 유럽의 대다수 국가에 도입되었다. 에스파냐의 절대왕정체제는 다른 국가들보다 빨리 정립되었는데 그것은 앞서 거론한 시민 계층의 형성이 빨랐기 때문이다. 펠리페 2세(Felipe II de Habsburgo)때 절대왕정체제의 절정기를 맞이했다.

영국의 절대왕정은 장미전쟁으로 인해 귀족 계층의 세력이 크게 위축되었던 헨리 7세(Henry VII)부터 시작되었다. 이후부터 튜더(Tudor)왕조의 위정자들은 왕권강화를 위한 정책들을 지속적으로 펼쳤고 그러한 정책들 역시 가시적인 효과를 거둘 수 있었다. 특히 영국에서는 종교적 요인이 왕권을 강화시키는 계기가 되었다.

앙리 4세(Henri IV)때부터 본격화되기 시작한 프랑스의 절대왕정체제는 루이 13세(Louis XIII)와 루이 14세(Louis XIV) 시기에도 지속되었다. 그리고 이러한 과정에서 귀족 계층의 조직적인 저항들이 나타났는데 그러한 것들은 리슐리외(Richelieu)와 마자랭(Mazarin)에 의해 제압되었다. 섭정체제를 종식시킨 루이 14세는 절대왕정체제를 보다 확고히 하려는 노력을 펼쳤고 마침내 프랑스를 유럽 제 1의 국가로 부각시켰다.

신성로마제국은 다른 국가들과는 달리 지방분권적 성향을 가졌는데 이러한 성향은 30년전쟁(1618-1648)으로 인해 더욱 심화되었다. 30년전쟁은 오스트리아의 위정자가 무리하게 추진한 구교로의 단일화정책과 거기서 비롯된 문제, 즉 보헤미아(Bohemia) 귀족들의 반발과 그러한 과정에서 구성된 유니온(Union)의 신교세력과 리가(Liga)의 구교세력 간의 대립에서 비롯되었다. 1648년 10월 24일 베스트팔렌(Westfalen)조약으로 이 전쟁은 종식되었는데 여기서는 신교도, 특히 칼뱅(Calvin) 파에 대한 종교적 자유가 허용되었다. 또한 제국의 귀족 및 성직자들은 제국에 의존하지 않고 그들의 영역을 독자적으로 통치할 수 있는 권한도 부여받았다. 그 결과 신성로마제국내의 국가들은 황제나 제국에 반대하여 동맹을 결성하거나 법도 제정할 수 있는 독립국가적인 지위를 확보하게 되었던 것이다. 그리고 이러한 것은 독일권의 분열을 더욱 가속화시켜 향후 200년 이상 통일국가의 등장을 저해하는 요인으로 작용했다. 그럼에도 불구하고 신성로마제국의 영역 내에서 프로이센과 오스트리아라는 강대국이 등장했고 이들 국가에도 절대왕정체제가 도입되었다. 특히 양 국가에는 계몽절대군주(Aufgeklärter Herrscher)가 등장하게 되는데 프로이센의 프리드리히 2세(Friedrich II)와 오스트리아의 마리아 테레지아 (Maria Theresia)와 요제프 2세(Joseph II)가 바로 이에 해당된다 하겠다. 그리고 이들 위정자들은 자신들이 신민들의 공복(*premier serviteur de l'Etat=erster Diener des Staates*)이라고 천명했음에도 불구하고 절대왕정체제의 근간을 포기하지는 않았다.

유럽의 다른 국가들과는 달리 폴란드 왕국에서는 절대왕정체제가 제대로 갖추지도 못한 상태 하에서 쇠퇴기에 접어드는 특이한 양상도 나타났다. 특히 이러한 현상은 스웨덴의 바사(Wasa)가문이 1587년부터 폴란드를 통치하면서 시작되었다. 그러나 이 시기에 귀족들의 권한은 상대적으로 증대되었다. 이에 따라 폴란드는 절대왕정체제의 기본적 골격도 갖추지 못한 상황에서 주변 국가들에게 일방적으로 간섭당하는 처지에 놓이게 되었고 그것은 폴란드를 와해시키는 결정적인 요인으로 작용했다.

러시아의 절대왕정체제는 표트르 대제(Пётр Великий /Peotr) 때 확립되었다. 그런데 서유럽 국가들과는 달리 러시아에서는 절대왕정체제에 대한 귀족 계층의 조직적인 저항이 매우 미미했다. 절대적 권력을 장악한 표트르 대제는 서유럽의 선진문명을 수용하려고 했고 부동항을 얻으려는 외교정책도 동시에 펼쳤다. 표트르 3세에 이어 러시아의 위정자로 등장한 예카테리나(Екатерина Великая: Ekaterina II Alexejewna) 여제 역시 황제권 강화정책을 지속적으로 펼쳤다.

그런데 절대왕정체제는 자체적으로 극복할 수 없는 문제점을 내포하고 있었는데 그것은 사회성원 모두의 관점내지는 이익을 정책에 반영시킬 수 없었다는 것이었다. 점차적으로 절대왕정체제의 문제점을 해결해야 한다는 사회적 분위기가 조성되기 시작했고 거기서 인간의 이성(ratio)을 강조하는 계몽사상이 등장하게 되었던 것이다. 계몽사상에서는 이성에 따라 세계가 창조되었고 그 규율 역시 인식할 수 있다는 주장이 펼쳐졌다. 이에 따라 문화의 모든 영역에서 이성이 강조되었고 자연법 역시 기존의 국가질서체제를 비판하게 되었다. 이 당시 계몽사상을 추종한 사람들은 자연법을 신이 초기에 만든 것으로 이해했다. 아울러 이들은 낙천적인 진보를 믿게 되었고 점차적으로 신, 국가, 그리고 사회의 새로운 상을 구축하기 시작했다.

신은 이성의 원천이고 그것을 증명할 수 있다는 것이 계몽주의의 기본적 입장이었다. 여기서는 신이 이성 법칙에 따라 세계를 창조했기 때문에 그가 자연법을 변경하는 것처럼 극히 일부만이 변경될 수 있다는 주장이 제기되었다. 여기서 계몽 사상가들은 인간의 선함을 강조했을 뿐만 아니라 법적 또는 능력적인 면에서도 동일하다는 견해를 제시했다. 아울러 이들은 이성에 대한 무시가 수백 년 간 지속되었기 때문에 인류는 아직까지도 미성년적인 상태에서 벗어나지 못하고 있다는 관점도 피력했다.

이러한 계몽사상은 신대륙 및 구대륙에서 실제적 상황에 적용되었는데 그것이 바로 아메리카 혁명(1776)과 프랑스 대혁명(1789)이었다. 그런데 신대류에서는 계몽사상, 즉 자유주의가 하나의 상식(common sense)으로 수용된 반면 구대류인 프랑스에서는 구질서체제의 심한 저항을 받게 되었다.

거의 같은 시기에 시작된 산업혁명은 공장제와 더불어 산업생산에서 비약적인 성장을 가져왔을 뿐만 아니라 유럽문명의 기본적인 특성까지 변형시켰다. 자연적인 동력대신에 인공적 동력을 활용하여 제품을 생산하고 대량생산도 가능하게 된 산업혁명은 영국에서 시작되었는데 점차적으로 이 혁명에서 비롯되는 일련의 후유증, 즉 빈부의 격차, 노동자 계층의 빈곤, 그리고 계급간의 갈등 및 소외현상이 나타나기 시작했다. 이에 따라 생산품의 합리적 분배를 지향하는 사회주의가 본격적으로 논의되기 시작했다. 여기서 개인기업과 시장경제가 인류복지에 위해적 요소로 작용한다는 관점이 제기되었을 뿐만 아니라 그것을 대신하여 좀 더 책임 있는 사회적 조직이 등장해야 한다는 주장도 부각되었던 것이다.

오스트리아의 정치가 메테르니히는 나폴레옹(Napoleon)체제가 붕괴된 이후 유럽의 질서체제를 새롭게 구축한 인물이었다. 이 당시 그는 정통주의와 복고주의를 지향했고 그러한 것은 1848년 초 까지 그 효력이 유지되었다. 그런데 정통주의와 복고주의는 유럽을 1789년 이전의 상태, 곧 프랑스 혁명 이전의 상태로 회귀시켜야 한다는 주장으로 혁명이전의 왕조와 영토를 부활시키고 프랑스 혁명과 나폴레옹 전쟁의 산물인 자유주의와 민족주의를 탄압한다는 것이었다. 또한 독일권의 통합에 대해 부정적이었던 메테르니히는 통합대신에 독일연방을 결성하여 오스트리아의 위상증대에 대해서만 관심을 보였고 그러한 것은 독일권에서 많은 반발을 야기시키는 요인도 되었다.

1848년 2월 프랑스에서 진행된 혁명적 상황은 라인(Rhein)강을 넘어 독일로 전해졌다. 이에 따라 독일 전역에서는 정치적·사회적·경제적 요구들이 제기되었고 그러한 것들을 실현시키기 위한 시위도 여러 곳에서 전개되었다. 메테르니히체제의 보루였던 빈(Wien)과 베를린(Berlin)에서 혁명적 소요가 발생했고 그것은 메테르니히를 실각시키는 요인이 되었다. 이후 자유주의 원칙에 입각한 개혁안들이 실제정치에 반영되었을 뿐만 아니라 독일통합을 구체화시킬 수 있는 방안들도 프랑크푸르트 국민의회(Frankfurter Nationalversammlung)에서 논의되기 시작했다. 그러나 반혁명세력, 즉 기존의 질서체제가 다시 우위를 차지하게 됨에 따라 혁명 기간 중에 시행된 모든 것들은 무효화되었다. 아울러 독일의 통합 역시 현실화되지 못했다. 1848년 이탈리아에서도 혁명적 소요와 그것에 따른 통합운동이 진행되었으나 아무런 성과 없이 끝나게 되었다. 그러나 정치 활동에서 자유주의적인 요소들이 등장했다는 것과 피에몬테-사르데냐를 중심으로 통합운동이 지속적으로 전개되었다는 것을 혁명의 성과로 제시할 수 있을 것이다.

본서는 우선적으로 서양근대사를 이해하려는 독자들을 위해 저술되었다. 따라서 필자는 본서에서 취급한 주제들을 개괄적으로 서술하여 내용이해에 도움을 주려고 했다. 그리고 본문이해에 필요한 것들은 각주에서 비교적 자세히 취급했다. 또한 본서에서는 교황 및 위정자들은 그들의 재위 기간, 나머지 인물들은 생존 기간을 명시했다.

그러나 짧은 기간의 탈고에서 비롯된 문장이나 내용상의 오류는 개정판에서 시정하도록 하겠다. 어려운 여건에도 불구하고 이 책의 출간을 기꺼이 허락하신 선학사 이찬규 사장님과 출판사 관계자 여러분들께 이 자리를 빌려 감사의 말씀을 드린다.

2013년 12월
김 장 수

| 차례 |

서양근대사 01 르네상스
Renaissance

미슐레(J.Michelet:1798-1874)의 '프랑스사(Histoire de France)'와 부르크하르트(J.Burckhardt: 1818-1897)의 '이탈리아 르네상스문화(Kultur der Renaissance in Italien)'에서 비롯된 르네상스는 19세기 중반부터 프랑스에서 본격적으로 사용되기 시작했다.[1] 14세기부터 16세기 후반까지의 유럽문화를 설명하는데 사용되었던 르네상스는 재생(Rinascità) 또는 부활의 의미도 가졌다. 즉 르네상스는 그리스 · 로마시대의 문명을 부활시키는 것으로 이해되었던 것이다. 그리고 이 시기는 영혼, 금욕, 내세를 강조한 이전의 종교적 세계관과는 달리 인간, 물질, 쾌락, 현세를 지향하는 세속주의가 부각되는 특징도 가졌다.

일반적으로 르네상스는 이탈리아의 르네상스와 북유럽의 르네상스로 분류되고 있다.

1. 이탈리아의 르네상스

(1) 르네상스 전개의 제 요인

르네상스는 이탈리아에서 가장 먼저 시작되었는데 그 이유로는 첫째, 이 지역의 봉건제도가 유럽의 다른 지역보다 일찍 붕괴되었다는 점이다. 그것에 따라 13세기부터 이탈리아 북부 지방에서는 도시 국가들이 등장했고 거기서 신흥 시민 계층이 주도적인 역할도 담당하게 되었다. 둘째, 지리적으로 좋은 조건을 갖추고 있었다는 것이다. 이탈리아 북부 지역은 장기간 지속된 십자군원정의 주요 경로였기 때문에 이 지역의 상인 및 수공업자들

---

1   미슐레는 자신의 저서인 《프랑스사》에서 르네상스 시기(14세기부터 16세기중반)를 하나
     의 변화 속에 있었던 시기로 파악했지만 부르크하르트는 이 시기를 독자적인 문화이상으로
     파악했다. 즉 부르크하르트는 《이탈리아에서의 르네상스문화》에서 르네상스 시기를 따로
     분리하여 하나의 특이한 시대로 간주했던 것이다. 이것은 그가 르네상스 시기를 중세와 단
     절된 움직임으로 본 것인데 이것을 지칭하여 단절설이라고 한다.

은 막대한 부를 축적할 수 있었다. 셋째, 이탈리아인들의 종교적 감정이 다른 지역 사람들의 그것보다 훨씬 경건했다는 것이다. 이로 인해 많은 사람들, 특히 부를 축적한 상인 및 수공업자들은 속세에서 번 돈을 속세에서 사용해야 한다는 생각을 가지게 되었고 그것은 이들로 하여금 문예부분에 대해서도 깊은 관심을 가지게 하는 요인이 되었다. 넷째, 동로마제국의 멸망으로 이 제국의 학자들이 대거 이탈리아로 이주한 것을 들 수 있다.

르네상스가 진행되었던 시기의 이탈리아는 도시국가에서 영역국가로의 이행과정에 있었다. 대표적인 영역국가로는 베네치아(Venezia), 피렌체(Firenze), 그리고 밀라노(Milano) 공국을 들 수 있다. 그리고 이들 국가보다 규모가 작았던 국가로는 시에나(Siena), 만투아(Mantua), 페라라 (Ferrara), 모데나(Modena) 등이 있었다.

(2) 밀라노 공국

비스콘티(Visconti) 가문은 1310년 신성로마제국 하인리히 7세(Heinrich VII:1308-1313)의 도움으로 롬바르디아(Lombardia) 평원에 위치한 밀라노(Milano) 공국을 통치하기 시작했다. 그리고 이 공국은 잔 갈레아초(Gian Galeazzo Visconti:1378-1402)때 극성기를 맞이했다. 잔 갈레아초는 중앙집권체제를 구축하고, 문예장려정책을 펼쳤다.[2] 아울러 그는 중앙집권체제를 운영하는데 필요한 재원확보를 위해 세수증대를 도모했고 그것을 위해 상공업을 보호·육성했다. 또한 그는 영토 확장을 위해 결혼정책도 펼쳤고 거기서 베로나(Verona), 파두아(Padua), 피사(Pisa), 시에나, 그리고 페루자(Perugia) 등을 밀라노에 편입시킬 수 있었다. 이어 그는 1402년 6월 볼로냐(Bologna)를 정복한 후 피렌체에 대한 포위망도 구축했지만 같은 해 9월 지병으로 사망함에 따

---

2   밀라노 대성당이 이 인물에 의해 건축된 것을 그 일례라 하겠다.

라 그의 영토확장계획은 중단되었다. 이후 밀라노는 쇠퇴의 길로 접어들기 시작했고 이것은 베네치아와 피렌체의 팽창을 가능하게 했다.

1447년 비스콘티가문의 직계가 단절됨에 따라 콘도티에레(condottiere: 용병대장)였던 프란체스코 스포르차(F.Sforza: 1401-1466)가 1450년 3월에 정권을 장악했다. 그런데 이 인물은 조카로부터 정권을 찬탈한 루드비코 일 모로(Ludovico Il Moro: 1451-1508)와 더불어 15세기 전제군주의 전형으로 간주되었다.

(3) 피렌체 공국

메디치(Medici) 가문은 토스카나(Toscana)평원에 위치한 피렌체를 통치했다. 피렌체는 이미 12세기에 모직물제조와 판매로 강력한 도시로 성장했으며, 13세기에는 대상인과 금융업자를 중심으로 한 상층시민 계층이 시정에서 지배 계층을 구축했다. 이후 이들은 공화정체제를 수립했으며, 1289년에는 농노제도 폐지했다.[3] 그러나 이러한 발전은 사회 계층간의 대립을 유발시켰고, 시정을 독점한 상층시민 계층, 즉 대시민 계층(popolo grasso)에 대한 소시민 계층(popolo minuto), 장인이나 직인 등 소생산자 계층의 저항이 야기되었고 그것은 이들의 시정 참여도 허용하게 했다. 이러한 민주적인 발전은 1378년 7월에 발생한 치옴피의 난(Il tumulto dei Ciompi)으로 더욱 촉진되었다. 임금노동자나 다름없었던 치옴피는 반란을 통해 조합결성권을 현실화시켰을 뿐만 아니라 그것을 통한 시정참여의 길도 획득하게 되었다.[4] 그러나 이러한 하층 시민들의 정치활동참여와 거기서 비롯된 사회 계층간의 갈등은

---

3   이탈리아의 역사가였던 빌라니(Villani)는 자신의 《연대기》에서 피렌체에 대해 기술했는데 그것을 통해 당시 피렌체의 인구 및 산업 활동을 확인할 수 있다. '매일 소비되는 빵의 양에서 추측할 수 있듯이 피렌체에는 부인 및 아이들을 합쳐 9만 명의 인구가 있었던 것으로 생각된다. 도시에 머물고 있던 외국인, 여행자, 군인 등은 1,500명으로 추정된다. 양모조합의 점포는 200개기 넘고 120만 플로린(Florin)에 해당되는 규모의 양모를 취급하고 있다.'
4   치옴피는 하층 시민을 지칭한다.

대대수의 시민들에게 불안감을 가져다주었고, 정치적 안정과 경제적 번영을 유지시킬 수 있는 강력한 지배자(Signoria)의 등장도 요구되었다. 이러한 상황 속에서 대금융가였던 메디치가의 코시모(Piero di Cosimo: 1464-1469)가 정권을 장악했다.[5] 그의 손자 로렌초(Lorenzo the Magnifient: 1469-1492)는 코시모와 마찬가지로 공화정체제를 유지했으나 모든 권력을 장악한 전제군주로서 군림했다.[6] 그가 죽은 후 광신적인 도미니코파 수도성직자였던 사보나놀라(G. Savonarola: 1452-1498)가 1494년에 등극했으나 그의 반르네상스적인 종교개혁 운동으로 메디치가는 피렌체로부터 추방되었다.[7] 이후 메디치 가문이 피렌체로 다시 돌아 왔지만 그 때는 이미 피렌체의 영화가 사라지고 없었다.

(4) 베네치아 공국

피렌체와는 달리 베네치아는 정치적 안정을 유지했다. 중세의 지중해 무역을 주도했던 베네치아는 15세기 포(Po)강 하류의 계곡지대, 아드리아(Adriatic) 해의 달마티아(Dalmatia)연안, 그리고 그리스본토 및 그 주변 섬 일부

---

5   이 인물의 개인 재산은 8만 플로린 정도였는데 이것은 모직산업 노동자 2,000명의 1년 치 월급 보다도 많은 액수였다.

6   원래 로렌초는 자신의 동생인 줄리아노(Giuliano)와 더불어 피렌체를 공동으로 통치했으나 반메디치 가문이 주도한 1487년의 파치(Pazzi)의 음모사건에서 줄리아노가 살해됨에 따라 피렌체를 독자적으로 통치하기 시작했다.

7   사보나놀라는 1452년 페라라(Ferrara)에서 태어났다. 이 인물은 도미니코종파 수도원에서 생활하다가 1491년 피렌체 마르코(Marco)수도원의 원장으로 임명되었다. 1494년 프랑스 국왕 샤를 8세(Charles VIII)가 이탈리아를 침략하기 전에 그는 종교적 타락과 피렌체 인들의 부패를 신랄하게 비판하면서 조만간 천벌이 내려질 것이라는 예언도 했다. 이러한 때 실제적으로 프랑스가 침공함에 따라 그의 예언은 적중한거나 다름이 없었다. 공포에 떨고 있던 피렌체인들을 상대로 사보나놀라는 연설을 했고 그것을 통해 민심도 장악했다. 이후 그는 피렌체인들의 열렬한 지지를 기반으로 일종의 신정체제를 구축하려고 했지만 로마교황청과의 불화, 피렌체내부의 반발, 그리고 극심한 경제적 위기로 인해 자신의 구상을 실천시키지 못했다. 결국 사보나놀라는 1497년 로마 교황에 의해 파문당했고 다음해인 1498년에 처형되었다.

를 소유하는 강국으로 등장했다. 이러한 베네치아는 정치적으로 과두제적인 공화국이었다. 처음에는 시민회의에서 총독(도제, doge)을 선출했으나 점차적으로 그 선출권은 전체 시민의 2%정도밖에 되지 않던 대상인의 수중으로 넘어갔다. 따라서 도시 귀족으로 변형된 대상인들로 구성된 대회의(Maggior Consiglio)에서 총독이 선출되었다. 그리고 여기서는 시정의 실무를 담당할 소위원회들도 선발되었다. 그러나 권력의 핵심역할을 담당했던 부서는 '십인 위원회'(Consiglio dei Dieci)였다. 이 당시 십인 위원회는 일종의 공안위원회와 같은 기능을 발휘했다. 본래 이 위원회는 상업권을 장악한 신귀족이 구 귀족의 음모와 반란 등을 심문하고 처벌하기 위해 설치된 것이었다. 그러다가 1310년에 이르러 십인 위원회는 최고의 행정기관으로 영구화되었고 점차적으로 귀족 계층을 위한 기관으로 변형되기 시작했다. 이러한 과두적 공화정체제는 베네치아에서 아무런 문제없이 평화롭게 유지되었고, 각국에 외교사절을 파견하여 대상국가의 내정 및 경제 상태를 살피게 했다. 교역과 상업에 능통했던 베네치아는 피렌체나 밀라노와는 달리 고전이나 문예부분에 대해서는 별로 열의를 보이지 않았다.

(5) 대표적 인문주의자

피렌체 출신의 마키아벨리(N.Machiavelli:1469-1527)는 1532년 군주론(*Il Principe*)을 출간했다. 여기서 그는 국가통치를 책임지는 군주는 반드시 개인적 도덕규범에 구애받을 필요가 없으며, 그의 정치적 목적을 달성하기 위해서는 개인적 윤리에 어긋나는 수단과 방법도 동원할 수 있다는 주장을 펼쳤다. 그런데 이러한 관점은 이 당시 이탈리아가 정치적으로 분열되었다는 것과 주변국가, 특히 신성로마제국과 프랑스의 지속적인 내정간섭에서 비롯된 것이라 하겠다. 이 당시 보르자(C.Borgia:1475-1507)는 마카아벨리가 그의 저서에서 이상적인 모델로 제시했던 인물이었다.[8] 그는 권력을 장악하기 위

마키아벨리

해 귀족들과 군대를 금전적으로 회유했다. 아울러 그는 민심을 얻기 위해 계략을 세우거나 사람들을 이용하기도 했다. 그 일례로 보르자는 자신이 정복한 로마냐 지방의 고위관리로 잔혹하고 폭력적인 오르코(Orco)를 임명했는데 오르코는 보르자가 예상했던 것처럼 폭정을 펼쳤고 그것에 대한 신민들의 반발은 매우 심했다. 이에 따라 보르자는 오르코를 처형했고 이것은 신민들로 하여금 자신을 추종하게 했다. 보르자는 이처럼 자신이 원하는 권력을 쟁취하기 위해 한 사람의 목숨을 빼앗는 일도 마다하지 않았던 것이다.[9]

---

8   보르자는 교황 알렉산드르 6세와 세속적 여인 사이에서 태어나 인물이었다.
9   마키아벨리는 자신의 저서에서 군주가 강력한 권력을 유지할 수 있는 방법에 대해 언급했다.
    "모든 점에서 도덕적인 사람은 비도덕적 사람에 의해 고통을 받게 된다. 따라서 군주가 외

르네상스 기간 중 부각되었던 인문주의(Humanism)는 보다 인간적 시대로 인식되던 그리스 · 로마시대의 모든 것들을 본받아 중세의 비인간적인 가치관 및 문화관을 극복하고 인간적이고 현실적 문화를 창조하려는 이념이었다. 따라서 인문주의자(Humanist)들은 그리스 · 로마문화에 대해 최고의 가치를 부여했고 이 시대의 언어, 사상, 인물, 예술 등을 배우고 본받으려고 했다. 인문주의자들의 이러한 시도는 이전의 중세문화를 부정적으로 보았기 때문이다.[10] 이 당시 활동했던 대표적인 인문주의자들과 그들의 작품을 언급하면 다음과 같다.

단테(Dante: 1265-1321)는 당시 국제어인 라틴어 대신 국어인 이탈리아어를 사용하여 지옥편, 연옥편, 그리고 천당편으로 구성된 '신곡(La Divina Commedia)'을 저술했다. 지옥편, 연옥편, 그리고 천국편으로 구성된 신곡은 중년이후에도 깨달음을 얻지 못하고 어두운 숲을 방황했던 단테가 고대 로마의 시인 베르길리우스(Vergillius: B.C. 70-19)의 인도로 지옥 및 연옥 세계를 헤매다가 마지막에 베아트리체(Beatrice)의 인도로 천국으로 간다는 내용을 담고 있다.

페트라르카(Petrarca: 1304-1374)도 이탈리아어를 사용하여 자신의 연인인 라우라(Laura)에게 바치는 소네트(sonnet: 단 하나의 주제나 생각을 표현하는 열네 줄의

적인 간섭을 받지 않고 국가를 계속적으로 지배하기 위해서는 반드시 비도덕적인 것을 배워야 하며 경우에 따라서는 비도덕적인 교활함도 활용해야 한다. 군주는 덕을 가졌다는 평판을 얻기 위해 애를 쓸 필요가 있지만 그것을 행하기 위해 노력할 필요는 없다. 숨이 금방이라도 끊어져 버릴 듯한 이탈리아는 그저 자신의 상처를 치유해 줄 인물, 그리고 롬바르디아 지방의 거듭되는 약탈, 나폴리 국왕의 착취를 끝내 줄 인물, 또한 오랫동안 곪은 상처를 낫게 해 줄 인물, 그런 인물이 나타날 것을 기다리고 있는 것이다. 아아, 모든 이의 눈에도 확연하게 이탈리아는 자신을 구원해 줄 인간을 보내주실 것을 신께 기도드리고 있는 것이다."

10 인문주의사들은 476년 서로마제국의 멸망한 이후부터 그들이 활동을 펼치기 이전까지를 암흑시대로 간주했다.

시)라는 서정시를 썼다. [11] 아울러 그는 '나의 비밀', '아프리카누스(Africanus)', '고독한 생활에 대하여', '그리고 자기 자신과 많은 사람들의 무지에 대하여' 라는 작품도 남겼다. 페트라르카는 고대를 별도의 문화적 시대로 간주한 최초의 근대인이었다. 그리고 이 인물은 '진실을 아는 것보다 선을 지향하는 것이 더욱 바람직하다.' 라는 주장을 펼쳤고 그것에 따라 고전연구의 과정에서 발견한 고대의 기본정신을 도덕과 선의 이념으로 이해하고자 했다. [12]

보카치오(Boccaccio: 1313-1375) 역시 이탈리아어를 사용하여 최초의 근대 소설로 간주되고 있는 '데카메론(Decameron: 십일 일화)'을 출간했다. 이 작품은 흑사병을 피하기 위해 교외에 모인 피렌체의 젊은 남녀들이 무료함을 달래기 위해 10일간 번갈아 가며 이야기 한 것들을 정리한 것인데 여기서는 당시 사회와 도덕이 잘 풍자되었으며 인간의 감정과 사회적 속성이 폭로되기도 했다. 아울러 당시의 사회적 부패성도 적나라하게 노출되었다. [13]

발라(L. Valla:1407-1457)는 교회문서의 위작을 입증했다. 즉 그는 1440년 '콘스탄티누스의 기부장(On the Donation of Constantine)'에서 콘스탄티누스 (Constantinus) 대제가 교회령을 기부했다는 문서가 위작이었음을 밝혔던 것이다. 이 문서는 콘스탄티누스 황제가 교황 실베스터 1세(Sylvester I: 314-335)

---

11 페트라르카는 볼로냐 대학에서 법학을 공부하다가 정의를 팔아먹는 기술에 환멸을 느낀 후 개인의 올바른 삶, 국가의 합리적 통치, 미의 향유, 그리고 진리탐구에 대한 고대인들의 지혜를 얻는데 일생을 바쳤다.

12 페트라르카는 오래된 수도원의 도서관에서 사라진 고전들의 원고를 찾아내는데 주력했다. 그는 자신의 말년에 쓴 편지에서 고전에 대한 자신의 입장을 다음과 같이 피력하기도 했다. '내가 흥미를 느낀 여러 과목 중에서 나는 특히 고전(그리스와 로마 시대의 고전을 지칭)에 대해 깊이 생각했다. 그러나 내가 살고 있는 시대는 항상 나를 배제시켰다. 따라서 본인과 친한 사람들의 사랑이 없었다면, 나는 차라리 다른 시대에 태어나기를 바랬을 정도였다. 내 시대를 잃기 위해 나는 지속적으로 내 자신을 다른 시대의 분위기 속에 몰입하려고 애써 왔고, 그 결과 나는 역사 속에서 기쁨을 느꼈다.'

13 데카메론은 모두 100개의 이야기로 구성되었는데 각 이야기는 칸초네(*canzone*), 즉 노래로 끝나는 특징을 가졌다.

가 자신의 나병을 기적적으로 치유해 주고 자신을 기독교로 개종시켜 준 것에 대한 감사의 뜻으로 실베스터와 그의 후계자들에게 로마와 서부 제국 전역에 대한 세속적 지배권과 동방교회에 대한 우위권을 부여했다는 내용을 담고 있다. 그런데 이 문서는 1054년 동서 교회가 분리될 무렵, 교황 성 레오 9세(Leo IX:1049-1054)가 콘스탄티노플 총대주교에게 보내는 서신에서 처음 인용되었다. 이후부터 교황들과 교회법학자들은 교황의 요구를 뒷받침하고 세속 권력에 대항하여 교황의 권위를 옹호하기 위해 이 문서를 무기로 종종 사용하곤 했다. 따라서 발라의 시도는 분명히 교회권위에 대한 도전으로 볼 수 있을 것이다. 이후부터 발라를 비롯한 일련의 역사가들은 기독교적 초월에 근거한 역사서술을 거부했고 인간성과 현실을 직시하는 태도도 보였다.[14]

　　미술작품에서도 인간 중심적인 성격이 잘 나타났다. 중세의 화가나 조각가들이 교회나 수도원 같은 종교적 건물을 장식하기 위한 그림에서 대상물을 상상적·추상적으로 묘사하여 종교적인 정서를 유발시켰지만 르네상스 예술가들은 자연과 인간을 보다 사실적·심미적으로 묘사하려는 노력을 펼쳤다. 비록 이들 역시 종교적 주제를 묘사했지만 중세인 들과는 달리 사실적으로 정확하게 묘사하여 자연적·인간적 미를 부각시키려고 했다. 즉 르네상스의 화가나 조각가들은 인간의 본성을 숨김없이 묘사했을 뿐만 아니라 그들이 예찬한 인간육체의 아름다움을 강조하는데도 주저하지 않았다.

　　르네상스 시기의 3대화가로 불리는 라파엘로(Raffaello: 1483-1520), 미켈란젤로(Michelangelo: 1475-1564), 레오나르도 다빈치(Leonardo da vinci: 1452-1519)는 많은 불멸의 작품을 남겼다. 라파엘로는 바티칸 (Vatican)궁전의 벽화와

14　자신을 에피쿠로스(Epicurus: 342?-270 B.C)의 추종자로 자처했던 발라는 고요한 기쁨을 최고의 선으로 간주했다.

많은 초상화, 그리고 다수의 우미한 성모상을 남겼다. 그 중에서 '아테네학당', '아담과 이브', '성체논의', '파르나소스', '헬리오로도스의 선전추방' 등은 특히 유명하다. 미켈란젤로는 영웅적인 프레스코(fresco) 화가였을 뿐만 아니라 조각 및 설계에서도 탁월한 재능을 발휘했다.[15] 그는 시스티나성당(Sistine Chapel)천장과 입구에 그린 '천지창조'와 '최후의 심판' 등의 그림과 '성모자', '다윗의 거상' 등의 조각 등을 남겼다.[16] 그리고 '모나리자', '최후의 심판', 그리고 암굴의 성모 등이 레오나르도 다빈치[17]의 대표적인 작품들로 꼽히고 있다. 이 시기의 많은 화가들은 상인이나 용병대장 등을 작품 대상으로 선정하였다. 과학분야에서도 코페르니쿠스적 혁명이 이루어졌다. 독일계 폴란드인이었던 코페르니쿠스(Copernicus:1473-1543)는 파두아(Padua)를 비롯한 이탈리아의 여러 대학에서 의학 및 법률을 배웠고, 단치히(Danzig)근처의 교회에서 성직자로 30년간 보냈으나 그의 주된 관심은 수학과 천문학이었다. 이 당시 그는 중세교회가 공인했던 프톨레마이오스(Ptolemaios)의 지구중심설에 대해 강한 의구심을 가지고 있었다.[18] 따라서 그는 1520년대에 자신의 관점, 즉 지동설에 관한 이론을 정립했다. 그러나 코페르니쿠스가 생각한 태양계의 모습은 오늘날 우리가 생각하고 있는 태양계와는 달랐다. 그는 행성의 궤도를 원으로 보고, 운동의 불규칙성을 설명하기 위해 주전원을 사용했고, 지구의 공전과 자전의 증거를 하나도 밝혀내지 못했다. 코페르니쿠스

---

15 브라만테(Bramante:1444-1514)에 이어 이 인물은 성 베드로 성당 설계에 참여했다. 십자형 평면의 건물위에 웅장한 원개를 덮고 그리스·로마풍의 열주를 결합시킨 이 성당은 당시 교황들의 전폭적인 지원으로 건축된 르네상스 시기의 대표적 건물이라 하겠다. 프레스코화법이란 벽화를 그리는 화법으로 석회를 바르고 그것이 마르기 전에 수채를 그리는 것이다.

16 시스티나성당의 천장화는 성서의 내용을 394명의 인물배치를 통해 묘사한 것으로, 풍부한 상상력과 자유로운 시정이 화면 가득히 펼쳐져 있다.

17 레오나르도 다빈치는 거의 모든 분야에 대해 관심을 표명했고 그러한 것들은 그가 남긴 자료들을 통해 확인할 수 있다.

18 그리스의 천문학자, 수학자, 그리고 지리학자였던 프톨레마이오스는 천동설을 주장했다.

가 자신의 이론을 정립했음에도 불구하고 당시의 여건 및 상황 때문에 자신의 이론을 공식적으로 발표하지는 않았다. 그러다가 그는 1542년, 즉 그가 죽기 1년 전에 자신의 이론을 공개하기로 결심했고 다음해인 1543년 '천체의 회전에 관해(De Revolutionibus Orbium Colestium)'라는 제목의 책을 출간했다. 천체운행에 관한 혁명적 이론을 담은 코페르니쿠스의 저서가 출간되었음에도 불구하고 많은 사람들은 지동설보다는 천동설을 믿었다. 아울러 그의 저서는 1616년 교황의 금서목록에 포함되었다.

2 . 북 유 럽 의   르 네 상 스

(1) 기독교적 인문주의

북유럽 르네상스의 발생동기로는 지리상의 발견과 그것에 따른 경제적 번영을 들 수 있다. 아울러 금속활자의 발명으로 지식의 보급이 용이해졌다는 것도 또 하나의 요인으로 제시할 수 있을 것이다.

북유럽의 르네상스는 기독교적인 인문주의(Christian Humanism)를 강조했는데 그것은 이 지역에 대한 기독교적 영향이 이탈리아보다 훨씬 강했기 때문이다. 이러한 한계성으로 이 지역의 인문주의자들은 초기 기독교로의 회귀를 지향했는데 그 이유는 기독교의 세속화현상과 거기서 비롯된 부패현상을 우회적으로 비판하려고 했기 때문이다.

(2) 인문주의의 확산

에라스무스(Erasmus v. Rotterdam:1466-1536)는 초기 기독교의 단순성과 소박성을 강조했다. 그는 '치우신 예찬(Encomium Moriae)'에서 교회의 부조리와 성직자계급의 부도덕성을 날카롭게 비판했을 뿐만 아니라 사회적 모순에 대해

에라스무스

서도 구체적으로 언급했다.[19] 기존교회에 대한 비판적 자세를 가졌음에도 불구하고 그는 루터(M. Luther)와 같은 종교개혁가가 아니었는데 그것은 그가 교

---

19 에라스무스의 아버지는 사제였고 그의 어머니는 아버지를 모시던 시종이었다. 사생아로 태어난 에라스무스는 어려서 부모를 잃은 후 수도원에서 자랐다. 여기서 그는 종교나 기타 기존 교육의 선입관 없이 자유롭게 책을 읽을 수 있었는데 그것은 그로 하여금 중세적 사고에서 벗어나는데 크게 기여했다. 이후 그는 파리 대학에 입학하여 신학을 연구했으나 사제보다는 교사가 되고자 했다. 에라스무스는 자신의 책을 토머스 모어에게 헌정하면서 모어의 이름을 익살스럽게 변형시킨 '모리아'라는 부제를 첨가했다. 치우신 예찬은 에라스무스의 생전에 36판을 찍어 그 시기에 성서 다음으로 많이 읽힌 책이 되었다. 에라스무스는 자신의 작품에서 교황을 다음과 같이 언급했다. "요즈음의 교황은 가장 어려운 일들을 베드로와 바울에게 맡기고 호화로운 의식과 즐거운 일들만 찾는다. 교황은 바로 나, 우신덕분에 누구보다도 우아한 생활을 하고 있는 것이다. 왜냐하면 연극이나 다름없는 화려한 교회의식을 통해 축복이나 저주의 말을 하고 감시의 눈만 뻔적이면, 그것으로 충분히 그리스도에게 충성했다고 생각하기 때문이다."

회의 점진적 개혁을 통해 교회가 안고 있는 문제점을 해결해야 한다는 견해를 제시한데서 확인할 수 있다.

거의 같은 시기 영국에서 활동했던 모어(T.More: 1478-1538)도 '이상향(De optimo statu rei publicae deque nova insula Utopia)'이란 저서에서 영국사회를 신랄히 비판하고 완전한 신앙의 자유를 보장한 이상 국가를 제시했다.[20] 정치활동에 실제적으로 참여했던 그는 저서에서 기존법률의 가혹함과 전쟁의 무모성을 비판하고 절해의 고도에서 이상국을 꿈꾸며 공산제를 지향했다. 이에 따라 모어는 사유재산제도를 인정하지 않았는데 그것은 그가 재화가 모든 것을 좌우하는 자본주의적 사회에서 발생하는 해악으로 파악했기 때문이다. 따라서 그는 모든 재산을 공유화시켜야 한다는 주장을 펼쳤던 것이다. 아울러 그는 사람들이 일정한 간격을 두고 균등한 자신들의 집을 교체하면서 살아야 한다는 견해도 제시했다. 그러나 이상향의 사회성원 모두가 평등한 것은 아니었는데 그것은 유토피아인 들에게 적합하지 않은 어려운 일들은 노예들이 담당해야 한다는 데서 확인할 수 있다. 엘리자베스 1세 시대의

---

20 유토피아는 원래 ou('없다'라는 뜻의 그리스어)+topos('장소')+-ia('나라')를 합쳐서 만든 단어로서, '지상에 존재하지 않는 곳'이라는 뜻이다. 하지만 같은 발음으로 '멋진(eu) 곳(topos)'이라고 해석하기도 한다. 그런데 이 작품은 신대륙에 대한 사람들의 호기심을 토대로 쓰여 졌다. 모어는 자신의 작품에서 다른 신앙을 가진 사람들이나 신앙이 없는 사람들을 비난하거나 처벌해서는 안 된다는 견해를 제시했다. 그러나 그는 자신들의 신앙만이 옳다고 우겨 갈등을 유발시키는 사람들을 처벌해야 한다는 주장도 펼쳤다. 아울러 모어는 모든 사람들이 일을 해야 한다는 관점도 피력했다. 모든 사람들이 일을 할 경우 그들이 생활에서 필요로 하는 것들을 여섯 시간 안에 마련할 수 있으며 나머지 시간들은 창조적 여가활동에 활용할 수 있다는 것이다. "여섯 시간의 노동이면 필수품과 안락한 생활에 필요한 모든 것들을 생산하는 데 충분합니다. 다른 많은 나라들에서 얼마나 많은 사람들이 일하지 않고 살고 있는가를 생각하면 이해할 수 있을 것입니다.(…)다른 국가들에서는 성직자들이 너무 많고 이들의 대다수는 게으름뱅이입니다. 게다가 부자들, 귀족이라 지칭되는 지주들, 여기에 빈둥거리며 아무짝에도 쓸모없는 시종들, 마지막으로 온갖 핑계를 대며 놀고먹는 거지들도 있습니다. 이러한 현실적 상황을 고려할 때 사람들이 살아가는데 필요한 것들을 생산하는 사람들의 수가 상상외로 적다는 사실에 놀라지 않을 수 없습니다."

셰익스피어(W. Shakespeare: 1564-1616)는 영국에서 가장 위대한 작가였을 뿐만 아니라 세계문학사에서 탁월한 위치를 차지하는 문인이기도 했다. 그는 햄릿(Hamlet, 1602), 오셀로(Othelo, 1604), 멕베스(Macbeth, 1606), 그리고 로미오와 줄리엣(Romeo and Juliet) 등에서 그의 문학적 천재성을 유감없이 발휘했다. 이러한 셰익스피어의 작품들은 연극으로 상연되기도 했다. 그런데 이 당시 연극의 주된 고객은 지식인 계층 또는 경제적으로 여유 있는 계층들이었다. 그럼에도 불구하고 연극의 입장료가 비교적 저렴했기 때문에 일반인들도 부담 없이 연극을 관람할 수 있었고 그것은 셰익스피어의 작품들을 대중화시킬 수 있는 요인으로도 작용했다.

프랑스에서 활동한 라블레(F.Rabelais: 1494-1553)의 '가르강튀아(Gargantua)와 그의 아들 팡타그뤼엘(Pantagruel)'에서는 "하고 싶은 대로하라"는 말로 개인의 해방과 자유가 찬양되기도 했다. 또한 라블레는 자신의 작품에서 농민, 학자, 상인, 법관, 가신 등을 취급했을 뿐만 아니라 방대한 어휘와 방언, 속어, 신조어를 이용하여 생생하고 간결하며 표현력이 풍부한 프랑스어의 장점을 과시하기도 했다. 이 당시 라블레는 교회 및 스콜라철학에 대해 거부적인 반응을 보였고 기존의 주장과는 달리 인간의 본능은 건전하며 그것은 어떠한 행동으로도 변화시킬 수 없다는 관점을 가지고 있었다.

몽테뉴(M. Montaigne: 1533-1592)는 '수상록(Essays)'에서 자신을 성실히 관찰하고 묘사함으로써 인간본래의 심성을 부각시키고자 했다. 아울러 그는 독단적 교리 및 절대적 진리에 대해 회의적인 태도를 보였다. 따라서 몽테뉴의 작품에서 확인할 수 있는 것은 그가 격식에 억메이지 않고 사람과 사건, 풍습, 신조, 인생의 공통적인 이정표, 즉 출생, 성장, 성년, 결혼, 질병 및 죽음에 대해 숙고했다는 점이다.

거의 같은 시기 에스파냐의 세르반테스(Miguel de Cervantes: 1547-1616)는 돈키호테(Don Quixote)라는 작품을 썼는데 여기서는 중세의 기사시대를 동경

셰익스피어

하는 시대착오적인 돈키호테의 어리석고, 우스꽝스러운 편력이 그려졌는데 그러한 것은 중세에 대한 비판에서 비롯되었다고 볼 수 있다.[21]

---

21 세르반테스는 1571년 에스파냐가 오스만튀르크와 펼친 레판토 해전에 참가하여 큰 상처를
    입었다. 돈키호테는 1605년에 제1부가, 1615년에 제2부가 출판되었는데 이 작품은 당시 에
    스파냐에서 유행한 기사 이야기의 패러디에서 비롯되었다고 볼 수 있다. 이 작품에서 돈키
    호테=에스파냐인, 풍차=네덜란드로 바꾸어 놓으면, 세르반테스가 자기의 모국인 에스파
    냐를 어떻게 보았는지를 예측하게 한다.
    "하늘이 마침 우리에게 좋은 일감을 주시었구나. 자, 저기를 봐라, 산초(돈키호테의 부하)
    야. 산 같은 거인이 30마리나, 아니 더 많이 나타났구나. 그들과 싸워 모두 부수어 주자. 그
    리고 우선 포획한 것으로 부귀를 누리자. 이는 빛나는 싸움이며, 저렇게 악한 종족을 이 땅
    에서 없애는 것은 신에 대한 훌륭한 봉사가 된다."

기라성과도 같은 수많은 천재들이 종횡무진으로 활약했던 이탈리아의 르네상스와는 달리 북유럽 르네상스의 미술은 질과 양에서 크게 빈약했다. 그럼에도 불구하고 반 아이크 형제(Van Eyck: 1366-1462/1390-1441), 홀바인(Holbein: 1497-1554), 뒤러(Dürer: 1471-1528), 브뤼겔(Brühgel: 1520-1569), 벨라스케스(Velasquez: 1599-1660), 그리고 엘 그레코(El Greco: 1547-1614) 등의 유명한 미술가들을 배출했다.

반 아이크 형제는 유화의 기법을 개발했다. 뒤러는 이탈리아에 가서 회화의 기법을 배웠으나 그의 화풍은 독일적 신비주의가 가득 찬 독자적인 것이었다. 홀바인은 초상화를 많이 그린 반면 브뤼겔은 마을의 풍속을 생생하게 묘사하고, 농민과 민중의 생활을 그림으로써 도시적이고 시민적인 르네상스 미술에서 독보적인 존재로 간주되었다. 브뤼겔은 마을의 풍속을 생생하게 묘사하여 시대적 흐름에 역행하는 대담성도 보였다. 이 인물이 선택한 주제는 마을 광장, 스케이트 타는 장면, 혼인축하연 등과 같은 친숙한 민중 생활이었다. 이러한 일상생활을 사실적으로 묘사하는 양식을 '장르화(genre painting)'라 하는데 저지대 지방 화가들이 이 분야에서 우수한 재능을 발휘했다. 벨라스케스에 이르러서 그 화풍은 르네상스를 넘어 바로크 시대로 접어들고 있었다.

02 | **지리상의 발견**

1. 발견 동기

이 당시 유럽인들은 이베리아 반도가 재기독교화(reconquista: 1063-1492)
된 것과 오스만튀르크에 의해 1453년 동로마제국이 멸망된 것에서 기독교
의 확산이 절실히 필요하다는 인식을 가지게 되었다. 따라서 이들은 아프리
카와 아시아 어딘가에 존재하고 있다는 전설의 기독교왕국(프레스터 존: Prester
John)[1]과 협력하여 기독교 세력을 확산시키려고 했다. 아울러 동양에 대한
이들의 관심 역시 증대되었는데 그것은 1295년에 출간된 마르코 폴로(Marco

마르코 폴로

---

1   이 당시 적지 않은 유럽인들은 프레스터 존이라는 인물이 아프리카 내부에 기독교 왕국을
     건설했다는 선실을 믿고 있었는데 이 왕국은 에티오피아의 콥트(Copt) 왕국을 지칭하는 것
     같다.

Polo:1254-1323)의 '동방견문록'²과 연계시킬 수 있을 것이다.

또한 이들은 이탈리아 및 아라비아 상인들의 폭리로부터 벗어나 향료, 금, 은, 비단 등의 동방물품을 저가로 구입하고자 했다.³

그러나 지리상의 발견은 동기나 의욕만으로는 불가능했다. 대양으로 진출하기 위해서는 항로와 관련된 전문적 지식과 기술, 지리학과 천문학에

---

2 베네치아의 상인이었던 마르코 폴로는 원 제국에서 쿠빌라이(Kubilai Kahn)에게 봉사하다가 1295년 베네치아로 돌아왔다. 이후 그는 제노바 공화국과의 전투에서 포로로 붙잡히게 되었다. 투옥기간 중에 그는 「동방견문록」이란 작품을 썼는데 거기서는 사실보다는 황당무계하고 진기한 이야기들이 언급되었다. 그리고 이러한 것들은 당시 유럽 사람들의 마음을 설레게 했는데 그 일례를 들면 다음과 같다.

'지팡그(일본)는 동해에 있는 커다란 섬으로 대륙(중국)에서 2,400Km 떨어져 있다. 이 섬은 매우 크고, 주민들의 피부색은 아름답고 자태가 좋으며, 사람들의 예의 역시 바르다. 물자가 풍부하고, 우상을 숭배한다. 이 섬은 어디에도 속하지 않고 독립되어 있다. 황금이 무진장 많은데 국왕은 이것의 수출을 금지하고 있다. 게다가 대륙에서 멀리 떨어져 있어 상인들도 이 나라를 별로 찾지 않기 때문에 황금은 상상할 수 없을 정도로 풍부하다. 이 섬의 지배자의 호화로운 궁전을 언급한다면, 유럽교회 지붕이 납으로 덮여 있는 것처럼 궁전의 지붕들은 모두 황금으로 덮여 있어 도저히 그 가격을 매길 수 없다. 궁전안의 도로나 방바닥에도 4cm 두께의 돌판 모양을 한 순금판 들이 깔려 있다.' 이러한 황당무계한 내용에 대해 유럽인 들이 믿고 흥분했던 것은 이들이 인도, 중국, 일본 등에 전혀 아는 바가 없었을 뿐만 아니라 그러한 국가들이 어디에 있는지도 몰랐기 때문이다.

3 유럽에서 육류를 저장·보존하는데 있어 동방의 열대산 향료는 필수불가결한 것이었다. 가장 일반적인 것은 후추로서 주로 인도와 동인도제도에서 산출되었다. 그리고 계피는 세일론, 생강은 중국에서, 저장에 가장 귀한 향료로서 간주되던 정향은 몰루카(Molucca)제도에서 산출되었다. 이 밖의 동방무역의 귀중한 상품으로서는 중국산 비단, 인도의 면직물, 인도산 에메랄드, 그리고 티베트산의 루비 등을 들 수 있다. 이러한 동방무역에서 중국인들은 동인도제도의 각종 향료를 모아 말라야반도의 말라카(Malacca)로 운반하는 역할을 담당했다. 인도인, 말라야인, 또는 아랍 상인들은 말라카에 모여진 각종 향료들을 뱅갈만을 거쳐 인도로 운반했다. 인도에서는 세일론의 계피와 인도 자체의 후추 등이 각종 향료 등에 추가되어 인도의 서해안에 위치한 코친(Cochin), 캘리컷, 고아(Goa), 그리고 그보다 북쪽의 디우(Diu) 등에서 판매되었다. 그런데 이 일대의 무역은 아랍인과 이슬람교도들에 의해 장악되었으며 이들은 인도의 서해안으로부터 귀중한 동방물산을 홍해나 페르시아 만으로 운반하고, 다시 육지를 통해 카이로나 바그다드에서 무거운 관세를 지불하고 알렉산드리아나 시리아의 항구로 운반했다. 여기서 기다리던 베네치아 상인을 비롯한 이탈리아 상인들이 이것들을 구매하여 전 유럽에 공급했다. 비록 무역에 소비되는 경비는 막대했으나 거기서 비롯되는 이윤 또한 엄청났다.

대한 지식과 조선 및 항해기술의 발달이 필요했을 뿐만 아니라 국가적 차원에서의 재정적인 지원도 필요했다. 이 당시 나침판이 발명되었는데 이것은 육지가 보이지 않는 바다에서 배의 위치를 파악하고 항진방향을 결정하는 데 큰 도움을 주었다. 조선술의 발달 역시 지리상 발견에 크게 공헌했다. 실제적으로 마스트와 돛의 수가 늘어나고, 밑이 깊고 폭이 좁은 더욱 거대하고 튼튼한 배가 건조됨에 따라 대양 항해가 더 용이하게 되었던 것이다. 아울러 이 시기에 작성된 해도 역시 탐험가들의 항해에 큰 기여를 했다. 피렌체의 천문학자였던 토스카넬리(Toscanelli: 1397-1482)는 지구의 구형설에 입각한 해도를 작성했고, 그것을 바탕으로 독일의 베하임(Beheim: 1430-1506)은 지구의를 만들었다.

2. 전 개 과 정

1455년 엔리케(Henrique Navegador: 포르투갈의 항해왕자, 1394-1460)의 적극적인 지원으로 새로운 인도항로개척이 본격화되기 시작했다.[4] 이에 따라 1472년 포르투갈의 탐험대가 카메룬(Cameroon)에서 서아프리카의 돌출부분까지 진출했다. 이후 포르투갈 국왕 후안 2세(John II: 1481-1495) 시기에 이르러 새로운 인도항로 개척은 재개되었다. 1488년 디아스(B. Dias:1450?-1500)는 아프리카 대륙남단에 위치한 희망봉(Cape of Good Hope)에 도달했다.[5] 바스코 다

---

4 이 당시 엔리케는 아프리카에 어딘가에 있을 금광으로 가는 직선항로를 발견하고자 했다. 따라서 그는 이탈리아를 비롯한 여러 국가에서 유능한 항해사, 조선기술자 등을 모아 선박을 개량했을 뿐만 아니라 옛날부터 내려 온 지리서적, 해도, 그리고 항해관계 서류 등을 수집하는 기초 작업도 충실히 수행했다.

5 디아스는 심한 폭풍우 끝에 이 지역을 발견했기 때문에 '폭풍우의 압(Cape of Stroms)'이라 이름 지었으나 국왕 마누엘 2세(Manuel II)는 그것을 '희망봉'이라 개칭했다.

콜럼버스

가마(Vasco da Gama:1469-1524)는 1497년 11월 22일 디아스의 경험을 토대로 적도의 무풍지대를 피하고 육지로부터 멀리 떨어진 항로로 인도에 도착하려고 했다. 그는 4척의 배로 리스본(Lisbon)을 출발하여 희망봉을 우회한 후 아프리카 동해안의 항구에서 필요한 물자들을 보급 받았고 다음해인 1498년 인도 서해안에 위치한 캘리컷(Calicut)에 도착했다.[6] 이듬해에 후추와 육계 등 동방물산을 가득 싣고 2년 만에 리스본 항으로 돌아온 그는 60배에 달하는 이익을 얻었지만 그것은 30% 이상의 선원을 희생시킨 값비싼 항해의 대가였다. 이후부터 포르투갈 인들은 계속하여 인도로 항해 나아갔고 이슬람

---

6   바스코 다가마가 이끈 선단은 매사냥용 종과 놋쇠 요강, 그리고 후에 아프리카 노예무역의 화폐가 된 놋쇠 팔찌 등 무역물품치고는 놀랄 정도의 부적합한 것들을 가지고 있었다.

교도들로부터 인도양 일대의 해상권을 빼앗고, 고아(Goa), 말라카(Malacca), 호르무즈(Hormuz) 등에 요새와 상관 등을 설치하는 적극성도 보였다. 이들은 이어 향로의 생산지인 몰루카 제도(Moluccas)에 침투한 후 다시 중국의 광동에 도달하더니, 16세기에는 마카오에 영구적 거주지도 확보했다. 이리하여 포르투갈 인들은 마카오에서 리스본에 이르는 무역로의 요소요소에 자신들의 무역거점을 확보함으로써 동방무역의 실권을 장악했다. [7]

포르투갈 정부의 지원을 받아 새로운 인도항로가 개척됨에 따라 이베리아 반도의 에스파냐 역시 신인도항로 개척에 관심을 보이게 되었다. 이러한 때 제노바(Genua) 출신의 콜럼버스(C.Columbus:1446-1506)는 대서양의 서쪽으로 항해하여 신인도항로를 개척하려고 했는데 그것은 그가 당시 제기되었던 '지구가 둥글다'라는 주장에 동의했기 때문이다. 아울러 그는 인도를 가기 위해 아프리카 남단을 우회하는 것보다 대서양 서쪽으로 항해하는 것이 훨씬 가깝다는 판단도 했다. 이에 따라 콜럼버스는 자신의 신항로계획을 포르투갈에 밝혀 지원을 받고자 했다. 그러나 포르투갈은 이미 희망봉을 경유하여 동방으로 가는 항로를 확보했기 때문에 콜럼버스의 제안에 대해 냉담한 반응을 보였다. 이에 콜럼버스는 에스파냐의 도움을 받기로 결심했다. 그는 에스파냐의 위정자였던 이사벨라(Isabella) 여왕에게 자신의 계획을 설명했지만 그녀는 적극적인 반응을 보이지 않았다. 그러나 에스파냐가 포르투갈과 경쟁적 상황에 놓여 있었다는 점과 에스파냐에서의 이슬람추방사업이 성공적으로 종료됨에 따라 이사벨라 여왕은 콜럼버스의 사업을 지원하기로 결정했다. 여기서 이사벨라 여왕과 콜럼버스 사이에 계약이 체결되었는데 거기서는 다음의 것들이 언급되었다.

① 콜럼버스가 발견하는 섬, 육지, 그리고 바다에서 콜럼버스는 여왕다

---

7   이제 유럽인들은 이전보다 훨씬 싼 가격으로 동방의 향료를 구입할 수 있게 되었다.

음의 지위, 즉 부왕 겸 총독이 된다.

② 콜럼버스는 새로운 영토에서 얻는 재화 및 이익의 10분의 1을 차지한다. 아울러 새로운 지역에서 재판권도 행사할 수 있다.

③ 위의 지위와 권리 등은 콜럼버스의 자손들에게 세습된다.

1492년 8월 3일 콜럼버스는 산타 마리아(St.Maria)호, 니나(Nina)호, 그리고 핀타(Pinta)호 등 3척의 범선에 120명의 선원을 이끌고 카디스(Cadiz)근처의 작은 항구 팔로스(Palos)를 출발하여 같은 해 10월 12일 바하마 제도의 한 섬에 도착했다. 콜럼버스는 이 섬을 '산 살바도르(SanSal vador:성스러운 구세주)'라 이름 지었다. 이후에도 그는 3회, 즉 1493년, 1498년, 그리고 1502년에 항해를 하여 필요한 향료 및 황금을 얻으려고 했으나 아무런 성과도 거두지 못했다.[8] 1503년 아메리고 베스푸치(Amerigo Vespucci:1454-1512)는 콜럼버스가 발견한 섬이 신대륙에 포함된 섬이라는 것을 발표했다.[9]

포르투갈의 귀족이었던 마젤란(F.Magellan:1519-1522)은 세계 일주를 시도했는데 그러한 것은 '지구가 둥글다'라는 이론에 근거한 것이라 하겠다.[10] 그는 1519년 9월 20일 5척의 카라벨(caravel)선[11]에 동방무역에 필요한 물건들을 싣고 세비야(Seville)항구를 출발하여 남아메리카 남단, 인도양, 그리고 아프리카 남쪽을 거쳐 포르투갈로 돌아오려고 했다. 이 최초의 세계 일주는 3년이라는 시간이 소요되었다. 이 기간 중에 마젤란의 배들을 하나씩 좌초되거나 침몰했고 마젤란 역시 필리핀에서 발생한 사소한 충돌로 목숨을 잃게 되었다. 1522년 9월 8일 빅토리아호가 유일하게 세비야로 돌아왔을 때

8　이후 콜럼버스에 대한 에스파냐 왕실의 지원은 끊어지게 되었고 콜럼버스는 '모기제독(Admiral of Mosquitoes)'이라는 야유를 받기도 했다.

9　피렌체 출신의 이 인물은 1497년부터 신대륙을 탐험했다.

10　마젤란의 원래 이름은 페르난두 데 마갈랴잉시(Fernão de Magalhães)였다.

11　속도는 **빠르**나 강한 바람과 파도에 매우 약했던 카라벨선은 16세기 에스파냐에서 사용되던 작은 범선이었다.

마젤란

이 배의 여러 곳에서는 물이 새었고 유럽인 17명과 인디언 4명만이 타고 있었다. 그렇지만 이 배 밑 칸에 저장된 향신료는 잃어버린 네 척의 배는 물론이고 항해 비용을 모두 충당할 정도의 가치를 지니고 있었다.

항로개척 이후 탐험가이자 무자비한 정복자였던 콘키스타도르(Conquistadores)들이 신대륙을 침략하기 시작했는데 멕시코의 아즈텍 제국(Aztec Empire)을 정복한 코르테스(H.Cortes:1485-1547), 페루의 잉카제국(Inca Empire)을 정복한 피사로(F.Pizarro:1471-1541) 등이 그 대표적인 인물이었다. 에스파냐 하급 귀족이었던 코르테스는 쿠바(Cuba) 총독의 명령으로 1519년 4백 명의 원정대(말 17필, 대포 10문 보유)를 이끌고 멕시코 정복에 나섰다. 이 인물은 1521년 아즈텍 제국을 완전히 정복했고 그의 부하들은 중부 아메리카의 마야문명 지역까지 점령했다. 이 당시 원주민들은 코르테스 일행을 하늘에서 내려온 신으로 착각했지만 그들은 '양 우리 안에 침입한 늑대들'이었다. 이 당시 아즈텍 제국은 2,000만 명의 인구를 가진 대국이었으나 멸망 된지 50년도 안되어 그 수는 100만 명으로 격감되었는데 이것은 에스파냐 군의 원주민 학대가 얼마나 심했는가를 알려주는 일례라 하겠다. 피사로는 국왕 카를로스 1세의 명을 받아 페루총독이 된 후 잉카제국 정복에 나섰는데 그 당시 동원된 병력은 180명에 불과했다. 1529년 피사로는 자신의 친구인 알마그로(Almagro)와 더불어 정복에 나섰는데 그는 잉카제국의 내분을 활용하여 황제를 체포했다. 그는 1533년 잉카제국의 수도인 쿠스코(Cuzco)를 점령했다.[12]

에스파냐의 정복자들은 기후가 온화한 지역에서 소나 말, 양을 기르는 대규모 목축업에 종사했으며 목축에 부적합한 카리브 해 연안이나 멕시코 일대의 열대성 해안지대에서는 사탕과 담배를 재배하는 대농장을 경영했다. 그리고 대농장에서는 포르투갈 상인들이 제공한 아프리카 흑인노예들이 많이 이용되었다. 그러나 목축이나 사탕재배보다 훨씬 많은 이익을 가져다 준 것은 금과 은이었다. 초기 정복자들은 아즈텍과 잉카제국의 금은을 약탈해갔으나 점차로 금광과 은광을 채굴하는 방향으로 나아갔고 16세기 중엽부터는 이러한 귀금속을 운반하기 위해 수십 척의 에스파냐 대선단이 정례적으로 운행될 정도였다. 이처럼 막대한 양의 금, 은을 신대륙으로부터 공급받은 에스파냐 왕국은 크게 부유해졌으며 이는 유럽경제에도 커다란 변화를 유발시켰다.

---

12 오랜 역사를 지녔으나 당시 신석기, 청동기 문명에서 벗어나지 못했던 잉카제국은 총과 대포를 갖고 말을 탄 채 갑자기 나타난 외부 침입자들에게 대응할 수가 없었다.

3 . 결 과 및 후 유 증

새로운 인도항로가 개척됨에 따라 신대륙의 산물, 조미료, 염료, 면직물, 차, 후추, 계피, 설탕, 그리고 커피가 유입되었고 그것은 유럽인들의 식생활에 큰 영향을 가져다주었다.[13] 아울러 금과 은의 유입 역시 급속히 증가되었는데 그것은 매년 50만 파운드의 은과 1만 파운드의 금이 신대륙에서 에스파냐로 유입 된데서 확인할 수 있다.[14] 특히 은의 다량유입은 당시 유럽에서 은을 공급했던 독일의 은광을 몰락시켰을 뿐만 아니라 은의 가치도 하락시켜 물가앙등현상을 초래시켰다.

16세기 후반에 접어들면서 유럽의 물가는 신대륙이 발견되기 이전보다 무려 3배 이상 급등했는데 이것을 지칭하여 가격혁명(Price Revolution)이라 한다. 유럽에서의 이러한 물가앙등현상은 산업기반이 약한 에스파냐는 물론 자체 은광을 가졌던 남부 독일의 도시 및 상인들을 몰락시켰다. 이에 반해 대륙으로부터 떨어져 있던 영국은 대륙의 경제적 혼란으로부터 거의 영향을 받지 않은 채 에스파냐 은의 상당수를 흡수하여 경제적 번영을 누리게 되었다.

은의 대량 유입으로 경제적 혼란이 유럽의 적지 않은 지역에서 경제적 혼란이 초래되었지만 그것은 경제적 재조정 및 비약을 가져오게 하는 계기가 되었다. 즉 새로운 세계의 발견은 중세 말부터 진행되었던 이른바 상업혁명(Commercial Revolution)을 더욱 촉진시키는 계기가 되었던 것이다.[15] 그리

---

13 16세기 초 포르투갈 상인들이 유럽대륙에 유입시킨 후추의 양은 1,300톤에 달했는데 그 판매가격은 지중해를 경유하는 것보다 절반가량이나 저렴했다.

14 1545년 페루의 포토시(Potosi)에서 엄청난 매장량의 은광이 발견됨에 따라 은의 생산량은 급증하게 되었다.

15 교역상품의 나양화, 교역량의 증대, 상품시장의 확대, 그리고 이윤 및 자본축적의 증대 등이 상업혁명의 특징이라 하겠다.

고 이러한 상업혁명은 지대의 금납화현상도 초래시켰는데 그것은 봉건체제
를 붕괴시키는 결정적 요인 중의 하나로 작용했다.

서 양 근 대 사 03 | **종교개혁**

1. 교회의 내부적 제 문제

14세기 초부터 시작된 교회의 내부적 문제, 즉 교황의 바빌론 유수(Die Babylonische Gefangenschaft: 1309-1377/78)와 교회의 대분열 [Das Große (Abendländische) Schisma: 1378-1415]은 교황권을 크게 실추시켰다. 1309년부터 시작된 교황의 바빌론유수는 기원전 6세기 유대 민족의 대다수가 바빌로니아로 끌려가 수십 년간 포로생활을 했던 이야기에서 비롯되었다. 1376년까지 지속된 이 상황에서 프랑스 국왕은 교황청을 철저히 지배했으며 그것은 교황권의 권위를 흔들리게 하는 요인으로도 작용했다. 교황청을 아비뇽(Avignon)에서 다시 로마로 옮긴 교황은 그레고리오 11세(Gregory XI:1370-1378)였는데 그는 로마로 돌아 온 직후 사망했다.[1] 이에 따라 나폴리 출신의 우르바노 6세(Urban VI: 1378-1389)가 1378년 새로운 교황으로 선출되었다. 그러나 새 교황선출에 협조한 프랑스 출신의 추기경들은 기대와는 달리 푸대접을 받았고 그것은 이들로 하여금 로마로부터 철수하게 하는 요인이 되었다.[2] 프랑스로 돌아 온 이들은 새로운 교황 클레멘스 7세(Clemens VII: 1378-1394)를 선출하여 지난번의 교황선출을 무효라고 선언했다. 새로 선출된 클레멘스 7세는 아비뇽 교황청에서 집무했고, 로마 교황청은 클레멘스 7세와 그의 추기경들을 파문하고 새로운 추기경단을 구성했다.[3] 이렇게 교황이 두 명 씩 있는 분립상태를 종식시키려는 시도도 펼쳐졌다. 1409년 3월에 소집된 피사 공의회는 그레고리오 12세(Gregory XII: 1406-1415)와 베네딕트 13세(Benedict

---

1   프랑스인으로서는 마지막 교황이었던 이 인물은 방광결석으로 크게 고생하다가 결국 생을 마감했다.
2   이 당시 전체교황선거회의에 참여한 추기경은 모두 16명이었는데 이들 중에서 프랑스 출신은 11명이나 되었다.
3   그러나 클레멘스 7세는 프랑스,스코틀랜드,나폴리,부르고뉴,그리고 사부아의 지지를 받고 있었다.

XIII: 1394-1417)를 동시에 폐위시키고 밀라노 교구의 추기경이었던 필라르기 (Philargi)를 교황 알렉산데르 5세(Alexander V: 1409-1410)로 선출했다. 그러나 그가 몇 달도 안 되어 사망함에 따라 그 뒤를 요한 23세(Johann XXIII: 1410-1415)가 계승했다.[4] 이에 대해 로마와 아비뇽의 교황들은 다 같이 새 교황에 복종하기를 거절했고, 결국은 교황이 셋으로 늘어나고 말았다. 이렇게 교황들의 대립으로 약 40년간 교회의 위계질서가 와해되었는데 이것을 지칭하여 '대분열 시대'라 한다.

이러한 교회의 내부적 문제와 더불어 교회의 세속화현상과 그것에 따른 부패현상 역시 광범위하게 확산되고 있었다. 이 당시 가톨릭교회는 교회 소유의 토지에 부과하는 조세이외에도 십일조를 비롯한 각종 세금과 수수료를 징수하고 있었다. 그리고 고위성직자들은 부도덕한 행위를 자행하는 데 주저하지 않았으며 이들은 사치와 향락에 빠져들기도 했다. 또한 이들은 금욕에 대한 규율을 어기고 첩까지 두었으며, 교회 근처에 술집이나 여관, 심지어 도박장까지 운영하여 재산을 축적하는데 주력했다. 따라서 교회의 관심은 예수의 가르침이나 인간 구원보다는 돈과 사치, 권력에 쏠려 있었다. 이처럼 부와 사치를 누리던 교회도 교황청의 확대된 행정체제를 유지하기 위한 지출이 증가함에 따라 심각한 재정난에 시달리게 되었다. 이에 따라 교황청은 부족한 재정을 충당하기 위해 각종 비정상적인 방법을 동원했는데, 그중 대표적인 것이 성직매매와 면벌부판매였다. 성직은 공공연히 매관매직되었는데, 실례로 메디치(Medici) 가문출신의 교황 레오 10세(Leo X: 1513-1521)[5]는 매년 2,000여 성직을 팔아 엄청난 수입을 올리기도 했다. 높은

---

4. 200여 명의 주교 및 그들의 대리인들이 참석한 피사공의회에서 그레고리우스 12세와 베네딕트 13세는 교회내에서 분열을 조장하고 이교도적인 행위를 했을 뿐만 아니라 종교적인 선서도 위배했다는 이유로 폐위되었다.

5. 레오 10세는 사치스럽기로 유명한 인물이었다. 부유한 메디치가에서 태어난 이 인물은 당

대가를 지불하고 성직에 오른 성직자들은 그들의 재정적 손실을 만회하기 위해 교구민들에게 높은 세금을 부과했다. 또한 이름만 성직자로 등록해 놓고 세속생활을 하면서 급여만 받아가는 부재성직자가 속출했으며, 유년 성직서임 즉, 나이 어린 아이에게 고위 성직을 준 후 거기서 나오는 급여를 교회가 관리하는 일도 적지 않았는데 그 일례로 12세의 보로메오(St.C. Borromeo)가 베네딕트 수도원의 원장으로 임명된 것을 들 수 있다. 점차적으로 성직이 재산축적의 손쉬운 방법으로 인식되기 시작했고 그것에 따라 교회는 더욱 형식적이고 권위적으로 변질되어갔다. 교회의식은 갈수록 성대해졌지만, 신앙은 점점 외양적인 행사로 변해 일반대중이 교회를 불신하는 상태까지 이르렀다.

이러한 분위기 하에서 종교개혁은 불가피했다. 문제는 개혁이 가톨릭 교회 내부에서 자발적으로 일어나느냐, 아니면 외부로부터의 도전적인 형태로 나타나느냐 뿐이었다. 그러나 교회 내부에서의 자발적인 개혁가능성은 매우 희박했다.[6] 15세기 전반기에 개최된 일련의 종교회의에서 교회내부

시 막강한 영향력을 행사하던 아버지 로렌초(Lorenzo: 1442-1492)의 도움으로 14세의 어린 나이에 추기경이 되었고 1513년에는 교황으로 선출되기도 했다.

6 보헤미아의 성직자였던 후스는 당시 가톨릭 교회의 세속화현상과 거기서 비롯된 문제점들을 지적하고 그것의 이행을 촉구했다. 여기서 그는 교회의 재산을 박탈하고 청빈한 교회를 만들어야 한다는 주장을 펼쳤고 이것은 소 귀족들과 도시민들을 포함한 대중적 지지를 받았다. 상황이 이렇게 전개됨에 따라 로마 교황청은 후스에게 출두하여 자신의 입장을 밝힐 것을 요구했지만 이 인물은 그러한 것을 이행하지 않았다. 이에 로마 교황 요한 23세(John XXIII: 1410-1415)는 1412년 10월 그를 파문시켰을 뿐만 아니라 그가 3일 이상 머물렀던 지역들에 대해서도 금령조치(Interdikt)라는 종교적 징벌을 가했다. 이 과정에서 바츨라프 4세(Vaclav IV: 1348-1419)는 로마 교회를 두둔했고 그것에 따라 후스는 1412년 프라하를 떠나야만 했다. 이후 그는 체코 남부의 코지 흐라데크(Kozí Hrádek)에서 머무르게 되었고 그곳 귀족 들로부터 보호를 받으면서 구약성서를 체코어로 번역했을 뿐만 아니라 자신이 머물던 지방에서 사용되던 신약성서도 체코어로 번역했다. 1413년 후스는 포스틸러(Postille: 교회력에 의해 그 날의 복음서와 사도서를 주제로 한 설교집)를 간행했다. 그리고 '교회에 대해서(De ecclesia)'라는 유명한 저서도 출간했다. 후스는 '교회에 대해서' 라는 저서에서 '교회는 위계질서가 없는 평등한 공동체이지만 여기서 그리스도는 그 우두머리적인 역할을

의 폐해를 제거하려고 했으나, 이 시기의 교황과 교회는 그 어느 때보다 부

패하고 타락해 있었던 것이다. 이 당시 영국과 프랑스는[7] 교황청에 대한 헌

금행위를 하나의 이적행위로 간주하고 있었다. 아울러 교마교황청의 이탈

리아화도 교황권 실추의 한 요인으로 작용했다.

2. 면 벌 부 판 매

교황 레오 10세[8]는 면벌부(Ablaß:Indulgence)판매를 시도했는데 그것은
성베드로 대성당의 바실리카를 재건하는데 필요한 자금을 마련하기 위해서

해야 한다.'라고 했다. 그리고 그는 현재의 교회가 예정설(*praedestinatorum*)을 위배하고 그
리스도가 선택하지 않은 사악한 인물들로 구성되었기 때문에 반드시 배척되어야 한다는 주
장도 펼쳤다. 점차적으로 로마교회는 후스의 이교도적인 행위에 대해 더 이상 방관하지 않
겠다는 입장을 보였고 그러한 것을 구체화시키기 위해 1414년 10월 제국 도시인 콘스탄츠
(Kostnice: Constance)에서 공의회(Koncil: Council)를 개최했다. 신성로마제국의 황제이
자 바츨라프 4세의 동생이기도 한 지크문트(Zikmund Lucemburský: 1411-1437)가 안전
통행(*salvus conductus*)을 보장하면서 후스로 하여금 공의회참석을 요구함에 따라 후스는 교
회 성직자들에게 자신의 관점을 정확히 전달할 수 있으리라는 믿음에서 그러한 제의에 대
해 동의했다. 후스는 1414년 11월 3일 콘스탄츠에 도착한 후 약 3주에 걸쳐 자신이 머무르
고 있던 간이숙박소에서 설교를 했다. 그러다가 이 인물은 12월 6일 체포되어 하수구의 악
취가 심하게 나는 비위생적인 감옥에 수감되었다. 이후부터 공의회는 후스에게 교회에 대
한 그의 모든 비판을 철회하고 교황에게 용서를 구하라는 일방적인 강요를 했지만 후스는
이를 거절했다. 처형되기 며칠 전에 후스는 자신의 친구에게 작별편지를 보냈는데 거기서
그는 자신의 재판을 담당한 인물들이 자신의 책들을 읽은 것에 대해 매우 기쁘다고 했다.
이어 그는 악의를 품은 이들이 성서보다 더 열심히 자신의 책들을 읽었는데 그것은 저서에
서 이단시되는 것들을 찾고자 했기 때문이라는 것이다. 1415년 6월 7일 후스는 화형에 처
해졌다. 당시의 기록에 따를 경우 후스의 재판과 화형을 보기 위해 총대주교 3명, 23명의
추기경, 106명의 주교, 그리고 28명의 왕과 대공 이외에도 수 백 명의 귀족들과 기사들이
참석했다.

7   절대왕정체제를 운영하는데 필요한 자금의 일부를 교회재산으로 충당하려고 했다.

8   레오 10세는 제 5회 로마교황청공의회(Laterankonzil)에서 제기된 교회의 세속화문제에 대
    해 관심을 보이지 않았다.

테첼의 면벌부판매

였다.[9] 이 당시 로마교황청은 면벌부를 자주 판매했는데 이렇게 판매된 면벌부는 한시적(*temporal*)기능을 가진 것으로 이해되었다. 즉 교황은 예수 및 성자들이 쌓은 공덕의 보고 중의 일부를 일반신자들에게 주어 그들이 받을 죄의 일부를 면제시킬 수 있다는 것이다.[10] 그리고 이 당시 면벌부 판매가 확

---

9   성베드로 성당의 바실리카 재건비용을 위한 면벌부판매는 교황 유리우스 2세(Julius II: 1503-1513)때부터 추진되었다.

10   13세기 토마스 아퀴나스(T. Aquinas:1225-1274)가 면벌에 대한 신학체계를 정립한 후 면벌은 급증했다. 그리고 완전 면벌의 기회였던 회년은 원래 100년마다 찾아왔으나 점차 그 기간이 단축되었다. 완전 면벌의 범위 역시 교회건축, 예루살렘 성지 순례 등으로 확산되었다.

산될 수 있었던 요인으로는 신자들이 경건의 필요성을 자각했다는 것과 성직자들이 금전적, 지배적 요구의 필요성을 인식한 것을 들 수 있을 것이다.

교황 레오 10세의 지시로 본격화 된 면벌부판매는 신성로마제국에서 집중적으로 이루어졌는데 그 이유는 신성로마제국이 지방분권적인 체제였다는 것과 당시 마인츠(Mainz) 대주교이자 마그데부르크(Magdeburg) 대주교였던 알브레흐트(Albrecht v. Brandenburg:1490-1545)가 면벌부판매에 대해 적극적인 호응을 보였기 때문이다.[11] 이 당시 알브레히트는 29만 라인 굴덴(Rhein Gulden)에 달하는 초입세를 마련할 길이 없었기 때문에 푸거(Fugger)가에서 그것을 빌렸다.[12] 따라서 그는 자신의 부채를 갚기 위해 교황으로부터 면벌부 판매권을 얻으려고 했던 것이다.[13]

면벌부판매권을 획득한 알브레흐트는 면벌부판매가를 임의적으로 책정하여 테첼(J.Tetzel:1465-1519)에게 주었고, 그는 이 가격표에 따라 면벌부를 판매했다.[14] 알브레흐트가 책정한 판매가에 따를 경우, 군주, 제후, 그리고 주교들에게는 25 라인 굴덴, 백작, 고위성직자, 그리고 귀족들에게는 10라인 굴덴, 수입이 적은 귀족들에게는 6 라인 굴덴, 도시민과 시민들에게는 3라인 굴덴, 수공업자들에게는 1 라인 굴덴을 납부케 했다. 테첼은 면벌부 판매를 증대시키기 위해 면벌부에 대한 왜곡적인 해석도 마다하지 않았는데 그것은 '면벌부를 사는 사람 모두가 자신들이 저지른 죄는 물론 미래의 죄까지 면죄 받을 수 있을 뿐만 아니라 부모 및 인척의 죄까지도 면죄된다

---

11 이 당시 선제후들은 관세권, 화폐주조권, 그리고 징세권 등을 가지고 있었다.

12 이 당시 야코프 푸거(J.Fugger: 1459-1525)가 푸거가문을 이끌고 있었다.

13 아우구스부르크(Augusbug) 상인출신으로 당시 유럽 금융업을 장악했던 야코프 푸거는 독일황제선출에서 카를 5세(Karl V)를 지지했다. 이 당시 푸거는 교황청에 막대한 자금을 빌려주었을 뿐만 아니라 면벌부 판매대금도 실질적으로 관리했다. 시민 계층은 푸거가의 행동에 대해 불만을 가지고 있었는데 그것은 푸거가와 교황청과의 밀착관계를 고려한다면 교황에 대한 분노로도 이해할 수 있을 것이다.

14 면벌부 판매는 작센지방에서 집중적으로 이루어졌다.

(Ablassbriefe sollen den Gläubigen einen dem Geldbetrag entsprechenden Erlass zeitlicher Sündenstrafen im Fegefeuer für sie oder für bereits gestorbene Angehörige bescheinigen)'는 것이었다.[15]

3. 루터의 등장과 95개조의 반박문

(1) 성직자로서의 활동

이러한 논리에 대해 루터(M.Luther:1483-1546)가 이의를 제기했다. 면벌부 판매의 부당성을 지적하고 종교개혁을 주도했던 루터는 1483년 11월 10일 작센 선제후국(Kurfürstentum Sachsen)의 아이스레벤(Eisleben)에서 태어났다. 아버지 한스 루터(H.Luther)는 원래 농부였으나, 구리제련소(Kupferschieferbergbau)를 운영하면서 상당한 재산을 모았다. 이후 그는 지역의 시의회의원(Ratsherr)으로 활동하게 되었다. 점차적으로 그는 자신의 아들 루터가 명예와 부, 권력을 얻을 수 있는 법률가가 되기를 원했다.[16] 이에 따라 루터는 1501년 에르푸르트(Erfurt) 대학의 자유 예과(artes liberales) 7과목, 즉 문법, 수사(Rhetorik), 변증(Dialektik)의 세 과목(Trivium)과 산술, 음악, 지리, 천문의 네 과목(Quadrvium)을 공부하는 인문학부에 등록했다. 왜냐하면 이 과정을 이수한

---

15   교황청대리인이자 푸거은행의 직원이었던 테첼은 면벌부의 위력을 다음과 같이 과장하기
     도 했다.
      "면벌부는 신이 주신 가장 귀중한 선물이다. 내가 그대들에게 도장을 찍어 증서를 주면 그
     대들이 지은 모든 죄는 용서될 것이다. 이 세상에서 면벌부로 사하지 못할 죄는 없다. 심지
     어 성모 마리아를 욕되게 한 죄도 모두 용서 받을 수 있을 것이다. (…)당신들을 낳아주고
     길러주신 부모, 친지들이 연옥의 불구덩이에서 울부짖는다. 당신들은 약간의 돈으로 그들
     을 구할 수 있는데 왜 그것을 하지 않는가? 그들은 당신들의 도움을 기다리고 있다."
16   이 당시 루터의 아버지는 루터가 학업을 마친 후 도시 정부나 제후의 관리로 활동하기를 기
     대했다.

루터의 95개조 반박문

사람만이 그 다음 학과인 신학, 의학, 법학을 공부할 수 있기 때문이다. 루터는 1502년 9월 문학사 학위를, 1505년 1월에 17명의 동기 중 차석으로 시험에 통과하여 문학 석사학위(Magister Artium)를 받았다.[17] 이 당시 에르푸르트 대학의 학문적 경향은 새 길(*via nova*), 즉 오캄(W. Okham:1288-1348)의 유명론(Nominalismus)적인 인식론에서 비롯되었다. 이러한 관점에 따를 경우 실재는 개별적인 것이거나 경험되는 것이며, 실재의 틀을 묘사하려는 보편개념들은 정신내적인, 즉 우리의 사고 속에서만 존재하는 실재라는 것이다. 루터는 이 당시 '성서적 진리와 자연이성을 구분하는 법을 배웠다'라고 회상했다.

인문 학부를 마친 루터는 아버지의 희망에 따라 1505년 법학부(Jurisprudenz)에 입학했다. 법학을 공부한 지 얼마 안 되어 루터는 인생의 전환을 가져온 충격적인 경험을 하게 되었다. 같은 해 7월 2일, 그는 만스펠트

17　이로써 루터가문에서 최초의 대학졸업자가 탄생했다.

(Mansfeld)에 있는 부모의 집을 방문하고 학교로 돌아오는 길에 스토테른하임 (Stotternheim)에서 커다란 폭우를 만났다. 번개가 그가 지나던 옆 숲을 때렸다. 그는 죽음의 공포에 휩싸인 채 땅에 납작 엎드려 자신도 모르게 광부들의 수호신인 안나(Anna)에게 도움을 요청했다.[18] 그리고 그는 알 수 없는 힘에 이끌려 수도사(Mönch)가 되기로 서원하기도 했다(성녀 안나여! 저를 도와주십시오. 그러면 저는 수도사가 되겠습니다(*Heilige Anna, hilft! Lässt Du mich leben, so will ich ein Mönch werden!*). 그는 자신이 행한 서원에 대해 많은 고민을 한 끝에 7월 17일 에르푸르트 아우구스티누스 은둔수도원(Kloster der Augustinereremien)에 들어가기로 했다. 그는 번개 치듯 갑자기 닥칠 죽음과 그 이후의 심판을 준비하는 길은 수도사가 되는 길 밖에 없다고 생각했던 것이다. 아버지는 자신의 기대를 저버리고 수도사가 되려는 루터를 강하게 질타했지만 루터는 그의 결심을 포기하지 않았다.

수도사 루터는 엄격한 금욕적 수행을 통해 내면적인 자아성찰을 하는데 주력했다. 그러나 그는 그것을 통해 마음의 평화를 경험한 것이 아니라 오히려 영적인 시련을 겪게 되었다. 즉 그는 수도사가 되기 이전보다 하나님의 심판에 대해 더 많은 공포를 가지게 되었던 것이다. 그럼에도 불구하고 1507년 2월 3일 그는 에르푸르트 성당에서 사제(Priester)로 서품되었다. 수도원장은 신부로 서품된 루터에게 신학에 대해 공부할 것을 명했다. 1508년 가을 루터는 비텐베르크에 있는 아우구스티누스 은둔수도원으로 자리를 옮겨 그곳에서 생활하며 학업을 계속했다. 1509년 3월 성서학 학위 (*Baccalaureus biblicus*)를 받은 후, 그는 다시 에르푸르트로 돌아왔다. 1510년 11월 루터는 수도원 내 다른 동료와 함께 수도회 독일지부 주교 총대리 (Augustiner-Generalvikar)였던 요한 폰 스타우피츠(J. v. Staupitz: 1470-1524)의 명을

---

18 안나는 마리아(Maria)의 어머니였다.

받고 로마로 파견되었다. 이 당시 스타우피츠는 규율을 좀 더 강화시키는 방향으로 수도회를 개혁하고자 했다. 그러나 로마에서 개최된 수도원 총회에서 루터와 스타우피치의 주장은 수용되지 않았다. 4주간 로마에 머무르는 동안 루터는 르네상스의 현란한 예술과 로마 성직자들의 세속화와 타락에 대해 환멸을 느꼈다. 그럼에도 불구하고 그는 순례자의 규칙에 따라 로마에 있는 7교회를 방문하면서 거기에서 제공하는 은총의 수단을 구하고자 했다. 루터는 자신의 상관이자 고해신부인 스타우피츠의 요구에 따라 1511년 초에 비텐베르크로 돌아왔다. 그는 그곳 수도원의 담당 설교자로 활동하면서 신학박사 취득에 필요한 과정을 이수했다.

(2) 95개조의 반박문

1512년 신학박사학위(Doktor der Theologie)를 취득한 루터는 같은 해 비텐베르크(Wittenberg) 대학의 신학교수(Bibelauslegung: 성경해석)로 임명되었다. 이후 수도생활과 대학에서의 신학연구 과정을 거치면서 루터는 오직 신의 은총에 의해서만 구원받을 수 있다는 사실을 확신하게 되었다. 즉 그는 죄악에 빠진 인간이 스스로 선을 행할 수 없다는 것을 인지했던 것이다. 그에 따를 경우 인간은 자신의 이익만을 추구하며 스스로를 교만하게 하는 선행을 하면서 스스로의 구원을 위해 노력 중이라고 믿게 되는데 그것은 그만큼 더 구원에서 멀어지는 잘못된 방법으로 자신을 위로하는 것에 불과하다는 것이다. 그러나 하느님의 속죄자이신 예수 그리스도의 중재를 통해 당신의 정의로 인간을 감싸며 죄인을 용서하신다는 것이다. 따라서 의인으로 인정받는 동시에 죄인인 인간은 믿음 안에서 하느님께 자신을 위임시켜야 한다는 것이 바로 루터의 관점이었다.

1517년 10월 31일 루터는 면벌부 판매의 부당성을 지적하는 '95개조의 반박문(95 lateinische Thesen gegen den Missbrauch des Ablasses)'을 라틴어로 작성

하여 비텐베르크 궁성교회(Schlosskirche) 출입문에 게시했다.[19] 이에 앞서 그는 자신의 반박문을 독일 내 신학자들에게 보내 그들의 반응을 관찰하려고 했는데 여기에는 향후 그와 논쟁을 펼칠 에크(J. Eck:1486-1543)와 에라스무스 등도 포함되었다. 루터의 95개조 반박문 중에서 중요한 것들을 언급하면 다음과 같다.[20]

제1조	우리들의 주인이자 스승이신 예수 그리스도가 '무엇이든 회개하라(마태복음 4장 17절)고 말씀하셨는데, 그것은 크리스트교도들의 생애 모두가 회개되기를 바라셨기 때문이다.
제2조	회개의 의미를 교회의 절차, 즉 사제의 주도로 진행되는 고해나 단식, 기부, 기도, 순례와 같은 속죄 행위로 이해해서는 안 될 것이다.
제5조	교황은 자신의 직권 또는 교회법의 위세로 부과된 형벌이외에 대해서는 용서할 힘이나 뜻도 가지지 못한다.
제20조	교황이 '모든 죄의 완전한 사면'을 언급할 때 그것은 단순히 모든 죄의 완전한 용서를 뜻하는 것이 아니라 그 자신이 부과한 죄의 사면만을 의미하는 것이다.
제21조	면벌부를 판매하는 설교자들이 교황의 면벌부로 모든 형벌에서 벗어날 수 있다고 주장하는 것은 잘못이다.
제27조	이들은 돈궤 속에 금화가 딸랑 소리를 내며 떨어지는 순간 죽은 자의 영혼이 연옥에서 뛰쳐나온다고 한다.
제32조	면벌부로 자신의 구원이 확실하다고 믿는 사람은 그것을 언급하는 사람들과 같이 영원한 저주를 받을 것이다.
제36조	진심으로 회개하는 크리스트교도들은 면벌부 없이도 벌이나 죄로부터 벗어날 수 있다.
제43조	가난한 사람들을 지원하고 사람들에게 필요한 것들을 빌려주는 것이 면벌부

---

19 1517년 여름 루터는 추기경 알브레히트로부터 'Instructio Summarium'을 받았는데 거기서는 신성로마제국의 여러 지방을 순회하는 면벌부판매자(Ablassprediger)들에 대한 지침이 거론되었다. 이에 앞서 루터는 이미 일년전부터 면벌부판매에 대한 반대입장을 공개적으로 표명했다.

20 루터는 자신의 항의문에서 면벌부판매의 부당성을 다음과 같이 언급했다. "교황의 면벌부를 통해 모든 죄로부터 벗어날 수 있다고 하는 것은 국민을 기만하는 행위에 불과하다. 아울러 이러한 언급은 교회가 죄를 범하는 것으로도 볼 수 있을 것이다"

	를 받는 것보다 선한 일이라는 것을 크리스트교도들에게 가르쳐야 한다.
제47조	면벌부를 사는 것이 강요가 아닌 자유로운 의지에서 비롯되어야 한다는것을 크리스트교도들에게 가르쳐야 한다.
제62조	하나님의 영광과 은총의 가장 거룩한 복음이 교회의 참 보고이다.
제86조	오늘날 최고의 부자보다도 더 부유한 교황이 무슨 이유로 성 베드로 성당을 재건하는데 자신의 돈을 사용하지 않고 가난한 신자들의 돈에 의지하려고 하는가?
제89조	교황의 마음이 돈에 있지 않고 여러 사람들을 죄에서 구하는 데 있다면, 어째서 그 전에 면벌부를 산 사람들에게는 아무런 효험도 없을까?
제93조	십자가가 없는데 크리스트교도들에게 '십자가, 십자가'라고 말하는 예언자들 모두를 추방해야 한다.
제94조	크리스트교도들에게 고통과 죽음과 지옥에 직면해서도 자신들의 머리가 되는 그리스도를 추종하기를 권유해야 한다.
제95조	크리스트교도들에게 위안보다는 오히려 많은 고난을 통해 하늘나라로 들어갈 수 있다는 인식을 가지게 해야 한다.[21]

　　루터의 항의문은 곧바로 독일어로 번역·출판되어 독일 전역에 유포되었다.[22] 여기서 그는 형식상으로는 성서지상주의(sola scriptura), 내용상으로는 신앙지상주의를 지향했다. 즉 그는 믿음(sola fide)과 신의 은총(sola gratia)을 통해 인간은 영생의 축복을 얻을 수 있다는 관점을 피력했던 것이다. 아울러 그는 신앙을 중요시하고 그 유일한 근거로 성서를 제시했다. 이러한 논리전개에서 루터는 7성사 중에서 세례(Taufe), 미사, 그리고 성체배령(Abendmahl)만을 인정하려고 했던 것이다.[23]

21 　교구민들의 영혼을 염려하는 목회적 책임감 때문에 루터는 이미 두 차례의 설교, 즉 1516년 10월 31일과 다음해 2월의 설교에서 면벌부판매의 부당성을 지적한 바 있었다. 아울러 그는 1517년 10월 3일 마인츠의 대주교 알브레히트에게 면벌부판매의 부당성을 지적한 95개조의 반박문을 제출했다.

22 　만일 이러한 신학적 논쟁이 1세기 전에 발생했다면 그것은 교회 내의 문제에서 벗어나지 못했을 것이다. 그리고 라틴어로 쓰여진 루터의 반박문은 독일어로 번역되어 라인 강, 도나우 강 유역까지 전파되었다.

지금까지 신과 인간의 중재자 역할을 담당했던 가톨릭교회는 루터의
이러한 표명으로 어려운 상황에 놓이게 되었다. 이 당시 루터의 관점에서
볼 때 교회는 믿음의 결합체에 불과했다.

4 . 종 교 개 혁 의   전 개 과 정

(1) 종교개혁의 당위성 옹호

교회의 정화를 목표로 한 루터의 희망과는 달리 그의 행위는 로마 교회
에 대한 전면적인 도전으로 간주되었다.[24] 로마의 도미니크교단(Dominika-
nerorden)이 루터의 이교도적인 행위를 지적하고 비판함에 따라 루터에 대
한 이교도소송이 1518년부터 아우구스부르크(Augusburg) 제국의회에서 시작
되었다. 같은 해 11월 루터는 아우구스부르크에서 로마교황이 파견한 카예
탄(T.Cajetan de Veto: 1469-1534)을 만났다. 이 자리에서 루터는 면벌부 판매의
법적근거에 대해 이의를 제기했다. 이에 카예탄은 1343년에 제정된 교황의
면죄법(Ablaß mit dem Papstgesetz)은 교회법상 정당할 뿐만 아니라 가톨릭 공의
회 및 모든 교회에 대한 교황권의 절대적 권위 역시 지속적으로 발휘할 수

---

23 7 성사(sacrament)는 성세(baptism), 견진(confirmation), 성체(holy eucharist), 고백
(penance), 병자성사(extreme unction), 신품(holy orders), 그리고 혼인(matrimony)을 지
칭한다. 성세는 갓난아이가 원죄로부터 정화되는 성사이다. 견진은 어린아이가 12세가 되
었을 때 크리스트교를 본인이 직접 받아들여 강하고 완전한 크리스트 교도가 되도록 하는
의식이다. 성체는 성사 중 가장 중요한 것으로서 그 의식에서 성변화의 기적을 통해 빵과
포도주가 그리스도의 몸과 피로 되는 것이다. 성체성사를 위해 짜여진 미사와 같은 의식이
발전되고 또한 화려한 대교회가 건립되었다. 고백은 성세 후 지은 죄를 용서받는 성사이며,
병자성사는 임종의 신도에게 죽음에 대한 준비를 시키며 남은 죄를 씻어주는 성사이다. 신
품은 신부가 되는 의식으로서 성체성사를 행할 수 있는 힘을 준다.

24 그러나 루터는 부세르(M.Bucer), 부겐하겐(J.Bugenhagen), 브렌츠(J. Brenz), 그리고 프란
크(S.Brancke)등과 같은 당대의 학자들로부터 지지를 받게 되었다.

있다라는 관점을 피력했다. 그러나 루터는 이러한 관점에 대해 동의하지 않았다. 아울러 그는 교황도 실수를 범할 수 있고 교황의 권위는 가톨릭 일반 공의회에 종속되어 있다라는 입장도 밝혔다.

이러한 로마교회의 공식적인 압박에도 불구하고 루터는 1519년 7월 당시 저명한 신학자였던 에크와의 공개논쟁(Disputation)을 라이프치히(Leipzig)의 플라이센베르크(Pleissenberg)에서 펼쳤고 그 이후부터 자신의 입장을 더욱 확고히 하게 되었다.[25] 에크는 루터와의 토론에서 교황의 권위(Papstautorität)가 하늘에서 내려왔는가, 아니면 단순히 인간의 속성인가라는 위험한 질문을 했다. 이에 루터는 로마의 주교(교황)에게 복종하지 않는 그리스 정교회를 제시했다. 그러나 에크는 공개논쟁에서 루터를 후스(J.Hus: 1369-1415)와 같은 부류로 몰아붙이는 데 성공했다.[26] 이에 루터는 보헤미아의 이단자들로부터 자신을 멀리하기는커녕 오히려 한 걸음 더 가까이 나아갔다. 즉 그는 후스와 그의 추종자들이 유죄판결을 받았던 교리들 중 "많은 것이 진정 크리스도교적이고 복음적이기 때문에 그것들을 보편(가톨릭)교회가 비난할 수 없다"라는 입장을 천명했던 것이다. 이후부터 그는 가톨릭교회와의 결별을 결의하고 종교개혁자로서의 자세를 취하기 시작했다. 다음 해 루터는 3편의 논문을 발표하여 가톨릭교회에 결정적인 타격을 가했다. 발표된 3편의 논문에서 루터는 자신의 반박문을 이론적으로 옹호하려고 했다. 과격한 구어체 독일어로 작성된 '독일 가톨릭 제후에게 고함(An den christlichen Adel deutscher

---

25 교회의 입장을 대변했던 에크는 잉골슈타트(Ingolstadt)대학의 교수 겸 부학장이었다. 그는 1530년 제국의회에 '오류(Irrtümer)'라는 선집을 제출했다.

26 보헤미아 지방에서 활동했던 후스는 교회의 행사나 기적에 의존하지 않고 성서 속에서 신을 찾고자 했다. 이에 따라 1411년 프라하 대주교는 그를 파문했다. 그러나 다음해 교황 요한 23세가 나폴리 왕국 원정을 위해 면벌부 판매를 시행함에 따라 후스는 그것이 가지는 문제점을 공개적으로 언급했다. 이에 로마 교황은 후스를 재차 파문했을 뿐만 아니라 프라하 시까지 파문시켰다.

독일 가톨릭 제후에게 고함

Nation von des christlichen Standes Besserung)'이란 논문은 1520년에 발표되었는데 여기서 루터는 성직이 반드시 신성하지 않다는 주장을 펼쳤을 뿐만 아니라 독일 제후들은 독일을 로마교회로부터 해방시켜 교회의 재산 및 토지를 접수해야 한다는 견해도 제시했다.[27] 즉 그는 교회가 스스로 개혁할 능력이

---

27 이 글은 초판 닷새 만에 4,000부가 팔렸으며 곧바로 16판을 찍을 정도로 사회적 관심을 유

없을 경우, 황제나 독일의 제후들이 세례 받은 크리스트교도의 자격으로 교회를 개혁할 수 있음을 천명했던 것이다.[28] 여기서 그는 일련의 정치적 개혁안도 제시했는데 그것을 살펴보면 첫째, 성직자뿐만 아니라 일반인들에게도 교육의 기회를 제공해야 한다. 둘째, 독신 및 교회 국가를 철폐해야 한다. 셋째, 부채의 이자를 제한해야 한다. 넷째, 구걸을 금지시키고 빈민 계층을 위한 빈민수용소를 국가차원에서 설치해야 한다는 것들을 들 수 있다.[29] 이어 그는 '교회의 바빌론유수(Von der babylonischen Gefangenschaft der Kirche: *De captivitate Babylonica ecclesiae*)'에서 교황과 성사제도를 강력히 비난했고,[30] 신앙으로 의롭게 된다는 의인설을 중심으로 한 새로운 신앙을 '크리스트교도의 자유(Von der Freiheit eines Christenmenschen)'에서 전개시켰다. 즉 그는 사람들이 선행과 성사가 아닌 내면적 신앙생활, 즉 명상과 기도를 통해 하느님과 영적으로 교류함으로써 구원받을 수 있다는 관점을 피력했던 것이다.

(2) 로마교회의 대응

루터가 제시한 이러한 관점들은 곧 교회와의 정면충돌로 연계되었고 교황 레오 10세에 의한 루터파문은 피할 수 없게 되었다. 실제적으로 교황

발시켰다.

28 이 과정에서 루터는 세속 제후들에게 무력적 방법(via facti)을 사용해도 된다는 정당성을 부여했다.

29 루터는 성직자의 독신철폐를 주장하면서 다음을 언급하기도 했다. "성서에 따를 경우 사제는 훌륭한 인물로 학식이 있고 한 여인의 남편이어야 한다. 크리스트교가 로마의 권력자들로부터 핍박받을 때 죽음을 두려워하지 않는 용기가 필요했으므로 결혼하지 않겠다고 결심하는 사제들이 많이 등장했다. 그런데 교황들은 훌륭한 사제들의 자발적 의지에서 비롯된 이러한 것을 하나의 규칙으로 삼아 모든 사제들에게 강요하고 있다."

30 루터의 이러한 주장에 대해 영국의 국왕이었던 헨리 8세(Henry VIII)는 '마르틴 루터에 대한 7성사옹호론(*Assertio septem sacramentorum adversus Martinum Lutherum*)'을 썼는데 그것은 교황이 그에게 '신앙의 수호자'라는 명칭을 부여하는 계기가 되었다.

은 1520년 6월 15일 '여러분 일어나시오(*Exsurge Domine*)'라는 교서에서 루터가 언급한 반박문 중에서 41개 항목이 이단적(haretisch)이라고 했다. 따라서 그는 루터와 그의 추종세력들이 60일 이내에 자신들의 주장을 철회하지 않을 경우 파문(Kirchenbann)하겠다는 입장을 공식적으로 밝혔던 것이다. 아울러 교황은 루터의 저서들을 몰수하고, 소각할 것도 명령했다. 같은 해 12월 10일 비텐베르크의 엘스터성문(Elstertor) 앞에서 루터와 멜란히톤(P.Melanchton: 1497-1560)이 참여한 시위가 있었다.[31] 여기서는 우선 장작더미에 불을 붙인 후 교회법, 잡다한 교령집, 에크의 저서 및 루터 적대자들의 저서들이 불 속에 던져졌다.[32] 이어 루터는 시위대 앞에서 교황 파문장(Bannendrohungsbulle)의 일부를 소각했고 그것은 다음 해, 즉 1521년 1월 3일에 파문을 당하는 결정적인 요인이 되었다.[33] 같은 해 4월 17일 루터는 보름스(Worms)에서 열린 제국의회에 소환되어 교리에 대한 해명을 요구 받았다.[34] 이 당시 신성로마제국의 황제 카를 5세(Karl V: 1519-1556)는 로마 교황청과 우호적인 관계를 유지해왔기 때문에 교황의 요구에 따라 루터를 출석시켜 심문하려고 했다.[35] 루터 역시 보름스 제국의회에 참석하여 자신의 입장을 명확히 밝히려 했다. 황제와의 대면과정에서 루터는 자신의 입장을 철회하지 않고 성서와 신앙에 입각한 구원론을 견지했다. 5월 26일 카를 5세는 '신의 교회로부터 완전히 이

---

31 엘스터는 중부 독일의 강 이름이다.

32 특히 교회조직의 강제적 성격을 옹호한 저서들이 소각되었다.

33 1521년 1월 3일에 발표된 교황의 교서(*Decet Romanum Ponificem*: 로마교황은 이렇게 말한다)로 루터 및 그의 추종자들이 파문을 당했다. 특히 루터는 상습적인 이단자로 낙인찍혔을 뿐만 아니라 영원히 그러한 상태에서 벗어날 수 없다는 것이 명시되었다.

34 제국의회는 신분에 따라 세 개의 집단으로 구성되었다. 그 첫째가 7명의 선제후(Kurfürst) [마인츠 대주교, 쾰른(Köln) 대주교, 트리어(Trier) 대주교, 작센공작, 브란덴부르크 (Brandenburg)공작, 보헤미아(Böhmen) 왕]이었고, 둘째는 기타 제후들(4명의 대주교, 46명의 주교, 수도원장을 비롯한 83명의 기타 성직제후, 24명의 세속제후, 그리고 145명의 백작 및 영주), 셋째는 83개의 제국도시대표들로 구성되었다.

35 카를 5세는 1520년 10월 23일 아헨(Aachen)에서 대관식을 치르고 권좌에 올랐다.

탈한 인물이고, 완고하고 너덜너덜한 인간이고 명백한 이교도(ein von Gottes Kirche abgetrenntes Glied, verstockten Zertrenner und offenbaren Ketzer)'라고 언급하면서 루터에 대한 제국법률보호권을 정지시켰다.[36] 아울러 그는 루터의 저서들을 즉시 폐기시킬 것도 명령했다.[37] 또한 카를 5세는 신성로마제국 내에서 루터를 지원하거나 또는 그에게 숙식을 제공하는 것을 금지한다는 칙령도 발표했다. 칙령에서는 또한 루터의 작품을 읽거나 또는 인쇄하는 것을 법적으로 허용하지 않는다는 것도 거론되었다.

(3) 신약성서의 독일어번역

추방형을 받은 루터는 작센(Sachsen)선제후 프리드리히(Friedrich der Weise: 1463-1525)공의 도움으로 1521년 5월 말부터 다음 해 3월 3일까지 아이젠나흐(Eisenach) 근처의 바르트부르크(Wartburg) 성에 은신하면서 신약성서를 독일어로 번역했다.[38] 그가 짧은 시간 내에 번역을 끝낼 수 있었던 것은 라틴어로 쓰여진 불가타(Neue Testament aus der Vulgata)성서를 외우다시피 잘 알고 있었기 때문이었다.[39] 그는 라틴어 성서의 오류를 바로 잡기 위해 1519년에 출간된 에라스무스의 헬라어 신약성서(Neue Testament aus der griechisch-lateinischen Erasmusausgabe) 두 번째 판을 사용했다. 물론 루터에 앞서 독일어 성서번역이 시도된바 있지만 루터의 번역본만큼 호응을 얻지는 못했다. 루터

---

36 이 당시 에스파냐 왕(카롤루스 1세)을 겸임했던 카를 5세의 권력은 막강했다. 이 인물은 혈통에 따라 물려받은 왕관이 여섯 개 있었는데, 이것으로 유럽의 절반 이상을 통치할 수 있었다.

37 만일 어떤 사람이 루터의 저서를 읽거나, 판매하거나, 소유하거나, 또는 복사를 할 경우 그 역시 파문을 당했다.

38 신성로마제국의 황제 막시밀리안 1세(Maximilian I: 1508-1519)가 1519년에 서거한 후 프리드리히는 황제직 계승을 제안 받았으나 그는 이를 거절했다. 그런데 이 인물은 1517년부터 루터를 보호했고 그의 이러한 자세는 종교개혁의 확산을 가져다주었다.

39 405년에 완성된 이 라틴어성서는 그리스어로 작성된 셉투아긴타(Septuaginta)에 근거했다.

의 번역이 성공을 거둔 것은 독일의 다양한 방언들이 하나의 통일된 성서언어에 용해되었기 때문이다.[40] 비텐베르크로 돌아 온 루터는 멜란히톤[41]과 더불어 자신의 독일어 번역 성서를 재차 면밀히 검토했다. 그 결과 1522년 소위 '9월성서'가 발간되었다. 초판이 신속하게 매진됨에 따라 12월에 제 2판인 '12월성서'가 간행되었는데 이것은 비텐베르크 대학 동료들과의 협의를 통해 개정된 것이었다. 루터의 독일어판 성서는 성서의 내용을 일반 대중에게 알리는데 큰 역할을 했을 뿐만 아니라 독일어 문체를 통일하는데도 기여했다.[42] 루터는 1523년부터 독일어찬송가들을 작곡해 사람들에게 낱장으로 배부했는데 그것은 책을 읽을 수 없던 일반인들의 마음을 움직이기 위해서였다.[43] 1525년 6월, 즉 42세의 나이로 수녀였던 26세의 카타리나 폰 보라(Katharina von Bora)와 결혼한 후 3명의 아들과 3명의 딸을 얻었다.[44] 이

---

40 루터는 성서를 독일어로 번역하는 과정에서 자신의 어머니를 비롯하여 골목의 아이들에게 까지 수도 없이 질문했고, 시장에 모인 사람들이 어떤 표현을 쓰는 지도 자세히 관찰했다.

41 멜란히톤은 독일의 인문주의자 겸 종교개혁가였다. 그는 브레텐(Bretten)에서 태어났다. 아버지는 무기제조업자였고, 외삼촌은 당시 유명한 인문주의자였던 로이힐린(J.Reuchlin: 1455-1522)였다. 멜란히톤은 그리스어로 '무기제조자'라는 뜻을 가졌는데, 로이힐린이 애칭으로 부른 것이 그대로 그의 이름이 되었다. 멜란히톤은 13세(1510)에 하이델베르크 (Heidelberg) 대학에 입학하여 17세(1514)에 석사학위를 받았고, 21세에 비텐베르크 대학의 그리스어 교수로 임용되었다. 그는 이 대학에서 루터의 영향을 받아 그의 협력자가 되었다. 42년간 비텐베르크 대학에 재직하면서 라틴어, 그리스어, 윤리학, 그리고 신학을 가르쳤고, 종교개혁가, 인문주의자, 그리고 교육실천가로서 활동을 펼쳤다. 멜란히톤은 1521년에 신학강요를 출간해 프로테스탄트 최초로 조직신학의 기초를 확립했다. 1530년에는 프로테스탄트 최초의 신앙고백인 〈아우구스부르크 신앙고백: Augsburgische Bekenntnis〉을 썼다. 성서의 독일어 번역에 협력했지만 온화한 성품의 학자였기 때문에 종교개혁운동에 표면적으로 나서지는 않았다.

42 토마스 만(T.Mann)은 루터의 번역을 통해 문법적 체계를 갖추기 시작한 독일어가 괴테 (Goethe) 및 니체(Nietzsche)의 노력으로 완벽한 언어로 정립될 수 있었다는 견해를 제시했다.

43 루터의 독일어판 성서는 1825년 110판이 출간되었다. 이로써 당시 독일어해독능력을 가진 성인들의 삼분의 일이 루터의 성서를 소유하게 되었다.

44 오늘날 루터의 후손은 2,800명 정도로 보고 있다. 그러나 루터의 직계는 마르틴 고트로브 루터(M.G.Luther)가 1759년에 사망함으로써 단절되었다.

당시 루터는 독신에 대해 부정적인 견해를 가졌을 뿐만 아니라 자신의 관점을 추종자들에게 확고히 전달하고자 했다. 아울러 그는 자신의 부모가 손자를 원하고 있다는 사실도 잘 알고 있었다. 보라와 결혼한 이후 루터는 로마 가톨릭과 최종결별을 선언했고 그 이후부터 새로운 교회를 조직하는 일에 전념했다.

루터의 종교개혁은 기존 가톨릭교회의 교리와 성격을 혁명적으로 바꾸어 놓았다. 그는 전통적인 라틴어 대신 독일어를 사용하여 목회활동을 했으며 교황, 대주교, 주교 등의 성직제를 폐지했다. 즉 성직자와 평신도를 갈라 놓은 장벽을 허물고 성직자가 지상에서 누렸던 특권과 지위를 폐지하려고 했던 것이다. 그는 또한 수도원 제도를 폐지하고 목회자에게도 결혼을 허용해야 한다고 주장했다. 루터는 구원에 이르는 방법으로 선행보다는 믿음을 강조했기 때문에 금식, 순례여행, 성물숭배 등을 무시했다. 아울러 루터는 교회가 국가위에 존재한다는 것을 부정하고, 교회를 국가의 통제와 관리 하에 두고자 했다.[45]

5. 농민들의 봉기와 루터의 대응

1522년에는 농민, 도시민, 하급기사, 봉건제후들로부터 지지를 받은 루터파 교회가 세워졌다. 당시 농민들은 루터가 제창한 복음의 자유를 농노로부터의 해방을 의미하는 것으로 확신했으며, 이에 힘입어 루터의 종교개혁

---

45 루터의 교리를 처음으로 지지한 계층은 제국의 기사들이었다. 경제적으로 빈곤한 상태에 있던 이들은 군사적 기능마저 상실한 채 영방 군주들의 억압하에서 사회적 지위강등을 체험하고 있었다. 따라서 이들은 가톨릭 사제층과 결탁한 영방 지배권에 반발하여 강경한 반교회적 입장을 취했다.

농민들의 봉기

은 더욱 확산되어 사회운동으로 발전했다. 1524년부터 독일 전역에서 농민 봉기(Bauernaufstand)가 발생했는데 그것은 봉건적 착취에 항거하는 과정에서 비롯되었다. 그런데 루터의 종교개혁이 농민봉기의 직접적인 원인이 되었다고는 볼 수 없지만, 그의 복음주의 사상이 많은 영향을 준 것만은 틀림없는 사실이었다. 예컨대 루터의 '기독교인의 자유'가 비록 순수한 종교적 개념이었다고 하더라도, 농민들은 그 뜻을 확대 해석하여 농노의 해방을 의미하는 것으로 받아들였고, 그의 만인사제주의는 곧바로 세속적 평등주의로 해석되었던 것이다.[46] 루터의 교회재산에 대한 공격과 고리대금업자와 금융가에 대한 비난은 농민들의 광범위한 공감을 얻을 수 있었다. 독일에서의

---

46 루터는 '우리는 모두 성직자이며, 하나의 믿음과 복음, 동일한 형식의 성사를 시행하고 있는데, 왜 우리에게는 믿음에 대한 진실과 거짓을 평가하고 판단할 능력이 없단 말인가?'라는 언급을 하면서 교황만이 성서해석권을 가진다는 주장에 동의하지 않았다. 나아가 그는 평신도들도 사제가 될 수 있는 영적신분을 가진다는 관점을 피력했는데 이것이 바로 그의 만인사제권이라 하겠다.

농민운동을 실질적으로 주도한 인물은 작센지방 출신의 신학자이자 사제인 뮌처(T.Münzer: 1486-1523)였다.[47] 뮌처는 루터의 복음주의를 일찍부터 수용했지만 그는 더 급진적인 주장을 내세우면서 루터로부터 멀어져 갔다. 뮌처는 로처(S. Lotzer: 1490-1525)와 같이 신국의 건설, 신 앞에서 만인의 평등, 사회계급과 사유재산부정, 신자들의 공동노동과 이익의 공동분배 등 급진적인 주장을 하며 농민운동을 부추겼다.[48] 이에 고무된 농민들은 주임신부선출권을 각 교구로 이양하고 성직자들은 복음에 따라 설교할 것, 농노제(Leibeigenschaft)를 폐지할 것, 자유로운 사냥, 물고기잡이, 벌목의 자유를 허용하고 거기서의 수확물들에 대한 판매권을 부여할 것, 임의적으로 강화시킨 부역을 이전 수준으로 환원시킬 것, 비관습적인 모든 봉사를 거부하지만 그것들에 대한 보상이 있을 경우 봉사를 할 수도 있다는 것, 지주에 대한 세금을 완화시킬 것, 그리고 인위적으로 높게 책정한 벌금은 이전 수준으로 환원시킬 것 등의 내용을 담은 '농민계급의 12개조(Zwölf Artikel der Bauernschaft in Schwaben)'를 발표하여 봉건영주에 대항했다.[49] 농민의 아들임을 자랑하던 루터는 처음에 농민봉기에 호의적인 태도를 보였다. 그러나 약탈과 파괴가 자행되는 등 그 성격이 과격해짐에 따라 반대 입장으로 돌아섰다.

이 당시 루터는 그 누구라 할지라도 무력으로 합법적 권위에 도전할 수 없다는 주장을 펼쳤을 뿐만 아니라 무력사용 자체를 질서파괴행위로 간주하기도 했다.[50] 루터는 1525년 4월에 '농민 계층의 12개조에 대한 경고'라는

---

47 작센지방 출신의 신학자이며 사제였다.

48 이 당시 로처는 모피가공공장의 직인(Kürschner)이었다.

49 뮌처는 1525년 5월 15일 프란켄하우젠(Frankenhausen)에서 펼쳐진 전투에서 6,300 명의 튀링겐(Thüringen) 농민군을 이끌었다. 그러나 이 전투에서 헤센, 작센, 브라운슈바이크 제후들의 병사들로 구성된 연합군의 희생은 미미했지만 전투경험이 전혀 없었던 농민군의 희생은 매우 컸다. 뮌처는 자신의 동료인 파이퍼(H.Pfeiffer)와 같이 체포되어 같은 해 5월 말 53명의 지지자들과 함께 처형되었다.

50 루터는 세속적 질서, 즉 합법적 권위 역시 신이 만들었다는 관점을 가지고 있었다.

발표문을 통해 당시의 상황을 완화시키려고 했다. 따라서 루터는 직접 튀링겐의 여러 지역을 순회하면서 농민들과 대화를 했지만 농민들의 반응은 매우 부정적이었다. 이에 루터는 5월 '강도, 살인자 무리인 농민들을 반박함 (Auch wider die räuberlichen und mörderischen Rotten der Bauern)' 이라는 독설적인 글을 통해 농민들을 강도와 같은 폭도로 규정하며 '그들을 미친개를 때려잡듯 목매달아 죽여야 한다'라는 극단적인 적대감을 표시하기도 했다. 이후부터 루터는 제후들 편으로 완전히 돌아서 수천 명의 무고한 농민들을 처형하는데 반대하지 않았다.[51] 루터가 농민봉기를 탄압한 이유는 기독교인의 자유란 세속적인 평등주의에 있지 않고 오로지 개인적인 믿음의 자유에 있다고 믿었기 때문이다. 즉, 그는 기존 권위와 권력에 대한 시민적 순종이 기독교의 미덕이라고 여겨 제후들에게 농민들을 탄압할 것을 요구했던 것이다. 루터의 이러한 태도 변화로 제후들은 용기를 얻어 농민봉기를 진압할 수 있었다.[52] 농민전쟁은 독일사 최초의 민중운동이라고 할 수 있다. 그러나 봉기가 실패함에 따라 농민들에 대한 영주와 교회의 압박은 더욱 강화되었다. 농노제 역시 더욱더 혹독해져서 공동지 용익권이 크게 제한되었고 공납과 부역의 의무 역시 더욱 무거워졌다.

　　루터가 농민학살에 개입함에 따라 그에 대한 농민층의 지지는 사라지게 되었다. 농민봉기 이후 루터의 종교개혁은 영방군주에 의존하게 되었으며, 이는 이후 루터파 교회를 국가에 종속시키는 결과를 초래시켰다.

51 　7만 5,000명에 달하는 농민들이 봉기과정에서 목숨을 잃었다.
52 　1525년 5월 25일 헤센(Hessen), 작센(Sachsen), 그리고 브라운슈바이크(Braunschweig)의 제후들은 프랑켄하우젠에서 농민군의 주력부대를 격파했다.

6. 아우구스부르크 종교회의

농민봉기가 진압된 이후 루터의 지지 세력은 점차적으로 확대되었고 그것은 신·구권의 대립을 격화시키는 계기가 되었다.[53] 루터파는 신·구권의 대립이 격화됨에 따라 자위책으로 1531년 2월 6일 슈말칼덴 [Schmalkalden: 튀링엔(Türingen)] 동맹을 체결했고 이후 독일 전역은 종교적 소요를 겪게 되었다. 이 동맹에는 쿠어작센, 브라운슈바이크(Braunschweig), 브레멘(Bremen), 마그데부르크(Magdeburg), 만스펠트, 헤센(Hessen), 슈트라스부르크(Strassburg), 울름(Ulm), 그리고 콘스탄츠(Constanz) 등이 참여했다. 이후 이 동맹은 프랑스뿐만 아니라 영국과의 결속을 모색했고 합스부르크와 대립하던 헝가리와도 접촉하여 반구교적이고 반황제적인 전선을 구축했다. 그런데 슈말칼덴동맹은 루터 파의 확산에 위협을 느낀 황제가 1529년 4월 19일 슈파이어(Speyer)에서 제국의회를 개최한 후 거기서 루터파의 포교를 금지한 데서 나온 일종의 자위적인 동맹 체제라 할 수 있다.

이후 독일에서는 신교 제후와 황제간의 싸움이 약 20년간 지속되었는데 이 과정에서 슈말칼덴 동맹에 참여한 프랑스는 신교세력을 적극적으로 지원했다. 그리고 이것은 신성로마제국 내에서 신교세력의 위상을 크게 증대시키는 요인이 되기도 했다. 이에 따라 카를 5세는 신교세력과의 타협 필요성을 인지하게 되었다.[54] 1555년 2월 5일부터 페르디난트 1세(Ferdinand I: 1503-1564)[55]의 주도로 아우구스부르크(Augusburg) 종교회의가 개최되었고 같

---

53 여기서 구교도들은 루터 파를 프로테스탄트(Protestant)라 지칭했다.

54 이에 앞서 카를 5세는 일시적으로 신교세력에게 자체적인 종교행사(Religionsausübung)를 허용했는데 그것은 신교세력의 지원을 받아 오스만튀르크로부터의 위협을 막아야만 했기 때문이다.

55 이 인물은 1556년 신성로마제국의 황제로 등극했다.

은 해 9월 25일에는 제후 및 자유도시에 대한 신앙의 자유(*cujus regio, ejus reli-gio*: 그의 지역이 곧 그의 종교)[56]가 허용되었다. 이에 따라 루터파는 선교의 자유를 얻게 되었다.[57] 그러나 이러한 신앙의 자유는 일반인 모두에게 허용된 것이 아니라 제후와 도시에게만 허용되었다. 그리고 루터 파를 제외한 나머지 신교 파들은 종교적 자유를 얻지 못했다. 루터파로 개종한 지역의 교회재산은 세속화되었다. 이에 따라 제후들은 부유하게 되었고 그것은 루터파로 개종하는 제후들의 수를 늘리는 계기가 되었다. 결국 아우구스부르크 종교회의는 각 지역에 대한 영주들의 통치권을 허용함으로써 이제 제국은 중앙집권적인 연방국가라기 보다는 개별적인 지역들이 모여 이루어진 정치적 결합체임을 공식적으로 선언한 결과를 가져왔다. 그 결과 조세권과 군대징집권은 더 이상 황제의 권한이 아니라 제국의회와 행정기구에서 각 지역을 대표하는 영주들의 권한이 되었다. 이제 각 지역 영주들은 그 지역의 규모와 부에 따라 세금을 내고 유사시에 군대를 지원하기만 하면 되었다.

종교개혁은 지방보다는 도시에서 보다 활성화되었다. 이 당시 농촌 주민의 95퍼센트가 문맹이었던 반면에 도시민의 약 30퍼센트 정도가 글을 읽을 수 있었기 때문에 루터의 주장은 좀 더 쉽게 수용될 수 있었던 것이다. 개신교 성직자들과 더불어 루터의 새로운 생각을 받아들인 도시민들은 주점이나 길거리에서 문맹자들에게 그의 사상을 전달하는데 주저하지 않았다. 그리고 당시 도시들은 규모가 매우 작았기 때문에 시민 들 간의 활발한 교류가 가능했고 그것은 루터의 사상을 보다 확산시키는 계기가 되었다.

---

56 1555년 9월 25일에 체결된 조약은 그 지역의 종교가 그 지역 군주의 종교를 추종한다는 암묵적 동의도 부여했다. 이에 따라 영역교회의 개념이 도입되었다 하겠다. 그리고 군주의 종교를 추종하지 않는 사람들에게는 이주의 권한(*ius emigrandi*)이 부여되었다.

57 이로써 신성로마제국이 그동안 견지했던 종교적 단일화는 더 이상 불가능하게 되었다. 신앙의 자유가 부여되었음에도 불구하고 제국의 성직자들은 개종을 할 수 없었다. 만일 이들이 개종을 할 경우 그들은 성직 및 성직록을 포기해야만 했다(*reservatum ecclesiasticum*).

16세기 중엽 이후부터 루터파는 북부 독일을 중심으로 스웨덴, 덴마크, 노르웨이 등으로 확산되었다. 이 세 지역은 명목상 스칸디나비아라는 한 왕국이었지만, 왕이 실제적으로 다스리는 지역은 덴마크뿐이었고 나머지 지역은 귀족들의 관할 하에 있었다. 이 지역들은 대체로 9세기부터 프랑크 왕국을 통해 기독교를 받아들였고 11세기에 이르러서는 가톨릭교회가 일반화되었다. 루터교가 이 지역에서 종교개혁의 발판을 마련하게 된 것은 프레데릭 1세(Frederick: 1523-1533) 때였다. 북부 독일 이외에도 보헤미아, 폴란드, 그리고 헝가리에서도 루터의 신봉자들이 속속 등장했다. 교황청의 면벌부판매에 대한 교리적 반발로 시작된 루터의 행동은 당시 성장하기 시작한 초기 자본주의적 사고방식을 더욱 구체화시키는 계기가 되었다. 루터를 지지한 지방 귀족들이나 영주들은 면벌부판매로 영지에서 자신들에게 돌아올 재화 중의 상당수가 줄어드는 것에 대해 불만을 가지고 있었다. 이러한 상황에서 루터의 행동은 그들에게 교황청에 대항 할 수 있는 교리적 근거를 제공했고, 이것은 유럽 전역에서 자리 잡아 가고 있던 중상주의적 사고방식을 확립하는 데도 기여했다.

7. 스위스의 종교개혁

독일에 이어 스위스에서도 새로운 개혁의 흐름이 나타나고 있었다. 스위스는 수세기 동안 독립전쟁을 치렀고 그러한 과정에서 자유주의적 정신도 확산되었다. 또한 중세 상공업의 요지로 도시들이 번영했으며 부패한 성직자들 역시 많은 곳으로 알려졌다. 1532년 교황, 성직자, 수도원을 비난하고 취리히(Zürich) 교회내의 미사, 십자가, 제단, 성화를 없앤 츠빙글리(U. Zwingli: 1484-1531)[58]에 이어 프랑스인 칼뱅(J. Calvin: J. Cauvin 1509-1564)이 제네

아우구스부르크 종교회의에 참석한 루터

바의 정치 및 종교적 실권을 장악하게 되었다.[59] 그는 인간의 구제가 당초부

58 1519년 취리히의 성직자가 된 츠빙글리는 1522년부터 종교개혁에 대해 관심을 보였다. 다음해 인 1523년 그는 로마교회로부터의 분리를 선언했고 그것에 대한 시의회의 입장 역시 긍정적이었다. 이후부터 그는 스위스 전역에서 종교개혁을 시도했지만 일부 주의 반발로 어려움을 겪게 되었다. 1529년 5개주가 가톨릭을 고수한다는 공식적 입장을 밝히게 됨에 따라 신교 주와 구교 주 사이에 전쟁이 발생했고 1531년 카펠(Cappel)전투에 종군사제로 참가한 츠빙글리는 이 전투에서 전사했다.

59 노와용(Noyon)출신의 칼뱅은 1523년부터 파리의 마르쉐(Marche) 대학에서 신학을 공부하고 석사학위를 취득했다. 이어 그는 오를레앙과 부르지 대학에서 법학을 전공했다. 이 때 그는 독일계 신교도 강사였던 볼마르(Volmar)의 지도로 그리스 고전에 정통하게 되었고, 프로테스탄티즘의 영향도 받게 되었다. 1532년 '세네카의 관용론'에 대한 주해를 발표하여 인문주의자로서의 학문적 재능도 인정받았다. 그러나 프로테스탄트에게 관용적이었던 프랑시스 1세가 정책을 바꾸어 루터파를 박해하기 시작하던 무렵, 칼뱅은 에라스무스와 루터의 글을 인용한 강연의 초고를 작성했다는 혐의를 받았다. 이후 그는 은신해 지내면서 교회를 초기 사도시대의 순수한 모습으로 복귀시킬 것을 다짐하고 로마 가톨릭과 결별하고 프로테스탄트의 입장을 명확히 했다. 1533년부터 루터의 개혁사상에 대해 관심을 가지게 되었고 그것은 그로 하여금 파리를 떠나 바젤에서 정착하게 하는 요인이 되었다. 이 도시에서 칼뱅은 '기독교 강요(Christianae Religionis Institutio)'를 저술했는데 거기서는 박해받고 있는 프랑스의 신교도들을 변호하고 그들의 신앙을 옹호하는 입장이 표방되었다.

칼뱅

터 신의 예정에 의한다는 주장을 펼쳤고 정치와 종교의 분리를 주장하던 루터의 사상과는 달리 정치는 물론 생활자체에서도 엄격한 성서중심주의를 강조했다. 루터의 사상이 국내적이고 신비적인데 반해 칼뱅의 가르침은 보다 이론적이고 국제적이었기 때문에 전도 사업을 추진하는 데 있어 커다란 장점으로 부각되었다. 또한 칼뱅은 루터와는 달리 세속적 직업에 대한 윤리관에서 독특한 면을 보였다. 세속적 직업을 천시하던 중세적 직업윤리에 반기를 든 루터는 직업에 헌신하고 이웃에 봉사하는 것을 찬양했으나 그에 있어 중요했던 것은 어디까지나 신앙이었고 세속적 직업에 대해서는 '의식이면 족하리'라는 중세적 입장에서 완전히 벗어나지 못했다. 이에 반해 칼뱅은 보다 철저한 근대적인 직업윤리를 확립했다. 즉 그는 신이 예정해 준 직업의 완전수행 만이 신의 의지에 따르는 길이며 재산과 시간을 낭비하는 것은 신을 배반하는 죄악이라 했다. 예정설(Prädesinationslehre)[60]에 의한 직업에 헌

---

60 인간의 구원은 신에 의해 예정된 일이며, 인간의 어떠한 덕행으로도 신의 뜻을 바꿀 수 없

신함으로써 축적된 재산의 철저한 소비억제를 근간으로 하는 칼뱅주의의 윤리는 근대 자본주의 정신의 중요한 지주가 되었다.[61] 이러한 칼뱅의 주장은 상공시민 계층의 현실적 축재를 종교적으로 합리화시킨 것으로 근대산업이 성장되고 있던 여러 나라에 널리 확산되었다. 프랑스의 위그노(Hoguenot), 영국의 청교도(Puritan), 네덜란드의 고이센(Geußen),[62] 그리고 스코틀랜드의 장로파(Presbyterian) 등이 바로 이에 해당된다고 하겠다.

이렇게 신교가 유럽에서 확산됨에 따라 기존의 가톨릭교회도 내부적인 개혁을 단행하려고 했다. 1534년 에스파냐의 군인출신 로욜라(I. de Loyola: 1491-1556)는 가톨릭교회의 본래 이상을 실현하기 위해 파리(Paris)에서 전투적 예수회(Jesuits)를 조직했다. 이 예수회에 속한 수도사들은 선교활동을 통해 프로테스탄트에게 빼앗긴 지역을 회복하고 아시아와 아메리카에서 새로운 개종자를 얻으려고 했다.[63] 특히 이들은 수도생활에 전념했던 이전의 수

다는 것이 예정설의 핵심적인 내용이라고 하겠다. 칼뱅은 모든 사람이 동일한 상태로 창조된 것이 아니며, 어떤 사람에게는 영원한 삶이, 또 어떤 사람에게는 영원한 벌이 예정되어 있다는 견해를 제시했다. 즉 그는 성서가 밝히고 있는 바에 따라, 주님이 그 영혼의 섭리로서 누구를 구제하려고 원하시고 또한 누구를 멸망에 이르게 하려고 하시는가를 그 영원 불변의 섭리 속에 미리 정해 놓았다는 입장을 밝혔던 것이다.

61 칼뱅의 이러한 관점은 막스 베버(M. Weber)의 「프로테스탄티즘의 윤리와 자본주의의 정신」에서 거론되었는데 그 부분을 언급하면 다음과 같다. '신이 크리스트 교도들에게 바라는 것은 그들이 사회에서 맡은 일을 열심히 하는 것이다. 그것은 아마도 인간 생활의 사회적 구상이 신의 가르침에 따라, 그러한 목적에 맞도록 조직되기를 원했기 때문이다. 칼뱅파가 현세에서 하는 사회적인 일들은 바로 신의 영광을 드높이기 위한 것이다. 따라서 이들은 '부' 자체를 지극히 사악하다고 하면서도, 직업노동의 결과로 부자가 되는 것은 신의 은혜로 간주했다. 그 뿐만 아니라 더 중요한 것은, 세속적 직업노동을 지속적으로 해나가는 것을 최고의 금욕적 수단으로 삼았고, 또 그것을 올바른 신앙에 대한 확실하고도 명료한 증명으로 존중하려고 했다는 것이다. 그리고 이러한 생각은 자본주의 정신이라 지칭되는 인생관의 확산에 강력한 지렛대 역할을 담당했다.'

62 고이센은 1566년 이후 에스파냐와 맞서 싸운 네덜란드 자유 투사단의 일원을 지칭한다.

63 수도사들의 노력으로 1544년부터 쾰른, 빈, 프라하에서 예수회를 추종하는 세력이 증대되기 시작했다.

도사들과는 달리 설교와 강론 등을 통해 자신들의 교리를 적극적으로 전파하려고 했다. 1545년 이탈리아 트렌토에서 개최된 종교회의에서는 가톨릭 교회의 전통적 교리가 옳다는 것이 재확인되었을 뿐만 아니라 성직자의 부패를 막기 위한 지침도 구체적으로 마련되었다. 이러한 자체정화 운동으로 가톨릭교회는 프로테스탄트에게 잃었던 세력의 상당 부분을 회복하는데 성공했다.[64] 그러나 17세기말과 18세기 초에 프로테스탄트와 가톨릭에서 기존의 정통성을 부정하는 움직임이 나타나기 시작했다. 우선 가톨릭에서는 얀센주의(Jansenismus)가 가톨릭 교회가 가지고 있던 미신적 요소를 제거하려고 했다.[65] 신교에서도 많은 사람들이 슈페네(P. J. Spene: 1635-1705)[66]의 외침, 즉 직접적인 종교적 체험, 개인과 신 사이의 직접적인 관계, 성경에 대한 개인적 이해를 토대로 한 적극적인 기독교 삶 등을 회복해야 한다는 요구에 호응했다. 이것이 바로 경건주의인데, 경건주의자들은 종교개혁이 인간의 삶을 별로 변화시키지 못한 채 신학적 차원에서 머무르고 있다는 주장을 펼치면서 종교개혁을 마무리해야 한다는 기치를 내걸었다. 이들은 회심과 거듭남의 체험이 각 개인들을 새로운 기독교적인 삶으로 이끈다는 주장을 펼쳤다. 따라서 이들은 소집단별로 비밀리에 모여, 성경을 읽고 기도하며 신성한 삶을 영위하는 경험도 공유하려고 했다.

---

64 교황 그레고리우스 13세(Gregory XIII)는 1582년 기존의 율리우스력 [Der Julianische Kalendar: 기원전 46년 케사르(J. Caesar)가 제정]을 그레고리력(Der Gregorianische Kalendar)로 변경시켰다. 그리고 지난 백년간을 재산정하는 과정에서 10일이 초과되었기 때문에 1582년 10월 4일이 같은 해 10월 15일로 변경되었다. 신교도들은 이러한 로마의 명령을 수용하지 않았기 때문에 1700년까지 양 종파는 10일간의 차이를 고수했다.

65 네덜란드 루뱅 대학의 신학교수였던 얀센은 은총설, 예정설, 예수재림설을 강조하면서 칼뱅주의와의 접근을 모색했다. 이에 따라 그는 예수회와 대립하기도 했다.

66 슈페네는 독일 경건주 운동의 대표적 인물이다.

서 양 근 대 사 04 **절대왕정 시대**

1. 절대왕정체제

(1) 절대왕정체제의 등장요인

백년전쟁(1339-1453), 장미전쟁(1455-1485) 등으로 중세정치체제의 근간이었던 봉건제도(feudalism)가 흔들리기 시작했는데 그것은 장기간 지속된 전쟁으로 인해 이 제도의 핵심적 축인 귀족 및 기사 계층의 세력이 크게 약화되었기 때문이다. 이에 따라 봉건제후의 일인자(primus inter pares)로 만족했던 각국의 군주들은 그들의 권력을 증대시키는데 필요한 방안을 구체적으로 모색하기 시작했다.

거의 같은 시점 신대륙에서 금과 은이 대량으로 유입되기 시작했는데 매년 50만 파운드(Pound: 약 0.4536kg)의 은과 1만 파운드의 금이 에스파냐로 유입된 것을 그 일례로 제시할 수 있을 것이다.[1] 특히 16세기 후반부터 본격화되기 시작한 은의 대량유입은 당시 유럽에서 은을 독점적으로 공급했던 독일의 은광을 몰락시켰을 뿐만 아니라 은의 가치도 대폭 하락시켜 물가앙등현상을 초래시켰다.[2] 16세기 후반에 접어들면서 유럽의 물가는 신대륙이 발견되기 이전보다 무려 3배 이상 급등하게 되었는데 그것을 지칭하여 가격혁명(Price Revolution)이라고 한다. 은의 대량 유입으로 유럽의 적지 않은 지역에서 경제적 혼란이 야기되었지만 그것은 경제적 재조정 및 비약을 가져오게 하는 계기도 되었다. 즉 신대륙의 발견은 중세 말기부터 진행되었던 이른바 상업혁명을 더욱 촉진시키는 계기가 되었던 것이다. 그리고 이러한 상업혁명은 지대의 금납화현상도 초래시켰는데 이것 역시 봉건체제를 붕괴시키는 또 하나의 요인으로 작용했다.

---

1 신대륙에서 금과 은이 에스파냐로 본격적으로 유입되기 시작한 것은 1503년경부터였다.
2 1561년부터 매년 125만 파운드 이상의 은이 에스파냐로 유입되기 시작했다. 그러다가 1591년에 이르러 은의 유입량은 무려 400만 파운드에 달하게 되었다.

상업혁명이 진행되는 과정에서 생산수단을 가진 상인 및 수공업자들은 막대한 부를 축적하게 되었다. 이렇게 막대한 부를 축적했음에도 불구하고 이들 계층은 자신들의 부를 더욱 늘리려 했고, 거기서 국왕과의 연계가 절대적으로 필요하다는 사실도 인지하게 되었다. 국왕 역시 자신의 위상을 확고히 정립하기 위해서는 귀족 계층과의 무력적 대립에서 우위를 차지해야 했기 때문에 시민 계층의 경제적 지원이 절실히 필요했다. 즉 그는 귀족 계층과의 대립에서 절대적 우위를 차지하기 위해서는 막대한 자금이 필요한 상비군체제를 구축해야 한다는 사실을 잘 알고 있었던 것이다. 이에 따라 각국의 국왕과 시민 계층 사이에 제휴관계, 즉 정경유착관계가 구축되었는데 여기서 국왕은 시민 계층에게 경제적 특권, 즉 특허장발부를 보장했고, 시민 계층은 국왕에게 상비군체제유지에 필요한 경비지출을 약속했다.

(2) 절대왕정체제의 특징

절대주의(Absolutism)는 동방적 전제주의와는 달리 봉건적 정치체제로부터 근대 시민적 민주정치로 이행하는 과정에서 나타났다. 따라서 절대왕정 또는 절대주의 국가는 봉건 영주들이 주도한 지방분권적 정치체제를 탈피하고 강력한 왕권을 중심으로 사법, 행정, 그리고 군사적 측면에서 중앙집권이 이루어진 근대 초기의 국가라 하겠다. 절대왕정이란 국왕이 자신의 관료조직과 군사조직을 바탕으로 전 영토에 걸쳐 국가권력을 실질적이고 효과적으로 행사하는 정치체제를 말한다. 그러나 이러한 정치체제하에서 부각된 왕권의 절대성은 중세의 봉건적 권력에 대비할 경우에만 그 유효성을 가질 수 있는데 그것은 이러한 절대성이 고대 이집트의 파라오(Pharaoh)나 로마 황제(Emperor)의 그것과 비교할 정도가 아니었기 때문이다.

절대왕정체제를 유지하는데 가장 중요한 요소로는 관료제와 상비군을 들 수 있다. 국가의 통치 및 행정에서 국왕의 의사를 충실히 수행하는 관료

집단은 왕권강화의 필수적 요소라 하겠다. 그런데 관리들의 대다수는 귀족이 아닌 평민, 다시 말해서 중산층 또는 시민 계층이었고 이들은 봉토 대신에 봉급을 받았다. 그러므로 보다 많은 관리들을 채용하기 위해서는 국가의 재정지출증가가 요구되었고 그것은 국왕으로 하여금 보다 많은 재원을 확보하게 하는 요인으로도 작용했다.

그리고 상비군의 상당수는 용병으로 충당되었으며 직업상의 위험 때문에 이들은 주로 낙후된 지방의 주민들과 하층민들로 충당되었다. 용병은 실업해소와 유랑민을 억제할 수 있는 효과를 가져왔으며 상비군유지는 상공업발전에도 자극제가 되었는데, 특히 전쟁이 발생하는 경우 무기제조업자와 군납업자들은 많은 이익을 보기도 했다.

(3) 절대왕정체제의 이론적 토대정립

왕권신수설을 근간으로 한 절대왕정체제의 이론적 근거는 프랑스의 정치사상사 겸 역사가였던 보댕(J.Bodin: 1520-1596)과 루이 14세(Louis XIV)의 아들을 개인적으로 가르쳤던 모(Meaux) 주교 보쉬에(J-B. Bossuet: 1627-1704)로부터 제기되었다.[3]

보댕은 1576년 자신이 출간한 '국가론(Les Six livres de la République: 국가에 관한 6권)'에서 절대왕정체제를 강력히 옹호했다.[4] 보댕의 '국가론'은 모두 여섯 부분으로 구성되었다. 총 열 개의 장으로 구성된 제1서는 좋은 국가가 지향하는 주요목적으로부터 시작하여 가족, 남편의 권리, 아버지의 권리, 영주권, 시민, 주권론, 봉건 영주 등에 대한 개념적 고찰을 시도했다. 제2서는 일

---

3   보쉬에는 1681년 모 주교로 임명되었다.

4   이 당시 보댕은 당시 사회개선에 필요한 글을 쓰라는 권유를 받고 있었다. 이에 따라 그는 1576년 국론을 출판하게 되었고 이 저서를 18년 동안 알고 지내던 국왕개인의 자문위원이자 피브라크의 영주였던 뒤 포르(Guy du Faur)에게 헌정했다.

보댕

곱 장에 걸쳐 다양한 국가형태를 고찰했다. 고대 국가로부터 보댕까지의 시대, 스파르타(Sparta)로부터 베네치아와 프랑스의 국가체제에 이르기까지의 다양한 국가형태를 소개하고, 이를 봉건왕정, 폭군정, 귀족정, 민주정으로 분류하여 분석했다. 그리고 모두 일곱 장으로 이루어진 제3서는 관료와 법관, 주권자와의 관계를 고찰하면서 국가를 구성하고 있는 다양한 공적 및 공동체의 문제를 언급했다. 제4서의 첫 장은 국가의 흥망성쇠에 대한 사적 유형화를 시도하면서 왕정과 귀족정 그리고 민주정의 특성을 상세히 분류했다. 여기서 보댕은 역사를 회상하는 것이 국가의 미래, 즉 국가가 경험할 수 있는 변화적 상황을 예측하고 그것에 대응할 수 있는 방법이라는 것을 강조했다. 이는 역사적 교훈을 통해 안정된 국가를 유지할 방법을 다각적으로 검토할 수 있다는 전통적 역사관에서 비롯된 것이라 하겠다. 즉 그는 역사가 군주의 덕목과 행동규범, 관료의 자질, 국가 분열에 대한 군주의 현명한 처신 문제에 올바른 방법을 제공한다고 믿었던 것이다. 제5서의 제 1장은 신민의 본성을 이해하는 방법과 국가의 형태를 다양한 인간들과 조화시키기 위한 방법 등이 설명되었다. 각각의 지역과 지형에 따라 인간의 성격은 달라질 수밖에 없으므로, 훌륭한 국가는 바로 그러한 차이점을 찾아내고 항상 최적의 형태를 추구해야 한다는 것이 보댕의 관점이었다. 이어서 2장은 국가를 위협하는 주된 요인들과 그것들에 대한 대응방안, 3, 4장은 형벌제도, 마지막 5, 6장은 전쟁 및 국가 간의 협약에 대해 설명했다. 마지막 제6서는 먼저 1,2,3장에 걸쳐 검열, 재정, 화폐주조 문제를 취급했다. 그리고 4장과 5장은 지금까지 논의된 주권과 국가의 개념과 본질을 바탕으로 보댕 자신의 정치적 입장이 피력되었다. 즉 그는 여러 국가 형태를 비교하면서 궁극적으로 왕정체제가 지닌 우수성을 강조했던 것이다. 그리고 마지막 장은 국가의 또 다른 본질인 정의 문제를 언급하면서 책을 마무리 했다.

　　보댕은 자신의 저서에서 법의 구속을 받지 않는 국가 내의 최고 권력이 바로 국가주권이라 했고 국왕이 행사할 주권의 내용으로는 입법권, 사법권, 군대유지권, 전쟁선포 및 평화체결권, 과세권, 그리고 화폐주조권을 제시했다.

　　보쉬에 역시 자신이 1709년에 출간한 '성서의 말씀에서 이끌어낸 정치술(*Politique tirée des propres paroles de l'Écriture sainte*)'에서 절대왕권에 대한 이론적 근거를 제시했다. 보쉬에는 그의 저서에서 하느님의 정의에 대한 교리를 발전시켰는데, 그것은 합법적으로 구성된 정부는 하느님의 뜻을 표현하고 그 정부의 권위 역시 신성하기 때문에 그것에 대한 도전은 어떠한 경우라도 범죄라는 것이다. 또한 그는 군주의 절대적 권한에 대해서도 구체적으로 언급했는데 그것을 살펴보면 다음과 같다. ① 군주는 모든 법을 초월하며 신의 이미지를 갖는다. ② 군주는 신에 대해서만 책임을 지며 신민이나 지상의 어느 누구에 대해서도 책임을 지지 않는다. ③ 신하가 군주의 행위에 대해 이의를 제기하는 것은 신성모독이라 할 수 있다.[5]

　　보댕이나 보쉬에 보다 더 치밀하게 절대왕정체제를 정치철학적으로 합리화시킨 인물은 홉스(T.Hobbes: 1588-1679)였다. 즉 이 인물은 왕권의 우월성을 계약설로 합리화시켰다. 홉스는 1651년 자신의 대표적 저서인 '리바이어던(Leviathan)'에서 자연 상태를 언급했는데 그것은 너무나 끔찍했다.[6] 자기보존의 욕구를 지닌 사람들은 저마다 자신들의 목표를 달성하기 위해 상호간 불신하고 경계하게 되는데 이것을 지칭하여 '만인에 대한 만인의 투쟁 상태'라 한다. 이러한 상태에서 사람들은 자신들의 안전을 지키기 위해 상호계약을 체결하게 되는데 여기서 이들은 남의 것을 빼앗아 자신들의 것으로 만들 자유를 제약당하면서 자신들의 안정을 보장받고, 그 계약을 어긴 자들을 처벌할 폭력의 독점자, 즉 코먼웰스(Commonwealth)의 등장을 인정하게 된다는 것이다. 그런데 홉스가 자신의 저서에서 거론한 리바이어던은 절대 권력을 지칭한다. 홉스에 따를 경우 사람들이 그들의 권력을 코먼웰스에게 양도했기 때문에 코먼웰스의 모든 행위는 신민 개개인의 행위와도 부합된다는 것이다. 따라서 신민들은 통치형태를 변경시킬 수 없을 뿐만 아니라 주권 역시 박탈할 수도 없다는 것이다. 이렇기 때문에 신민들은 주권자의 행위를 비난할 수 없고 그의 어떤 행위에 대해서도 대응할 수 없다는 것이 홉스의 관점이었다. 여기서 홉스는 주권자의 절대적 권한에 대해 언급했는데 그에

---

5   보쉬에는 자신의 저서에서 왕권신수설(Divine Right of Kings)을 다음과 같이 정의했다.
     '신은 국왕을 자신의 대리인으로 만드셔서, 국왕을 통해 백성을 지배하시려 한다. 이미 보아 왔듯이, 모든 권력은 신으로부터 나온다. 성 바울(Paul)께서 다음을 언급하셨다. "그 통치자는 하느님을 대신해서 네게 선을 이루는 자이니라. 하지만 네가 악을 행하게 되면 두려워하라. 그가 괜히 칼을 가지고 있는 것이 아니니, 곧 하나님을 대신해서 악을 행하는 자에게 노함으로 대갚음을 하니라"(로마서 13: 4~5).
     이렇듯 통치자는 이 땅에서 신의 사자, 즉 신의 대리인으로 행동할 수 있다. 신은 통치자를 통해 지배하신다.(…)국왕은 절대적인 권력을 갖지 않고서는 선을 이룰 수도, 악을 막을 수도 없다. 국왕의 권력은, 어느 누구도 그것으로부터 도망치려고 마음먹을 수 없는 권력이어야 한다. 일단 국왕이 어떠한 결정을 내린 다음에는 그것을 바꿀 수 없다. 따라서 정의 그 자체에 복종하는 것처럼 국왕에게도 복종해야 한다.'
6   이 책의 원래 'Leviathan, or Matter, Forme and Power of a Commonwealth Ecclesiatical and Civil(리바이어던, 혹은 교회 및 세속적 공동체의 진로와 형상 및 권력)'으로 출간되었다.

따를 경우 주권자는 초월적인 권한을 가지며 신민의 안정 보장 및 복리를 위해 모든 수단을 사용할 권한도 가진다는 것이다. 또한 입법, 사법, 그리고 행정의 모든 권리 역시 주권자에게 위임되어야 한다는 것이 홉스의 견해였다.[7]

2. 에스파냐의 절대왕정체제

(1) 펠리페 2세

절대왕정체제의 극성기는 펠리페 2세(Felipe II de Habsburgo: 1556-1598) 때 나타났다.[8] 카를로스 1세(Carlos I: 1516-1556)의 퇴위로 펠리페는 1554년 나폴리와 시칠리아를 상속받았으며, 1555년에는 네덜란드를, 그리고 다음 해인 1556년에는 에스파냐(España)를 물려받아 왕위에 올랐다. 그러나 그는 부왕의 영토 모두를 상속 받지는 못했다. 그의 숙부였던 페르디난트(Ferdinand)는 결혼을 통해 이미 보헤미아(Bohemia)와 헝가리(Hungary) 국왕이 되었다. 뿐만 아니라 그는 오스트리아 대공이 된 후 카를로스 1세(카를 5세: 신성로마제국)에 이어 1558년 신성로마제국의 황제로 선출되기까지 했다. 이에 반해 펠리페 2세는 이베리아 반도와 네덜란드, 프랑스의 부르고뉴 지방, 밀라노(Milano), 나폴리, 시칠리아, 필리핀,[9] 그리고 아메리카(멕시코, 페루)에 대한 통치권만

---

7 홉스는 리바이어던에서 절대왕정체제가 모든 정치체제 중에서 가장 우수하다는 입장을 밝혔다.

8 펠리페 2세는 1527년 5월 21일 카를로스 1세의 외아들로 태어났으며, 40 여 년 동안의 통치를 마치고 1598년 9월 13일 생을 마감했다. 이 인물은 '신중왕'이라고 불렸는데, 이러한 호칭은 어떤 결정을 내릴 때 그가 보여준 우유부단함을 우회적으로 표현한 것이라 하겠다. 그는 항상 조언을 필요로 하면서도 조언하는 사람들의 의도를 강하게 의심하곤 했다. 사람들을 잘 의심하면서도 때로는 너무 쉽게 믿어버렸던 그는 공문서 속에 몰두할 때만 편안함을 느끼곤 했다.

을 행사할 수 있었다. 그럼에도 불구하고 펠리페 2세는 재위기간 중 결혼정책을 통해 영토 확장을 지속적으로 꾀했다.[10] 아울러 그는 전국 각지에 총독을 파견해 에스파냐 전체를 실제적으로 통치함으로써 중앙집권체제를 구축했다.

펠리페 2세는 1557년 8월 10일 셍캉탱(Saint-Quentin) 전투에서 자국의 군대가 프랑스 군대를 격파했다는 소식을 접한 후 하느님께 감사드려야 한다는 생각을 가지게 되었다. 그런데 바로 이 날이 에스파냐의 성인이었던 로렌소(Laurentius)의 기념일이었기 때문에 펠리페 2세는 이 성인을 기념하기 위한 교회건물을 웅대하게 짓기로 결정했다. 그러나 이러한 계획은 곧 수정되어 교회건물뿐만 아니라 왕궁도 병행·건설하기로 했는데 그것은 1561년 국토의 중앙에 위치한 지리적 이점을 이유로 왕국의 수도를 바야돌리드(Valladolid)에서 마드리드(Madrid)로 옮겼기 때문이다. 그리고 1563년 마드리드 교외의 시에라 드 구아다라마 언덕에 거대한 성벽, 격자형태, 그리고 균형 잡힌 외관으로 특징되는 엘에스코리알 궁전(*Real Sitio de San Lorenzo de El Escorial*)을 건설하기 시작하여 1584년에 완공시켰다. 이렇게 완공된 엘에스코리알 궁은 기도와 명상, 사냥 후 휴식, 독서와 동시에 행정과 통치를 하는 공간이 되었다.[11] 실제적으로 펠리페 2세는 엘에스코리알 궁전에서 거대한

---

9   펠리페 2세는 1569년에 필리핀을 정복했다.

10 펠리페 2세는 생존 기간 중에 4번의 결혼을 했다. 첫 번째 결혼은 1543년 포르투갈(Portugal)의 왕녀인 마리아(Maria)와 했는데 결혼한 지 2년 만에 마리아가 사망함에 따라 영국의 메리(Mary)와 1554년 두 번 째 결혼을 했다. 1558년 메리가 죽은 후 펠리페 2세는 발루아(Valois) 왕조의 엘리자베스와 결혼했다. 이 당시 펠리페 2세는 자신의 후계자를 원했기 때문에 엘리자베스가 1568년에 사망함에 따라 막시밀리안 2세(Maximilian II)의 조카딸인 안나(Anna)와 결혼하여 펠리페 3세(Felipe III)를 얻었다.

11 폭 161 미터, 세로 206 미터의 거대한 엘에스코리알을 준공한 후 펠리페 2세는 많은 시간과 자금을 동원하여 왕족의 유해들을 한 곳으로 모으고 막대한 양의 성스러운 유품들을 수집했다.

펠리페 2세

왕국을 통치하는데 필요한 행정적인 업무를 수행했다.

　이 당시 펠리페 2세는 종교재판을 통해 종교적 단일화도 모색했다.[12] 펠리페 2세는 어릴 때부터 철저한 종교교육을 받았다. 따라서 펠리페 2세는 매우 경건한 가톨릭 신자로서 에스파냐 국왕으로 등극했고 그것은 그로 하여금 프로테스탄티즘을 혐오하게 했다. 이 당시 펠리페 2세는 신교자체를 그리스도교 문명에 대한 중대한 도전으로 간주하기도 했다.[13] 이러한 관점

12　펠리페 2세는 재위 기간 중 16만 명에 달하는 유태인들을 추방했을 뿐만 아니라 2,000명에 달하는 이단혐의자들도 처형했다.

에 따라 펠리페 2세는 당시 발흥하던 루터파라든지 가장 극단적 방향으로 나아가던 제세례파(Anabaptist: Wiederteüfer)를 철저히 탄압했다.[14] 또한 이 인물은 민족이 다르고 지역적 전통이 상이한 신민들을 통합하기 위해서는 가톨릭이라는 종교적 이념 역시 필요하다는 인식도 가지고 있었다. 그렇지만 에스파냐의 국가적 이해와 가톨릭교회의 이해가 상충될 경우, 그로서는 전자를 우선적으로 선택해야만 했다. 16세기 군주의 관점에서 볼 때, 자신 위에는 오로지 신밖에 없으며 신 앞에서 자신이 해야 할 일은 신민의 행복을 위한 정책을 펼치는 것이었다. 펠리페 2세는 자신이 지향하는 정책, 즉 중앙집권화정책을 펼치면서 당시 귀족들이 주도한 의회(Cortes)의 권한을 크게 축소시켰다. 아울러 그는 직접세와 왕실직영지 수입, 작위 수여 및 관직 매매의 수입, 그리고 신대륙으로부터 유입되는 귀금속에 부과하는 5분의 1세, 즉 킨토 레알(quinto real) 등을 통해 국가재정을 튼튼히 했다. 또한 펠리페 2세는 경제적 활성화에 대해서도 관심을 보였는데 그것은 그가 모직물 공업을 활성화시킨 데서 확인할 수 있다.

1453년 콘스탄티노플을 점령한 오스만튀르크는 지중해에서 자신들의 영향력을 확대시키기 위해 1571년 베네치아의 지중해 전진기지였던 키프로스(Cyprus)를 공격하려고 했다. 이 당시 키프로스는 베네치아와 알렉산드리아(Alexandria)를 연결하는 주요한 중계지 역할을 담당하고 있었다. 베네치아는 독자적으로 키프로스를 방어할 수 없다는 것을 잘 알고 있었기 때문에

---

13 펠리페 2세는 신교세력에게 종교적 선택권을 부여한 것에 대해 불만을 표시했다. 그는 자신이 이단의 통치자가 되어 하느님의 가호와 신앙에 손상을 입히기 보다는 차라리 국가와 함께 목숨을 버리겠다는 언급을 하기도 했다.

14 제세례파는 일체의 조직과 의식을 부정하고 개인적 양심을 강조한 종교적 급진주의자들이었다. 이들은 어렸을 때의 세례는 무의식 중에 받은 것이기 때문에 성년에 이르러 확고한 신앙을 가졌을 때 다시 세례를 받아야 한다는 주장을 펼쳤다. 또한 이들은 공동체 의식이 강했기 때문에 공동생활을 지향했고 사유재산도 인정하지 않으려고 했다.

자국과 오스만튀르크 제국과의 전쟁을 가톨릭 세력 대 이슬람 세력 간의 대립으로 몰아갔다. 여기서 베네치아는 특유의 외교술로 교황청을 이 일에 끌어들였고, 교황청은 '가톨릭교회의 장녀'라는 칭호를 가졌던 에스파냐에게 전쟁동참을 호소하게 되었다. 펠리페 2세는 이 전쟁이 기본적으로 베네치아와 오스만튀르크 간의 해상 이익을 둘러싼 전쟁이라는 것을 잘 알고 있었지만, 포르투갈의 국왕까지 겸하고 있던 에스파냐의 국왕으로서 교황의 요청을 거부할 수 가 없었다. 결국 에스파냐는 '가톨릭교회의 장녀'라는 역할을 수행하게 되었다. 157년 10월 7일 펠리페 2세는 베네치아의 지원을 받아 코린트(Corinth)만의 레판토(Lepanto)에서 오스만튀르크 해군을 격파했다. 이 전투에서 오스만튀르크 해군의 전사자는 2만 5,000명이었지만 기독교 연합군의 전사자는 그보다 훨씬 적은 7,000명 정도였다.[15]

1580년 펠리페 2세는 포르투갈을 합병했다. 이에 따라 에스파냐는 유럽 최대의 식민지보유국으로 부상했다.[16] 그러나 이러한 에스파냐의 절대적 위상은 네덜란드에서 발생한 독립운동을 계기로 흔들리기 시작했다. 이당시 네덜란드인들은 펠리페 2세가 지향한 종교적 단일화정책에 크게 반발했고 그것은 이들로 하여금 독립전쟁을 펼치게 했다.

여기서 영국의 엘리자베스 1세(Elisabeth I)는 네덜란드를 군사적으로 지원함에 따라 에스파냐는 자신들이 자랑하던 무적함대(Invincible Armada)를 동원하여 영국을 응징하려고 했다. 이에 앞서 펠리페 2세는 자신의 처제인 엘리자베스 1세에게 청혼의 뜻을 전달했지만 청혼에 숨겨져 있던 의도, 즉 영국에 대한 펠리페 2세의 지배욕을 잘 알고 있었던 엘리자베스 1세는 그러한

15　전투에서 패배한 오스만튀르크는 117척의 전함과 247문의 대포를 에스파냐에게 넘겨주는 물질적인 피해까지 보았다.

16　포르투갈이란 명칭은 로마군의 전진 기지였던 포르투스 칼레(Portus Cale)에서 유래되었다.

제의를 단호히 거절했다. 이에 따라 펠리페 2세는 엘리자베스 1세의 영국 국교회정책에 불만을 품고 있던 가톨릭교도들을 부추겨 엘리자베스 1세를 축출하고, 엘리자베스 1세의 사촌이자 프랑스 왕비였던, 스코틀랜드 여왕 메리 스튜어트(Mary Stuart)를 영국왕위에 앉히려는 공작도 펼쳤다.

1588년 5월 28일 포르투갈의 리스본을 출발한 무적함대는 파미르가 이끄는 에스파냐령 네덜란드에 있던 정예 육군 1만 8,000명과 합류하여 영국 본토에 상륙할 예정으로 항해를 시작했다. 7월 펠리페의 무적함대는 돛대에 십자가를 달고 '성모의 상'이 그려진 깃발을 내걸고 영국 해역에 접어들었다. 3만의 병력과 2,400 문의 포를 탑재한 149척의 함선은 당시로서는 가공할 만한 군사력이었다. 무적함대는 영국해협에서 드레이크(F.Drake: 1545-1595)가 이끄는 197척의 영국함선과 부딪혔다.[17] 여기서 가볍고 빠른 영국선박은 크고 느린 무적함대의 대형을 와해시키면서 한척 한척씩 공격했다. 이 당시 영국 선박은 장비 면에서 에스파냐의 무적함대를 능가했다. 영국선박은 속도와 움직임에서 에스파냐선박보다 2배 이상 기민했고, 에스파냐 쪽에서 1발을 발사하는 사이에 4발을 발사할 만큼의 발사 능력도 갖추고 있었다. 이러한 능력을 갖춘 영국의 화공선은 도버 맞은편의 칼레(Calais)로 피하려던 무적함대를 바다 쪽으로 몰아냈다. 이 때 폭풍우가 무적함대를 덮쳤고 무적함대를 북쪽으로 밀어버렸다. 상황이 이렇게 전개됨에 따라 무적함대를 지휘하던 메디나 시도니아(Medina Sidonia) 공작은 작전회의를 개최했고 거기서 스코틀랜드 동북단의 오크니(Orkney)제도를 우회하는 항로를 따라 에스파냐로 퇴각하기로 결정했다. 에스파냐 인들에게는 극지와 다름없던 스코틀랜드 해안과 아일랜드 남부주변으로 밀려난 무적함대는 해안에 접근하지도 못하고

---

17 드레이크는 엘리자베스 여왕으로부터 에스파냐를 상대로 한 해적 행위를 정식으로 인가받은 해적의 두목이었다.

흩어져 파선하거나 격파되었다. 9월 하순 질병과 죽음의 공포에 떨던 1만 명의 병력을 싣고 라 코루냐(La Coruna)에 도착한 무적함대는 이제 이전의 명성을 더 이상 주장할 수 없게 되었다. 역사가들은 가톨릭 측의 무적함대가 프로테스탄트 측의 영국에 의해 결정적으로 패배함에 따라 신교의 교세가 크게 확장하게 되었다는 주장을 펼치면서 무적함대를 몰아낸 폭풍우를 '프로테스탄트의 신풍(Protestant wind)'이라고 했다.[18]

펠리페 2세는 재위 기간 중에 문예장려정책을 펼쳤고 거기서 세르반테스, 엘 그레코(El Greco: 1541-1614),[19] 그리고 벨라스케스(Velasquez: 1599-1660)와 같은 걸출한 인물들도 배출되었다. 특히 세르반테스는 돈키호테라는 작품[20]을 썼는데 거기서는 중세의 기사 시대를 동경하는 시대착오적인 돈키호테의 어리석고, 우스꽝스러운 편력이 그려졌는데 그러한 것은 중세에 대한 비판에서 비롯되었다고 볼 수 있다.

(2) 펠리페 3세(Felipe III)

1598년 펠리페 2세가 사망함에 따라 그의 외아들이었던 펠리페 3세 (Felipe III: 1598-1621)가 즉위했다.[21] 그러나 이 인물은 국가를 통치하는 것보다 사냥, 연극, 그리고 사치스러운 궁중생활에 대해 보다 많은 관심을 보였다. 이에 따라 그의 신뢰를 받던 발렌시아(Valencia)의 귀족 데니아 후작 돈 프란시스코 산도발 이 로하스(Francisco Gómez de Sandoval y Rojas), 즉 레르마

---

18   무적함대의 패배소식을 접한 펠리페 2세는 '적과 싸우라고 함선을 보냈지, 누가 자연과 싸우라고 했는가! 라고 하면서 안타까워했다.

19   이 인물의 본명은 도메니코스 테오토코풀로스였다.

20   이 작품의 원래 제목은 '만차지역의 영특한 시골 귀족 돈키호테(El Ingenioso Hidalgo Don Quijote de la Mancha)'였다. 돈키호테는 1부(1605년)와 2부(1615년)로 나누어져, 10년의 시차를 두고 출판되었다.

21   이 인물은 1579년 자신의 사촌자매였던 마가레트(Margarete von Österreich)와 결혼했고 이들 사이에는 8 명의 자녀가 있었다.

(Lerma: 1553-1625) 공작이 실권을 장악했지만 이 인물 역시 국가발전에 필요한 개혁보다는 자신의 권력 및 재산증대에 대해서만 관심을 보였다.[22]

이 당시 에스파냐 정부가 직면했던 중요한 문제 중의 하나는 국가의 재정적 부담을 각 지방에게 공평하게 분배하는 것이었다. 그러나 레르마 정부는 이러한 과제를 근본적으로 해결할 수 있는 방법, 즉 면세특권을 가진 계층과 그러지 못한 계층 간의 세제상 불균형을 해소시킬 수 있는 재정정책보다는 관직의 매매, 포르투갈에 거주하던 유대인들에게 강제적으로 부과하던 보조금, 그리고 화폐가치의 조작 등을 통해 당시의 문제점을 일시적으로 해소하려고 했다. 이러한 임기응변식 재정정책과는 달리 레르마 정부는 모리스코(Morisco: Mourisco) 문제에 대해서는 강력히 대응했다. 모리스코는 '가톨릭교도들의 지배하에 사는 이슬람교도'를 지칭한다.[23] 이들의 문제는 에스파냐가 그라나다(Granada)를 정복한 이래, 끊임없는 골칫거리였다. 1570년 제 2차 알푸하라스(Alpujarras) 반란(1568-1570)이 진압된 이후,[24] 모리스코 들은 카스티야(Castilla)전 지역으로 분산되었다.[25] 그런데 모리스코 들이 없던 지역으로의 이주는 문제를 더욱 복잡하게 했다. 모리스코 문제가 가장 심각하게 나타난 곳은 발렌시아(Valencia)였다. 1609년 발렌시아에는 약 13만 5,000명의 모리스코 들이 있었는데, 이는 발렌시아 전체인구의 약 1/3에 해당되는 것이었다. 그리고 그 비율이 점차 증가하면서 모리스코 들은 결속력

---

22 추기경출신이었던 이 인물은 자신의 친구들과 친척들을 국가 최고위직에 임명했다.

23 781년에 걸친 이슬람의 이베리아 반도 지배를 종식시킨 1492년의 레콩키스타(탈환)이후 강압에 못 이겨 가톨릭으로 개종한 이슬람인 들을 지칭한다.

24 펠리페 2세는 1567년 모리스코 들에게 그들의 이름과 전통의상착용을 포기할 것을 명령했다. 아울러 그는 모리스코의 아라비아어 사용도 금지시켰다. 또한 그는 가톨릭 성직자들이 모리스코 자녀들의 교육을 전담한다는 입장도 밝혔다. 펠리페 2세의 이러한 강압적 요구들은 알푸하라스 반란 발발의 주된 요인이 되었다.

25 카스티야는 에스파냐 중심부 카스티야 왕국을 지칭하는 것으로서, 이슬람교도들의 침입을 막기 위해 쌓았던 카스티요(castillo)에서 유래된 것이라 하겠다.

이 강한 공동체를 결성하기도 했다. 이는 발렌시아를 포함한 레반테 해안에 살던 모리스코 들이 당시 지중해에서 활동을 펼치던 오스만튀르크인 들과 연합하여 에스파냐를 공격할 수 도 있다는 우려를 야기시켰다.

　　이 당시 가톨릭교도들은 모리스코 들이 열심히 일하지만, 반면에 너무 적게 소비하고 인구 역시 급격하게 늘어나는 것에 대해 우려를 표명했다. 이에 따라 정부 내의 모리스코 지지자들은 더 이상 그들을 두둔하지 못하게 되었고, 그들을 추방해야 한다는 움직임에도 반대하지 못했다. 이후 모리스코 들은 국경과 항구로 내몰렸고 이들의 상당수는 북아프리카, 즉 알제리(Algérie), 튀니지(Tunisie), 그리고 모로코(Morocco)로 떠날 수밖에 없었다. 여기서 이들은 굶어죽거나 또는 적대적인 그들의 동족에 의해 살해되기도 했다.[26]

　　그런데 모리스코 들의 추방령을 펠리페 3세가 정식으로 승인한 날짜는 1609년 4월 9일이었는데, 이는 결코 우연히 선택된 것이 아니었다. 바로 이날 에스파냐는 네덜란드와 '12년 휴전협정'을 체결했던 것이다. 레르마 공작이 이렇게 미묘한 시점을 선택한 것은 '네덜란드와의 휴전협정'이라는 굴욕을 이슬람교도 지배의 마지막 흔적이었던 모리스코 들을 에스파냐에서 제거하는 영광으로 은폐시키려 했기 때문이다.[27] 즉 1609년을 '패배가 아닌 승리의 해'로 기억하게 하려는 저의가 깔려 있었던 것이다. 이렇게 모리스코 들이 추방됨으로써 아라곤(Aragòn)과 발렌시아의 비옥한 토지들은 황폐화되었고 거기서 귀족 계층은 큰 타격을 보게 되었다. 그 이유는 이들이 지금까지 모리스코인 들을 고용하여 자신들의 영지를 경작했고, 모리스코 농민들

26　이 당시 에스파냐에서 추방된 모리스코 들은 약 27만 5,000명 정도였다. 그리고 이들 중에 약 4만 명은 프랑스의 마르세유(Marseille)에서 정착할 수 있었다.

27　레르마 공작은 에스파냐의 위상을 이전처럼 복원시키겠다는 목적으로 네덜란드와 전쟁을 재개했으나 목적을 달성하지는 못했다.

로부터 거둬들이는 세금으로 생활했기 때문이다.

마드리드 정부가 모리스코인들을 추방한 것은 루이 14세(Luis XIV de Francia)가 위그노들을 추방한 것과 같은 결과를 초래했다. 즉 능동적으로 경제활동에 참여했던 계층을 추방됨에 따라 양 국은 장기간 지속될 경제적 침체현상에 직면하게 되었던 것이다.

3. 네 덜 란 드 의   독 립

에스파냐의 지배를 받던 네덜란드(Países Bajos)는 13세기부터 영국의 양모를 수입하여 모직물공업을 활성화시키기 시작했고 그것은 시민 계층(칼뱅파)의 성장도 가능하게 했다.[28] 이 당시 네덜란드인들은 '예수 그리스도는 좋다. 그렇지만 교역은 더 좋다'라는 속담을 만들 정도로 무역을 통한 실리추구에 전념했다.

펠리페 2세는 자신의 이복누이인 파르마(Parma)의 마르가레타(Margarethe: 1522-1586)를 1531년 7월 네덜란드 총독으로 임명했다. 마르가레타는 영민하고 정치적 감각이 뛰어났기 때문에 모든 문제해결에 앞서 현지 상황을 고려하는 자세를 보였다. 그러나 펠리페 2세는 그란베일(Antoine Perrenot de Granvelle: 1517-1586)을 고문으로 임명해 그녀를 보좌하도록 했는데 그것은 그의 의중을 모든 정책에 반영시키려는 의도에서 비롯된 것이라 하겠다. 이에 대해 오라네(Oranje) 공, 에그몬트(Egmond) 백작, 그리고 호른(Hoorne) 백작 등은 그란베일을 해임시키지 않을 경우 자신들이 참여하고 있던 국정위원회를 떠나겠다고 마르가레타를 압박했고 그것은 그란베일의 사퇴를 가져왔

---

28 이 당시 네덜란드는 오늘날의 벨기에와 룩셈부르크까지 포함했다.

빌렘 오라네

다.[29] 1566년 500명에 달하는 네덜란드 귀족들이 마르가레타 총독에게 본격화되기 시작한 종교적 탄압의 중지를 요구했다. 다음 해 4월 400여 명에 달하는 가톨릭 및 개신교 귀족들이 서명한 탄원서가 총독에게 제출되었고, 그 결과 개신교도에 대한 탄압이 중지되고 자유로운 예배도 허용되었다. 이후 에스파냐 정부는 네덜란드에 대한 강력한 대응이 필요하다는 인식하에 군사적 대응을 준비했고 네덜란드 귀족들은 2차탄원서제출로 대응했다.

---

29 오라네 공, 에그몬트 백작, 그리고 호른 백작 모두는 스타트하우더(stadthouder)였다. 스타트하우더는 네덜란드 전역의 지배자인 합스부르크 위정자를 대신하여 각 주의 통치 및 행정을 담당하는 대리인이므로 총독 또는 태수의 성격을 가졌다 하겠다.

이러한 상황 하에서 사태를 격화시킨 것은 성상파괴운동(beeldenstorm)이었다. 교리상의 이유로 가톨릭 성단에는 많은 성상, 즉 그림, 조각, 그리고 유물들로 비치되어 있었는데 칼뱅주의자들은 그러한 것들을 우상으로 규정하고 그것들 모두를 파괴하기에 이른 것이다.[30] 이러한 움직임은 네덜란드뿐만 아니라 유럽의 여러 곳에서 광범위하게 진행되고 있었다. 8월 10일부터 시작된 성상파괴운동은 8월말까지 진행되었고 그 기간 동안 400개 이상의 성당이 파괴되었다.[31] 이러한 움직임은 에스파냐 측에 심한 공포감을 부여했지만 마르가레타는 오히려 온건한 입장에서 사태를 해결하려고 했다.

그러나 보다 근본적 문제는 이 당시 네덜란드인들의 상당수가 신교도였기 때문에 구교의 에스파냐와 종교적인 합의를 볼 수 없었다는 것이다. 네덜란드에서 진행된 상황을 '이단적 행위'로 간주한 펠리페 2세는 알바(Alva: 1507-1582)를 네덜란드의 신임총독으로 임명하여 종교적 문제를 해결하려고 했다.[32] 이에 따라 1567년 8월 22일 알바는 약 1만 명의 병력을 이끌고 브뤼셀(Brussel)에 도착했다. 네덜란드에 도착한 알바는 즉시 반발세력척결에 착수했다. 그는 우선 반발세력을 주도한 인물들을 처리해야 한다는 판단을 했기 때문에 에그몬트 백작, 호른 백작 그리고 오라네 공을 소환하려고 했다. 여기서 오라네 공은 그러한 소환에 응하지 않고 국외로 탈출한 반면 에그몬트 백작과 호른 백작은 소환된 후 1568년 6월 브뤼셀에서 공개 참수형을 당했다. 알바의 이러한 정책은 1573년까지 지속되었는데 이 기간 동안 3만 8,000명에 달하는 사람들이 체포되어 구금, 사형, 그리고 재산 몰수형을

---

30 이 당시 칼뱅주의자들은 가톨릭의 성상을 부패와 미신, 허영의 상징으로 간주했다.

31 이 당시 성상파괴운동에 참여한 사람들은 해당 지역에서 정치력을 행사하던 지식인들이었다.

32 이 인물은 펠리페 2세의 선친인 카를로스 1세 때부터 에스파냐 왕실을 위해 활동을 펼쳤다. 펠리페 2세가 등극한 이후 알바는 그의 정치보좌관으로 활동했고 1555년에는 밀라노 총독으로 임명되었다.

당했다.[33]

알바는 자신의 철권정치를 효율적으로 펼치기 위해 '피의 위원회 (Council of Blood)'라 불린 이른바 '소요평의회(Council of Trouble)'를 창설하기도 했다.[34] 소요평의회는 기존의 법이나 관습을 무시하고 적절한 재판 절차 없이 판결을 내렸다.[35]

알바가 네덜란드에서 펼친 또 다른 실책은 무리한 조세정책이었다. 그는 네덜란드 통치에 필요한 자금 확보를 위해 새로운 세금을 네덜란드인들에게 부과했다. 이 당시 네덜란드의 예산은 약 6백만 길더 금화였는데 이중에서 약 30%는 국방예산이었다. 여기서 알바는 모든 상품거래 시에 10퍼센트(Tiende Penninck)의 거래세를 부과한다는 10분의 1세,[36] 모든 재산의 1퍼센트를 걷는다는 100분의 1세를[37] 1569년 초에 제시했는데 그것은 네덜란드인들의 심한 반발을 야기시켰다.[38] 여기서 전국의회(Staten Generaal)는 알바가 신설하고자 했던 세금 모두의 총액이 4백만 길더 금화를 초과해서는 안 된다는 입장을 밝혔다.

전국의회의 이러한 반발에도 불구하고 알바의 압박정치는 더욱 심화되었다. 이에 따라 '침묵공 오라네(Willem van Oranje: 1533-1584)'[39] 의 주도로 독립운동이 펼쳐졌지만 그리 큰 성과를 거두지는 못했다.[40] 그러다가 북부의

---

33 10만 명에 달하는 네덜란드인들은 박해를 피하기 위해 국외로 도피했다.
34 1566년 이후 네덜란드인들은 교회와 수도원들을 습격했다.
35 소요평의회는 지방의 여러 곳에도 설치되었다.
36 이 세가 도입될 경우 1년에 약 1,400만 길더 금화를 징수할 수 있었다.
37 이 세의 도입으로 네덜란드인들은 1년에 약 3백만 길더 금화를 더 납부해야만 했다.
38 이러한 그의 억압정책이 실효를 거두지 못함에 따라 펠리페 2세는 알바를 7년 동안 공직생활에서 완전히 추방시켰다.
39 독일 남서부 나사우(Nassau)의 백작이었던 빌렘은 11세가 되던 1554년 자신의 부유한 사촌이 프랑스에서 전사함에 따라 그의 영지를 상속받게 되었다. 즉 그는 네덜란드의 방대한 영토 및 프랑스 론 강 이동의 오라네 지방을 물려받게 됨에 따라 유럽의 부유한 귀족중의 한 인물로 등장했다.

7개 주, 즉 홀란드(Holland), 젤란드(Seeland), 위트레히트(Utrecht), 헬더란드(Gelderland), 오버레이셀(Overijssel), 호로닝헨(Goningen), 그리고 프리즐란드(Friesland)의 주도로 1579년 1월 23일 위트레흐트 동맹을 결성했다. 이에 앞서 가톨릭교도들이 많이 살고 있었던 남부의 아르투아(Artois)와 헤노(Hennegau) 주 그리고 두에(Douay) 시 주도로 1579년 1월 6일 아라(Arras) 동맹체제가 구축되었는데 거기서는 에스파냐와의 관계를 지속한다는 것이 거론되었다.[41] 영국의 지원을 받은 위트레흐트 동맹은 1581년 독립을 선언하고 국명을 연방국가(United States of Netheland)라 했다.[42]

이후부터 이 연방국가에 참여한 7개주를 통괄하는 전국의회가 권력의 핵심역할을 담당하게 되었다. 그런데 이 의회기구는 원래 네덜란드 전체를 포괄했지만 이제는 북부 7개 주 만을 담당하게 되었다. 전국의회에서는 외국에 대해 전쟁선포를 하거나 또는 조약체결을 할 경우 전체동의가 필요하다는 것을 명문화시켰다. 1581년 전국의회는 5월부터 펠리페 2세와의 관계를 재정립하기 위해 4인법률위원회를 구성하여 활동을 펼치기 시작했다. 활

---

40 홀란드, 젤란드, 위트레히트 주의 총독을 역임했던 오라네 공은 그의 재산을 몰수당한 후 독립운동에 전념하게 되었다. 여기서 그는 영국 및 덴마크의 선장들에게 에스파냐의 선박들을 공격할 것을 요구했다.

41 알바에 이어 에스파냐의 총독으로 활동했던 파르마 대공 파르네제(Alessandro Farnese: 1545-1592)는 남부 지역만이라도 친가톨릭적이고 에스파냐에 충성하는 세력으로 남아 있어야 한다는 판단을 했다. 따라서 그는 이 지역에 대한 회유정책을 지속적으로 펼쳤다. 이에 따라 남부 10개주, 특히 왈론어(Waloons)를 사용하는 지역은 에스파냐의 지배에 동의했다.

42 이후 펠리페 2세는 오라네 공의 법적 보호를 박탈했다. 이에 오라네 공은 네덜란드인들에게 자신의 관점 및 행동을 변호하는 변론을 공개했는데 그 중요한 내용은 다음과 같다.
'에스파냐 인들과 그들의 추종자들이 저를 훼방하기 위해 초조하게 준비하고 있다니 정말 즐거운 일입니다. 그들이 저를 파멸시키기 위해 취한 추방조치는 단지 저를 기쁘게 할 뿐입니다. 그들은 저에게 이런 호의를 베풀어 주었을 뿐만 아니라 제가 하는 일이 공정하고 정의롭다는 것을 널리 홍보할 수 있는 기회까지도 제공했습니다. 나의 적들은 제가 양심의 자유를 확립시켰다라는 이유로 저를 반대하고 있습니다. (…) 여러분, 만일 제가 추방당하고, 심지어 제가 죽는 것이 여러분들에게 도움이 된다고 믿으신다면, 저는 기꺼이 여러분들의 명령을 따르겠습니다. 여러분 말고는 어떤 제후나 군주도 그것을 요구할 권리가 없습니다.'

동을 개시한지 약 2달 후인 1581년 7월 26일 철회령(Placcaet van Verlatinghe)이 공포되었는데, 그 내용은 각 주의 위원회(Council)가 주권을 가지며 주의 통치자는 주가 그에게 부여한 권한만을 행사한다는 것이었다. 동시에 이전에 펠리페 2세에게 행했던 충성서약을 철회하고 그것을 네덜란드 연맹에 대한 충성서약으로 대체한다고 선언했다. 피지배신민이 그들끼리 협의하여 국왕의 통치권을 부정한 것은 역사상 매우 특이한 사건이라 하겠다. 이렇게 철회령이 발표됨에 따라 에스파냐는 병력증강을 통해 네덜란드 문제를 해결하려고 했다. 이후 에스파냐 군은 네덜란드 북부 지역의 상당 부분을 차지하던 프랜더스와 브란반트를 탈환하는 성과를 거두었다.

이러한 군사작전을 펼치기 직전 펠리페 2세는 오라네 공 빌렘의 공권박탈을 발표했다. 즉 그를 반역자내지는 위법자로 간주하고 그를 체포하거나 또는 살해하여 에스파냐 당국에 인도할 경우 2만 5,000길더 금화를 사례하겠다는 것이다.

1584년 7월 10일 프랑쉬 콩테(Franche-Comté) 출신의 가톨릭 광신자 발타샤르 제라르(Balthazar Gerald)에 의해 오라네 공이 암살됨에 따라 그의 아들, 모리츠(Moritz: 1567-1625)가 독립운동의 실세로 등장했다.[43] 이러한 시점에서 네덜란드 연맹에 대한 영국은 입장은 큰 변수로 작용하게 되었다. 지금까지 네덜란드는 영국의 엘리자베스 1세에게 통치권을 위임하겠다는 제안을 했지만 여왕은 그것 대신에 군사지원을 약속한 후 1585년 레스터(Earl of Leiscester) 공이 지휘하는 6,000명의 원정군을 네덜란드에 파견했다.

결국 1609년 에스파냐와 네덜란드 사이의 휴전이 체결되었고 이 협정은 1621년까지 효력을 유지했다.

펠리페 4세는 1621년 네덜란드와 다시 전쟁을 펼치기 시작했다. 그러

---

43   이 당시 모리츠는 홀란드와 젤란드의 스타트하우더(총독)이었다.

나 1648년에 체결된 베스트팔렌(Westfalen)조약에서 에스파냐는 네덜란드의 독립을 인정했고 그것은 국제적으로 공인되기도 했다. 독립을 쟁취한 네덜란드는 국내문제를 원활히 해결하기 위해 연방 체제를 도입했다. 이에 따라 네덜란드에서는 국가원수격인 총독과 입법권을 가진 연방의회(이전의 전국의회가 토대)가 등장했고 주마다 주 의회가 구성되었는데 그들의 자치권 요구는 오늘날의 연방체제도 도저히 수용할 수 없을 정도였다.

에스파냐와 전쟁을 펼치던 네덜란드는 1만 척에 달하는 선박을 보유했다. 네덜란드의 선박들은 에스파냐, 프랑스, 영국, 그리고 발트 해 사이를 왕래했으며, 프랑스의 항구들을 오가는 연안 선박들의 대다수 역시 네덜란드인들의 수중에 있었다. 1602년 네덜란드인들은 동인도회사를 설립했고 그것은 아시아 방면으로의 진출을 활성화시키는 요인이 되었다. 포르투갈의 상업권을 뚫고 들어간 네덜란드는 영국과의 경쟁에서 우위를 차지하게 되었고 1619년에는 자바의 바타비아(Batavia)에 확고한 거점도 구축했다.[44] 이제 네덜란드는 포르투갈을 대신하여 아시아와의 향료무역에서 주도권을 장악하게 되었다. 이후 네덜란드의 암스테르담은 세계적인 국제무역의 중심지로서 부각되었다.

또한 네덜란드는 유럽에서 정치적으로나 사상적으로 가장 자유로운 나라가 되어, 학문과 예술의 꽃도 만발했다. 화가 렘브란트(Rembrandt: 1606-1669), 철학자 스피노자(Spinoza: 1633-1677), 국제법의 그로티우스(Grotius: 1583-1645) 등이 나왔을 뿐만 아니라, 각국의 저명한 학자들의 동경의 대상이 되었고, 다른 나라에서 출판할 수 없는 서적들도 자유롭게 출판되었다.[45]

그러나 네덜란드의 모직물공업은 영국의 도전으로 쇠퇴의 길을 걷게

44　오늘날의 자카르타 시이다.
45　그로티우스는 1625년에 출간한 '전쟁 및 평화권에 대한 3권의 저서(De iuri belli ac pacis libri tres)'을 통해 국제법의 기초를 제시했다.

되었고, 중개교역 역시 영국의 항해조례(Navigation Act, 1651)를 비롯한 일련의 정책으로 타격을 받게 되었다.[46]

4. 영국의 절대왕정체제

영국에서는 15세기 말부터 절대왕정체제가 확립되기 시작했다. 그것은 장미전쟁 이후 튜더(Tudor) 왕조(1485-1603)가 등장하면서부터 절대왕정체제의 특징들이 본격적으로 나타났기 때문이다.

이 왕조의 첫 번째 왕인 헨리 7세(Henry VII: 1485-1509)는 랭커스터(Lancaster)가의 자손으로서 요크(York)가의 엘리자베스(Elizabeth)와 결혼하여 여론 및 의회의 지지를 받았다.[47] 이후 그는 영국의 위상을 증대시키는 정책을 지속적으로 펼쳤다. 이 당시 헨리 7세는 영국의 국력이 에스파냐 또는 프랑스의 그것보다 훨씬 약하다는 것을 잘 알고 있었기 때문에 유럽대륙에서 발생한 문제들에 적극적으로 개입하여 국력을 증대시키려고 했다. 그리고 이러한 정책으로 인해 헨리 7세는 1492년 프랑스와 전쟁을 펼쳤고 거기서 그는 프랑스 국왕으로부터 연금을 받아내는 성과도 거두었다. 또한 그는 영국의 위상증대를 위해 자신의 자녀들을 효과적으로 활용하기도 했다.

헨리 7세는 해외교역을 장려했으며 영국을 해상국가의 반열에 올려놓는 데도 관심을 보였다. 여기서 그는 프랑스의 보르도(Bourdeux) 지방으로부

---

46 이 항해조례는 1660년, 1663년, 그리고 1673년에 개정되면서 그 내용이 강화되었다.

47 이 인물은 리처드 3세(Richard III)를 제거한 후 영국 왕위로 등극했다. 이 인물은 요크가의 막내아들로 1461년 큰형 에드워드가 에드워드 4세(Edward IV)로 등극한 이후 글로스터 공작이 되었다. 그런 그가 자신의 조카를 몰아내고 국왕 자리에 오른 것이다. 왕위에 오른 그는 자신의 약한 지지기반을 넓히기 위해 국왕의 직무수행에 전념했을 뿐만 아니라 좀 더 나은 재정을 확보하기 위해 재정개혁도 실시했다.

터 수입되는 포도주 운송에 영국 선박을 반드시 이용해야 한다는 항해법 (Navigation Act)을 1489년에 제정하여 영국의 해운업을 지원하기도 했다.

헨리 7세는 근검절약을 통해 자신의 아들인 헨리 8세(Henry VIII: 1509-1547)에게 200만 파운드에 달하는 거액을 물려줄 수 있었다. 이 당시 헨리 7세는 강력한 왕권이 경제적인 부와 연계된다는 사실을 잘 알고 있었다. 만일 국왕이 넉넉한 재력을 가질 경우 의회나 채권자들에게 의존하지 않아도 되며 그것이 바로 절대왕정체제유지에 필수적이라는 것이 그의 견해였다.

(1) 헨리 8세

헨리 7세가 죽은 후 그의 아들인 헨리 8세가 1509년 4월 21일 18세의 나이로 등극했다. 이 인물은 왕위에 오르기 전에 훌륭한 교육을 받았으며, 탁월한 능력의 소유자이기도 했다. 또한 남을 설득시킬 수 있는 언변과 온정 및 예의범절까지 고루 갖춘 군주였다. 그러나 무자비한 독재성과 잔인한 이기심도 함께 가진 인물이기도 했다.

헨리 8세의 형이었던 아서(Arthur)가 1502년 불치병, 즉 폐결핵으로 죽게 됨에 따라 헨리 7세는 자신의 둘째 아들인 헨리 8세로 하여금 형수인 캐서린(Catherine: Aragón Ferdinand II의 셋째 딸)과 결혼하게끔 했다.[48] 이 당시 헨리 7세는 캐서린의 막대한 지참금에 대해 관심을 보였을 뿐만 아니라 강대국으로 성장하고 있던 에스파냐와의 우호관계도 고려해야 한다는 생각을 가지고 있었다. 따라서 헨리 7세는 캐서린과 헨리의 결혼에 대해 소극적이었던 에스파냐의 입장을 움직이기 위해 에스파냐와 프랑스 사이의 전쟁에 기꺼이 참여하겠다는 의사를 밝히기도 했다. 이후 영국과 에스파냐 사이에 결혼동맹체제가 성사되었다.

---

48 아서와 캐서린은 1501년에 결혼했다.

1503년 12월 26일 당시 교황이었던 율리오 2세(Julius II: 1503- 1513)의 승인을 받아 헨리 8세와 캐서린은 부부가 되었다. 18년간 지속된 결혼생활에서 모두 6명의 자녀가 있었으나 태어난 아들들 모두는 유산되거나 유아 때 죽고 딸 메리(Mary)만이 유일하게 살아남았다. 점차적으로 헨리 8세는 형수와의 결혼이 성서의 가르침을 위배한 것이며 태어난 아이들이 죽은 것은 그 결혼에 대한 신의 징벌에서 비롯된 것이라는 생각도 가지게 되었다.[49] 아울러 헨리 8세는 튜더 왕조를 지키기 위해서는 아들이 반드시 필요하다는 판단도 하게 되었다. 이에 따라 헨리 8세는 캐서린과 이혼하고 젊은 시녀이자 한 때 자신의 애인이었던 메리 불린(M.Boleyn)의 언니였던 앤 불린(A.Boleyn: 1507-1536)과 결혼하려고 했다.[50] 그러나 로마교회는, 특히 교황 클레멘스 7

---

49 이 당시 헨리 8세는 성경을 뒤적이다가 '레위기(Leviticus)'에서 다음의 문구를 발견했다. "형제의 미망인과의 결혼을 불허하며 만일 그러한 결혼을 할 경우 그 결혼에는 후사가 없으리라."

레위기는 히브리어로 'Wayiqra('그리고 그가 불렀다')'뜻한다. 이 책은 원래 율법서이지만 약간의 이야기(8-9, 10:1-7, 10:16-20, 24:10-14)도 들어 있다. 그리고 이 책은 첫째, 희생법, 둘째, 사제의 취임 및 사무를 관장하는 법, 셋째, 제의적인 정결에 관한 법, 넷째, 거룩한 백성이 되기 위해 지켜야할 법, 다섯째, 성전제물 및 종교적 서원을 위해 바치는 제물에 관한 부록으로 구성되었다.

미국의 고고학자 휘트리(C.Whitley)와 인류학자 크레이머(K.Kramer)는 최근에 실시한 헨리 8세에 대한 부검에서 영국인의 0.2%만이 가지고 있는 Kell-항원체를 헨리 8세도 가졌는가를 조사했다. 여기서 이들은 헨리 8세 역시 Kell-항원체를 가졌음을 확인했다. 일반적으로 Kell-항원체를 가진 사람이 자손을 얻기 위해서는 이 항원체에 대해 음성적 혈액을 가진 여자와 결혼해야 하는데 헨리 8세의 첫 번째 부인인 캐서린과 두 번째 부인인 앤 불린은 그렇지 못했다. 따라서 헨리 8세와 이들 왕비들 사이에 태어난 아이들은 유전적 요인으로 유산되거나 일찍 죽을 수밖에 없었다. 그리고 Kell-항원체는 X-항원체에 대한 유전자변이를 유발시키기 때문에 이러한 항원체를 가진 사람들은 다른 사람들 보다 일찍 육체적 그리고 정신적 쇠약현상을 맞이하게 되는데 헨리 8세 역시 그러한 증세에서 벗어나지 못했다. 실제적으로 헨리 8세는 40살이 된 이후부터 급격히 진행되는 육체적 그리고 정신적인 쇠약현상을 호소했었다(이러한 내용은 2011년 3월 5일에 발행된 슈피겔(Spiegel)에서 확인된다).

50 헨리 8세는 재위 기간 중 모두 6 명의 부인을 맞이했다. 캐서린과 이혼한 후 헨리 8세는 앤 불린과 결혼했지만 아들을 얻지 못하게 됨에 따라 그녀를 간통죄로 처벌했다. 한 달도 안 되어 그는 앤 불린의 시녀였던 시모어(J.Seymour)와 결혼했고 거기서 에드워드라는 아들

헨리 8세

세(Clement VII: 1523-1534)는 이러한 헨리 8세의 계획에 동의하지 않았는데 그 것은 헨리 8세와 로마교회사이의 관계를 악화시키는 계기가 되었다. 이 당 시 헨리 8세는 자신과 캐서린 사이의 결혼을 무효라는 주장을 펼쳤는데 그 근거로 캐서린이 아서와의 결혼을 통해 이미 순결을 잃었다는 것이다. 또한 자신이 형수와 결혼한 것은 레위기에 어긋나는 비성경적 결혼이기 때문에 율리오 2세의 관면 역시 효력이 없다는 것을 또 다른 이유로 제시했다. 결 혼문제로 교황과 대립하기 이전, 즉 1521년 헨리 8세는 '루터에 대한 반박

을 얻었다. 그 뒤 헨리 8세는 신교국과 연합하려는 의도를 가진 크롬웰의 설득으로 독일 루 터 파 귀족의 딸과 결혼했는데 그녀가 넷째 왕비인 클레브스의 안네(Anne of Cleves)였다. 이 여인은 단지 영어를 못한다는 이유로 이혼을 당했다. 다섯째 왕비는 19세의 캐서린 하워 드(Catherine Howard)였는데 그녀는 1542년 간통죄로 죽임을 당했다. 1543년 헨리 8세는 캐서린 파(Catherine Parr)와 여섯 번째 결혼을 했다.

문', 즉 '7성사옹호론(*Assertio septem sacramentorum adversus Martinum Lutherum*)'을 작성하여 교황 레오 10세로부터 교회보호자(*Defensor Fidei*)라는 칭호를 부여받는 등 양측 사이의 관계는 비교적 원만했다. 로마 교황으로부터 교호보호자라는 칭송까지 받았던 헨리 8세는 의회를 활용하여 자신의 관점을 관철시키려고 했다. 이에 앞서 헨리는 캔터베리(Canterbury) 성직자 회의에 압력을 가해 영국교회의 최고권위자가 바로 자신임을 승인시켰다.

1529년에 소집된 개혁의회는 로마교회와의 결별을 선언했다. 아울러 여기서는 헨리 8세의 종교정책을 적극적으로 지지한다는 성명도 발표되었다. 다음 해 영국의 성직자들은 국왕의 최고 상소법원권을 인정하지 않았다는 죄명으로 체포되었다. 1532년 성직자의 첫해 수입을 교황에게 바치는 초입세가 폐지되었다.[51] 2년 후, 1534년 11월 수장령(Act of Supremacy)이 발표되었는데 여기서는 헨리 8세가 영국교회의 수장(Supreme Head)이라는 것이 강조되었다.[52] 그리고 위의 법을 거부하는 자는 반역법(1534)에 따라 국왕에 대한 대역죄로 처벌할 수 있다는 것도 거론되었다. 또한 1536년부터 시작된 수도원몰수작업은 1539년까지 계속되었다.[53] 그런데 헨리 8세는 몰수한 수도원의 ⅔를 매매했는데 그것은 토지의 합리적 경영으로 강력한 후원 세력을 얻는 데 목적이 있었다. 이러한 정책을 펼쳤음에도 불구하고 헨리 8세는

---

51 1533년 5월 캔터베리 대주교는 헨리 8세와 앤 불린의 결혼을 승인했다.

52 수장령의 원문 중 중요한 부분을 언급하면 다음과 같다.
    '국왕 폐하는 법적으로 영국교회의 수장이신데 그것은 우리나라의 성직자들이 여러 차례에 걸친 성직자 회의에서 승인한 사안이다. 그러나 이를 더욱 확실히 하기 위해, 그리고 영국에서 크리스트교의 공덕을 증대시키고 지금까지 국내에서 행해진 죄악과 이단 및 그 밖의 범법행위와 폐단을 제거하기 위해서, 본 회의의 권한으로 다음의 법령을 정한다. 우리의 국왕폐하 및 폐하를 계승할 여러 왕들은 영국교회의 유일한 최고의 수장으로 간주되며, 인정되어야 한다. 뿐만 아니라 이들은 영국교회의 최고수장으로서의 권위에 포함된 모든 영예·존엄·지엄·재판권·면죄권·수익·그리고 재화를 소유하며 향유한다.'

53 헨리 8세는 수도사와 수녀들이 서약을 포기할 경우 연금을 주겠다는 회유책도 썼다.

정통 가톨릭 교의를 근본적으로 수정하지는 않았다. 구교회의 교리를 규정하고 있는 이른바 6개법(1539)은 전통적 성사나 성직자의 독신제를 지키게 했고, 교회의 미사로써 성찬의 빵과 포도주가 그리스도의 살과 피가 되는 성체설을 인정했으며, 성직자의 조직에도 아무런 변경도 가하지 않았다.

1535년부터 헨리 8세의 최측근으로 등장한 토머스 크롬웰(T. Cromwell: 1485-1540)은 일련의 개혁정책, 즉 관료체제를 확고히 했을 뿐만 아니라 법률체제도 정비하고 강화시켰다. 이 당시 크롬웰은 마키아벨리의 군주론을 읽고 그것을 실제 정치에 반영시켜야 한다는 생각을 가지고 있었다. 그는 당시 추기경이었던 폴(R.Pole)과의 대담에서 신하는 군주의 내심을 잘 파악한 후 종교에 부합되고 결코 덕성을 잃지 않은 것처럼 보이게 하면서도 항상 국가이익을 추구해야 한다는 견해를 제시했다. 이러한 관점은 크롬웰이 마키아벨리의 영향을 깊이 받았음을 확인하게 한다. 크롬웰의 조언을 받던 헨리 7세는 젠트리(gentry) 계층, 즉 중소지주, 상인, 그리고 변호사로 활동하던 인물들을 치안판사로 임명하여 신민들을 지배하려고 했다.

외교적으로 헨리 8세는 그의 부친이 펼쳤던 반프랑스 정책을 고수했다. 이에 따라 그는 1542년 신성로마제국의 황제와 프랑스 국왕이 재개한 전쟁에 가담하기도 했다. 아울러 이 인물은 스코틀랜드를 적대시하는 정책도 아울러 펼쳤고 그것에 따라 1542년 스코틀랜드를 침략했다.

(2) 메리(Mary)

헨리 8세에 이어 영국의 통치자로 등장한 에드워드 6세(Edward VI: 1547-1553)는 헨리 8세와 앤 불린의 시녀였던 시모어(J.Seymour)사이에서 태어난 아들이었다.[54] 1547년 1월 28일 9세의 어린 나이로 즉위한 그는 외삼촌

---

54 헨리 8세의 세 번째 부인이었던 시무어는 에드워드를 낳은 지 12일 만에 죽었다.

서머싯(E.S. Somerset) 공을 후견인으로 삼게 됨에 따라 중앙정부의 권한은 크게 위축되기 시작했다. 에드워드 6세가 후계자없이 폐병으로 죽게 됨에 따라 1553년 7월 6일 헨리 8세의 첫 번째 딸인 메리 튜더(Mary Tudor: 1553-1558)가 37세의 나이로 영국 최초의 여왕으로 등장했다. 영국의 위정자로 등장한 메리는 신교도 성직자들을 제거했을 뿐만 아니라 의회의 모든 결정도 무효화시켰다.[55] 아울러 교황이 교회의 수장임을 다시금 천명했다. 이는 에드워드 6세 때 지향된 프로테스탄트를 부정하고 가톨릭으로의 회귀를 의미했다. 메리는 자신이 지향한 종교정책을 확고히 하기 위해 자신보다 11살이나 어린 에스파냐의 펠리페 2세와 1554년 7월 20일에 결혼했는데 이 과정에서 의회는 크게 반발했다.[56] 이후 그녀는 남편의 반프랑스 정책을 추종했고 그러한 과정에서 1558년 1월 초에 발생한 프랑스와의 전쟁에서 패배했다.[57] 이에 따라 1558년 1월 6일 영국은 프랑스에 유일하게 남아있던 칼레(Calais) 지방마저 잃게 되었다.

이 당시 영국의 재정적 상황은 파탄 직전이었다. 따라서 영국은 유럽의 다른 국가들과는 달리 상비군도 없었고 효율적인 해군력도 갖추지 못한 상태였다. 메리는 자신이 죽기 전날에 이복동생인 엘리자베스(Elisabeth)를 후계자로 선정했고 그것에 따라 엘리자베스는 1558년 11월 17일 엘리자베스 1세(Elisabeth I: 1558-1603)[58]로 등극했다.

---

55 이 과정에서 300여 명이 이단으로 처형되었기 때문에 메리는 '피의 메리(Bloody Mary)'라는 별명을 얻기도 했다.

56 의회의 반대에도 불구하고 메리가 펠리페 2세와 결혼을 추진함에 따라 와이어트 경이 이끄는 신교도들이 반란을 일으켰다. 이에 메리는 군중들 앞에서 반란의 부당성을 연설했고 그것은 수천 명의 군중이 그녀를 지원하게 하는 계기가 되었다. 결국 와이어트의 반란은 진압되었고 그는 처형되었다.

57 펠리페 2세는 이 당시 메리와의 결혼을 통해 영국국교회의 분열을 통해 가톨릭의 위상을 다시 증대시키려 했을 뿐만 아니라 영국 내에서 합스부르크의 영향력도 확대시키려고 했다.

58 24세의 나이로 등극한 엘리자베스 1세는 예리한 지성, 확고한 의지, 그리고 여성다운 매력

(3) 엘리자베스 1세

　일반적으로 엘리자베스 1세의 통치시기를 영국 절대왕정체제의 극성기로 보고 있다. 즉위한 직후 엘리자베스 1세는 통일령(Act of Uniformity)을 발표하여 영국국교회를 정식으로 발족시켰는데 그것은 엘리자베스 1세가 정치 및 종교적 실권 모두를 장악하게 하는 요인으로 작용했다.[59] 이 당시 엘리자베스 1세는 영국인들이 라틴어폐지를 지지하고 교황에 대한 종속을 거부하면서도 가톨릭교회의 의식을 여전히 원하고 있다는 사실을 잘 알고 있었다. 이에 따라 그녀는 1563년 녹스(J.Knox)의 제안에 따라 39개조를 발표하여 교회생활의 기준을 마련했는데 에드워드 6세가 1549년 발표한 42개조의 통일령이 바로 그 기초가 되었다.

　1571년 메리 스튜어트(Mary Stuart: 1542-1587)를 지지하는 반란, 즉 메리를 영국 국왕으로 등극시키기 위해 에스파냐가 영국을 침략한다는 이른바 리돌피(Ridolfi) 모반이 발생했다.[60] 이 당시 신교도들은 메리가 영국 여왕으로 등극할 수 있다는 우려를 불식시키기 위해 엘리자베스가 결혼하여 프로테스탄트의 후계자를 낳아 주기를 기대했다. 또한 여왕의 결혼은 후계 문제뿐만 아니라 대외문제에서도 매우 중요했다. 아직 유럽사회에서 약자의 신분에서 벗어나지 못했던 영국은 전략적 결혼을 통해 강력한 파트너가 필요했다. 에스파냐의 펠리페 2세, 오스트리아의 카를(Karl) 대공, 스웨덴의 에리크 14세(Erik XIV), 앙주(Anjou) 공작 앙리(Henri), 그리고 알랑송(Alanson) 공작 프랑수아(François)가 여왕의 결혼 상대자로 부각되었다.[61]

을 갖춘 여왕으로 평가되었다. 아울러 이 인물은 프랑스어, 이탈리아어, 에스파냐어, 라틴어, 그리고 그리스어에 능통할 정도의 언어적 능력도 갖추었다.

59　이후부터 영국에서 가톨릭 신자는 소수에서 벗어나지 못했다.

60　메리는 헨리 7세의 증손녀로 엘리자베스와는 오촌 간이었으며, 영국의 왕위계승권도 가지고 있었다. 이 당시 메리는 가톨릭 세력의 구심체 역할을 담당하고 있었다.

61　이 당시 엘리자베스는 자신이 국가와 이미 결혼했다는 언급을 했다.

엘리자베스 1세

엘리자베스 1세는 추밀원(Privy Council)의 규모를 축소시켰는데 그것은 이 통치기구에 남아 있던 가톨릭 세력을 배제하고 좀 더 효율적인 자문기구로 변형시키려는 여왕의 의지에서 비롯되었다. 이후 여왕의 자문역할을 담당하고 여왕의 의사를 실제정치에 반영시킨 이 행정 기구는 젠트리 출신의 경험 있고 성실한 인물들을 대거 기용하는 파격성도 보였다. 엘리자베스 1세는 자신의 최측근에 윌리엄 세실(W.Cecil: 1520-1598), 프랜시스 월싱엄(F.Walsingham: 1532-1590)[62] 그리고 국세상서인 니콜라스 베이컨(N.Bacon)과 재무장관 니콜라스 스록모턴(N. Throckmorton)같은 인물들을 두었다. 특히 윌리엄 세실은 여왕에게 좋고 유리한 것이면 어떤 정책이든 수행하려고 했다.

---

62   월싱엄은 뛰어난 어학실력을 토대로 외교정책의 핵심적 인물로 활동했다.

이에 따라 그는 엘리자베스 1세의 신뢰를 얻게 되었고 여왕의 충복으로서 자신을 숨기면서 은밀하게 일을 처리하는 능력도 발휘했다. 또한 그는 어떠한 정책을 결정할 때 '무엇이 국가를 위한 것인가?'를 직관적으로 파악하여 그것을 여왕에게 전달하려고 했다.

이렇게 훌륭한 인물들로 구성된 추밀원은 엘리자베스 1세가 지향한 왕국 통일을 위해 각 지방의 치안판사를 적극적으로 활용했다. 이 당시 치안판사들에게 부여된 제 임무 중에서 가장 중요했던 것은 각 지방의 치안을 담당하는 것이었다. 실제적으로 영국에는 봉건적 잔재가 많이 남아 있었기 때문에 영국민들은 애국심보다는 자신이 태어난 지방에 대한 향토애에 집착하는 경우가 더욱 많았다. 따라서 엘리자베스 정부는 각 지방의 동향에 대해 세심한 주의를 배려했고 그러한 과정에서 치안판사 등 지방관의 노력에 전적으로 의존할 수밖 에 없었다.[63]

엘리자베스 1세는 상공업의 활성화에 대해서도 관심을 표명했고 거기서 에스파냐와의 대립에서 우위를 차지해야만 상공업이 활성화 될 수 있다는 판단도 하게 되었다. 따라서 이 인물은 에스파냐의 막강한 해군력을 격파시키려는 계획을 수립했고 그것을 1588년에 구체화시켰다. 1584년 엘리자베스 1세는 신대륙에서 영국의 거점, 버지니아(Virginia)를 확보했고 이 지역에서의 경제적 이득을 추구하기 위해 1600년 12월 31일 동인도회사도 설치했다.

이 당시 영국에서는 인클로저 운동(Enclosure Movement)이 활발하게 전개되어 종래의 농촌경제가 크게 변화되었다. 인클로저 운동은 개방경지제도 하에서 여러 지역에 분산되었던 개인들의 토지를 토지의 교환 및 매매를 통

---

63 대법관이 임명한 영국의 치안판사들은 각 지방의 토착 젠트리 출신이었다. 이들은 중앙정부로부터 보수를 받지 않았기 때문에 엄격한 의미의 '관리'도 아니었다.

해 한 곳으로 집중시키고 그 주위에 울타리를 쳐서 소유토지의 경계를 확실히 표시함으로써 토지에 대한 배타적 권리를 적립해 나가는 과정이라 하겠다. 이 당시 면직물이 영국으로 유입되지 않았기 때문에 사람들의 의복은 거의 양모로 만들어졌다. 그런데 양을 치는 일은 곡물재배보다 훨씬 적은 노동력이 요구되었기 때문에 상대적으로 높은 이윤도 보장했다. 따라서 토지소유자들은 정부의 개입에도 불구하고 자신들의 토지를 목초지로 전환시키는데 주저하지 않았던 것이다. 이에 따라 자급자족적인 중세의 농업경제 체제에서 영리를 추구하는 근대적 농업체제로 전환되었던 것이다. 여기서 대자본가적으로 농업을 경영하던 젠트리 계층과 자영농 계층인 요먼(yeo-man: 40실링의 연간 수입이 나는 토지를 소유하고 있는 계층을 지칭하고 이들이 농촌인구에서 차지하는 비율은 3-4%정도였다) 등이 형성되었고 이들은 농촌산업을 선대제도(putting-out system)나 매뉴팩처 형태로 발달하게 하는데 중심적인 역할을 담당했다. 상인이 농민들에게 원료와 방직기 등 필요한 시설을 공급하고 생산된 모직물에 대한 대가(임금)를 지불하고 거두어 가는 제도를 선대제도라 한다. 이에 반해 제조업형태, 즉 매뉴팩처는 한 장소에 노동자들을 모아놓고 모직물을 생산하는 형태로서 방직기 같은 것을 기계로 바꿀 경우 그대로 공장이 될 수 있는 생산형태를 지칭한다. 이 당시 젠트리와 요먼은 도시의 자본가 및 모험상인으로도 활동했고 큰 재산을 모은 일부는 의회에 본격적으로 진출하기도 했다. 한편 이들과는 달리 생활터전을 잃게 된 농민들은 도시로 이동하여 노동자나 빈민 계층이 되었다.

이러한 계층이 증대됨에 따라 일련의 법률이 제정되었는데 1563년에 제정된 직인조례(Statute of Artifices)와 1601년에 발표된 구빈법(The Elizabethan Poor Law)이 바로 그것이었다. 직인조례는 모든 산업과 상업 및 농업까지를 체계적으로 포함시킨 포괄적인 산업규제였다. 그리고 이러한 조례는 완전 고용을 통해 부랑을 방지하여 사회적 안정을 기하고, 노동과 산업에 대한 통제권을 지방에서 국가로 옮겨 놓기 위한 목적도 가졌다.

직인조례의 노동규제 조항으로 실업 직전의 노동자들을 구제하고, 이미 실직한 노동자들에게는 구빈법을 통해 강제로 노동에 복귀시켜 완전고용의 목표를 실현하려고 했던 것이 엘리자베스 1세의 목표였던 것이다.

이처럼 화려했던 엘리자베스 1세의 통치도 말년에는 그리 좋지 않았다. 그녀는 권력이 돈으로부터 나온다는 사실을 알고 있었기 때문에 손쉽고 빠른 수입증대에 수단과 방법을 가리지 않았다. 그 일례로 신흥 사업에 대해 멋대로 독점권을 설치하여, 아첨하는 신하들이나 귀족들 또는 상인들에게 판매했다. 이러한 그녀의 행동에 대해 의회는 부정적인 입장을 표방했고 점차적으로 그것은 엘리자베스정책에 제동을 거는 방향으로 나아갔다.[64] 여기서 의회는 언론 탄압이라는 이유로 엘리자베스 1세가 원했던 의회조정법도 부결시켰다. 이러한 상황에서 부패하고 탐욕스런 여왕의 측근들의 행동은 대중의 증오심을 유발시켰다. 특히 아일랜드(Irland) 정복을 위한 일련의 군사적 행동은 대중들의 반감을 유발시키는 직접적 요인으로 작용했는데 엘리자베스 1세의 마지막 총신이었던 에식스의 백작(Earl of Essex) 데버루(R.Devereux)의 반란에서 그 절정을 맞이했다. 데버루는 아일랜드 총독의 자격으로 아일랜드의 반란진압을 시도했다. 그러나 반란 진압에 실패하고 불리한 조약을 체결해야 하는 상황에 이르게 됨에 따라 데버루는 갑자기 총독의 위치에서 이탈한 후 여왕에게 직접 해명하겠다는 입장을 밝혔다. 이러한 소식을 접한 엘리자베스 1세는 크게 분노했으며 반란진압 실패에 대한 책임을 물어 그의 관직을 박탈했다. 이에 데버루는 앙심을 품고 300여 명의 추종자들과 더불어 1601년 런던에서 봉기를 일으키려 했으나 실패하고 반역죄로 처형되었다. 이후 우울증과 지병이던 노인성 질환들이 더욱 심화되었고

---

64 이 당시 의회는 청교도들에 의해 주도되었다.

그녀는 마침내 1603년 3월 24일 70살의 나이로 생을 마감했다.

(4) 제임스 1세(James I)

엘리자베스 1세가 후계자 없이 사망함에 따라 튜더왕조는 단절되었다. 이에 따라 스튜어트(Stuart)왕조가 1603년부터 영국을 통치하기 시작했다. 그러나 스튜어트 왕조의 왕들은 재정적인 어려움에 놓였는데 그 이유로는 엘리자베스 1세 시기의 막대한 전쟁비용과 거기서 비롯된 화폐의 평가절하를 들 수 있을 것이다. 이러한 재정적 압박은 왕권신수설과 왕의 특권에 대해 이의를 제기하던 의회와의 충돌을 유발시키는 계기가 되었다.

1603년 3월 24일 스코틀랜드의 제임스 6세(James VI: 1603-1625)가 영국에서 제임스 1세(James I)로 등극했다.[65] 그러나 이 인물은 영국의 현실적 상황 및 의회의 전통을 파악하지 못했다. 따라서 그는 자신이 저술한 '참다운 군주국가의 법'에서 왕권신수설을 강조했다. 그는 사람들이 신이 하는 일에 대해 이의를 제기하는 것 자체를 무신론으로 간주했다. 같은 맥락에서 그는 왕의 권한에 대해 신하가 언급하는 것을 주제넘은 짓이자 엄청난 모독으로 보았다. 착한 군주는 법에 따라 통치하지만 그의 권위는 항상 법을 초월하고 그것의 간섭 역시 받지 않는다는 것이 제임스 1세의 주장이었다.

이후 제임스 1세는 의회의 과세권을 인정하지 않으려 했고 그것은 새로운 과세나 독점권을 남발하는 계기가 되었다.[66] 이 당시 의회는 회기 중

---

65 스코틀랜드의 제임스 4세(James IV)와 결혼한 마가레트(Magaret)의 증손자였다. 이 인물은 어머니인 메리가 장로파 귀족들에 의해 폐위되어 로크리븐 성에 갇힌 후 1567년 7월 24일 한 살의 나이로 스코틀랜드 왕으로 등극했다.

66 1611년 제임스 1세는 왕권신수설(the theory of the divine right of kings)에 대한 자신의 관점을 다시금 피력했다.
'성서 속에서 왕은 신으로 지칭되고 있다. 따라서 그의 권력은 어떤 의미에서 보면 신의 권력과 비유된다 하겠다. 왕은 이 세상에서 신의 권력 내지는 신의 권력과 비슷한 힘을 행사할 수 있기 때문에 신으로 불리는 것은 당연하다. 신의 속성을 살펴보면 그것이 얼마나 왕

의원들이 아무런 제재나 통제 없이 양심에 따라 자유롭게 발언할 수 있다라는 내용의 '변론(Apology)'을 작성하여 의회의 특권을 강조했다.

제임스 1세는 예배의 개혁과 보다 엄격한 종교적 규율을 요구하던 청교도(Puritans)들에 대해 부정적인 시각을 가졌을 뿐만 아니라 그들에 대한 종교적 탄압도 주저하지 않았다. 이 당시 청교도들은 영국국교 개혁 이후에도 여전히 남아 있는 가톨릭 의식을 영국 교회로부터 배제시켜야 한다는 견해를 제시했다. 즉 이들은 성찬식, 교회예술이나 교회음악을 부정했을 뿐만 아니라 성경읽기, 신과 개인의 관계, 도덕, 그리고 설교의 중요성도 부각시키려 했다.[67] 이에 따라 청교도들은 종교적 박해로부터 벗어나기 위해 1608년부터 신대륙으로 이주하기 시작했는데 본격적인 이주는 1620년 11월 21일 102명의 청교도, 즉 필그림 파더스(Pilgrim Fathers)가 메이플라워(May flower)를 타고 신대륙으로 떠난 이후부터라 하겠다.

그러나 제임스 1세는 통치 말기 의회의 요구, 즉 관리임명과 외교정책에 대한 간섭권을 부분적으로 인정했는데 그것은 30년 전쟁(1618-1648)의 참여비용을 마련하기 위해서였다.

(5) 찰스 1세

1625년 3월 27일에 등극한 찰스 1세(Charles I: 1625-1649)는 제임스 1세의 아들로 왕권신수설에 입각한 자의적 전제정치를 보다 강화시켰다. 이에 따

의 그것과 일치되는 가를 알 수 있다. 신은 자신의 뜻대로 세상을 창조하고 파괴하고 만들어 없애는 권력, 생명체를 살리거나 죽이는 권력, 모든 것을 심판하고 누구로부터도 심판을 받지 않고 또 누구에게도 책임을 지지 않는 권력, 자신의 뜻대로 낮은 것을 높이고, 높은 것을 낮추는 권력도 가지고 있다. 따라서 정신 및 육체가 신에게 귀속되는 것이다. 이것과 동일한 권력을 왕도 가지고 있다. 그는 신하를 만들기도 하고 없애기도 한다. 그들을 높이고 멸하는 권력, 살리거나 죽이는 권력도 가진다. 왕은 신하 전원에 대해 모든 경우의 심판관이며, 나아가 신 이외의 다른 무엇에 대해서도 책임을 지지 않는다.'

67 청교도라는 용어는 1570년대 이들의 과격성을 비난하던 사람들이 경멸적인 의미로 사용했다.

라 그는 의회의 승인 없이 새로운 세금을 부과하고 독점권을 남발했을 뿐만 아니라 국교주의도 강화시켰다. 그러나 그는 1626년 의회를 소집했는데 그 것은 심화되던 재정적 압박에서 벗어나기 위해서였다. 의회가 소집된 이후 의원들, 특히 청교도 의원들은 국왕의 정책을 강력히 비판했다. 상황이 자 신에게 불리하게 전개됨에 따라 찰스 1세는 국채발행을 통해 재정적인 문제 를 해결하려고 했다. 여기서 그는 국채발행과정에서 자신에게 불만을 보인 수석재판관을 해임하고 70여 명의 기사 및 젠트리들을 체포하는 강경책도 펼쳤다. 아울러 그는 의회도 강제로 해산시켰다. 그러나 1628년 의회는 다 시 활동을 개시했고 6월 7일에는 권리청원서(Petition of Rights)를 가지고 국왕 을 압박했다. 국왕은 의회의 이러한 압박을 수용할 수밖에 없었는데 그 이 유는 프랑스와의 전쟁으로 국가재정이 크게 어려워 졌기 때문이다. 의회가 제출한 권리청원에서는 다음의 것들 즉, 첫째, 평시에는 계엄령을 선포할 수 없다. 둘째, 군대의 민가주둔을 금지한다. 셋째, 자의적인 과세를 금지한 다. 넷째, 불법적인 인신구속 및 투옥을 금지한다 등이 언급되었다.

이후 선박세(Ship money)가 시비대상으로 부각되었다. 전통적 관례에 따 라 영국의 항구 도시들은 영국 해군에 선박을 제공하기 위해 자발적인 기부 를 해 왔다. 그런데 찰스 1세는 이를 해안도시 및 내륙도시까지 확대 시행하 려고 했다. 이러한 조치는 햄프던(J. Hampden: 1594-1643)으로 하여금 징세거 부운동을 일으키게 했다.[68] 상황이 이렇게 전개됨에 따라 찰스 1세는 1639 년 3월 2일 의회 휴회를 결정했다. 이후 그는 중앙관료나 성직자들, 특히 당 시 캔터베리 대주교였던 로드(W. Laud: 1573- 1645)[69]와 보수적 성향의 스트래

---

68 이 운동을 주도한 햄프던은 투옥되었다.
69 1633년 캔터베리 대주교로 임명된 로드는 보수적 성향의 고교회(high church)에 속한 인물 이었다. 이 인물은 종교의식이 내적, 정신적 삶을 고양시킬 수 있다는 확신을 가졌기 때문 에 설교보다는 성찬식을 강조했고 새로운 기도서도 작성했다.

퍼드(E.Straford: 1593-1641)[70]의 지원을 받아 국가를 임의적으로 운영했다. 아울러 이 기간 동안 국왕은 낮은 가격으로 독점권을 판매했을 뿐만 아니라 중세의 재정청구권도 부활시켰다. 또한 그는 판사들에게 최고의 벌금을 징수하도록 요구하기도 했다.

그러나 1637년 스코틀랜드 교회(長老敎派)를 영국국교로 개종시키는 과정[71]에서 전쟁이 발생했고 그것은 그로 하여금 전비마련을 강요했다. 결국 캔터베리 대주교 로드와 스트래퍼드의 자문에 따라 찰스 1세는 1640년 4월 13일 의회를 소집했다. 여기서 의회는 정부에 대한 국민들의 불만을 우선적으로 논의할 것을 주장했으며 스코틀랜드와의 전쟁도 반대했다. 회의 기간 중에 핌(J.Pym: 1584-1643)은 국왕의 폭정을 구체적으로 밝혔고 그것은 찰스 1세로 하여금 의회를 해산하게 하는 계기가 되었다. 이에 따라 개원 22일 만에 의회는 해산되었고 이를 지칭하여 단기의회(Short Parliament)라 한다. 그러나 영국 내에서 반란이 일어나고 스코틀랜드 군이 영국의 북부지역을 침입함에 따라 왕은 의회를 다시 소집할 수밖에 없었다.[72] 1640년 11월 3일 의회는 다시 웨스트민스터(Westminster)에서 개원되었고 여기서 핌은 다시 주도적인 역할을 담당하게 되었다.[73] 이 당시 찰스 1세는 의회에 대해 큰 기대를 하지는 않았지만 이번 의회 역시 단기의회만큼 국왕에 대해 매우 비협조적이었다. 의회의원들의 과반수이상이 젠트리 출신이었고 적지 않은 법률가들과 상공업자들도 의회에 참석했다. 의회가 이렇게 반국왕적인 인물들로 구성됨에 따라 찰스 1세의 통치내용들은 비판의 대상이 되었을 뿐만 아니라

---

70 이 당시 스트래퍼드는 아일랜드 총독이었다.

71 캔터베리 대주교 로드는 국교회의 의식을 영국 내 모든 종파에게 적용시키려고 했다.

72 스코틀랜드 군과의 전투에서 영국군은 패배했고 그것은 영국으로 하여금 스코틀랜드군의 주둔비용을 부담하게 했다.

73 뛰어난 언변술을 가지고 있던 핌은 당시의 상황을 최대한 이용하고자 했다.

스트래퍼드 백작을 비롯한 각료 들 역시 반역죄로 탄핵대상이 되었다. 이러한 의회 분위기를 파악한 찰스 1세는 3년마다 1번씩 의회를 소집한다는 법안과 의회의원들의 동의 없이 의회를 해산할 수 없다는 법령을 수용했다.

1641년 11월 22일 의회는 국왕의 실정을 낱낱이 밝힌 대간주(Grand Remonstrance)를 159:148로 통과시킴으로서 찰스 1세는 선박세 및 그 밖의 재정적 조처가 위법임을 인정할 수밖에 없었다. 대간주를 통해 의회는 국왕에게 다음의 것들도 요구했다. 첫째, 영국국교도와 청교도를 동등하게 취급한다. 둘째, 국왕과 의회 사이의 권력균형을 유지한다.[74] 셋째, 의회는 재정견제권을 가진다. 넷째, 선박세 및 압제의 대행기관이었던 성실청(Star Chamber)[75]과 고급위원회(High Commission)와 같은 특별재판소를 폐지한다.[76]

1641년 10월 아일랜드에서 가톨릭교도들이 봉기하여 수천 명의 영국 정착민들을 학살한 사건이 발생했다. 그리고 이 사건에 왕비가 연류되었다는 소문도 돌았다. 즉 반란이 가톨릭의 부활을 노린 에스파냐와 프랑스 주도에 의한 것이고, 프랑스 태생인 왕비가 그 장본인이라는 소문이었던 것이다. 찰스는 1642년 1월 4일 400여 명의 군사를 이끌고 상원의원 1명과 하원의원 5 명을 반역죄로 체포하기 위해 웨스트민스터 의사당으로 갔지만 이미 소식을 접한 핌을 비롯한 의원들은 의사당을 빠져나가 정치피난처로 간주되던 런던시청(City of London)으로 잠입했고 런던 시는 그들의 인도를 거부했다. 의원들의 체포 작전이 실패로 끝나게 됨에 따라 찰스 1세는 군사적 행동이 필요하다는 인식을 가지게 되었고 필요한 군대를 소집하기 위해 1월 14일 왕당파와 더불어 런던을 떠나 요크(York)로 갔다.[77]

---

74 여기서는 의회의 권한을 증대시키기 위한 3년 회기법(Triennial Act)도 거론되었다.

75 성실청은 헨리 7세가 웨스트민스터 궁전 내에 만든 특별법정이었다.

76 이를 계기로 국왕을 추종하는 의원들은 의회를 떠나 왕당파를 형성했고, 의회에 잔류한 의원들은 의회파를 구성했다.

(6) 청교도혁명

찰스 1세가 런던을 떠난 후 의회는 왕당파(Cavaliers: 서북부 출신의 의원들로 구성)와 의회파(Roundheads: 동남부 및 런던 출신 의원들로 구성)[78]로 분파되었다. 이 당시 의회파를 주도한 인물은 올리버 크롬웰(Oliver Cromwell: 1599-1658)이었다.[79] 그는 신앙심이 두터운 청교도를 주축으로 철병군(용사군, Ironsides)을 조직했다. 이렇게 구성된 철병군은 1642년 10월 23일 에지힐 전투에서 두각을 보이기 시작했다. 1643년 2월 크롬웰이 의회군 대령으로 임명됨에 따라 철병군은 확대되기 시작했다. 철병군의 훈련은 엄격했지만 다른 군대와는 달리 이들은 특별대우 및 정기적으로 급료도 받았다. 크롬웰이 철병군을 모집할 때 사회적 지위보다는 종교적 신념과 충성심, 훌륭한 몸가짐을 우선시했

---

77 이 당시 국왕 측에 합류하기 위해 런던을 떠난 의원 수는 236 명이었다.

78 경제적으로 활성화된 지역을 장악했던 의회파 의원들은 머리를 짧게 깎았다.

79 크롬웰 가문은 헨리 8세가 수도원을 해산시키는 과정에서 경제적 부를 축적한 프로테스탄트 가문이었다. 부친 크롬웰은 엘리자베스 1세 때 의회의원으로 활동했으며, 영국 동부 헌팅턴의 지주 겸 치안판사이기도 했다. 크롬웰의 신교적 성향은 집안의 영향도 있었지만 자신이 수학하던 케임브리지(Cambridge) 대학교 시드니 서식스 칼리지의 칼뱅주의자였으며 비가톨릭 성향이 강했던 학장의 역할도 컸다. 크롬웰이 18세 되던 해 아버지가 죽게 됨에 따라 그는 케임브리지를 떠나 귀향했다. 이후 그는 한시적으로 런던에 있는 링컨스인 법학원에서 공부하기도 했다. 이 당시 크롬웰은 하층 젠트리의 공통적 문제, 즉 흉작으로 인해 커진 세금부담으로 고통을 겪다가 외삼촌으로부터 엘리에 있는 토지를 물려받게 됨에 따라 재정적 어려움으로부터 벗어날 수 있었다. 1628년 크롬웰은 자신의 고향인 헌팅턴 선거구에 출마하여 의원이 되었다. 그러나 크롬웰이 참여한 의회는 찰스 1세에 의해 이듬해에 해산되었는데 그 이유는 의회의 주도로 권리청원이 발표되었기 때문이다. 의회가 해산되기 전 1년 동안 크롬웰은 자신의 영지인 엘리에서 주교가 참석하는 고교회파 예배의식과 국교회의 권위 중시행위에 대해 부정적인 입장을 표방했다. 그는 기존의 성직위계 조직에 대한 대안으로 성직 감독제도의 폐지를 거론했으며 신자들 스스로가 목회자를 선택할 수 있게끔 해야 한다는 주장도 펼쳤다. 그러나 크롬웰의 이러한 입장은 결코 국교에 대한 반대가 아니었는데 그것은 그가 영국 교회의 전체 성직위계조직에 대해 불신한다는 입장을 밝힌 데서 확인할 수 있다. 여기까지 보면 크롬웰이 국왕에 대해 반기를 든 것은 무엇보다도 종교에 대한 자신의 시각에서 비롯되었음을 알 수 있다. 물론 그는 동료 의원들이 주장하던 세금 및 각종 독점 제도, 그리고 신민에게 부여한 과중한 부담에 대한 불만 제거에도 적극적으로 동참했다.

올리버 크롬웰

다. 특히 그는 청교도주의를 강조하면서 전투와 전투 사이에 성경을 읽고 자주 기도회도 열었다. 이렇게 성공적으로 철병군을 훈련시킴에 따라 크롬웰은 전투 이후에도 이들을 효율적으로 통제할 수 있게 되었고 재조직 역시 원활하게 되었다. 1643년부터 철병군을 앞세운 크롬웰은 매 전투에서 승리를 거두었다.

  이러한 철병군의 승리에 대해 의회는 만족했다. 1644년 초 철병군을 주축으로 의회군이 재편성되었고 맨체스터 백작 2세인 에드워드 몬터규가 사령관으로 취임했고 크롬웰은 그의 부관으로 임명되었다. 이후 의회군은 신기군(New Model Army)으로 지칭되었다. 신기군은 각기 600명의 병력으로 구성된 11개의 기병연대와 각기 1,200명으로 편제된 보병연대 12개, 그리고 1,000명의 기마보병으로 구성되었다. 기병은 주로 에식스 백작 맨체스터와 윌리엄 윌러 경의 군대에서 선발한 경험 많은 군인들로 충당되었고, 보병은 대부분 런던과 동부 및 남동부 지역에서 강제로 소집한 병력이었다. 이후 의회의 철병군은 1644년 요크의 북서부 지역인 마스턴 무어(Marston Moor)에서 왕군을 격파했다.[80] 1645년 6월 14일 의회군은 노샘프턴(Northhampton) 근처의 네이즈비(Naseby) 전투에서 왕군을 다시 격파했다. 이에 찰스 1세는 스코틀랜드 군에게 피난처를 요구했지만 1647년 1월 23일 그는 의회군에 인도되었다.[81]

왕당파를 제거한 의회는 장로파(The Presbyterians)와 독립파(The Independents)로 분열되었다. 의회에서 다수 세력이었던 장로파는 왕과의 타협을 모색했지만 독립파는 교회제도를 배격하고 철저한 신앙자유를 지향했다. 독립파는 다시 독립파와 릴번(J. Lilburne: 1614-1657)의 수평파(The Levellers)로 나뉘어졌는데 수평파는 보다 급진적인 정치를 지향했을 뿐만 아니라 종교적인 관용철폐도 요구했다.[82] 수평파는 하인 및 임금노동자들을 제외한 모든 성인남자들에게 선거권을 부여해야 한다는 주장을 펼쳤다. 그리고 수평파에서 공산주의적 분배파도 등장하게 되는데 이들은 부의 공정한 분배를 요구했다.

이러한 의회의 분열은 찰스 1세의 스코틀랜드 탈출을 가능하게 했다. 스코틀랜드에서 찰스 1세는 스코틀랜드 군과 조약을 체결했는데 거기서는 영국 내에서 장로교를 확립시키고 의회군을 해산시킨다는 것 등이 거론되었다. 아울러 왕의 특권회복도 명시되었다. 상황이 이렇게 전개됨에 따라 크롬웰은 의회의 내분을 조속히 수습한 후 1648년 1월 17일 찰스 군대를 리

---

80 정직하고, 신앙심이 깊으며, 철저하게 훈련된 철병군은 전투 시 찬송가를 불렀다.
81 이 당시 스코틀랜드는 의회로부터 인도대가로 40만 파운드를 받았다.
82 수평파에서는 공산주의적 디거즈(Diggers)가 등장하게 되는데 이들은 부의 공정한 분배를 요구했다.

버풀(Liverpool) 북동쪽에 위치한 프레스톤(Preston)에서 격파했다.

국왕과 스코틀랜드군이 패함에 따라 의회 내에서 독립파가 주도권을 장악하게 되었다. 이후 의회가 찰스 1세와의 협상에 관심을 보임에 따라 프라이드(Pride) 대령이 이끄는 군대가 1648년 12월 6일 의회를 침입하여 143명에 달하는 장로파 의원들을 강제로 축출했는데 이것을 지칭하여 '프라이드숙청(Pride's Purge)'이라 한다.

이후 80여 명의 의원들이 잔여의회(Rump Parliament)를 구성했는데 이 의회는 군사지휘관들의 영향 하에 놓이게 되었다. 잔여의회의 의원들은 자신들이 통과시킨 법안들은 국왕과 상원의 동의 없이도 효력을 발휘할 수 있다는 입장을 밝혔다. 이후 잔여의회는 국왕의 반역죄를 규정하는 법안을 통과시켰고 그것에 따라 찰스 1세는 재판에 회부되었다. 이후 찰스 1세는 특별고등재판소(High Court of Justice)에 회부되었고 거기서 사형선고를 받았다. 이 당시 찰스 1세는 특별고등재판소의 합법성을 인정하지 않았는데 그것은 국왕이 지상의 어떤 권력에 의해서도 재판을 받지 않는다라는 소신에서 비롯되었다. 따라서 그는 자신에 대한 변호도 거절하고 자신이 '영국민을 위해 싸웠다'라는 입장을 밝히기도 했다. 폭정, 반역, 살인, 그리고 사회에 대한 해악을 끼친 죄로 찰스 1세는 1649년 1월 30일 런던 화이트홀(Whitehall)의 연회장 바깥에 세워진 처형대에서 생을 마감했다. 그리고 일주일 후 그의 시신은 윈저 궁에 묻혔다.

영국의 공화국(Commonwealth or Free State)화는 1649년 5월 19일 가시화되었다. 여기서는 '의회의 국민 대표자가 국가를 통치한다.'라는 조항이 명시되었다.[83] 공화정체제가 도입된 이후 평의회 의원 41명이 국가통치의 주

---

83 공화정체제를 도입한 후 크롬웰은 왕실, 교회, 그리고 왕당파의 재산을 몰수하여 재정적인 상황을 개선시키려고 했지만 별 효과를 거두지는 못했다.

도권을 장악했는데 여기서 베인(H. Vane: 1613-1662)이 주도적인 역할을 담당했다.

점차적으로 크롬웰과 독립파와의 관계가 악화되었고 그것은 크롬웰로 하여금 1653년 4월 20일 의회를 해산시키게 하는 계기가 되었다. 이후 새로운 의회(Parliament of Saints)가 구성되는데 여기에는 경건한 인물들과 군 장교들이 참여했다. 그러나 156명으로 구성된 이 의회는 제대로 기능도 발휘하지 못하다가 해산되었다.[84] 1653년 12월 16일 크롬웰은 통치헌장(Instrument of Government)을 제정했는데 그 중요한 내용을 살펴보면 다음과 같다.

제1조	영국, 스코틀랜드, 그리고 아일랜드로 구성된 공화국 및 그것에 속한 영토에서의 입법상 최고 권한은 호국경(Lord Protector)과 의회(Barebone or Little Parliament)의 의원들이 가진다.
제2조	신민에 대한 최고통치권 행사 및 정부 행정권은 호국경에 있으며, 호국경은 국무위원회(Council of State)의 도움을 받는다. 국무위원회 구성원 수는 21명을 넘어서도 안 되고 13명 이하가 되어서도 안 된다.
제4조	호국경은 의회 개원 시 의회의 동의를 받아 국가의 평화 및 행복을 위해 육·해군을 설치하고 지휘하지만 의회가 개원되지 않았을 때는 국무위원 다수의 조언과 동의를 얻어야만 한다.
제5조	호국경은 앞에서 언급한 조언에 따라, 다른 여러 나라의 국왕 및 국가와 우호관계를 지속시키고 또 그것을 지켜 가는데 필요한 모든 사항에 대해 명령을 내린다. 또한 국무위원의 다수 동의를 얻어, 다른 나라와 전쟁을 하거나 또는 평화조약을 체결하는 권한도 가진다.[85]

1653년 12월 16일부터 크롬웰은 호국경 통치를 펼치기 시작했다. 1655년 3월 스튜어트 왕권 복원을 위한 반란이 펜러덕(J. Penruddock)주도 하에 발

---

84 이 당시 의회는 제한된 법률제정권 및 세금부과동의권을 가지고 있었다.
85 소집된 의회는 비실제적이며, 제대로 기능도 발휘하지 못했다.

생했다. 이렇게 왕당파가 반란을 일으킴에 따라 그는 전국을 11개의 군사지역으로 나누고, 각 지방에 소장을 1명씩 파견하여 왕당파와 장로파의 반역음모를 분쇄하는 소장제를 실시했다. 이 당시 크롬웰은 정치적 불안정을 해소시키려면 강력한 군대가 필요하다는 판단을 했기 때문에 당시 정부 수입의 거의 대다수를 국방비 지출에 할애했다.[86]

아울러 그는 정치적 평등과 민주공화제를 주장했던 릴번의 수평파를 제거한데 이어 경제적 평등 및 공산주의를 지향했던 윈스탄리(G. Winstanly)의 분배파 마저 와해시켰다.

1651년 10월 9일 영국이나 영국식민지에 상품을 운반할 수 있는 선박을 영국이나 상품생산국에 한정한 항해조례(Navigation Act)가 발표되었다. 이에 따라 영국과 네덜란드 사이에 전쟁이 발생했다.[87]

이 당시 아일랜드의 귀족과 가톨릭교도들은 찰스 1세의 아들 찰스 2세(Charles II: 1660-1685)를 왕으로 인정했을 뿐만 아니라 프로테스탄트의 영도자인 오몬드(J.Ormonde: 1610-1688)의 지휘를 받아 영국의 공화정체제를 붕괴시키고자 했다. 이에 크롬웰은 1649년 아일랜드에 대해 전쟁선포를 했고 1652년 드로게다(Drogheda)전투에서 아일랜드 인들을 굴복시켰다. 같은 해 아일

---

86 이 당시 정부의 평균 수입액은 2,300,000£인 반면에 국방비는 2,500,000£였다.

87 이 당시 크롬웰은 항해조례의 발표를 통해 상당한 이권을 중산 계층에게 부여하려고 했는데 그 이유는 통치과정에서 이들 계층의 지지가 필요했기 때문이다. 항해조례의 보다 구체적인 내용은 다음과 같다.
'1651년 12월 1일부터 영국 및 다른 나라의 식민지, 즉 아시아 · 아프리카 · 아메리카에서 자라나고, 생산되고, 그리고 제조되는 물자들을 영국, 혹은 영국이 차지하고 있는 다른 지역이나 식민지에 수입할 경우, 그것을 운송하는 선박의 정식 선주는 반드시 영국인이거나 또는 영국식민지인이어야 한다. 또 선박의 선장 및 선원의 대다수가 영국인이어야 한다. 만일 이러한 조항을 위반하고 수입되는 물자 및 그것을 운송한 선박은 그 선박에 딸린 장비들과 함께 몰수 될 것이다. 그리고 몰수된 재산의 반은 국가에 귀속되며, 나머지 반은 압수하여 국가등록재판소에 기소한 사람에게 사용권이 넘겨진다.'
전쟁에서 패한 네덜란드는 크롬웰이 발표한 항해조례를 인정했다.

랜드는 영국에 합병되는 수모를 겪어야만 했다. 이후 아일랜드 인들의 토지
는 몰수되었으며 그것은 영국과 스코틀랜드 계의 프로테스탄트들에게 분배
되었다. 이를 지칭하여 '크롬웰의 이주정책' 또는 '크롬웰의 저주'라 했다. 크
롬웰의 통치는 1658년 9월까지 지속되었다.[88] 호국경의 지위를 물러받은 크
롬웰의 3남, 리처드 크롬웰(R. Cromwell: 1658-1659)은 군대나 청교도들의 지지
를 받지 못했을 뿐만 아니라 올리버 크롬웰의 독재 및 엄격한 윤리강요에
염증을 느낀 시민들로부터도 외면을 당했다.[89] 스코틀랜드의 지휘관이었던
멍크(G. Monke: 1608- 1670)[90]는 1660년 리처드 크롬웰을 제거한 후 즉시 임시
의회를 소집했고 여기서 찰스 2세의 즉위가 승인되었다.

(7) 찰스 2세

1660년 5월 5일 왕정복고가 이루어졌지만 찰스 2세는 더 이상 자의적
재판, 입법권, 그리고 자의적인 과세를 할 수가 없었다.[91] 우선 찰스 2세는
크롬웰의 잔재를 제거하기 시작했는데 그것은 크롬웰이 불허했던 오락 및
연극관람을 허용 한데서 확인할 수 있다. 이어 그는 국교도를 강화시키는
정책도 펼쳤는데 그것은 1661년 도시자치법(Corporation Act)을 발표하여 비국

---

88 크롬웰은 1658년 8월 말라리아에 걸려 세인트 제임스 궁에서 요양했다. 그러나 그의 병세
    는 급격히 악화되었고 마침내 9월 3일 화이트홀에서 생을 마감했다. 당시 크롬웰에게는 적
    이 많았기 때문에 그의 시신은 11월 10일 웨스트민스터 묘지에 비밀리에 안장되었고, 시신
    없는 장례는 13일 뒤에 국장으로 치러졌다. 그러나 그의 시신은 왕정복고가 이루어진 1661
    년에 무덤에서 끌려나와 타이번(Tyburn)에 있는 교수대에 매달렸다. 그 뒤 그의 시신은 교
    수대 아래 다시 매장되었으나 머리 부분만은 따로 웨스트민스터 홀의 꼭대기에 걸린 채 찰
    스 2세의 집권 말기까지 그대로 있었다.
89 크롬웰은 풍기단속법을 마련하여 일요일에는 극장 문을 닫게 하고, 간음 · 음주 · 주정 · 곰
    과 닭의 투기 · 도박 등도 금지시켰다.
90 멍크는 크롬웰 휘하의 장군이었다.
91 네덜란드에서 그는 1660년 4월 브레다(Breda)선언을 발표했다. 거기서 그는 일반사면과
    종교의 자유 및 토지분쟁의 공정한 해결, 그리고 군대 체불 임금의 완전 지급을 약속했다.
    아울러 의회의 결정도 존중하겠다는 입장도 밝혔다.

교도의 시정부 참여를 금지시킨 것, 1662년에 공포한 통일령에 따라 국교기도서를 따르지 않는 청교도 목사 2,000명을 추방시킨 것,[92] 그리고 1664년의 집회법(Conventicle Act)에 따라 비국교도의식을 따르는 5명 이상의 집회를 금지시킨 것과 그것을 위반하는 자들을 투옥내지 국외로 추방시킨 것에서 확인할 수 있다.

찰스 2세는 즉위한 직후 네덜란드와 식민지 전쟁을 펼쳤다. 1664년 영국은 서인도제도 중 몇 개의 섬을 차지했다. 또 맨해튼(Manhattan)섬을 빼앗아 뉴 암스테르담(New Amsterdam)이라 지칭되던 지명을 자신의 동생 요크 공의 이름을 따서 뉴 요크(New York)라 고쳐 불렀다.

찰스 2세는 1670년 6월 1일 프랑스와 도버(Dover)비밀협약을 체결했다. 여기서 그는 프랑스의 네덜란드 공격을 지원하기로 했고 루이 14세(Louis XIV)는 그것에 대한 반대급부로 영국에서 가톨릭이 부활하는데 필요한 재정적인 지원을 하기로 약속했다. 또한 이 비밀협약에서는 찰스가 가톨릭으로 개종한다는 것도 명시되었다. 이 당시 국교도들은 찰스 2세의 개종을 알지 못했지만 프랑스와의 동맹자체를 탐탁하게 여기지 않았다. 더욱이 찰스 2세의 왕비 캐서린이 왕위계승자를 생산할 가능성이 희박한 상황에서 찰스 2세의 동생인 요크(York) 공작 제임스(James)가 가톨릭교도인 모데나(Modena)의 메리(Mary)와 두 번째 결혼을 했기 때문이다. 이것은 가톨릭교도의 왕위계승이 가시화될 수 있다는 것을 의미하는 것이었다.

국교도들의 반발이 가시화됨에도 불구하고 1672년 찰스 2세는 가톨릭 신도를 포함한 모든 비국교도들의 신앙을 관용한다는 칙령을 발표했고 그것은 의회의 반발을 유발시키는 계기가 되었다.[93] 의회는 1673년 모든 공직

---

92 이들은 비국교회(Nonconfirmist)의 기초를 이루었다.
93 찰스 2세는 클라렌든(Clarendon)법에 따른 종교의 엄격한 규제를 반대했다.

자는 국교도이어야 한다는 심사법(Test Act)을 제정하여 왕에게 대응했다. 아울러 새로이 구성된 의회는 1679년 인신보호법(Habeas Corpus Act)을 제정했는데 거기서는 첫째, 법적 근거 없이 인신을 구속하거나 체포할 수 없다. 둘째, 체포한 사람들을 즉시 재판에 회부시켜야 한다.[94] 셋째, 혐의내용을 분명히 언급해야 한다가 명시되었다.

이에 찰스 2세는 1681년부터 의회를 소집하지 않고 국가를 통치했고 그것은 1683년 휘그(Whig)당의 일부 의원들로 하여금 찰스와 제임스를 암살하고 찰스 2세의 서자인 먼머스(Monmouth: 1649-1685)공을 국왕으로 옹립하는 '라이 하우스 음모사건(Rye House Plot)'을 일으키게 했다.[95]

(8) 제임스 2세와 명예혁명(Glorious Revolution)

1685년 2월 6일 찰스 2세의 동생 제임스 2세(James II: 1685- 1688)가 등극했다. 같은 해 6월 영국과 스코틀랜드에서 찰스 2세의 서자였던 먼머스를 추종하는 세력들이 반란을 일으켰다.[96] 반란을 진압한 제임스 2세는 1687년 '관용선언(Declaration of Indulgence)'을 발표하여 가톨릭 부흥정책을 강력히 추진했다. 이에 따라 '심사율'과 '인신보호법'이 철회 내지는 폐지되었다. 이제 가톨릭교도들은 공직자로서, 즉 추밀원 의원이나 군, 교회, 대학에서 활동을 펼치게 되었다. 같은 해 '신앙선택권'을 국민에게 부여한다는 칙령도 발표되었다. 이에 대해 캔터베리 대주교를 비롯한 7 명의 주교가 반대청원을 했지만 제임스 2세는 이들 모두를 투옥시켰다.

---

94 불법적으로 사람을 체포할 경우 그 기간은 3일을 넘겨서는 안된다는 것도 거론되었다.

95 이 당시 왕에게 매수되거나 왕을 지지하는 토리당과 왕의 전제정치를 배격하고 프랑스와 가톨릭을 경계하는 휘그당이 형성되기 시작했다.

96 당시 대법원장이었던 제프리스(G.Jeffreys: 1644-1689)는 1,000명 이상의 용의자들을 체포하여 사형 또는 외국추방형을 내렸다.

제임스 2세의 이러한 폭정에 대한 국민들의 반감은 증대되었다. 특히 의회 지도자들은 제임스 2세의 아들인 에드워드(J. Edward)가 1688년 6월 10일에 태어남에 따라 자구책을 강구하기 시작했다. 이 당시 이들은 로마 가톨릭 교도로 양육될 에드워드가 그보다 훨씬 나이가 많은 메리 대신에 영국의 왕위계승자가 되리라는 것을 우려했다. 이후 이들은 에드워드의 왕위계승이 불가하다라는 내부적 합의에 도달하게 되었고 그것에 따라 11월 15일 메리(Mary)와 윌리엄(빌렘: William of Orange: 네덜란드 총독)[97]을 영국의 공동 왕으로 선출했다.[98] 이에 따라 윌리엄과 메리 부부는 1만 6,000명의 병력을 이끌고 영국 남서부에 상륙한 후 런던으로 진격했다. 이후 적지 않은 귀족들이 윌리엄과 메리 진영에 가담했고 이들을 물리치기 위해 국왕이 파견한 처칠(Churchill)마저 국왕을 배반하고 윌리엄과 메리 측에 투항했다. 상황이 이렇게 전개됨에 따라 제임스 2세는 국외로 망명할 것을 결심하고, 왕비와 왕자를 프랑스로 도피시킨 뒤 자신도 탈출을 시도했다. 이러한 망명시도가 처음에는 실패했지만 윌리엄 부부의 묵인 하에 제임스 2세는 1688년 12월 22일 프랑스로 갈 수 있었다.[99] 이후 윌리엄 3세(William III: 1689-1702)와 메리 2세(Mary II: 1689-1694)는 영국의 공동 왕으로 등극했다.[100]

---

97 윌리엄은 네덜란드 북부 7개주에서 5개주를 총독신분으로 다스리던 오라네 공 빌렘 2세와 영국 국왕 찰스 1세의 딸 메리 사이에서 태어났다. 따라서 이 인물은 영국왕위계승 서열에서 항상 선두자리에 있었다.

98 의회 지도자들은 윌리엄에게 다음의 내용을 담은 초청장을 보내기로 합의했다.
'우리들의 상황은 날로 악화되어 스스로의 입장도 지키기 어렵게 되었습니다. 대다수의 국민들은 신앙, 자유, 재산 등에 관한 현정부의 정책에 대해 불만을 느끼고 있습니다. 우리들은 전하께서 영국에 상륙하실 때 전하께 달려가 전력을 다해 전하를 맞이할 수 있게끔 만반의 준비를 하도록 하겠습니다.'

99 영국에서 탈출한 제임스 2세는 1689년 3월 프랑스군의 지원을 받아 아직까지 자신을 군주로 인정하고 있는 아일랜드로 건너갔다. 그러나 그의 2만 1,000명의 아일랜드-프랑스 연합군은 1690년 7월 보인(Boyne)에서 펼쳐진 전투에서 윌리엄 군에게 패했고 그것은 그로 하여금 다시 프랑스로 도주하게 했다. 이후 아일랜드도 윌리엄 3세의 지배 하에 놓이게 되었다.

1689년 10월 23일 13개 항목으로 구성된 권리장전(Bill of Rights)이 발표되었다. 여기서는 첫째, 영국왕은 반드시 영국국교도 이어야 한다. 둘째, 국왕은 법의 집행을 정지시키지 못한다. 셋째, 국왕은 의회의 동의 없이 과세할 수 없다. 넷째, 의회 내에서 언론의 자유(freedom of speech)를 보장한다. 다섯째, 국민은 청원권을 가진다. 여섯째, 의회의 회기를 명시한다. 일곱째, 상비군체제를 폐지한다 등이 거론되었다.

권리장전이 공포된 이후 영국에서는 의회 중심의 입헌정치가 구현되었고 그것은 절대왕정체제가 붕괴되었음을 의미한다.[101]

청교도혁명과 명예혁명(Glorious Revolution)을 겪는 동안 영국에서는 근대적 의미의 정당들도 등장했는데 토리당과 휘그당이 바로 이에 해당된다 하겠다. 주로 왕당파로 구성된 토리당은 친프랑스 정책과 가톨릭계의 왕위계승까지 용납하려고 했다.

이에 반해 혁신적인 휘그당은 진보적 인물의 왕위계승과 반프랑스 정책을 지향했다. 이처럼 보수세력과 혁신세력을 대표한 양당은 서로 대립 혹은 경쟁하면서 영국정치를 이끌어 나가기 시작했다.[102]

공동왕이었던 윌리엄 3세와 메리 2세는 의회의 요구를 수렴했고 거기서 관용법(Toleration Act)도 발표되었다. 1689년에 제정된 이 법은 '영국국교도 이외의 신교도들에게도 신앙의 자유를 보장한다'라는 내용을 담고 있었다. 그러나 이들은 여전히 공적활동에서 배제되었지만 일 년에 한 번 국교회 성찬식에 참석할 경우 그러한 차별에서 벗어날 수 있었다. 또한 1694년

---

100 망명에 앞서 제임스 2세는 정직시켰던 관리, 목사, 그리고 대학교수들을 복직시키고 의회 소집 등을 약속하여 당시의 상황을 극복하고자 했다.

101 로크(J.Locke: 1632-1704)는 인민주권을 주장하고 신민의 행복을 위해 부정한 국왕을 축출한 의회의 행동을 지지했는데 이것은 명예혁명에 대해 정당성을 부여한 것으로 볼 수 있다.

102 스코틀랜드의 언어에서 비롯된 '휘그'는 말 도둑을 의미했지만 스코틀랜드 장로파를 뜻하기도 했다. 이에 반해 '토리'는 아일랜드어로 불법적 가톨릭교도를 지칭했다.

3년마다 하원선거를 실시한다라는 것을 법적(Triennial Act: 1716년에 7년마다 의회를 해산하고 재구성한다라고 개정되었다)으로 명문화시켰을 뿐만 아니라 다음 해 의회의 요구로 사전 검열제도도 폐지시켰다.[103]

1701년에는 왕위계승법(Act of Settlement)이 제정되었고, 거기서는 영국왕은 반드시 영국국교도이어야 한다는 것이 명시되었다. 1702년 메리(Mary)의 동생인 앤(Anne: 1702-1714)이 윌리엄 3세에 이어 영국왕으로 등극했다. 그러나 앤 여왕을 마지막으로 스튜어트 왕조의 단절이 확실시됨에 따라 스코틀랜드가 이전처럼 영국에 적대적 관계로 돌아갈지도 모른다는 우려가 대두되기 시작했다.[104] 이에 영국은 스코틀랜드에게 경제적 이권을 보장하고 법과 교회와 통화제도의 독립을 약속했다. 그리고 스코틀랜드에게 국가통합을 제의함으로써 양국의 통합은 1707년 이루어졌다.

앤 여왕이 1714년 8월 후계자 없이 죽게 됨에 따라 독일계 하노버(Hannover)가의 조지 1세(George I: 1714-1727)[105]가 영국왕위를 계승했다. 그는 의회의 다수당으로 하여금 내각을 구성하게 하여 국정을 운영하도록 했다.

이 시기 월폴(Sir Robert Walpole)이 내각(1720-1742)을 주도했는데 이 인물은 국가의 주요사안들을 독단적으로 처리하지 말고 왕과 의회의 자문을 구하도록 했다. 월폴은 지방 지주 출신으로 유능한 행정가였을 뿐만 아니라 재정 관리에서도 탁월한 능력을 발휘했다. 그는 정치가들의 개입으로 인해 야기된 주가조작사건, 즉 남해거품사건(south sea bubble)으로 수천 명의 투자자들이 파산한 위기적 상황에서 제 1 재무대신(First Lord of the Treasury)으로

---

103 이로 인해 언론의 활성화 및 정치활동의 공개가 폭넓게 확대되었다.
104 앤 여왕은 무려 18번이나 임신을 했지만 다섯 아이만 살아 태어났고 유일한 아들은 1700년에 잃었다.
105 휘그당의 도움으로 왕위에 오른 조지 1세(스튜어트 왕조의 개창자인 제임스 1세의 증손자)는 영어를 해독할 능력을 갖추지 못했다.

등용되었다. 이후부터 국가부채의 축소, 평화적인 외교정책, 하원선거의 정례화가 본격적으로 추진되었다.

19세기의 역사가들은 명예혁명을 불가피한 역사적 발전으로 해석했다. 즉 명예혁명은 의회정치의 도래와 자유주의와 민주주의로의 발전에서 피할 수 없는 단계였다는 것이다. 이 해석에 따를 경우 명예혁명은 튜더 시대 이후 영국을 병들게 했던 많은 문제들을 해결했을 뿐만 아니라 18세기의 보다 새로운 정치체제로 나아가는 길도 제시했다는 것이다. 이제 영국은 더 이상 종교문제로 대립하지 않게 되었으며 사회 역시 세속화를 지향하여 근대사회의 발달을 준비하게 되었고, 무엇보다도 왕권과 의회주권과의 갈등이 해결되어 의회주권의 정당성도 확실해졌다는 것이다.

5. 프랑스의 절대왕정체제

(1) 앙리 4세와 낭트칙령

프랑스의 통합시도는 백년전쟁(1339-1453)으로 인해 중단되었다. 그러나 프랑수아 1세(François I: 1515-1547)부터 통합시도는 다시 추진되었다. 이 당시 프랑스에 살던 사람들은 자신들을 프랑스인으로 생각한 것이 아니라 노르만인, 브르타뉴인, 플랑드르인, 알자스인, 부르고뉴인, 가스코뉴인, 그리고 바스크인으로 간주했다. 이에 군주들과 그의 추종자들은 이들을 한 국민으로 변형시키기 위해 국가를 공통된 충성대상으로 부각시키려고 했다.

프랑스의 절대왕정체제는 부르봉(Bourbon) 왕조의 첫 번째 국왕 앙리 4세(Henri IV: 1589-1610)부터 시작되었다.[106] 36세에 프랑스 국왕으로 등극한

---

106 17세기 초부터 19세기 중엽까지 프랑스를 지배했던 부르봉왕조는 오스트리아의 합스부르

앙리 4세

앙리 4세는 활동적이고 비상한 지구력을 갖춘 인물이었다.[107] 이 인물은 1593년 7월 삼신분회를 개최했다. 거기서 그는 '파리는 종교를 바꿔서라도 가질 가치가 충분하다(*Paris vaut bien une messe*)'라는 선언과 함께 앞으로 영원히 개신교를 포기할 것이라는 입장도 밝혔다. 그는 다음 해 2월 27일 샤르트

크 가문, 러시아의 로마노프 가문과 더불어 유럽에서 가장 명망 있는 가문이었다.

107 앙리 4세는 1553년 프랑스 서남부 피레네-아틀란티크(Pyrénées-Atlan- tique) 지방의 포 성(Château de Pau)에서 나바라의 앙리(Henri de Navarre)라는 이름으로 태어났다. 아버지는 방돔 공작 앙트안 드 부르봉(Antoine de Bourbon, duc de Vendôme), 어머니는 나바라의 여왕 잔 달브레(Jenne d'Albret)였다. 앙리는 로마 가톨릭 교회에서 세례를 받았으나, 어머니 잔 달브레의 영향으로 개신교로 개종했다. 앙리는 10대의 나이에 이미 개신교 세력들과 결집하여 그들의 수뇌가 된 후 프랑스의 내전을 이끌었다. 1572년 6월 그는 자신의 어머니가 결핵으로 사망함에 따라 나바라 왕국의 왕으로 등극했다.

르 대성당에서 축성식을 가졌고 3월 22일에 파리에 입성했다. 이후 앙리 4세는 당시 부각되던 종교적 문제를 해결하려고 했을 뿐만 아니라 그것과 연계된 경제적 위기도 극복하려고 했다.

프랑스는 1585년 이후부터 기근과 흑사병 등으로 시달렸고 그것으로 인해 100만 명에 달하는 사람들이 목숨을 잃기도 했다. 아울러 종교적인 박해로 1만 6,000명에 달하는 위그노(Huguenot)[108]들이 프랑스를 떠났는데 이들의 경제적 잠재력은 매우 컸다. 이러한 위기적 상황을 극복하기 위해 앙리 4세는 특단의 조치를 취했다. 즉 그는 1598년 4월 13일 낭트칙령(édit de Nantes)을 발표하여 신교도들에게도 종교의 자유를 부여했는데 이것은 역사상 처음으로 각 개인에게 신앙의 자유를 인정한 것으로 볼 수 있다.[109] 일반조항 95개조, 특별조항 26개조, 그리고 2통의 국왕칙서로 구성된 낭트칙령의 중요한 내용을 열거하면 다음과 같다.

제1조 1585년 3월 초부터 본인이 즉위할 때 까지, 나아가 그 이전의 소요로 각지에서 발생했던 일체의 사건들은 기억에서 소멸될 것이다.

제6조 신민들 사이의 소란 및 분쟁의 동기를 제거하기 위해 본인은 개혁파 신도들이 본인의 지배하에 있는 왕국의 모든 도시에서 어떠한 심문과 박해도 받지 않고 재산상의 불이익 없이 거주할 것을 인정한다. 이들은 적어도 종교에 관해서 자신들의 신앙에 위배되는 행위를 강요받지 않을 것이며, 본 칙령의 규정에 따르는 한, 자신들이 살고자 하는 거주지로부터 신앙 때문에 쫓겨나지도 않을 것이다.

제18조 신민들은 자신들의 신분이나 직위가 어떻든 간에 개혁파 신도의 자식들을 부모들의 뜻을 무시하고 강제 또는 유혹으로 로마 가톨릭 교회에서 세례 받게 해서는 안 된다.

---

108 위그노는 독일어의 동맹(Eidgenossen)에서 파생된 단어이다. 이 당시 위그노들은 주로 프랑스 중남부에 거주했다.

109 위그노였던 앙리 4세는 1593년 가톨릭으로 개종했다.

제22조 학생들이 교육을 받기 위해 학교에 입학할 때, 종교 때문에 차별대우를 받아서는 안 된다. 병든 자 및 가난한 자들을 자선병원, 나병원, 그리고 빈민구제소에 수용할 때도 마찬가지이다.

이 당시 프랑스에는 125만 명의 신교도들이 살고 있었고 이들이 전체 인구에서 차지하는 비율은 1/12 이나 되었다. 이제 위그노들은 낭트칙령을 통해 전국적으로 151개의 주거지를 가지게 되었고 그들의 주거지들은 국가로부터 보호를 받게 되었다.[110]

앙리 4세는 농업 및 견직물 공업의 활성화에도 관심을 보였다. 이에 따라 황무지 개발이 장려되었고 그것은 농업생산량을 증대시키는 요인이 되었다. 아울러 농산물을 원활히 운반할 수 있는 도로, 교량, 그리고 운하들이 개설되거나 만들어졌다.

또한 앙리 4세는 이탈리아에서 직물 기술자들을 초청하여 견직물 공업을 활성화시켰다. 이에 따라 파리, 리옹, 마르세유가 견직물 공업의 중심지로 부각되었다. 앙리 4세는 수확기에 포도원이나 경작지에서 행해졌던 귀족들의 사냥을 금지했을 뿐만 아니라 농민들이 세금을 내지 못하고 부채를 갚지 못할 경우 그들의 가축이나 농기구가 몰수되는 관행 역시 폐지시켰다. 아울러 이 시기에 국내 산업을 보호하기 위한 보호무역제도도 도입되었다.

앙리 4세는 위그노이자 나바라 국왕 시절부터 자신을 보필한 쉴리 공작(Maximilien de Bethune, duc de Sully: 1559-1641)의 도움으로 절대왕정체제의 토대를 갖추었다. 쉴리 공작은 국가재정에서 절약을 강조했기 때문에 그러한 체제는 쉽게 뿌리 내릴 수 있었다. 쉴리 공작은 1601년 금리를 인하했고 다음 해인 1602년 평가절하에 따른 화폐개혁도 단행했다. 그의 긴축정책과 치

---

110 칼뱅계통의 위그노는 프랑스 중남부, 특히 알바(Alba) 이단파가 강했던 남서부 지방에 많았고, 사회적으로는 상인 및 수공업자뿐만 아니라 귀족들 사이에도 적지 않았다.

밀한 사무 관리는 1600년부터 매년 100만 리브르 이상의 잉여금을 적립할 수 있게 했다. 또한 그는 앙리 4세에게 농업장려정책의 시행을 건의하기도 했다. 여기서 그는 특히 농민 계층의 부담을 경감시키는 정책의 필요성을 강조했다. 그에 따를 경우 부역에 관한 법규를 제정하고, 가축압류를 제한하고, 농민에 대한 타이유(taille)세의 압박을 경감시키고, 숲의 개발을 시도해야 한다는 것이다. 또한 쉴리는 도로 및 교량의 개축 및 신설에 대해서 관심을 보였고 그것을 현실화시키는 데도 일조했다.

앙리 4세는 탐험가 샹플랭(Samuel de Champlain: 1536-1635)을 지원하여 1608년 퀘벡(Quebec)을 건설하는 등 캐나다에서의 식민 활동을 강화시켰다.[111] 앙리 4세는 영토 확장에 대해서도 관심을 보였고 그것은 에스파냐와의 전쟁도 유발시켰다. 이 전쟁에서 영국과 네덜란드는 프랑스를 지원했다. 전쟁에서 승리한 직후 앙리 4세는 1598년 5월 2일 에스파냐의 펠리페 2세와 베르뱅(Vervins) 조약을 체결했다. 이 조약에서 프랑스는 브르타뉴, 칼레, 프로방스(Provence) 등을 획득했다. 아울러 프랑스는 그들 국가에 대한 에스파냐의 간섭도 배제시킬 수 있었다.[112]

앙리 4세는 신민들로부터 앙리 대왕(Henri de Grand)이라는 칭송을 받았음에도 불구하고 정치적·종교적인 문제로 항상 암살 위협에 시달려야 했다. 1610년 5월 14일, 앙리 4세는 독일의 율리히(Julich) 공작령 계승문제를 두고 루돌프 2세(Rudolf II: 1576-1612)와 신교 제후들 사이에 갈등을 보이게 됨에 따라 신교도들을 지원하여 합스부르크 세력을 약화시키겠다는 자신의 계획을 병상에 누워있던 쉴리 공작과 의논하기 위해 왕궁을 떠났다. 넘쳐나는 마차들로 인해 정체상태였던 파리 시가지에서 앙리 4세는 광신적 가톨릭

---

111 샹플랭은 초대 캐나다 총독으로 임명되었다.
112 이제 에스파냐 왕실은 프랑스 왕위요구권을 포기해야만 했다.

신자였던 라바이악(F. Ravaillac: 1578-1610)에 의해 암살되었다.[113]

(2) 루이 13세

앙리 4세가 피살된 이후 그의 아들 루이 13세(Louis XIII: 1610- 1643)가 9세의 어린 나이로 즉위하게 되었고 그것은 그의 어머니였던 메디치(Medici) 가문 출신의 마리 드 메디치(Marie de Médicis: 앙리 4세의 두 번째 부인)가 1610년부터 1624년까지 섭정을 펼치게 하는 요인이 되었다. 마리는 섭정체제를 펼치면서 앙리 4세가 지난 12년간 쌓아 놓은 업적을 한꺼번에 무너뜨리는 실수를 자행했다. 아울러 이 시기에 에스파냐의 우위권을 인정하는 정책들도 펼쳐졌고 그러한 것은 프랑인 들의 불만을 유발시키는 요인이 되었다. 그러나 마리는 1622년 추기경이었던 리슐리외(Richelieu: 1585-1642)공작을 행정부의 핵심인물로 기용함으로써 당시 왕실을 위협하던 문제들을 해결할 수 있었다.[114]

리슐리외는 현실 정치가였고 모든 것을 국가이성(reason of state: *ragione di stato: raison d'Etat*), 즉 국가의 존립과 팽창이 요구하는 것들에 종속시키려고 했다. 이러한 것은 이 인물이 마키아벨리의 군주론을 추종한 데서 비롯된 것 같다. 실제적으로 리슐리외는 왕권과 국위선양을 위해서는 어떤 수단과 방법도 가리지 않았다. 이 당시 리슐리외가 펼친 정책은 신교세력을 타파하고 귀족세력을 억압하는 것이었다. 1628년 리슐리외는 신교세력을 타파하

---

113 앙리 4세를 가톨릭교의 적으로 오인한 32세의 라바이악은 왕의 화려한 4륜마차에 접근하여 두 번에 걸쳐 장칼로 찔렀고, 왕은 '아이고 나는 다쳤어(Je suis blessé)'라고 하면서 숨을 거뒀다. 공모의 흔적이 확인되었지만 끝까지 단독범행임을 주장했던 그는 1610년 5월 27일 능지처참 형을 당했다. 모진 고문으로 망가진 라비이악의 사지를 매단 네 필의 말이 명령을 하달 받은 후 움직임에 따라 그의 몸은 비참하게 찢겨 나갔다. 이후 그의 시신은 다시 화형되었다.

114 리슐리외는 1614년에 개최된 삼신분회에서 두각을 나타낸 인물이었다.

리슐리외

기 위한 정책을 본격적으로 펼치기 시작했다. 그는 우선 위그노 들의 주거지를 폐쇄시키려 했는데 그것은 '국가 안에 국가적 존재'로 발전한 위그노들에 대한 통제 필요성이 제기되었기 때문이다. 리슐리외가 신교도의 요새였던 라 로셸(La Rochelle)을 1년 이상 공격하고 포위한 것이 그 대표적인 예라 하겠다. 그럼에도 불구하고 리슐리외는 특사칙령을 통해 이들의 종교적, 시민적, 그리고 사회적 권리들을 계속 보장하려고 했다. 귀족세력을 억압하기 위해 리슐리외는 국내의 모든 요새를 파괴하고, 사병들을 해산시켰다. 이에 대한 반발로 전국 도처에서 반란이 발생했는데 1632년 랑그도크(Lanquedoc)

총독이었던 몽모랑시(Montmorency)가 일으킨 반란이 그 대표적인 예라 하겠다. 반란이 진압된 후 귀족들의 권한은 이전보다 크게 축소되었다. 아울러 리슐리외는 프랑스어를 보호하고, 정화시킬 수 있는 기구도 발족시켰다.

이 당시 프랑스는 경제적 위기를 맞이했는데 그 이유는 과잉생산에서 비롯되었다. 이러한 경제적 위기는 농민, 수공업자, 그리고 공장주들에게 큰 타격을 가져다주었다. 리슐리외는 이러한 상황을 세금인상 및 적극적인 외교정책을 통해 극복하려고 했다. 경제적 위기를 극복한 이후 리슐리외는 지방에 감독관을 파견하여 귀족들로부터 박탈한 지방의 행정권을 행사하게 했다.[115] 즉 그는 전국 각처에 지사를 파견하고 그 지역의 사법, 경찰, 그리고 재정감찰권을 담당하게 했다.

국왕에 직속된 이들은 중앙 정부의 명령에 따라 징세는 물론 군사재판권까지 장악했고, 지방 상황을 중앙 정부에 보고해야 할 의무도 동시에 부여 받았다. 나아가 리슐리외는 1614년부터 과세동의권 등으로 왕권을 압박하던 삼신분회를 더 이상 소집하지 않았을 뿐만 아니라 파리 고등법원이 가졌던 왕령에 대한 재정적 이의신청권도 박탈했다.

자신이 펼친 정책으로 프랑스 왕권이 강화됨에 따라 리슐리외는 그 동안 등한시 했던 외교정책에 대해서도 관심을 보이기 시작했다. 이 당시 리슐리외는 합스부르크 왕조를 약화시켜 부르봉 왕조의 세력을 확대시키려는 의도를 가지고 있었다. 이에 따라 그는 30년 종교전쟁(1618-1648)에 개입하여 합스부르크 왕조에 대항하는 세력, 즉 독일 프로테스탄트, 스웨덴, 네덜란드에게 재정적 지원을 했다. 그러나 이들 세력에 대한 지원이 가시적인 효과를 거두지 못함에 따라 1636년 5월부터 직접 전쟁에 개입하는 과감성도 보였다. 그러나 이 인물은 전쟁의 결과를 확인할 수 있을 만큼 오래 살지는 못

---

115 지금까지 귀족을 각 지역의 지방관으로 임명한 것은 프랑스의 오랜 관행이었다.

했다.

(3) 루이 14세

루이 14세(Louis XIV: 1643-1715) 역시 자신의 부친과 마찬가지로 5세의 어린 나이에 등극했기 때문에 에스파냐 출신인 어머니 안 도트리슈(Anne d'Autriche)가 섭정을 펼쳤다.[116] 곧 이탈리아 출신의 법률가였던 마자랭(Mazarin: 1602-1661)은 안으로부터 국가통치의 실권을 이양 받았다.[117] 마자랭은 대내적으로 절대왕정정책을 추구했고, 대외적으로는 반 에스파냐·반 합스부르크 정책을 펼쳤다. 그러나 마자랭의 정책은 귀족들의 저항을 유발시켰다. 프랑스 귀족들은 리슐리외 이후 지속적으로 펼쳐졌던 귀족 억압정책과 그들이 외국출신 정치가에 의해 정치활동으로부터 배제된 것에 대해 분노하고 있었다. 이 당시 이들은 '이탈리아의 소귀족' 과 '오스트리아 여인'에 의해 프랑스가 통치되고 있다는 사실을 인정하지 않으려고 했다. 시민 계층 역시 무원칙적이고, 과중한 세금부과에 대해 불만을 가지고 있었기 때문에 귀족들의 주도로 1648년 8월에 발생한 프롱드 난(Revolt of the Fronde)에도 참여했다.[118]

에스파냐와의 전쟁 중 전비충당을 위해 발행되었던 국채에 대한 이자지불을 마자랭이 거부했기 때문에 1차 프롱드난이 발생했다. 그리고 2차 프롱드 난은 왕에 대한 왕족 및 귀족들의 저항에서 비롯되었다.

프롱드난이 발생한 직후 콩데(Conde)는 정권을 장악했다. 이에 따라 국

---

116 루이 14세는 1638년 9월 5일에 태어났다.

117 이 인물은 사제로 서품된 적이 없었다.

118 프롱드란 파리의 어린이들이 가지고 놀던 흙덩이나 돌맹이를 던지는 장난감 새총이었다. 그런데 파리의 시위대가 이 새총을 사용하여 마자랭 지지자들의 집 유리창을 부순데서 프롱드난이라는 명칭을 부여받았다.

왕은 1649년 1월 5일 파리(Paris)를 떠나야 되었고 마자랭 역시 국외로 추방되었다. 그러나 콩데는 한 국가를 통치할 만큼의 정치적 수완을 갖추지 못했기 때문에 프롱드 세력은 급속도로 약화되기 시작했다. 이에 따라 루이 14세는 그의 모친과 더불어 1652년 10월 21일 파리로 귀환할 수 있었고 마자랭 역시 이전의 실권을 회복했다. 이제 반란을 주도했던 고등법원은 그 동안 가지고 있던 재정적 권한마저 박탈당했다.

1661년 3월 9일 마자랭이 사망한 후 루이 14세는 22세의 나이로 프랑스를 통치하기 시작했다.[119] 이후부터 그는 중앙집권체제를 구축하기 시작했고 그것은 그로 하여금 지방고등법원과 삼신분회의 권한을 박탈하게 했다.[120] 점차적으로 국가행정은 참사회(conseil d'état), 문서발송회의(conseil des dépêches), 재정회의(conseil de finance), 그리고 추밀회의(conseil privé)의 주도로 운영되었다. 참사회는 대외정책을 총괄했고 전쟁선포권도 가지고 있었다. 문서발송회의는 국내정책을 담당했고, 재정회의는 재정문제를 전담했다. 그리고 추밀회의는 하급법정의 판결을 무효화시킬 수 있는 국왕법정의 역할을 수행했다.

지방은 36개로 나누어졌고 각 지방(generalités)에는 행정과 징세를 담당할 지방장관(intendants)이 파견되었다. 그런데 이들은 그들 출신 지역의 장관으로 임명되지 않았는데 그것은 관할 지역의 유력 인사와 결탁할 가능성을 사전에 배제시키기 위해서였다.[121]

이 당시 부과된 세금으로는 토지세[122] 및 그것에 대한 부과세, 인두세,

---

119 이 당시 루이 14세는 국왕의 절대적 권한에 대해 언급했는데 그것은 다음과 같이 요약할 수 있다; 결정권을 신하에게, 명령권을 백성에게 귀속시키는 것은 사물의 참다운 질서를 훼손시키기 때문에 이러한 권리들은 수장인 국왕이 가져야 한다. 그리고 신하의 권리는 그들에게 부과된 과제를 효과 있게 운영·수행하는데 있다.

120 이후 삼신분회는 1789년까지 개최되지 않았다.

121 지방장관의 대다수는 시민 계층이었다.

그리고 포도, 소금, 그리고 담배 등에 부과된 간접세를 들 수 있다. 그런데 귀족들은 세금에서 절대적 비중을 차지하던 토지세로부터 면제되었다.

재위기간 중 루이 14세는 '스스로를 국가라 했다(*L'état, c'est moi*)'. 그것은 그 자신이 신민의 복리에 대해 책임져야 한다는 인식을 가졌기 때문이다.[123] 루이 14세는 1661년 콜베르(J.P. Colbert: 1619-1683)를 재정총감(Contrôleur général des Finances)으로 임명했다. 이 당시 프랑스는 전쟁참여 등으로 막대한 부채에 시달리고 있었다. 따라서 콜베르는 국가재정의 내실을 기하기 위해 세수증대보다는 지출절감정책을 펼쳤다.[124] 여기서 그는 조세제도의 단일화를 시도했을 뿐만 아니라 담세능력이 있는 모든 사람들에게 세금도 부과하고자 했다. 아울러 그는 북부와 남부 지방에서 국내관세제도를 부분적으로 폐지시켜 농업 및 공업부분에 대한 활성화정책도 펼쳤다. 또한 그는 관세의 단일화도 구축했다.[125] 이 인물은 상업 활동을 통해 국가의 부를 축적시키는 중상주의(mercantilism) 정책을 펼쳤는데 그것의 핵심은 교역을 통해 금과 은을 축적하는 중금제도(bullionism), 적극적인 수출증대 및 수입억제를 통해 부를 축적하는 무역차액제도(favorable balance of trade),[126] 그리고 신흥자본가들의 활동증대를 통해 해외시장을 확보하고 무역의 주도권도 장악하는 것이었다.[127]

---

122 타이유는 매년 증액 부과되었다.

123 루이 14세의 이러한 언급은 그 자신이 왕권신수설을 절대적으로 신봉한 것으로도 볼 수 있을 것이다.

124 여기서 그는 세금징수절차를 엄격히 시행하여 세금을 착복한 관리들을 철저히 추적했다.

125 콜베르는 징세청부인이 징수한 세금을 일정한 비율로 나누는 징세청부관행제도의 문제점을 직시했기 때문에 이 제도를 폐지시켰다. 이에 따라 국고의 수입이 4500만 리브르(Livre)에서 1억 리브르로 증대되었다.

126 무역에 종사하는 프랑스 선박에는 장려금을 지불했지만 외국 선박에 대해서는 항만 사용료를 부과했다.

127 중상주의는 경제적인 민족주의와 제국주의를 창출했는데 그것은 국가가 신민을 위해 정치·경제의 파수군 역할을 담당해야 하며 그것을 위해 임금 및 노동시간은 물론 상품의 가

루이 14세는 콩데(Condé: 1621-1686) 루브와(Louvois: 1641-1691),[128] 보방 (Vauban: 1633-1707),[129] 튀렌느(Turenne: 1611-1675) 등과 같은 유능한 군사보좌 관을 두어 영토 확장을 적극적으로 추진했다. 이 시기 프랑스의 상비군[130] 수는 20만 명에 달했고 세계 최대의 함대도 보유했다.[131]

　루이 14세가 펼친 대외정책의 근간은 합스부르크 가문을 견제하여 프 랑스의 국익을 도모하는 것이었다. 이 당시 프랑스는 합스부르크 가문의 오 스트리아와 에스파냐에 포위된 상태였다. 따라서 루이 14세는 그러한 상태 에서 벗어나기 위해 피레네 산맥과 알프스 산맥-대서양-라인 강을 잇는 선 을 프랑스의 자연 국경이라는 주장을 펼쳤고 그 선 안의 지역들을 차지하기 위한 전쟁 참여도 주저하지 않았다.[132] 이러한 원칙에 따라 그는 에스파냐 왕위계승전쟁에 참여했다. 즉 1700년 10월 2일 후계자가 없던 에스파냐의

격과 질도 통제해야 한다는 주장이 중상주의에서 제기되었기 때문이다. 콜베르는 마자랭과 루이 14세에게 보내는 편지에서 자신의 경제정책이 가지는 당위성을 부각시켰다.
'모든 공업을, 심지어 사치품 공업까지도 다시 살리거나 새로이 세워야 합니다. 관세와 관 련해서는 보호무역제도도 확립시켜야 합니다. 그리고 생산자와 상인을 수공업 조합에 편입 시켜야 합니다. 신민에게 위해적인 요소로 작용되고 있는 국가재정적자를 줄여야 합니다. 아울러 국산품의 해상운송을 프랑스에게 다시 맡겨야 합니다. 식민지를 발전시켜 상업적으 로 프랑스에 예속시켜야 합니다. 프랑스와 인도 사이의 중개무역자 들을 추방시켜야 합니 다. 그리고 프랑스 상선들을 보호하기 위해 해군력을 강화시켜야 합니다.(⋯)은을 확보할 수 있는 것은 상업을 활성화시키는 것으로 가능합니다. 그리고 은을 프랑스로 유입시켜야 합니다. 프랑스에서는 지금까지 국가 전체는 물론 개개인 역시 은을 취득하는데 결코 정성 을 기울이지 않았습니다.(⋯)한 국가가 얼마나 위대하고 강한가는 그 국가가 얼마나 많은 은을 보유했는가에 달려 있다고 봅니다. 다른 여러 나라의 소비에 필요한 국산품이 해마다 1,200～1,800 루브르 씩 수출되고 있습니다. 이것이야말로 우리나라의 광산이라 할 수 있 으며, 그것을 유지하기 위해 열심히 일도 해야 합니다.'
128 프랑스 육군 창설에 결정적인 역할을 담당했다.
129 이 인물은 축성기술자로 알려졌다.
130 국가가 훈련을 실시하고 봉급과 제복을 지급했다.
131 루이 14세는 55년간의 재위 기간 중 32년을 전쟁으로 보냈다.
132 이 당시 루이 14세는 프랑스가 제시한 자연국경 내의 외국세력 모두가 침략자이기 때문에 이들 모두를 몰아내야 한다는 주장을 펼쳤다.

루이 14세

카를로스 2세(Carlos II: 1665-1700)가 유언에서 루이 14세의 손자였던 앙주 (Anjou) 공 필립 5세(Philip V: 1700-1746: 에스파냐에서는 펠리페 5세로 지칭)를 그의 후계자로 선정했는데 그것은 에스파냐에서 합스부르크 가문의 단절을 의미하는 것이었다.[133] 그러나 이는 유럽 열강, 즉 오스트리아, 영국, 네덜란드, 브란덴부르크-프로이센(Brandenburg-Preußen), 포르투갈, 그리고 사보이의 반발로 현실화되지 못했다. 특히 영국은 오스트리아와 에스파냐 또는 프랑스와

---

[133] 이 당시 루이 14세는 자신의 손자가 에스파냐 국왕이 됨에 따라 '이제 피레네 산맥이 존재하지 않는다'라고 언급하면서 에스파냐는 유럽의 완전한 일원이 되었음을 선언했다. 나아가 그는 프랑스와 에스파냐는 더 이상 분리되지 않을 것이고, 앞으로 양국은 자매국가로 변형될 것이라는 공언도 했다.

에스파냐의 동맹을 허용하지 않으려고 했는데 그것은 당시 영국이 지향하던 힘의 균형(Balance of Power)정책에 위배되었기 때문이다. 이에 따라 1701년 에스파냐 왕위계승 전쟁이 발생했고 이 전쟁은 1714년에 종료되었다. 전쟁이 끝나기 직전, 즉 1713년에 위트레흐트 평화조약이 체결되었다. 여기서는 ① 필립 5세의 에스파냐 왕위계승을 허용한다. 그러나 프랑스와 에스파냐의 합병은 인정하지 않는다.[134] ② 영국은 노바스코시아, 뉴펀들랜드, 허드슨 만 등을 프랑스로부터 양도받으며 미노르카와 지브롤터(Gibraltar) 등을 에스파냐로부터 넘겨받는다. 그리고 오스트리아는 나폴리, 밀라노, 사르데냐, 그리고 에스파냐 령 네덜란드를 양도 받는다.[135] ③ 사보이와 프로이센의 위정자는 향후 왕의 칭호를 사용할 수 있다. ④ 영국은 에스파냐로부터 그들 아메리카領에 노예를 판매할 수 있는 권한을 인정받는다. ⑤ 네덜란드는 프랑스의 재침을 막기 위해 남쪽 국경 근방의 중요한 요새들을 차지하고, 쉘트(Scheldt) 강 무역독점권을 가진다 등이 언급되었다.

1685년 10월 18일 낭트 칙령이 철회되었다. 그것은 신교에 대한 루이 14세의 부정적 인식에서 비롯되었다. 이 당시 그는 '하나의 왕, 하나의 법률, 하나의 신앙(un roi, une loi, une foi)'을 지향했다. 이 당시 루이 14세는 위그노의 존재를 인정하지 않으려고 했다. 그는 가톨릭교회의 부패과정에서 위그노가 생성되었기 때문에 가톨릭교회가 정화될 경우 위그노 역시 더 이상 존재할 필요가 없다는 관점을 가지고 있었다. 아울러 그는 위그노로 인해 사회적 혼란이 지속적으로 이어지고 있다는 판단을 했기 때문에 위그노를 관용의 대상이 아닌 제거의 대상으로 간주했다. 따라서 그는 위그노를 철저한 탄압했고 그러한 것은 그들의 학교와 교회를 파괴하는 등의 정책에서 확

---

134 에스파냐에 대한 부르봉 왕조의 통치는 1931년까지 지속되었다.

135 에스파냐령 네덜란드는 오늘날의 벨기에이다.

인되었다.[136]

그러나 1670년대에 접어들면서 루이 14세는 설득과 경제적 보상을 통해 위그노들에게 구교로 개종할 것을 요구하기도 했다. 즉 그는 개종금고(Caisse des Économats)를 마련하여 개종자들에게 연금을 지급하거나 또는 군대숙박 및 타이유세를 일시적으로 면제하는 경제적 인센티브를 제공하여 많은 개종자를 얻고자 했다. 1685년 낭트칙령이 철회된 이후 위그노들의 공민권은 인정되지 않았고 그들의 성직자들은 강제로 추방되었다. 그러나 루이 14세는 위그노의 경제적 능력을 파악했기 때문에 그들의 국외 이주는 허용하지 않았다. 그럼에도 불구하고 수천 명에 달하는 위그노들은 종교적 박해를 피하기 위해 인접국가들, 즉 영국, 네덜란드, 독일 내 신교국가, 그리고 아메리카로 떠났는데 이러한 대규모 이탈은 프랑스 경제에 큰 타격을 가져다주었다.[137]

루이 14세는 문예부분에 대해서도 관심을 보였고 그러한 것은 라신(J.Racine: 1639-1699), 코르네유(P. Corneille: 1606-1684), 그리고 몰리에르(Molière: 1622-1673)와 같은 유명한 문인들의 배출도 가능하게 했다. 그리고 부알로(N.Boileau: 1636-1711)는 프랑스어를 정화시키는데 크게 기여했다. 이 시기 문학에 대해 관심을 가졌던 귀족 계층의 여성들은 그들의 무료함을 달래기 위해 살롱(Salon)을 개장했다. 살롱은 절대왕정체제의 산물인 동시에 그것의 타파를 지향했던 근대의식의 공간이기도 했다. 귀족 및 시민 계층들이 그들

---

136 이 당시 루이 14세는 위그노들이 언제라도 반란을 일으킬 집단으로 간주했다.

137 프랑스를 벗어난 위그노들은 루이 14세의 종교박해정책을 비판했다. 이들은 16세기에 제시된 모나르코마크(monarchomaques)의 전례에 따라 군주에 대한 저항을 주장하기도 했다. 윌리엄 버클리(W.Barclay)가 자신의 저서인 '왕국과 왕권에 대한 6권의 책(De Regno et regali protestute adversus Buchanum, Brutum et Boucherium et reliquos monarchomaquos libir sex)'에서 최초로 언급한 모나르코마크는 '왕국과 왕조를 파괴하여 무정부상태를 만들려고 애쓰는 자들'로 표현되었다.

의 성이나 저택을 일상적인 생활공간에서 연회, 토론, 대화, 오락, 공연, 전시장으로 바꾸고 방들을 도시풍으로 새롭게 단장한 후 거기서 독서, 공연, 발표, 파티 등의 행사를 개최하여 살롱이라는 사교 공간 또는 문화공간을 만든 것에서 당시의 사회의식이 어떻게 변화되었는가를 확인할 수 있다. 살롱이 성공한 것은 여주인들의 미모 및 재치로 대화, 독서, 토론, 게임, 공연, 식도락 같은 여가생활에 사교계와 문학계의 명사들을 조직적으로 끌어 들였기 때문이다. 또한 살롱에서 직위나 출신 성분보다는 재치, 언어적 구사력. 바른 예절을 미덕으로 삼았던 것이 살롱번영의 또 하나의 원인으로 제시할 수 있을 것이다.

루이 14세는 베르사유(Versailles) 궁전도 건축했다. 이 궁전은 1669년부터 파리 교외습지에 건축되기 시작했다. 약 500m 길이의 궁전에는 아름답게 꾸며진 정원들이 있었고 다양하게 장식된 많은 방들 중에서 은제왕좌가 있는 '아폴로살롱'과 '거울방'이 가장 유명했다. 이 궁전에는 루이 14세를 비롯하여 약 1,500 명이 살고 있었다. 그런데 이들은 악덕, 가식, 사치, 그리고 안일에 빠진 생활을 했다.

6. 30년 전쟁(1618-1648)

아우구스부르크(Augsburg) 종교회의(1555)이후 신성로마제국은 외형상 평화를 유지했다. 그러나 이 종교회의는 구교도와 신교도 양측 모두를 만족시키지 못했지만 제국의 제후들이 전쟁을 원하지 않았기 때문에 전쟁은 발생하지 않았다.

이 당시 오스트리아의 페르디난트 2세(Ferdinand II: 1619-1637)는 왕국을 구교로 단일화시키려는 의도를 가지고 있었다. 따라서 그는 신교 지역이었던 보헤미아 지방에 대한 종교적 탄압을 가시화시키기 시작했다. 이에 따라 보헤미아 귀족들은 빈(Wien) 정부에 대해 불만을 표시했고 그것은 이들에 의해 1618년 5월 23일 보헤미아 총독이었던 마르티니츠(Jaraslaw v. Martinitz)와 슬라바타(Wilhelm v. Slavata)가 프라하 성문 밖으로 던져짐으로써 구체화되기 시작했다. 이후 보헤미아 귀족들은 '30인 집행위원회'를 구성했고 여기서 헌법 및 군대소유를 선언했다. '30인 집행위원회'는 1619년 8월 22일 페르디난트 2세의 보헤미아 왕위계승을 인정하지 않겠다는 성명을 발표했는데 그것은 오스트리아 왕이 보헤미아 귀족들의 권한을 침해하지 않는다 라는 1526년의 합의각서에서 비롯된 것 같다.[138] 특히 보헤미아 귀족들은 합의각서 제 ⑥항을 들어 그들 행위에 대한 당위성을 부각시키려고 했다.

이 당시 신성로마제국은 유니온(Union: 연합)의 신교세력과 리가(Liga: 동맹)의 구교세력으로 분파되었다. 팔츠(Pfalz)의 선제후였던 프리드리히 5세(Friedrich V: 1610-1623)[139]는 1607년 바이에른(Bayern)이 도나우바르트(Donauwarth)를 그들 영역에 포함시킴에 따라 신교세력의 결집이 필요하다는 인식을 하게 되었다. 이에 따라 그는 1608년 칼뱅파와 루터파의 동맹체제를 결성했는데 그것이 바로 유니온이었다. 이렇게 신교세력이 결집됨에 따라 바이에른의 막시밀리안 1세(Maximilian I: 1597-1651)와 페르디난트 2세가 구교세력의 핵

---

[138] 1526년의 합의각서에서는 다음의 것들이 언급되었다.
　　① 보헤미아 왕국과 오스트리아 왕국은 군합국이다.
　　② 페르디난트 1세 및 그의 후계자들은 보헤미아 왕국의 재가톨릭화를 추진하지 않는다.
　　③ 오스트리아 위정자가 보헤미아 왕으로 등극하기 위해서는 보헤미아 귀족들의 동의를 얻어야 한다.
　　④ 오스트리아 위정자들은 생존 시 자신들의 후계자를 선출하여 보헤미아 왕국에서 대관식을 거행하지 않는다.
　　⑤ 오스트리아 위정자는 보헤미아 귀족들의 고유권한을 침해하지 않는다.
　　⑥ 만일 오스트리아 위정자가 이러한 합의사안들을 무시하거나 이행하지 않을 경우 보헤미아 귀족들은 왕과의 계약을 일방적으로 파기하고 독자적인 노선을 취할 수 있다.
[139] 이 인물은 1619년 8월 27일 보헤미아 국왕으로 선출되었다.

프리드리히 5세

심인물로 부각되었다.

　　왕권신수설을 신봉했던 오스트리아의 페르디난트 2세는 1619년 8월 28일 신성로마제국의 황제로 등극했다. 이 당시 그는 합스부르크 왕조에서 종교적인 단일화를 실천시켜야 한다는 생각을 가지고 있었다. 따라서 그는 팔츠의 프리드리히 5세를 제거하기 위해 바이에른의 막시밀리안 1세와 제휴를 모색하게 되었다. 막시밀리안 1세는 페르디난트 2세의 이러한 제의에 대해 긍정적인 반응을 보였는데 그것은 첫째, 오스트리아가 전쟁비용 및 영토적 손실에 대한 보상을 보장했기 때문이다. 둘째, 전쟁에서 승리할 경우 팔츠 선제후국의 비텔스바흐(Wittelsbach)도 할애 받을 수 있다는 판단을 했기 때문이다.

1620년 11월 8일의 백산전투(Am weissen Berg: Bilá Hora)에서 안할트 (Christian v. Anhalt) 주도하의 보헤미아 귀족 군이 대패했다. 이에 따라 팔츠의 프리드리히 5세는 보헤미아 지방을 떠나야만 되었고 그의 선제후직도 박탈 당했다. 아울러 그에 대한 제국법률보호권역시 정지되었다.[140] 그리고 모반 을 주도한 귀족들은 처형되었을 뿐만 아니라 모반에 가담한 인물들 역시 보 헤미아 지방에서 강제로 축출되었다. 아울러 페르디난트 2세는 보헤미아 귀 족들의 재산을 빼앗고 그것을 외지귀족들에게 분배했다. 뿐만 아니라 신교 성직자들을 추방함으로써 보헤미아 지방을 구교화시켰다. 이에 따라 15만 명에 달하는 신교도들이 보헤미아 지방을 떠났다.

1627년 새로운 지방법(Verneuerte Landesordnung)이 제정되었는데 거기서 는 첫째, 향후 지방의회는 조세동의권 만을 가진다. 여타의 권한, 즉 재판, 행정, 그리고 법률제정권은 페르디난트 2세에게 이양한다. 둘째, 보헤미아 와 그 세습지역은 합스부르크 가문에 편입된다는 것 등이 거론되었다. 이후 유니온은 해산되었다. 그러나 유니온의 잔재세력, 즉 만스펠드(Ernst v. Mansfeld: 1580-1626) 백작, 할버슈타트(Christian v. Halberstadt: 1599-1626) 주교, 그 리고 바덴-두르라흐(G.F.v. Baden-Durlach: 1573-1638) 변경백이 지휘한 잔여세 력은 상팔츠(Oberpfalz)와 팔츠선제후국(Kurpfalz)에서 전투를 펼쳤지만 이들 은 틸리(J.Tilly: 1559-1632)의 리가군과 에스파냐의 스피노라(Spinora: 1569-1630) 군에 의해 결국 진압되었다.

이제 오스트리아의 신교세력은 붕괴직전에 놓이게 되었고 그것은 유럽 의 신교 국가들로 하여금 오스트리아 문제에 개입하게 하는 결정적 요인이 되었다. 이에 동해(Ostsee)에서 주도권을 장악하려던 덴마크 왕 크리스티안 4 세(Christian IV: 1588-1648)가 군사 개입을 선언했다. 그러나 그는 1626년 잘츠

---

140 이에 따라 프리드리히 5세를 겨울왕이라 지칭했다.

기터(Salzgitter)에서 펼쳐진 전투에서 틸리의 리가군에게 대패를 당했다.

페르디난트 2세는 1629년 3월 6일 회복칙령(Deklaratio Fernandes)을 발표했는데 그것의 핵심내용은 파사우(Passau) 종교회의(1552) 이후 신교도가 획득한 종교재산을 국가가 강제로 압수한다는 것이었다. 회복칙령의 발표로 구교는 신성로마제국에서 절대적 우위를 차지하게 되었다.

신교세력과의 대립에서 결정적 역할을 담당했던 발렌슈타인(Wallenstein: 1583-1634)은 막시밀리안 1세의 주도로 결성된 제후동맹에 의해 실각되었는데 그것은 황제권의 강화로 제국 내 제후들의 입지가 약화 될 수 있다는 제후들의 판단에서 비롯된 것 같다.[141] 아울러 막시밀리안 1세는 황제가 행사하던 전쟁지휘권 및 외교권을 제후들에게 위임시킬 것도 요구했다.

이렇게 구교세력간에 대립이 표면화됨에 따라 스웨덴 구스타브 2세(Gustav II: 1611-1632)가 1630년 7월 6일 1만 3,000명의 병력을 이끌고 오더(Oder) 강 하구의 우제돔(Usedom)에 상륙했다. 그는 포메른(Pommern)을 교두보로 삼고 내륙으로 진출하고자 했다. 구스타브 2세는 브라이텐펠드(Beitenfeld: 1631)와 라인 암 레흐(Rain am Lech: 1632)전투에서 틸리의 리가군을 격파했다.[142] 특히 라인 암 레흐 전투에서 중상을 당한 틸리가 얼마 후 사망함에 따라 페르디난트 2세는 발렌슈타인의 재기용이 반드시 필요하다는 판단도 하게 되었다. 1632년 11월 16일 라이프치히(Leipzig) 근처의 류첸(Lützen)에서 1만 9,000명의 구스타브군과 1만 6,000명의 발렌슈타인 군이 전투를 펼쳤으나 결정적인 승자는 없었다.[143]

---

141 1606년 구교로 개종한 발렌슈타인은 황제관리로서 활동을 펼쳤다. 이 인물은 1625년 황제를 위해 자신의 용병을 투입하겠다는 선언을 했고 그것은 리가군을 강화시키는 계기가 되었다. 이후 발렌슈타인은 프리드란트(Friedland) 공작으로 임명되었다.

142 이 인물은 1634년 암살당했다.

구스타브 2세

1633년 4월 23일 스웨덴은 하일브론(Heilbronn)에서 독일제후들과 신교동맹을 체결했다. 그러나 이들은 발렌슈타인의 구교 군과의 전투에서 패배를 당했다. 상황이 이렇게 전개됨에 따라 1635년 프랑스는 독일 제후 및 스웨덴을 지원한다는 명목으로 이 전쟁에 공식적으로 개입했다. 프랑스의 개입으로 전쟁은 계속되었다. 1640년까지 구교 군이 우세를 보였지만 그 이후부터 프랑스와 스웨덴이 주도한 신교 군이 유리한 입장에서 전쟁을 주도했다.

1635년 5월 30일에 체결된 프라하 평화조약에서는 구교와 신교간의 세력분포를 유지시킨다 것이 언급되었다. 즉 1627년의 상황을 향후 40년간 유

---

143 이 전투에서 구스타브 2세는 목숨을 잃었다. 이에 따라 재상 옥센셰르나(A. Oxenstierna)가 스웨덴군을 지휘했다.

지시킨다는 것이 명문화되었던 것이다. 아울러 1629년에 발표한 칙령의 실시도 유보되었다. 이와 병행하여 영토적인 보상도 실시되었다. 이에 따라 팔츠지방은 바이에른으로 이양되었고, 라우신츠(Lausitz)는 쿠어작센(Kursachsen)의 소유가 되었다.[144]

오스트리아의 페르디난트 3세(Ferdinand III: 1637-1657)의 주도로 1644년부터 프라하 평화조약을 대체할 평화회담이 진행되었고 그 결실로 1648년 10월 24일 베스트팔렌(Westfalen) 조약이 체결되었다. 여기서는 신교도, 특히 칼뱅 파에 대한 종교적 자유가 허용되었다. 아울러 1624년의 신교 및 구교의 재산이 인정되었다. 또한 전쟁참여국 들은 영토적 보상에 대해서도 합의했다. 이에 따라 프랑스는 메츠(Metz), 투울(Toul), 베르됭(Verdun), 준드가우(Sundgau), 브레사흐(Bresach), 필립스부르크(Philipsburg), 스웨덴은 포르포메른(Vorpommern: Oder), 브레멘(Bremen), 비스마르(Wismar), 브란덴부르크는 힌터포메른(Hinterpommern), 캄민(Kammin), 할버슈타트(Halberstadt), 민덴(Minden) 지방을 차지했다.[145] 이러한 영토보상으로 프랑스는 유럽에서 가장 강력한 국가로 부상했다. 베스트팔렌 조약에서는 스위스와 네덜란드의 독립도 공인되었다.[146]

30년 전쟁은 신성로마제국에게 커다란 영향을 가져다주었다. 이제 제국의 제후들은 영토적 주권(Landeshoheit)을 부여받았을 뿐만 아니라 동맹체결권도 가지게 되었다. 아울러 프랑스와 스웨덴은 레겐스부르크(Regensburg: 1663)에서 개원하기로 한 제국의회에 참석하여 평화협상이나 제국헌법제정에 관여할 수 있는 특권도 부여받았다.[147]

---

144 프라하 평화조약에서는 독일에 주둔하던 외국군의 철수도 거론되었다.
145 이를 통해 스웨덴은 오더(Oder), 엘베(Elbe), 그리고 베저(Weser)강의 입구를 통제할 수 있게 되었다.
146 베스트팔렌 조약으로 스위스는 신성로마제국으로부터 이탈하게 되었다.

7. 프로이센의 절대왕정체제 [148]

스위스 부근의 소영주가문이었던 호엔촐레른(Hohenzollern)가문은 15세기 초 신성로마제국의 황제인 지기스문트(Sigismund: 1411-1437)로부터 브란덴부르크(Brandenburg) 변경백에 임명되었다. 이후부터 이 가문은 베를린(Berlin)을 비롯한 북독일의 일부 지방을 통치하게 되었다.

(1) 프리드리히 빌헬름

20세의 젊은 나이로 등극한 프리드리히 빌헬름(Friedrich Wilhelm v. Brandenburg: 1640-1688) [149]은 30년전쟁이 끝난 후 영토 확장을 시도했고 그러한 과정에서 마그데부르크, 민덴(Minden), 니멘(Niemen), 라인(Rhein) 지방을 획득했다. [150] 아울러 그는 절대주의적인 통치체제도 구축하기 시작했는데 그것은 그가 오라니엔(Oranien) 총독의 딸인 루이제(Luise)와 결혼함으로써 가능했다. 실제적으로 루이제가 베를린으로 가져온 12만 라이히스탈러(Reichstaler: 1566년부터 1750년까지 유행한 독일의 은화 및 당시의 통화단위)와 6만 라이히스탈러 상당의 귀금속은 왕국의 재정을 안정시킬 수 있는 거액이었다.

1653년 프리드리히 빌헬름은 이미 고인이 된 슈바르첸베르크(A.v. Schwarzenberg: 1584-1641)의 조언에 따라 귀족 계층에게 사회적·경제적 특권을 계속 보장한다는 선언을 했다. 그러나 그는 상비군확충에 필요한 재원을

---

147 제국의회에서 어떠한 안건이 통과되려면 참석인 모두의 동의를 얻어야만 했다.

148 이 당시 프로이센의 정식명칭은 브란덴부르크-프로이센(Brandenburg-Preussen)이었다.

149 프리드리히 빌헬름은 1620년 게오르그 빌헬름(G.Wilhelm)의 아들로 태어났다.

150 프리드리히 빌헬름이 프로이센-브란덴부르크를 통치하기 시작할 때 그는 매우 어려운 상황에 놓여 있었는데 그것을 살펴보면 다음과 같다. ① 30년전쟁으로 인해 영토의 상당부분이 황폐화되었고, 많은 지역 역시 공동화된 상태였다. ② 스웨덴군이 브란덴부르크와 클레베(Kleve)를 점령하고 있었다. ③ 프리드리히 빌헬름의 최대정적이었던 슈바르첸베르크(Schwarzenberg) 백작이 정부를 좌우할 정도의 영향력을 행사하고 있었다.

마련하기 위해 이들에게 병역세(Heeressteuer)를 장기간 부과했다.[151] 이후 프리드리히 빌헬름은 3만 1,000명으로 구성된 상비군체제를 구축했는데 그것의 유지비용은 당시 일반 예산의 3배나 되었다.[152] 1681년 프리드리히 빌헬름은 중앙정부의 권한을 강화하기 위해 지방제후들의 조세동의권(Steuerbewilligungsrecht)을 박탈했다. 이러한 과정에서 프리드리히 빌헬름은 발드에크(G.F. v. Waldeck), 슈베린(O.v. Sch werin), 마인데어즈(R.v. Mainders), 그리고 푸크스(P.v.Fuchs) 등과 같은 유능한 관료들의 도움을 받았다. 그러나 지방의 제후들은 국왕의 이러한 정책에 대해 강력히 반발했다. 특히 쾨니히스베르크(Königsberg) 출신이었던 로쓰(H.Roth)와 칼크슈타인(C.L.v. Kalckstein)의 반발은 충성서약마저 거절할 정도였다. 이에 따라 이들 두 사람은 체포되었고 칼크슈타인은 메멜(Memel)에서 참수형을 당했다.

프리드리히 빌헬름 재위기간 중 스웨덴과 폴란드 사이에 전쟁이 발생했는데 그것은 '발트 해에서의 주도권쟁탈'에서 비롯되었다.[153] 여기서 프로이센은 1656년 11월 20일 스웨덴의 칼 10세(Karl X: 1654-1660)와 라비아우(Labiau) 조약을 체결했고, 1657년 9월 12일에는 폴란드의 요한 2세(Johann II: 1648-1668)와 벨라우(Wehlau)와 브롬베르크(Bromberg) 조약을 체결했다. 이러한 조약체결로 프로이센은 폴란드로부터 동프로이센의 독립주권을 부여받았다. 프리드리히 빌헬름은 1675년 6월 28일 스웨덴과의 전투[페어벨린(Fehrbellin):베를린의 북서쪽]에서 승리하여 1679년 스웨덴으로부터 힌터포메른 지방의 일부를 얻게 되었다. 이후 그는 덴마크와 공수동맹을 체결하여 독일

---

151 이러한 것들은 마르크 브란덴부르크 지방의회의 협정(Kurmarkischer Landtags-Rezess)에서 확인할 수 있다.

152 이 당시 프리드리히 빌헬름은 강력한 군대를 통해 국가의 위상을 증대시킬 수 있다는 확신을 가지고 있었다. "동맹체제는 나쁘지 않다. 그러나 자력으로 문제를 해결하는 것이 더 좋다."

153 이 전쟁은 1655년부터 1660년까지 진행되었다. 여기에는 북방의 주도권을 장악한 스웨덴에 대항하여 덴마크, 폴란드, 러시아, 프로이센이 참여했다.

내에서 스웨덴의 영향을 완전히 배제시키려 했는데 그러한 것은 베스트팔렌 조약에서 확인되었던 문제점을 그 자신이 직시했기 때문이다. 그러나 프로이센은 포메른 지방의 점유를 포기해야만 했는데 그것은 1679년 6월 29일에 체결된 님베겐(Nimwegen)협약에서 비롯되었다.[154] 그런데 님베겐 조약에서 강조된 것은 베스트팔렌조약의 내용을 준수한다는 것이었다. 이 조약으로 프리드리히 빌헬름은 오데르 강 우안의 띠 모양 지역(Landstreifen)과 힌터폼메른 해관에 참여할 수 있는 권한만을 부여받았다. 아울러 그는 프랑스의 지원을 받아 슈테틴과 오데르 강 입구지역을 차지하려고 했으나 가시적인 성과는 거두지 못했다.

프리드리히 빌헬름은 프로이센의 경제적 낙후성을 극복하기 위해 인접국가로부터 유입되는 기술자들에게 종교적인 관용정책도 펼쳤다. 특히 그는 1685년에 발표된 퐁텐브루(Fontainbleau)칙령발표로 프랑스를 떠나야만 했던 위그노들을 받아들이기 위해 1685년 11월 8일 포츠담 칙령(Edikt von Potsdam)을 발표했다.[155] 이 칙령발표로 2만 명에 달하는 위그노 들이 베를린 및 그 주변지역에 정착하게 되었고 그러한 정책은 관개시설, 낙농, 감자재배, 그리고 상공업의 활성화에 기여하기도 했다.[156] 포츠담 칙령을 발표하기에 앞서 그는 1671년에 유대인들 역시 자신의 신민이라는 입장을 밝힌

---

154 네덜란드와 프랑스는 양국 간의 전쟁을 종식시키기 위해 님베겐에서 평화조약을 체결했다.
155 칙령에서 프리드리히 빌헬름은 적지 않은 특혜를 위그노들에게 부여했는데 그것을 살펴보면 다음과 같다.
　① 위그노들은 자신들이 소유한 것들을 후손들에게 상속할 수 있다.
　② 위그노들은 시민권과 길드와 관련된 제 권한을 보장받는다.
　③ 농업에 종사하는 위그노들은 토지를 소유할 수 있다.
　④ 위그노들이 독자적으로 선발한 판사들은 위그노들 사이의 분쟁을 조정할 권한을 가진다.
　⑤ 모든 도시는 위그노들이 종교적 행사를 자유롭게 할 수 있게끔 예배당을 제공해야 한다.
　⑥ 프랑스에서 이주한 귀족(위그노)들은 왕국내의 귀족들과 동등한 지위를 가진다.
156 이들 신교도들의 정착으로 베를린의 인구는 6,000명에서 2만 5,000명으로 늘어났다.

바 있었다. 또한 그는 조세제도를 개편했는데 도시민에게는 간접소비세, 농민에게는 토지세가 각각 부과되었다.

(2) 프리드리히 1세

1688년 프리드리히 3세(Kurfürst Friedrich III)로 등극한 프리드리히 1세(Friedrich I: 1688-1713)는[157] 에스파냐 왕위 계승전쟁(1701-1713)에 참여했다.[158] 여기서 그는 신성로마제국의 레오폴드 1세(Leopold I: 1658-1705)를 지원했고 그것은 1701년 1월 18일부터 왕칭의 사용도 가능하게 했다. 프리드리히 1세는 신성로마제국의 영역이 아닌 프로이센의 쾨니히스베르크(Königsberg)에서 스스로 대관했다. 이것은 문자 그대로 성직자의 손을 거치지 않고 스스로 왕관을 머리에 썼다는 것을 의미한다. 그렇다면 왜 프리드리히 1세는 스스로 대관을 했을까? 그것은 신성로마제국이 제국영역이 아닌 다른 지역에서 프리드리히의 대관이 허용되었기 때문이다. 실제로 이 당시 제국 내 제후들은 국왕의 칭호를 사용할 수 없었다.[159] 1709년 1월 17일 프리드리히 1세는 4개의 도시, 즉 쾰린(Cölln), 프리드리히스베르더(Friedrichswerder), 도로텐슈타트(Dorotheenstadt), 프리드리히슈타트(Friedrichstadt)를 베를린에 편입시켰고 이때부터 베를린은 프로이센의 수도(Residenz)가 되었다.[160]

---

157 브란덴부르크의 선제후 왕자인 카를 에밀(K.Emil)이 1674년 12월 7일에 사망함에 따라 프리드리히가 후계자로 선정되었다.

158 에스파냐의 왕위가 프랑스의 루이 14세(Louis XIV)의 손자에게 계승됨에 따라 영국, 네덜란드, 그리고 오스트리아가 동맹체제를 구축하고 1702년부터 1713년까지 프랑스와 에스파냐를 상대로 전쟁을 펼쳤는데 이것이 바로 에스파냐 왕위계승전쟁이었다.

159 1700년 11월 16일 프리드리히 3세는 그동안 진행한 빈 정부와의 협상을 마무리했다. 여기서는 오스트리아의 위정자 겸 신성로마제국의 황제가 프리드리히 3세에 대한 왕위 승격(Königserhebung)을 승낙하고 그것의 반대급부로 프로이센은 오스트리아 왕국과 관련된 전쟁이 향후 발생할 경우 8,000명의 병력을 제공하고 차기 신성로마제국의 황제선출에서 합스부르크 가문 출신의 인물을 적극적으로 지원한다는 것이 거론되었다.

160 이로써 베를린에는 5만 6,600명에 달하는 시민들이 살게 되었다.

프리드리히 빌헬름 1세

프리드리히 1세는 흑사병으로 인해 발생한 인구감소를 토질 향상 및 이주정책으로 극복하고자 했다. 또한 프리드리히 1세는 이전의 위정자들과는 달리 학문과 문화에 대한 배려정책도 펼쳤다. 이에 따라 1692년 할레(Halle)에 있던 기사학교(Ritterakademie)가 대학으로 승격되었다. 그리고 이 대학은 토마시우스(C. Thomasius: 1665-1728)의 노력으로 독일권의 명문대학으로 등장하게 되었다. 1696년에는 예술학교(Akademie der Künste)를 세워 재능 있는 예술가들의 배출도 가능하게 했다. 그리고 경건과 신학자였던 프랑케(A.H. Francke: 1663-1727)는 할레에 빈민학교, 고아원, 시민학교, 교육자 양성 학교를 설립했다.

(3) 프리드리히 빌헬름 1세

프리드리히 빌헬름 1세(Friedrich Wilhelm I: 1713-1740)는 프리드리히 1세의 후계자로 등극했다. 즉위 즉시 그는 근검절약정책을 통해 당시 부각된 재정적 어려움에서 벗어나고자 했다. 그것을 위해 그는 불필요한 관료들을 대량 해고 했고 유임된 관료들의 임금 역시 대폭 삭감했다. 이에 따라 왕실의 예산 역시 15만 7,000 라이히스탈러에서 1만 라이히스탈러로 축소되었다. 아울러 그는 고가의 포도주, 의전마차(Karossen), 말, 기마(Sanfte), 은식기(Tafelsilber), 그리고 가구들을 팔거나 경매에 내놓았다. 700여 개의 방을 가진 베를린 궁전에서 프리드리히 빌헬름 1세가 사용한 방은 단지 5개에 불과했고 2명의 시동(Pagen)이 시중을 들 정도의 검소한 생활을 했다.

자신의 초기 정책이 가시적인 성과를 거둠에 따라 프리드리히 빌헬름 1세는 관료주의체제를 이전보다 확고히 하려고 했다.[161] 그러한 과정에서 그는 시민 계층을 대거 기용함으로써 시민왕이라는 명칭도 부여받았다.

1723년 그는 기존의 전쟁총국과 재정총국을 결합시켜 일반재정전쟁왕령지총국 [(General-Ober-Finanz-Kriegs-und-Domänen-Direktorium): 이를 약술하여 일반전쟁재정총국(Generaldirektorium)] 을 출범시켰다. 그리고 일반재정총국의 하부 조직으로 4개의 지방부(Provinzialdepartment)를 설치했는데 각 지방부는 기존의 자치권행사를 인정받았다. 아울러 그는 상비군의 수를 4만 명에서 8만 1,000명으로 크게 늘려 병사왕(Soldatenkönig)이라는 칭호도 부여받았다.[162] 이 당시 프리드리히 빌헬름 1세는 신민들에게 그들의 의무를 충실히 이행할

---

161 그러나 프리드리히 빌헬름 1세는 귀족들이 직접 관할하는 영지와 농민에 대해서는 관여하지 않았다.

162 이 당시 프리드리히 빌헬름 1세는 강력한 군대를 소유해야만 강대국들과 대립할 수 있다는 판단을 했다. 그리고 유럽에서 4번째로 규모가 큰 상비군체제를 유지하는데 필요한 재원은 농민으로부터 징수하는 직접세(Kontribution)와 도시민에게 부과하는 소비세(Akzise)로 마련했다.

것을 요구했다. 아울러 그는 국가에 대한 전 신민의 봉사가 모든 것에 우선한다는 입장을 밝혔고 그것을 위해 1713년과 1717년 '의무취학령(Die Allgemeine Schulpflicht)'을 마련하여 5세부터 12세까지의 아동을 의무적으로 취학하게 하고, 가난한 가정의 자녀에 대해서는 수업료를 면제해 주고, 학교 교사들의 봉급을 국가에서 보조 지급할 것을 규정했다.[163] 이것이 프로이센에서 시작된 최초의 의무교육제도라 하겠다. 1733년 프리드리히 빌헬름 1세는 생업에 종사하는 모든 주민들에게 병역의 의무를 부가하는 칸톤제도(Kantonssystem)를 도입했다.[164] 이 제도로 프로이센의 전 주민은 소속연대로부터 9개월간 휴가를 받아 생업에 종사했고 나머지 기간은 군복무를 수행했다.[165] 이에 따라 귀족과 농민관계, 장교와 병사관계를 핵으로 하는 전 사회의 군사화체제가 구축되었다.[166] 이러한 체제가 구축된 이후 반정부적이었던 브란덴부르크, 포메른, 동프로이센의 토지귀족들은 점차적으로 국왕의 충실한 신하가 되었을 뿐만 아니라 국왕의 깃발 하에서 의무를 수행하는 것 자체를 명예스럽게 여기기도 했다. 재위기간 중 그는 적극적인 외교정책을 펼치지는 않았지만 즉위 초, 즉 1715년에 참여한 북방전쟁(Nordischer Krieg)으로 슈테틴을 포함한 포어포메른 지방을 차지할 수 있었다.[167] 프리

---

163 이러한 의무교육제도는 왕실소유지(Königliche Domänenguter)에서 시행되다가 점차적으로 왕국의 전 지역으로 확대 실시되었는데 그 과정에서 2,000여 개의 신설 초등학교가 세워졌다. 아울러 교육의 내용 및 목적과 방법, 교과서의 공인절차과정, 그리고 교사양성을 위한 교육기관 신설 등이 행정명령을 통해 체계화되기 시작했다.

164 이 당시 프로이센은 몇 개의 연대구역으로 나뉘어 있었으며 각 연대 구역은 5,000명의 보병과 1,800명의 기병을 차출해야 할 의무를 가지고 있었다.

165 이 제도의 시행으로 프로이센의 남성들은 태어나는 즉시 소속연대(Regiment)의 신병리스트에 등록해야만 했다. 이후 이들은 매년 소속연대의 통제를 받았고 국왕에 대한 충성서약이 끝난 후 징집대상이 되었다. 그러나 귀족, 성직자, 관료, 그리고 이민자들은 병역의 의무로부터 면죄되었다.

166 이러한 과정에서 오늘날 독일인들의 특성으로 간주되는 의무에 대한 충실성(pflichttreu), 규율성(diszipliniert), 효율성(effizient), 비매수성(unbestechlich)이 형성되었다.

드리히 빌헬름 1세는 경제적 활성화를 도모하기 위해 1732년 잘츠부르크 (Salzburg)의 파르미안 대주교(Erzbischof L. A. Graf.v. Fiemian: 1679-1744)의 종교적 압박을 피해 프로이센에서 정착하려는 1만 5,000명에 달하는 신교도들을 받아 들였다.

(4) 프리드리히 2세

1740년 5월 프로이센의 위정자로 등장한 프리드리히 2세(Friedrich II: der Große: 1740-1786)는 그의 부친과는 달리 프랑스 문학과 음악, 특히 플루트에 대해 깊은 관심을 가지고 있었다.[168] 따라서 그는 부친이 선호하던 군사 훈련, 사냥, 타박스콜레기움(Tabakskollegium)에 대해 부정적인 시각을 가지게 되었고 그러한 것은 그와 부친 사이의 관계를 소원하게 하는 요인이 되었다. 타박스콜레기움은 일요일을 제외하고 거의 매일 개최되었다. 정부의 고위 관료들, 장관들, 그리고 외교 사절들이 주로 참여한 이 집회에서는 국왕의 신임을 받던 인물이 특정한 주제를 가지고 특강을 하고 경우에 따라 그것에 대한 보충설명도 했다. 아울러 그는 베를린, 드레스덴, 라이프치히, 함부르크(Hamburg), 빈에서 간행되던 신문들과 프랑스와 네덜란드에서 보내진 신문들에서 확인되는 언론의 동향을 개괄적으로 보고하기도 했다. 자정까지 지속되던 타박스콜레기움에서 참석자들은 음식과 맥주를 제공받았고 도자기 담뱃대로 담배를 피워야만 했다. 이 당시 프리드리히 빌헬름 1세는 흡연이 집중력에 아주 큰 도움을 준다고 언급할 정도로 흡연에 대해 매우 긍

---

167 프리드리히 빌헬름 1세는 임종하기 직전 자신의 후계자인 프리드리히 2세에게 다음을 당부했다.
   "나는 정당하지 못한 전쟁을 사랑하는 후계자가 하지 않을 것이라고 믿는다. 왜냐하면 신은 그러한 전쟁을 용납하지 않기 때문이다. 만일 후계자가 그러한 전쟁을 시작한다면 신민들에게 발생 원인을 변명해야 할 의무도 있다."
168 프리드리히 2세는 프리드리히 빌헬름 1세의 장남이었다.

프리드리히 2세(Friedrich II: der Große)

정적인 자세를 보였다. 그런데 이러한 타박스콜레기움은 이미 프리드리히 1세 때부터 간헐적으로 개최되곤 했다.

프리드리히 빌헬름 1세는 1730년 프리드리히를 영국 국왕 조지 2세 (George II)의 딸과 결혼시키려고 했으나 실패했다. 이후 프리드리히는 부친과의 만하임(Mannheim) 여행 중인 1730년 8월 4일 자신의 친구였던 카테 (H.H.v.Katte: 1704-1730) 소위(Leunant)와 더불어 프랑스로 도주하려고 했으나 그러한 계획은 사전에 누설되었다.[169] 이에 따라 이들은 곧 체포되어 베젤 (Wesel)의 전쟁재판소에서 재판을 받았다.[170] 프리드리히는 죄수신분으로 1731년부터 큐스트린(Küstrin) 전쟁 및 국유지관리국(Kriegs- und Domänenkammer)

---

169 이 당시 카테는 프리드리히보다 8살이나 연상이었지만 그것이 둘 사이의 친밀한 관계를 저해하지는 못했다.

170 카테는 탈영(Desertion)이란 죄명으로 전쟁재판소에서 요새내의 무기금고형을 선고받았지만 프리드리히 빌헬름 1세의 개입으로 같은 해 11월 6일 프리드리히가 보는 앞에서 처형되었다.

에서 근무해야만 했다. 그러나 프리드리히와 부친 사이의 관계는 1732년 복원되었고 이에 따라 프리드리히는 같은 해 노이루핀(Neuruppin)에서 새로이 구성된 연대(Regiment)의 책임자로 임명되었다.[171]

프리드리히 2세는 스스로를 국가의 제 1공복(*premier serviteur de l'Etat=erster Diener des Staates*)이라 자칭했다. 1750년부터 그는 포츠담의 상수시(Sanssouci) 궁전에서 볼테르(Voltaire: 1694-1778)[172]와 자주 접촉하면서 프랑스 계몽사상의 장점도 파악했다.[173] 이후부터 그는 프랑스의 계몽사상을 자신의 정책에 적극적으로 반영시켰다.[174] 법무대신 코체이(S.v.Cocceji: 1679-1755)의 주도로 사법제도가 크게 개선되었는데 국왕에 의한 즉흥적 판결이 배제된 것과 3심제도의 도입이 개선의 핵심적 내용이라 하겠다. 아울러 죄인들에 대한 고문도 폐지되었다.[175] 프리드리히 2세는 농민들의 부담도 크게 경감시켰는데 그러한 것은 지주 계층에 의해 자행되었던 농토몰수 및 부역

---

171 다음 해인 1733년 프리드리히는 브라운슈바이크-베베른(Braunschweig-Bevern)의 엘리자베스-크리스티네(Elisabeth-Christine)와 전략적인 결혼을 해야만 했다.

172 볼테르는 정통기독교가 인류 최대의 적이라는 혹평을 가했을 뿐만 아니라 전제정부에 대한 모욕적인 발언도 했다. 이에 따라 그는 1726년부터 약 3년간 영국으로 추방을 당하기도 했다. 이 기간 동안 그는 로크(J.Locke)의 작품을 읽었고 거기서 개인의 자유론에 대해 심취하게 되었다. 이후 그는 지적·종교적·정치적 자유를 위한 투쟁에 몰두하게 되었고 그것은 그로 하여금 계몽사상의 선구자역할을 담당하게 했다. 그러나 이 인물은 다른 계몽사상가들처럼 자연권을 주장했지만 계몽군주제를 이상적인 정부형태로 간주하는 보수성도 보이기도 했다.

173 프리드리히 2세는 볼테르를 궁정 시종(Kammerherr)으로 임명했고 그에게 매년 2만 프랑(Franken)을 지불했다.

174 프랑스어에 매우 능통했던 프리드리히 2세는 볼테르에게 보내는 서신에서 다음을 언급했다. "본인의 주요한 업무는 이 나라의 무지와 편견과 싸우는 것입니다. 따라서 본인은 프로이센의 신민들을 계몽시키고 그들의 품행과 도덕을 교화시켜 그들을 행복하게 하려고 합니다." 이러한 언급에 대해 볼테르는 프리드리히 2세를 '독일 제후들의 모범적 역할을 수행하고 독일인들이 경탄해야 할 인물'이라고 했다.
실제적으로 프리드리히 2세는 볼테르를 자신의 스승으로 간주했고 '볼테르와 동시대를 살아갈 수 있다는 것은 행운이다'라고 말하기까지 했다.

175 흉악범에 대한 고문은 유지되었다.

(Frondienst)을 대폭 완화시킨 것에서 확인할 수 있다. 아울러 농촌의 관개사업과 토지 개량사업이 적극적으로 추진되었다. 프리드리히 2세는 내부 식민지화도 단행했는데 그것은 동프로이센 지방에 900여 개의 새로운 마을을 건설하여 30만 명에 달하는 사람들을 강제로 이주시킨 것에서 확인할 수 있다.

프리드리히 2세는 위에서 언급한 것 이외에도 일련의 정책을 펼쳤는데 그것을 살펴보면 첫째, 초등 의무교육제도를 보다 체계화시켰다. 이 당시 프리드리히 2세는 경건파 신자이자 교육자였던 헤케르(Hecker: 1707-1768)를 등용하여 선대의 의무교육제도를 보완하도록 했다. 그리고 그는 1763년 '프로이센의 학교규정'도 선포했는데 이것은 유럽 최초의 초등교육 시행령일뿐만 아니라 18세기 독일의 대표적인 교육법령이기도 했다. 헤케르는 이러한 교육제도의 법제화 이외에도 1747년 실과학교(Realschule)와 교원양성기관인 교원양성소를 공인받아 운영했다. 둘째, 상비군 수를 배증시켰는데 그 수는 20만 명에 달했다. 셋째, 제 1차 폴란드 분할에 참여하여 영토 확장을 시도했고 그러한 과정에서 에름란트(Ermland)와 단치히(Danzig)를 획득했다. 이로써 그는 지리적으로 멀리 떨어진 브란덴부르크 선제후령과 동프로이센 왕국을 하나로 통합할 수 있었다. 더욱이 호엔촐레른의 영토는 이제 중부와 북부 독일을 횡으로 가로지르는 이점을 가지게 되었다. 넷째, 종교적인 관용정책을 펼쳤다.[176] 다섯째, 경제적인 활성화 정책을 펼쳤는데 그것은 비단, 수건, 도자기, 유리, 그리고 철광부분이 활성화된데서 확인할 수 있다.

---

176 프리드리히 2세는 1740년 자신의 친구에게 보내는 편지에서 종교를 개인적 문제로 간주했고 모든 종교 역시 동일한 대우를 받아야 한다는 입장을 피력하기도 했다. "모든 종교는 동일하고 좋은 것이다. 만일 튀르크 인들이 우리와 같이 살 경우 나는 그들이 필요로 하는 이슬람사원(Moschee)의 건축도 허가할 것이다(*Alle Religionen seindt gleich und guht, wan nuhr die Leute, so sie profesiren [(öffentlich) bekennen], erliche Leute seindt, und wen Turken und Heiden kahmen und wolten das Land pobplieren [bevölkern], so wollen wier Mosqueen und Kirchen bauen*)."

그러나 프리드리히 2세는 자신이 펼친 유대인에 대한 박해정책을 포기하지는 않았다.

여섯째, 대외교역에 대해 관심을 표명했다. 여기서 프리드리히 2세는 관방학(Kameralismus)이라 지칭되는 중상주의 정책을 펼쳤는데 그것은 낙후된 국내 산업을 보호하기 위해서였다. 이 정책은 대외교역보다는 국내의 농업 및 산업활성화에 비중을 두었는데 그 이유는 자본의 후진성에서 벗어나지 못하고 있는 상황에서 산업자본의 부족, 판매역할을 담당할 해외식민지의 부재 등으로 경제적 여건이 성립되지 않아 국내에서 부를 구할 수밖에 없었기 때문이다. 따라서 관방학은 본질에 있어 소극적 내지는 방어적이었고 타국을 지배하기 보다는 오히려 서유럽 여러 나라들의 압박에서 벗어나려는 의도를 가졌다 하겠다. 프리드리히 2세는 제 1차 및 제 2차 오스트리아왕위계승전쟁에 참여하여 자신의 목적을 달성했다. 그러나 전쟁의 후유증은 신민들의 경제생활을 어렵게 했다. 베를린 정부는 전쟁으로 재정적인 압박을 받게 되었고 그것을 신민들에게 전가시켰는데 그것은 즉 이전보다 훨씬 많은 세금을 신민들에게 부과한 것에서 확인할 수 있다. 일곱째, 신문이나 잡지의 비정치적 부분에 대한 검열을 폐지했다.

8. 오스트리아의 절대왕정체제

(1) 마리아 테레지아

26세에 신성로마제국의 황제로 등극한 카를 6세(Karl VI: 1685-1740)는 1716년 4월에 아들 레오폴드(Leopold)를 7개월 만에 잃은 후 마리아 테레지아(Maria Theresia: 1717-1780/1740-1780), 마리아 안나(Maria Anna: 1718-1744), 마리아 아미리아(Maria Amalia: 1724-1730)만을 얻었다.[177] 이에 따라 그는 향후 후계

---

177 마리아 테레지아 발부르가 아마리아 크리스티나(Maria Theresia Walburga Amalia

자문제가 크게 거론될 것이라는 판단을 하게 되었고 그것을 극복할 수 있는 방안에 대해서도 구체적으로 강구하기 시작했다. 따라서 그는 가족 간의 협약(Hausvertrag)인 '상호간의 상속순위(pactum mutuae successionis)'를 자신의 관점에 따라 변경시키려고 했다. 즉 그는 남자상속인이 없어도 자신의 가문이 계속하여 오스트리아 왕위를 계승할 수 있다라는 내용으로 변경시키려 했다. 그러나 이러한 것 역시 자신의 형 요제프(Josef)의 두 딸인 마리아 요제파(Maria Josepha: 1699-1757)와 마리아 아마리아(Maria Amalia: 1701-1756)가 왕위계승권(Sukzessionsrechte)을 포기해야만 자신의 장녀인 마리아 테레지아에게 왕위를 계승할 수 있었다. 또한 그는 법적으로 규제되지는 않지만 왕국 내 귀족들과의 타협을 통해 그들의 동의도 얻어내야 하는 과제를 가지고 있었다.

1713년 4월 19일 카를 6세는 자신의 장녀인 마리아 테레지아가 '오스트리아왕위를 계승할 수 있다'라는 내용의 국사조칙(Pragmatische Sanktion, Sanctio pragmatica)을 발표했는데 그것은 왕위계승에 대한 가족 간의 협약을 국법으로 대체시킨 것으로 볼 수 있다.[178] 이후 왕국 내의 귀족들은 카를 6세가 공포한 국사조칙을 인정했다. 아울러 유럽의 열강들도 러시아를 필두로 국사조칙을 공인했다.[179]

1740년 10월 20일 카를 6세가 죽은 후 23세의 마리아 테레지아는 국사조칙에 따라 같은 달에 오스트리아 왕으로 등극했다.[180] 이후 얼마 동안 그녀는 자신의 부친을 보좌했던 수석궁내대신(Obersthofkanzler) 진첸돌프(Sinzendorff) 백작과 국가비서(GeheimStaatssekretär) 바르텐슈타인(Bartenstein) 남작으로부터 필요

Christina)가 마리아 테레지아의 원래 이름이었다.

178 국사조칙은 로마법에서 나온 것으로 국가가 공공 이익을 위해 개인권리를 무시하면서 내릴 수 있는 결정이라고 하겠다.

179 러시아는 1726년에 국사조칙을 인정했다. 1728년에는 프로이센이, 1731년에는 영국이, 그리고 1738년에는 프랑스가 인정했다.

180 이 인물은 1741년에 헝가리 국왕, 1742년에 보헤미아의 국왕으로 등극했다.

마리아 테레지아(Maria Theresia)

한 조언을 받았다. 점차적으로 마리아 테레지아는 중앙집권체제를 구축하려고 했고 그러한 과정에서 하우그비츠(F. W. Graf v. Haugwitz: 1702-1765) 백작과 카우니츠-리트베르크(W. A. Fürst v.Kaunitz-Rietberg: 1711-1794) 공작 등이 핵심적 인물로 참여했다. 이에 따라 1742년 외교적 안건들을 독자적으로 다루기 위한 독립부서가 신설되었다. 1749년에는 내정 및 재정 문제를 전담할 내정 및 재정관리국(Direktoriums in Publicis et Cameralibus)이 활동을 펼치기 시작했다. 그러다가 이 부서는 1760년 통합 보헤미아-오스트리아 궁내성(Vereinigte k.k. böh-mischösterreichische Hofkanzlei)과 왕실재산관리국(Hofkammer)으로 분리되었다. 이러한 중앙부서의 개편을 통해 보헤미아의 최고행정기구였던 궁내성이 빈 궁내성에 편입된 것을 확인할 수 있는데 그것은 하우그비츠 백작의 의도가 개편과정에서 크게 반영되었기 때문이다. 이에 반해 헝가리의 궁내성은 그대로 존속되었는데 그것은 헝가리인들에게 자치권을 계속 부여하려는 정책에서 나온 것 같다.[181] 마리아 테레지아는 중앙집권화를 구축하는 과정에서 사법권과 행정권을 분리시키려 했고 각 지방에는 지방청(Kreisamt)을 설치했다. 또한 그녀는 1760년 통합궁내성, 국가총무처(Staatskanzlei), 최고법원(Oberster Gerichshof), 왕실재산관리국(Hofkammer), 왕실통계관리국(Hofrechenkammer), 궁정군사회의(Hofkriegsrat)를 총괄할 추밀원(Staatsrat)을 신설하여 행정적 효율성을 증대시키려 했다. 또한 마리아 테레지아는 사법문제를 전담할 최고법원을 신설했고 형법도 개정하여 동일한 범죄에 대해 신민 모두가 동일한 형을 선고받게끔 했다(Constitutio Criminalis Theresiana). 아울러 그녀는 지금까지 면세 계층이었던 귀족 및 성직자들에게도 세금을 부과했다. 이에 따라 이들 특권 계층은 그들 수입의 18.75%를 세금으로 납부해야만 했다. 이에 대한 반대급부로 국가는 징집, 군대의 무장 및 유지비를 부담하기로 했다. 그런데 이러한 세금부과는 경제적으로 활성화된 오스트리아와 보헤미아 지방에서 집중적으로 이루어졌다. 이제 농민들은 자신들의 지주에게 더 이상 현금이나 현물을 납부하지 않아도 되었지만 이들은 국가에 기본세를 내는 의무를 부여받았다.[182] 아울러 마리아 테레지아는 농민들의 어려운 상황을 고려하여 부역을 법적으로 제한시키려고 했지만 그러한 조치는 잘 지켜지지 않았다.[183] 1751년부터 마리아 테레지아는 교육문제에 대해서도 관심을 표명하기 시작했다. 이에 따라 같은 해에 테레지아 군사사

---

181 제1차 오스트리아왕위계승전쟁이 발발한 직후 마리아 테레지아는 어려운 상황에 놓이게 되었다. 이에 따라 그녀는 자신의 어린 아들인 요제프와 같이 헝가리로 가야만 했다. 이 시기에 헝가리 귀족들은 기존의 반오스트리아적 입장을 포기하고 마리아 테레지아의 지원요청을 기꺼이 받아들였는데 그것은 후에 마리아 테레지아와 그녀의 후계자들이 헝가리에 대해 특별배려를 하게 하는 결정적인 요인이 되었다.

182 이 당시 빈 정부는 국가의 재정적 상황을 개선시키기 위해 국가가 전담하던 담배 및 우편업무를 보다 효율적으로 운영하려고 했다.

183 이제 농민들의 부역은 주당 3일로 제한되었다.

관학교(die Theresianische Militärakademie)를 설립했고 빈 대학의 의학부를 보다 내실화 시켰다. 그리고 1774년 일반학교법(Allgemeine Schulordnung)을 제정하여 신민들의 교육기회를 확대시켰다.[184]

(2) 요제프 2세

마리아 테레지아에 이어 오스트리아의 군주로 등장한 요제프 2세 (Joseph II: 1765-1790)는 요제프주의(Josephinismus)라 지칭되는 개혁정책을 펼쳤다.[185] 그가 추진했던 개혁정책의 실체는 사람들 모두가 하느님 앞에서 평등하기 때문에 귀족과 성직자들의 특권은 시정되어야 한다는 것이다. 이를 위해 농노들은 해방되어야 할 뿐만 아니라 비생산적인 교회의 재산 역시 국가에 환원되어야 한다는 것이 요제프 2세의 기본적 관점이었다. 요제프 2세는 자신의 관점을 실현시키기 위해 1781년 11월 1일에 신민특허장 (Untertanenpatent)의 형태로 농노해방령(Aufhebung der Leibeigenschaft der Bauern) 을 발표했다. 아울러 요제프 2세는 인간의 본능에 역행하고 인구증가를 저해하는 금욕주의와 독신주의는 배격되어야 하며 국가의 신민 모두는 하늘나라의 하느님을 섬기듯 국가의 군주도 섬겨야 한다는 입장을 표명했다. 이 당시 요제프 2세는 러시아와의 관계개선에 대해서도 관심을 보였다.[186] 이에 따라 기존의 영토를 보장받는 방어동맹이 양국 사이에 체결되었다. 요제프 2세는 1773년 제 1차 폴란드 분할에 참여하여 갈리치엔(Galizien) 지방을 획득했다.

---

184 이에 따라 전국 각지에 초등학교가 설치되었다.
185 이 당시 요제프 2세는 '모든 것들을 신민을 위해, 그러나 그러한 것들이 신민으로부터 제기되어서는 안된다(Alles für das Volk, aber nichts durch das Volk)'라는 관점을 가지고 있었다.
186 마리아 테레지아는 1780년에 생을 마감했다.

요제프 2세는 자신의 어머니가 추진했던 중앙집권화정책을 보다 강화시켰는데 그러한 것은 신분의회가 가졌던 조세 징수권을 박탈한 것과 상비군 수를 30만 명으로 늘린 것 등에서 확인할 수 있다. 아울러 그는 독일어를 사회공용어로 채택하는 칙령을 발표하여 비독일계 민족, 즉 체코인, 폴란드인, 그리고 마자르인들의 반발을 유발시켰다. 또한 요제프 2세는 보헤미아 국왕과 헝가리 국왕으로 등극하는 것을 거부했는데 그것은 자신의 중앙집권화 정책에 위배된다는 판단에서 비롯된 것 같다. 요제프 2세는 1782년부터 수도원을 축소시키는 정책을 펼쳤고 4년 후인 1786년에 이르러 738개의 수도원이 폐쇄되었는데 그것은 전체 수도원(2,163)의 3분의 1이 넘는 비율이었다.[187] 그러나 이러한 과정에서 교육기관으로 활동했던 수도원들은 폐쇄 대상에서 제외되었다.[188]

이 당시 요제프 2세는 국가를 부강시키고 국방을 튼튼히 하기 위해서는 교육을 통한 신민의 자질함양이 필요하다는 인식도 가지고 있었다. 따라서 그는 교육개혁에 착수했고 1774년에 새로운 교육정책을 공포하여 6세부터 12세까지의 아동들에게 의무교육제를 도입했으며, 초등과 중등교육제도를 새로이 정비했다. 1784년에는 실용적인 전문인력과 사무관료의 양성이라는 국가목표를 보다 충실히 이행하기 위해 왕국 내 대학들의 교육과정을 개편하기도 했다. 이러한 계몽적 절대주의에 따른 교육개혁은 농민들이나 하층민들에 대한 인도주의적 교육과는 사실상 거리가 먼 것으로서, 절대적 국가권력 강화를 위한 국가의식과 일사 분란한 규율의식의 함양을 궁극적인 목표로 설정했다.

요제프 2세는 법전 선진화에도 관심을 보였다. 이에 따라 1787년에 형

---

187 폐쇄된 수도원의 재산은 빈에 위치한 병원들의 운영 및 연구자금으로 활용되었다.
188 성직자양성을 위한 별도의 교육기관이 설치되었다. 그리고 이러한 일련의 개혁정책은 마리아 테레지아가 죽은 후 본격적으로 추진되었다.

법이 제정되었고 다음 해 공포된 형사법전안은 법전 선진화에 크게 기여했다. 여기서는 사회성원의 법적 평등화[189]가 거론되었을 뿐만 아니라 3심제도의 운영에 대해서도 언급되었다. 아울러 사형제도의 폐지도 거론되었다. 또한 언론에 대한 검열제도도 폐지되었다.[190] 또한 유대인들의 법적 지위에 대한 관심도 표명했는데 그것은 이들에게 시민권을 부여한 것에서 확인할 수 있다.[191] 요제프 2세는 국내 산업을 보호하기 위해 관세를 수시로 인상했다. 그리고 경제적 활성화에 걸림돌이 되었던 길드(Guild)제도도 폐지시켰다. 1781년에 농노제가 폐지됨으로써 농노들은 결혼 및 이주도 하게 되었다. 뿐만 아니라 이들은 직업과 재산도 가지게 되었다.[192] 요제프 2세는 영토확장 정책의 일환으로 바이에른의 일부 지방, 즉 저바이에른(Niederbayern)과 상팔츠를 획득하고자 했으나 프로이센의 개입으로 실패했다. 프로이센과의 관계악화가 장기간 지속됨에 따라 요제프 2세는 러시아와의 동맹체제가 필요하다는 인식을 가지게 되었다. 따라서 그는 1781년 러시아와 방어동맹체제를 구축하여 프로이센으로부터의 위협에 대비하고자 했다.

9. 오스트리아 왕위계승전쟁(1740-1748)

국사조칙에 따라 마리아 테레지아는 1740년 10월 20일 23세의 나이로

---

189 범법자는 계층에 관계없이 똑같이 처벌되었다.

190 그러나 얼마 안되어 언론에 대한 검열제도가 다시 도입되었다.

191 아울러 요제프 2세는 1781년 10월 13일에 발표한 관용칙서(Toleianzpatent)를 통해 이들에게 신앙의 자유(Glaubensfreiheit)도 허용했다.

192 요제프 2세는 자신의 어머니인 마리아 테레지아에게 보낸 서신에서 '(신민에 대한)관용'이란 단어를 다음과 같이 정의했다. '저는 관용이란 단어가 다음의 뜻을 가진다고 생각합니다. 즉 어떤 종파의 사람들이라도 그들에게 자격이 있고, 또 국가 및 국가의 산업에 도움을 준다면 아무런 고려 없이 그들을 고용해야 한다는 것입니다.'

오스트리아의 왕위를 계승했다. 그러나 바이에른의 선제후였던 카를 알브레흐트(Karl Albrecht: 1726-1745)가 이것에 대해 이의를 제기했다. 아울러 프랑스, 에스파냐, 그리고 작센도 마리아 테레지아의 왕위계승에 대해 부정적인 견해를 표시했다. 이에 반해 영국은 국사조칙에 따라 왕위계승을 한 마리아 테레지아의 정통성을 인정하려고 했다. 이 당시 독일권에서 오스트리아와 대립상태 하에 있었던 프로이센의 프리드리히 2세 역시 마리아 테레지아의 왕위계승을 인정하지 않았다. 따라서 그는 1740년 12월 16일 오스트리아의 슐레지엔(Schlesien)지방을 선제공격했다.[193]

이에 앞서 프로이센과 오스트리아의 위정자는 비밀협상을 통해 그들 사이의 문제점을 해결하고자 했으나 아무런 성과도 거두지 못했다. 비밀협상에서 마리아 테레지아가 프로이센의 슐레지엔 지방점유를 인정할 경우 프리드리히 2세는 유리히-베르그(Jülich-Berg) 공국을 포기한다는 것과 마리아 테레지아의 남편 프란츠 슈테판(Franz Stephan v. Lothringen: 1708-1765)이 신성로마제국의 황제로 등극하는데 이의를 제기하지 않겠다는 약속도 했다.

프리드리히 2세의 슐레지엔 공격은 당시 유럽 열강의 지대한 관심을 유발시켰다. 마리아 테레지아는 영국과 러시아와의 협상에서 이들의 지지를 확보했다. 이에 프리드리히 2세는 프랑스, 에스파냐, 그리고 바이에른을 프로이센의 동맹국으로 삼았다. 1741년 4월 10일 몰비츠(Mollwitz)전투에서 프로이센군은 오스트리아군을 격파했다. 이렇게 프로이센이 승리했음에도 불구하고 작센은 오스트리아 측에 가담했다. 마리아 테레지아의 왕위계승에 이의를 제기했던 바이에른의 카를 알브레흐트도 1741년 8월부터 오스트리아 공격에 적극적으로 참여하기 시작했다. 1741년 10월 9일 마리아 테레지아와 프리드리히 2세 사이에 비밀협약이 체결되었는데 거기서는 프로이

---

193 이 지방에서는 섬유공업이 활성화되었을 뿐만 아니라 석탄과 철도 많이 생산되고 있었다.

센의 오스트리아 공격중단과 니더슐레지엔(Niederschlesien) 점유포기가 합의되었다. 그러나 프리드리히 2세는 이러한 비밀협약을 준수하지 않았는데 그 이유는 프로이센의 동맹국이었던 프랑스가 보헤미아 지방에서 큰 성과를 거두었기 때문이다. 따라서 프리드리히 2세는 모라비아(Moravia) 지방으로 진격하여 1741년 11월 22일 올뮈츠(Olmütz)를 점령했다. 상황이 이렇게 전개되었음에도 불구하고 마리아 테레지아의 오스트리아군은 1742년 1월 23일과 1월 24일 바이에른 군을 격파하여 린츠(Linz)와 파사우(Passau)를 회복했다. 오스트리아와의 전투에서 패한 카를 알브레히트는 프랑스의 지지를 받아 1742년 1월 24일 신성로마제국의 황제, 즉 카를 7세(Karl VII: 1742-1745)로 등극했다. 이에 마리아 테레지아의 오스트리아군은 니더바이에른(Niederbayern)과 오버바이에른(Oberbayern)을 공격했다. 이후 프로이센과 오스트리아는 영국의 중개로 베를린에서 평화회담을 개최했고 거기서 오스트리아는 저지 및 상 슐레지엔(Nieder-Oberschlesien)을 포기해야만 했다.

1743년 6월 27일 오스트리아, 네덜란드, 영국, 그리고 독일 용병으로 구성된 연합군은 데팅겐(Dettingen)에서 프랑스군을 격파했다. 1744년 6월 5일 프리드리히 2세와 프랑스 사이에 동맹체제가 재결성되었다. 오스트리아군이 라인 지방을 거쳐 프랑스로 진격함에 따라 프리드리히 2세는 같은 해 8월 8만 명의 병력으로 보헤미아 지방을 공격했다. 초기의 승리에도 불구하고 프리드리히 2세는 막대한 피해를 보게 되었고 그것은 보헤미아 지방으로부터 철수하게 하는 요인이 되었다. 이후 마리아 테레지아의 오스트리아 군은 바이에른 지방을 공격하여 카를 알브레히트를 뮌헨(München)에서 강제로 추방시켰다.

그러나 프리드리히 2세는 1745년 6월 4일 호헨프리드베르크(Hohenfriedberg)에서 펼쳐진 전투와 같은 해 9월 30일 주르(Soor)에서의 대접전에서 오스트리아군을 격파했다. 이러한 승리는 프로이센의 슐레지엔 점유를 공인하게 하는 결정적인 계기가 되었다 그러나 마리아 테레지아도 1745년 12월 25일에 체결된 드레스덴(Dresden)조약으로 자신의 남편이 신성로마제국의 황제로 선출된 것에 대한 추인을 프리드리히 2세로부터 받아냈다. 1748년 10월 18일 프로이센과 오스트리아 사이에 아헨(Aachen) 평화조약이 체결되었는데 여기서는 ①오스트리아는 프랑스가 점령한 네덜란드를 회복한다. 그러나 에스파냐 계통의 부르봉 왕조에게 파르마(Parma)와 피아센자(Piacenza)를 이양한다. 아울러 밀라노 공국의 일부를 사르데냐 왕국에게 이양한다. ②드레스덴 조약에서 언급한 프로이센의 슐레지엔 점유를 재확인한다 ③프로이센은 국사조칙을 인정한다 등이 언급되었다.

10. 7년전쟁(1756-1763)

상속전쟁이 끝난 지 8년 후, 즉 1756년 제 2차 오스트리아왕위계승전쟁 또는 7년전쟁이라 지칭되는 전쟁이 시작되었다. 오스트리아의 실세였던 카우니츠(Wenzel Anton Graf v.Kaunitz: 1711-1794)는[194] 제 1차 상속전쟁이 끝난 후 프랑스와의 관계개선을 적극적으로 추진했다.[195] 이에 따라 양국은 1756년 5월 1일 방어동맹을 체결했고, 다음해 5월 1일에는 공격동맹도 체결했다. 여기서는 오스트리아의 슐레지엔 지방 회복이 거론되었을 뿐만 아니라 오스트리아의 네덜란드를 프랑스에 할애한다는 것도 언급되었다. 영국은 1754년부터 오스트리아에게 네덜란드의 보호를 요청했지만 빈 정부는 이에

---

194 카우니츠는 아헨 평화회담에서 오스트리아의 수석대표로 활동했다.
195 이 당시 루이 15세(Louis XV)는 애첩인 퐁파두르(Pompadour)에 의해 좌우되고 있었다. 그런데 퐁파두르는 젊었을 때 프리드리히 대왕으로부터 생선집 아가씨라는 비하적인 놀림을 당한바 있었다. 이러한 사실을 파악한 카우니츠는 퐁파두르에게 접근하여 루이 15세의 마음을 움직였다.

대해 관심을 보이지 않았는데 그것은 위에서 언급한 카우니츠 정책과 연계된다 하겠다.

프리드리히 2세는 오스트리아의 대프랑스 접근이 프로이센의 고립화를 목적으로 한다는 것을 감지했기 때문에 영국과 동맹체제를 구축하려고 했다. 이에 따라 양국 정부는 그들의 이해관계를 논의하게 되었고 거기서 다음의 결론에 도달하게 되었다.[196]

① 프리드리히 2세는 하노버 공국을 보호한다.

② 영국 정부는 1756년 1월 16일에 체결된 웨스트민스터(Westminster)조약에 따라 외부세력이 독일문제에 개입할 경우 프로이센과 공동으로 대처한다.

이제 유럽에는 2개의 군사동맹체제가 구축되었는데 그것은 프랑스, 오스트리아, 러시아, 그리고 작센이 주축이 된 동맹체제와 영국과 프로이센이 결성한 동맹체제를 지칭한다.

1756년 8월 29일 프리드리히 2세는 전쟁선포도 없이 오스트리아의 동맹국이었던 작센을 공격했다. 곧 프랑스, 러시아, 스웨덴, 그리고 신성로마제국의 대다수 국가들은 오스트리아를 지지한다고 선언했다. 이에 반해 하노버, 헤센-카셀(Hessen-Kassel), 브라운슈바이크(Braunschweig), 그리고 고타(Gotha)는 프로이센을 지지한다는 입장을 밝혔다. 프로이센 군은 1757년 5월 다시 슐레지엔 지방을 공격했다. 그러나 다운(L.Graf v.Daun: 1705-1766)원수의 오스트리아군은 이들의 주력부대를 6월 18일 코린(Kolin)에서 섬멸했다.[197] 이에 따라 프로이센 군은 보헤미아 지방에서 철수해야만 했다. 그렇지만 프리드리히 2세의 프로이센 군은 1757년 11월 5일 로쓰바흐(Rossbach) 전투와

---

196 이렇게 영국이 프로이센의 접근에 대해 긍정적인 반응을 보인 것은 그들 왕실의 고향인 하노버를 보호해 줄 세력이 필요하다는 판단을 했기 때문이다.

197 이 전투에서 3만 2,000명에 달하는 프로이센 군이 전사했다.

같은 해 12월 5일 로이텐(Leuthen)에서 펼쳐진 전투에서 프랑스군과 오스트리아군을 격파했다.

라우돈(E.G.v.Laudon: 1717-1790) 남작의 오스트리아군은 1759년 8월 12일 쿠너스돌프(Kunersdorf)에서 프로이센의 주력군을 패배시켰다. 그런데 이 전투에는 솔티코프(Soltikov)가 지휘하는 4만 1,000명의 러시아 군도 오스트리아의 동맹군으로 참여했다. 이후 프로이센의 수도였던 베를린은 함락위기에 놓이게 되었고 영국의 지원마저 중단되었다. 그렇지만 프리드리히 2세는 슐레지엔 지방 점유를 포기하지 않았다. 이러한 상황에서 1762년 1월 5일 러시아에서 황제교체, 즉 엘리자베타 페트로바에 이어 표트르 3세(Poetr III)가 황제로 즉위했는데 그것은 프로이센에게 커다란 도움을 가져다주었다. 프리드리히 2세에 대해 우호적이었던 표트르 3세는 프로이센에 대한 적대행위를 더 이상 펼치지 않았다. 아울러 표트르 3세는 프로이센과 평화협상을 체결했을 뿐만 아니라 전쟁과정에서 획득한 영토마저 포기했다. 그러나 양국사이의 이러한 우호관계는 표트르 3세가 7월 17일에 암살됨에 따라 끝나게 되었다. 그의 후계자로 등장한 에카테리나 2세(Ekaterina II)는 표트르 3세가 약속한 군사적 지원을 이행하지 않았다.

7년전쟁이 진행되는 동안 영국과 프랑스간의 식민지 전쟁도 병행되었다. 이 당시 프랑스는 지중해의 중요기지였던 미노르카(Minorca)를 점령했다. 동시에 몽칼름(Montcalm: 1712-1759)의 프랑스군은 북아메리카에서 영국군을 계속 괴롭혔다. 이러한 상황 하에서 뉴캐슬(Newcastle) 공이 물러난 후 피트(W.Pitt: 1708-1778)의 새로운 내각이 구성되었다. 이후 피트는 프로이센에게 자금을 지원했을 뿐만 아니라 프랑스 해군을 격파하여 군대 및 군수물자의 원활한 공급도 차단시켰다. 아울러 정예화된 영국군을 식민지에 파견하여 프랑스군을 공격하기도 했다. 이러한 정책을 펼치기 시작한 후 영국은 아메리카, 캐나다, 그리고 인도에서 계속 승리했다. 클리브(R. Clive)가 인도에서 승리한 이후 영국은 프랑스와의 식민지전쟁에서 결정적 우위를 차지하게 되었다. 벵갈(Bengal)의 원주민들이 프랑스군과 협력하여 146명에 달하는 영국인을 작은 토옥에 가두어 하룻밤 사이에 질식과 갈증으로 23명을 죽이는 사건이 발생함에 따라 영국군의 지휘관 클리브는 플래씨(Plassey)전투에서 벵갈군을 격파시켜 사건에 복수했다.

1762년 7월 21일 부커스돌프(Burkersdorf) 전투에서 프리드리히 2세는 오스트리아의 주력부대를 섬멸했고 그것은 오스트리아로 하여금 슐레지엔으로부터 철수하게 하는 요인이 되었다. 1763년 2월 15일 라이프치히 근처의 후베르투스부르크(Hubertusburg) 성에서 평화조약이 체결되었는데 거기서 언급된 것들을 살펴보면,

① 프로이센아의 슐레지엔 지방 점유를 인정한다. 여기서 오스트리아는 슐레지엔의 남부지역, 즉 제게른돌푸(Jägerndorf)와 트로파우(Troppau)지역을 회복한다.

② 프리드리히 2세는 마리아 테레지아의 아들인 요제프의 선제후권을 인정한다.[198]

이에 앞서 파리 평화조약이 2월 10일에 체결되어 영국과 프랑스간의 식민지문제가 조정되었다.

① 프랑스는 영국에게 캐나다 및 미시시피 강 이동지역을 할애한다.

② 에스파냐는 영국에게 플로리다(Florida)를 양도하고 프랑스로부터 루이지애나(Louisiana)를 반대급부로 넘겨받는다. 여기에는 뉴올리언스(New Orleans)도 포함시킨다.

---

198 1316년 1월 10일에 제정된 황금문서(Der Goldenen Bulle)에서 선제후들의 권한 및 특권들이 명시되었는데 거기서는 선제후들의 황제선출권(신성로마제국)이 인정되었을 뿐만 아니라 통치지역에 대한 재판권, 광산개발권, 소금채취권, 화폐주조권, 그리고 관세권도 허용되었다. 이러한 선제후의 막강한 권한은 18세기 후반까지 유지되었다.

③ 프랑스는 영국에게 서인도제도의 일부 및 아프리카 서부의 기지들을 양도한다.

④ 마르티니크(Martinique) 및 그 밖의 서인도제도를 프랑스에게 반환하며 아바나(Havana)와 마닐라(Manila)는 에스파냐에게 반환한다.

7년전쟁 이후 오스트리아의 국제적 지위가 크게 격하되었다. 아울러 재정적 상황도 크게 악화되었는데 그것은 다음을 통해 확인할 수 있다.

오스트리아의 7년전쟁 총 경비는 2억 6천만 굴덴(Gulden)이었다. 그러나 빈 정부는 이러한 전쟁경비를 만회할 재정적 능력을 갖추지 못했다. 그것은 전쟁이 끝난 해의 세입과 세출을 통해 확인할 수 있다. 1763년 오스트리아 정부의 세입은 2천 350만 굴덴인 반면, 세출은 그 3배를 초과하는 7천 6백만 굴덴이나 되었다.

오스트리아와는 달리 프로이센은 강대국으로 부상했다. 그리고 영국은 프랑스와의 식민지경쟁에서 우위를 차지하게 되었다. 그리고 영국이 지향했던 유럽에서의 '힘의 균형정책'도 아무런 영향을 받지 않았다. 그러나 식민지에 대한 영국의 정책변화, 즉 중상주의 정책을 강화시킴으로써 식민지인들의 반발을 야기시켰다. 아울러 유럽문제에 대한 러시아의 개입 역시 본격화되기 시작했다.

11. 폴란드의 절대왕정체제

(1) 폴란드 왕국의 쇠퇴

폴란드 왕국은 1386년 리투아니아(Lithuania) 대공국을 병합했다. 그리고 이것은 폴란드가 동유럽에서 중요한 위상을 차지하는 결정적 요인이 되기도 했다. 그러나 30년전쟁 이후 강대국으로 부상한 스웨덴과 18세기 중반부터 세력을 크게 확대하던 러시아는 폴란드의 이러한 위상을 약화시키는 외부적 인자로 작용하기 시작했다.

폴란드 왕국의 쇠퇴는 스웨덴의 바사(Wasa: Vase)가문이 1587년부터 폴란드를 통치하면서 시작되었다.[199] 그러나 이 시기에 귀족들의 권한은 상대적으로 확대되었다. 1652년부터 제국의회는 만장일치제(*liberum veto*: 절대적 거부권)를 채택했는데 이것은 제국의회의 의원 중 1명이라도 반대할 경우 안건이 통과될 수 없다는 것을 의미했다.[200] 이에 따라 제국의회는 17세기 중반부터 18세기 후반까지 48번이나 해산되었을 뿐만 아니라 내부적인 개혁 역시 불가능하게 되었다. 그리고 이 당시 절대적 권력을 행사한 폴란드 최고위귀족(Magnate)들은 상호간 동맹 체제를 구축했는데 이러한 체제는 종종 외부세력의 영향을 받곤 했다.

(2) 선출왕제의 도입과 후유증

17세기 후반부터 폴란드의 국왕 들은 선출되었고 그러한 것은 왕권을 크게 약화시키는 요인이 되었다. 실제적으로 이 당시 폴란드의 국왕들은 신성로마제국의 황제들처럼 한 국가를 효율적으로 통치하는데 필요한 권력을 갖추지 못했다. 이에 따라 폴란드는 절대왕정체제의 기본적 골격도 갖추지 못한 상황에서 주변 국가들에게 일방적으로 간섭 및 침략을 당하는 처지에 놓이게 되었고 그것은 폴란드를 와해시키는 결정적인 요인으로 작용했다.

1668년 바사 가문이 단절됨에 따라 비스노브스키(M. Wisnowski: 1669-1673)가 폴란드 국왕으로 선출되었다.[201] 그러나 이 인물은 당시 부각된 외교적 문제들을 효율적으로 해결할 능력을 갖추지 못했다. 이 인물에 이어 오스만

---

199 지기스문트 3세(Sigismund III)가 이 가문의 첫 번째 국왕으로 등극했다.
200 이것은 '나는 그것을 허락하지 않는다(Nie pozwalam)'라는 뜻을 가졌다.
201 이 인물은 리투아니아 계통의 최고위 귀족이었다.

튀르크 전문가였던 소비에스키(J.Sobieski)가 요한 3세(Johann III: 1674-1696)로 등극했다. 이 인물은 선진문명을 배우기 위해 프랑스에서 2년간 체류했었다. 아울러 그는 스웨덴의 전술을 익히기 위해 스웨덴 정부와 접촉하기도 했다. 1682년부터 시작된 오스만튀르크의 침략에 대응하기 위해 소비에스키는 유럽 각국에 지원을 받기 위해 사절단을 파견했다. 그러나 오스트리아를 제외한 다른 국가들의 반응은 부정적이었다.[202] 그럼에도 불구하고 소비에스키 군은 1683년 9월 12일 빈에서 펼쳐진 오스만튀르크 군과의 전투에서 승리했고 그것은 바르나와 모하치의 탈환도 가능하게 했다.[203] 이렇게 오스만튀르크와의 전쟁에서 우위를 확보했음에도 불구하고 소비에스키는 제국의회의 조직적인 저항으로 폴란드에서 자신의 위상을 확고히 할 수 없었다.

1697년에는 작센 선제후였던 프리드리히 아우구스트 1세(Friedrich August I)가 아우구스트 2세(August II: 1697-1733)로 등극했다. 이 인물은 즉위 즉시 스웨덴과 북방전쟁(1700-1721)을 펼쳤다. 그러나 이 전쟁은 폴란드 국익에 전혀 도움이 되지 않았다. 더욱이 아우구스트 2세가 전쟁에서 패함에 따라 폴란드는 바르샤바(Warszawa), 크라쿠프(Kraków)를 스웨덴에게 넘겨주어야만 했다. 그리고 러시아의 표트르 대제는 스웨덴과의 전쟁에서 승리한 직후, 즉 1711년부터 폴란드를 자국에 편입시키려는 의도를 구체화시키기 시작했다. 즉 그는 스웨덴과의 전쟁에서 패한 후 폴란드에서 위상이 실추된 아우구스트 2세를 부추겨 귀족 계층과 대립하게 했는데 그러한 것은 폴란드에서 자신의 영향력을 증대시키려는데서 비롯된 것 같다. 1717년부터 러시아 군이 폴란드에 주둔함에 따라 폴란드는 점차적으로 러시아의 보호국으

---

202 이 당시 오스트리아는 오스만튀르크로부터 공격을 받고 있는 상태였다.
203 폴란드와 오스만튀르크 사이의 전쟁은 1696년까지 지속되었다.

로 격하되기 시작했다.[204]

아우구스트 2세에 이어 1733년 폴란드 최고위귀족이면서 루이 15세의 장인이었던 레쉬친스키(Leszczyński)가 스타니스라우스 1세(Stanislaus I: 1733-1735)로 등극했다.[205] 그러나 주변 국가들, 즉 러시아, 스웨덴, 그리고 오스트리아는 작센의 선제후였던 프리드리히 아우구스트 2세(Friedrich August II)를 내세워 폴란드에서 왕위계승전쟁을 유발시켰다.[206] 이 당시 프리드리히 아우구스트 2세 역시 자신이 폴란드 국왕으로 등극하기 위해서는 러시아와 오스트리아의 지지가 절대적으로 필요하다는 사실을 인지하고 있었다. 따라서 그는 오스트리아의 카를 6세가 발표한 국사조칙을 인정했을 뿐만 아니라 러시아가 쿠를란트(Kurland: 라트비아 남부 지역)를 자유롭게 사용할 수 있는 권한도 부여하려고 했다. 이에 반해 스타니스라우스 1세는 자신을 지지하던 프랑스로부터 군사적 지원을 기대했지만 그러한 것은 가시화되지 못했다. 이에 따라 스타니스라우스 1세와 그의 추종세력은 크게 위축되었고 그것은 스타니스라우스 1세가 1734년 프리드리히 아우구스트 2세와의 대립에서 패하는 요인으로도 작용했다.[207] 1735년 빈에서 개최된 평화회의에서 레쉬친스키는 국왕 자리에서 물러나야만 했고 그를 대신하여 프리드리히 아우구스트 2세가 1735년부터 폴란드를 통치하기 시작했는데 그가 바로 아우구스트 3세(August III: 1735-1763)였다.[208] 아우구스트 3세는 재위 기간의 대부분을 작센 지방에서 보냈고 폴란드 국정은 자신의 측근이었던 모니쉐크(Moniszech)가 맡았다. 이에 따라 폴란드 국정은 최고위귀족들에 의해 좌우되는 상황에 놓

---

204 이에 앞서 러시아와 프로이센은 1720년에 체결된 비밀조약에서 폴란드의 국내외적인 약화를 위해 공동으로 협력한다는데 합의했다.
205 이 인물은 1704년 폴란드 국왕으로 등극했지만 1709년 아우구스트 2세로부터 추방당했다.
206 폴란드 왕위계승전쟁은 1735년까지 지속되었다.
207 국왕의 자리에서 쫓겨난 스타니스라우스 1세는 로트링겐(Lothringen) 지방을 차지했다.
208 이 인물은 러시아, 오스트리아, 그리고 스웨덴의 지지를 받고 있었다.

이게 되었다. 이들 중에서 차르토리스키(Czartoriski)[209]는 친러시아적 입장을 취한 반면, 포토츠키(Potocki)[210]는 프랑스 접근정책을 지속적으로 펼쳤다.

아우구스트 3세가 통치했던 시기는 폴란드 역사상 가장 가치 없던 시기로 간주되었는데 그것은 폴란드가 유럽사회에서 행한 수동적 역할에서 확인할 수 있다. 그리고 프로이센, 오스트리아, 그리고 러시아에 의해 포위되었던 폴란드는 이들 국가들로부터 수시로 국경을 유린당하는 상황에 놓여 있었다.

아우구스트 3세가 사망한 후 포니아토프스키(Poniatowski)가 1764년 스타니스라우스 2세(Stanislaus II: 1764-1795)로 즉위했다.[211] 러시아의 도움으로 즉위한 이 인물은 예상과는 달리 외부세력에 대응하는 정책을 펼쳤는데 그것은 그가 러시아와 프로이센이 폴란드 내정에 깊숙이 개입하여 자신과 귀족 계층 사이의 충돌을 유발시키고 있다는 사실을 잘 알고 있었기 때문이다. 그리고 이러한 주변국가 들의 내정간섭에 대해 포돌에(Podolye: 우크라이나의 중서 및 남서 지역을 지칭)의 바르(Bar) 귀족들도 자치권회복을 위해 폴란드 지주 귀족연맹을, 즉 바르 연맹을 조직하여 4년간 투쟁하기도 했다.[212] 거의 같은 시기 폴란드의 여러 곳에서도 폴란드의 영광과 독립을 회복하기 위한 운동이 전개되었다. 그러나 이러한 애국적 투쟁은 가시적인 성과를 거두지 못했는데 그것은 거의 같은 시기 우크라이나(Ukraine)에서 민중적 소요가 발생했다는 것과 외부 세력의 지원이 실제적으로 결여되었기 때문이다. 또한

---

209 차르토리스키는 '가족'이란 뜻을 가진 단어이다.
210 포토츠키는 '애국자'라는 뜻을 가졌다.
211 폴란드 왕국의 마지막 국왕이었던 이 인물은 러시아와 프로이센의 도움으로 왕위에 올랐다. 그런데 이 인물은 예카테리나 2세의 정부이기도 했다.
212 오스만튀르크는 포돌에를 1672년부터 1699년까지 점령했다. 그리고 이 지방을 4개의 행정구역(sanjak)으로 나누었는데 그 중의 하나가 바르였다. 1699년 폴란드는 포돌에를 오스만튀르크로부터 되찾았다.

바르 연맹과 스타니스라우스 2세사이의 내부적인 불화가 해소되지 못한 것도 애국적 투쟁의 실패 요인으로 제시할 수 있을 것이다. 1772년 러시아는 지금까지 반러시아 소요의 핵심적 역할을 담당했던 바르 연맹체제을 와해시켰고 점차적으로 폴란드 전역을 러시아에 편입시킬 수 있다는 확신도 가지게 되었다.

이에 앞서 오스트리아는 1769년 자신들이 1412년부터 폴란드로부터 빌린 집스(Zips)[213]의 탄광도시들을 그들 영역에 강제로 편입시켰다. 이후에도 오스트리아는 계속하여 폴란드의 다른 영역을 자국영토에 포함시키려는 시도를 펼쳤다. 오스만튀르크와의 전쟁에서 승리한 러시아는 도나우 공국이었던 몰다우(Moldau)와 왈라키아(Walachei: 루마니아의 한 지방)에 대한 지배권을 획득하고자 했다. 이에 따라 오스트리아는 1771년 오스만튀르크와 동맹체제를 구축했는데 그것은 러시아의 몰다우와 왈라키아에 대한 지배권을 막기 위해서였다.

(3) 폴란드 왕국의 분할

러시아는 1772년 8월 5일 프로이센과 협정을 체결했는데 여기서는 폴란드의 영토분할(Rozbiory Polski)이 거론되었다. 이러한 소식을 접한 오스트리아는 속임수가 있을 수 있다는 판단을 했고 그것은 오스트리아로 하여금 영토분할에 참여하게 했다. 이에 따라 오스트리아는 집스 지방(13개 도시, 독일인들이 주로 거주), 로도메리엔(Lodomerien:루테니아 인 들이 거주), 그리고 갈리시아 [Galicia:크라쿠프(Kraków)는 제외] 〈70,000 km²〉 지방, 프로이센은 서프로이센 [Westpreußen(단치히(Danzig)와 토른(Thorn)은 제외]과 쾨니히스베르크-베를린 (Königsberg-Berlin) 〈35,000 km²〉,[214] 그리고 러시아는 두나(Duna)와 드네프르

---

213 집스는 슬로바키아에서 독일어를 사용하던 지방이었다.

(Dnepr)강의 동부지역〈110,000 km²〉을 차지했다. 내분에 지친 폴란드는 이러한 상황에 효율적으로 대응할 수 없었다. 따라서 분할에 참여한 3개국은 1775년 폴란드의회로부터 합법적인 동의도 쉽게 얻어냈다. 그러나 스타니스라우스 2세는 당시 겨우 명맥만을 유지하던 영구 자문회 내에서 국가 조직을 효율적으로 활용할 수 방법을 모색했고 거기서 향후 닥칠 폴란드의 암담한 미래도 준비하려고 했다. 아울러 그는 교육 분야에서도 국민의 지적 수준을 높이기 위한 방안을 강구했다. 제수이트(Jesuit) 교단이 해체된 후 교육 기금을 국민 교육 위원회에 위탁하여, 초등학교에서 크라쿠프, 빌노 대학에 이르는 전 폴란드 교육기관을 재조직했다. 그리고 이러한 운동을 주도한 인물은 피라모비치(Piramowicz: 1735-1801) 신부였다.

폴란드는 1772년 1차 분할이후 가능한 한 프로이센, 러시아와의 직접적 충돌을 회피했다. 그러는 동안 1786년 프리드리히 빌헬름 2세(Friedrich Wilhelm II: 1786-1797)가 프로이센의 위정자로 등장함에 따라 프로이센과 러시아사이의 관계는 냉각되기 시작했다. 폴란드는 이 시기를 이용하여 양국간의 대립을 유발시키려 했고 그 과정에서 프로이센과의 동맹체결이 보다 유리하다는 판단도 하게 되었다. 폴란드의 이러한 의도적 접근에 대해 프로이센은 호의적인 자세를 보였는데 그것은 동맹구축을 통해 단치히와 토론시를 획득할 수 있다는 판단을 했기 때문이다. 따라서 폴란드인들이 가졌던 프로이센과의 동맹과 거기서 파생될 수 있는 이점들은 단지 폴란드인들의 환상에 불과했다. 이 당시 프로이센은 폴란드 분할 과정에서 좀 더 좋은 조건을 러시아로부터 보장받을 경우 언제라도 러시아와 협상하겠다는 생각을 가지고 있었다. 그뿐만 아니라, 러시아의 예카테리나 2세는 폴란드 제국의회의 헌법제정과 폴란드의 대프로이센 접근정책에 대해 크게 분노했고 그

214 이에 따라 프로이센은 쾨니히스베르크와 베를린을 연결하여 국토통합을 이룰 수 있었다.

코시치우슈코

것은 그녀로 하여금 보다 적극적인 방법으로 폴란드문제에 간섭해야 한다는 생각도 가지게 했다.

1792년 폴란드 군은 군제개혁을 통해 6만 명으로 늘어났고, 상당한 장비도 갖추었다. 이에 따라 포니아토브스키(J.A.Poniatowski: 1763-1813), 코시치우슈코(T.Kósciuszko: 1746-1817)[215]등은 폴란드 문제에 지나치게 개입하려는 러시아를 응징해야 한다는 주장을 펼쳤고 그것에 대한 스타니스라우스 2세 반응 역시 긍정적이었다. 1792년 6월초부터 시작된 러시아 원정에서 폴란드 군은 의외의 성과를 거두었다. 즉 이들은 6월 18일 지에렌체(Zielence) 전투에서 러시아군을 격파했다. 그러나 초기의 승전에도 불구하고 폴란드군은 점차적으로 열세적 상황에 놓이게 되었는데 그 주된 요인은 프로이센으로부터의 군사적지원이 가시화되지 못했기 때문이다. 상황이 이렇게 전개됨에 따라 스타니스라우스 2세는 크게 낙심하게 되었고 그것은 군사적 저항

215 아메리카 독립전쟁에 참여한 이 인물은 1783년 폴란드로 돌아왔다.

대신에 러시아와 화해를 모색하게 했다.[216] 여기서 결과는 매우 나쁘게 나타났다. 러시아는 바르샤바로 진군하여 1791년의 5월헌법을 폐기시켰고 프로이센 역시 러시아에게 2차 분할을 제안하면서 포즈난(Poznań)을 점령했다. 그리고 러시아가 프로이센의 제안을 수용함에 따라 1793년 러시아와 프로이센 사이에 폴란드 분할 조약이 체결되었다.[217] 분할 과정에서 러시아는 두나와 드네프르의 중간지역⟨236,000 km²⟩을 차지했고, 프로이센은 단치히, 포즈난, 그네젠(Gnesen), 그리고 토른 ⟨55,000 km²⟩을 획득했을 뿐만 아니라 남프로이센 지역도 획득하여 슐레지엔 지방으로의 연결통로도 확보했다. 이제 폴란드는 더 이상 독립 국가로 활동할 수 없게 될 정도로 절단되었다. 그로드노(Grodno)에서 최후로 소집된 폴란드 제국의회 역시 이러한 분할에 대해 동의할 수밖에 없었다. 이러한 비극적 처사에 대항하는 소요가 1794년 바르샤바 주위에서 일어났다. 이 소요의 지도자는 코시치우슈코였다. 그는 폴란드의 무장 해제 명령에 대응하여 크라쿠프 광장에서 끝까지 자유와 독립을 위해 투쟁할 것을 선언했다. 그러나 이러한 영웅적 투쟁은 좌절되고 말았으며 그것은 3차 분할을 더욱 가속화시키는 요인이 되었다. 다만, 코시치우슈코의 공적은 처음으로 폴란드 민족 모두가 민족 운동에 대해 관심을 가지게끔 했다는 것이다. 그리고 같은 해에 폴란드 농민들도 이러한 소요에 합세하여 라클로비체(Raclowice)전투에서 승리했고 곧 바르샤바도 탈환했다. 이 당시 코시치우슈코는 농민 계층이 참가해야만 소요가 승리할 수 있다는 확신을 가졌기 때문에 5월 7일에 행한 '폴라니에츠(Polaniec) 선언'에서 농노 상태 하에 있던 농민들 모두를 해방시켜 줄 것을 약속했다. 이에 따라 소요는 전국적으로 확산되었으며, 바르샤바뿐만 아니라, 단치히에

---

216 또한 스타니스라우스 2세는 러시아의 관여로 등장한 타르고비차(Targowica)동맹에 가입해야만 했다.
217 오스트리아는 제 2차 폴란드 분할에 참여하지 않았다.

서도 독립을 쟁취하기 위한 전투가 펼쳐졌다.

그러나 폴란드와 러시아 사이의 전투에 프로이센이 개입하게 됨에 전세는 역전되었다. 러시아와 프로이센군은 바르샤바 교외에서 많은 폴란드인들을 처형했고 그것은 코시치우슈코가 주도한 소요를 중단시키는 계기가 되었다. 이제 승전국이 할 일은 폴란드의 최후 분할을 서두르는 것이었다. 1795년 1월 3일에 체결된 협정에서 오스트리아는 서갈리시아(루블린(Lublin), 크라쿠프)〈115,000 km²〉, 러시아는 리투아니아의 잔여 지역 〈465,000 km²〉, 그리고 프로이센은 바이헬보겐(Weichelbogen) 〈145,000 km²〉를 차지했다.

1797년 3국은 폴란드 문제를 영원히 해결한 것으로 합의했고(*finis Poloniae*), 폴란드 왕국이란 이름을 다시 쓰지 않기로 선언했다. 이리하여 피아스트-야기에우워(Piasts-Jegiełło)왕조의 찬란한 영광 뒤에 온 군주 공화국의 실험은 완전히 실패로 끝나게 되었으며, 3국 분할의 상태는 1918년 제 1차 세계대전 말까지 지속되었다.

12. 러시아의 절대왕정체제

(1) 러시아 제국의 등장

러시아의 기원은 9세기 초 노르만족과 슬라브족이 세운 키예프(Kiev)공국에서 비롯된다 하겠다. 그러나 이 공국은 13세기이후부터 몽고족의 지배, 즉 킵차크 한국(汗國: Kipchak Khanate)의 지배를 약 200년간 받았다.[218] 그러다

---

218 킵차크 한국은 금장한국이라고도 한다. 칭기스칸의 장자 주치는 이르티시 강 이서의 초원 지역을 영지로 받았다. 이 인물이 죽은 후 그의 아들 바투(Batu)가 유럽원정군의 총사령관이 되어 러시아 및 동유럽의 여러 지역을 석권함에 따라 킵차크 한국의 기초가 마련되었다.

가 이반 3세(Ivan III: 1462-1502)때 몽고의 지배로부터 벗어날 수 있었다. 이 인물은 비잔틴 제국의 마지막 황제 콘스탄틴 11세(Constantine XI)의 조카인 소피아(Sophia Paleologus)와 결혼했고 스스로를 차르(czar)라 자칭했다.[219]

이반 4세(Ivan IV: *Groznyi* 1533-1584)는 주위의 제후국들을 복속시켰다. 특히 이반 4세는 비밀경찰제도를 도입하여 자신에게 반항하는 귀족들을 철저히 탄압했다. 이 과정에서 그는 봉건 귀족들을 대거 처형하는 등의 공포정치를 펼쳐 '뇌제(雷帝)'라는 별명도 얻었다. 또한 이 인물은 1547년부터 '거대 러시아를 통치하는 인물'로 자칭하기도 했다. 그가 펼친 정책 중에서 중요한 것들은 첫째, 젬스키 소보르(*semski sobor*)라는 의회기구를 구성하여 교회, 귀족, 그리고 도시의 대표자들을 참석하게 했다. 둘째, 지금까지 수수료 (kormlenie)로 자신들의 생계를 유지하던 관료들 대신에 선출관료들로 하여금 행정을 담당하게 했다. 셋째, 농민 계층이 토지에 예속되는 일련의 조치들을 시행했다. 즉 농민들이 새로이 획득한 지역으로 도망가는 것을 막기 위해 이동의 자유를 박탈했던 것이다.

(2) 표트르 대제

1613년 2월 로마노프(M.Romanov: 1613-1645)는 폴란드와 스웨덴의 쇠퇴를 틈타 러시아를 창건했다. 1675년에 이르러 러시아는 국가적 토대를 확립할 수 있었는데 그것은 폴란드, 타타르, 오스만튀르크와의 전쟁에서 승리했기에 가능했다. 1682년 러시아에서는 유능한 황제가 등장했는데 그가 바로 표트르 대제(Пётр Великий /Peotr: 1682-1725)였다. 이 인물은 1672년 알렉세이 마하일로비치 차르와 그의 두 번째 황후인 나탈리아 키릴로브나 나르시키나 사이에서 태어났다. 표트르는 어린 시절에 아버지를 여의고, 형인 페도

---

219 동로마제국이 멸망한 후 이반 3세는 스스로를 동로마제국의 후계자로 간주했다.

르 3세(Feodor III) 또한 일찍 죽게 됨에 따라 지체 장애인인 둘째 형 이반 5세(Ivan V) 대신 귀족들과 러시아 정교회의 지지를 받아 1613년 차르에 즉위하게 되었다. 그러나 이복누이 소피야(Sofja) 공주가 주도한 쿠데타로 표트르의 지지 세력이 붕괴됨에 따라 표트르는 실권을 잃고 소년기와 청년기를 크렘린 밖의 외인촌, 즉 프레오브라젠스코예(Preobrazhenskoe)에서 보내야만 했다.[220] 따라서 이 시기에 표트르는 석공술과 목수 일을 배우는데 많은 시간을 할애했다. 또한 그는 말에 편자를 박는 일, 대포를 주조하는 일 등 십 여 가지 이상의 전문적이고 특수한 기술을 배우기도 했다.

표트르는 1689년 공동통치 및 섭정체제를 제거했다.[221] 표트르 대제는 유럽의 서부지역, 즉 프로이센, 네덜란드, 영국, 그리고 오스트리아를 방문하여 선진문명을 익히려고 했다. 즉 그는 두 차례에 걸쳐, 즉 1697년부터 1698년까지 그리고 1716년부터 1717년까지 서유럽의 제도, 기술, 학문, 복장, 그리고 관습 등을 배우고자 했다. 표트르는 유럽 여행 중 미개하고 거친 슬라브인의 기질을 십분 발휘했다. 그는 평범한 러시아 장교 미하일로비치(Peter Mikailovitsch)라는 이름으로 여행했을 뿐만 아니라 영국과 네덜란드의 조선소에서는 노동자로 일하기까지 했다. 암스테르담(Amsterdam)의 조선소 직공들은 그를 바아스(Bass) 또는 표트르(Poetr) 감독이라고 불렀다. 그는 틈틈이 박물관·극장·병원·화랑을 찾아다니는 등 다방면에 관심과 호기심을 나타내기도 했다. 공장을 방문할 때 그는 많은 질문을 했고, 인쇄기의 작

---

220 독신이었던 소피아는 1682년부터 1689년가지 러시아를 통치했다. 이 시기에 그녀는 자신의 외삼촌이었던 이반 밀로슬라프스키, 스트렐치의 신임 사령관인 표트르 샤클로비티(Feodor Shaklovity), 고승 실리베스테르 메드베데프(Sylyester Medvedev), 그리고 바실리 골리친 공(Prince Vasily Vasilievich Golitsyn) 등의 지원을 받았지만 그리 큰 업적을 남기지는 못했다.

221 황제 페도로 3세(Feodor III: 1676-1682)가 후계자 없이 죽게 됨에 따라 젬스키 소보르는 전 황제 알렉세이(Alexei: 1645-1676)의 아들이었던 10세의 표트르를 황제로 선출했다.

표트르 대제

동을 자세히 관찰하는가 하면 해부학 강의를 청강하기도 했다. 심지어 그는 외과 수술과 이 빼는 기술까지 배웠으며 법령집이나 기계모형 등을 구입하는데도 많은 시간을 할애했다. 귀국한 그는 러시아의 관습을 과감히 타파했을 뿐만 아니라 일련의 선진제도의 도입에 대해서도 관심을 표명했다. 이에 따라 표트르 대제는 문자를 개혁하고 인쇄시설도 도입했다. 그리고 표트르 대제의 서유럽화정책이 본격화되면서 서유럽어가 많이 사용되기 시작했는데 그것은 새로운 생활방식과 기술교육의 발전을 위해 새로운 형태의 표현들이 필요했기 때문이다.

표트르 대제는 유럽식 역법을 채택하고 병원과 학교 등도 세웠다. 아울러 그는 서구적 관료주의체제를 도입했는데 그것은 프로이센과 스웨덴의 행정체제를 모방하여 행정의 효율화를 기하려는 의도에서 비롯되었다.[222] 특히 스웨덴을 모델로 삼아 상설행정기구, 12 행정원, 군무성, 해군성 등을 신설하고 관리들의 관등을 정한 관등표를 제정하기도 했다.

1711년 표트르 대제는 오래전에 소멸된 제국의회와 귀족회의를 대신하여 9명으로 구성된 제국통치원을 발족시켜 행정, 사법, 그리고 재정을 총괄하게 했다. 이 기구의 산하 행정부서로 외무부, 법무부, 군무부, 상업부, 광업부 등이 신설되었으며 각 부에 다시 3명에서 5명으로 구성된 운영위원회를 설치하여 행정력이 한 개인에 집중되는 것을 막아 자신의 권력을 강화시키려고 했다. 그리고 그는 1708년 전국을 8개의 성으로 나누어 각 성에 지사를 파견했다. 1719년 그는 전국을 다시 50개의 지방으로 세분화시켜 각 지방에 지사를 파견했고 그것은 중앙집권체제의 근간을 마련하는 계기가 되었다. 표트르 대제는 생활과 풍습에서도 서구화를 모색했다. 그는 신하들의 수염을 자르게 하고, 동양식의 긴 의복을 서양식 옷으로 바꾸게 했으며,[223] 귀부인들에게 가슴을 패인 옷을 입고 무도회에 참여하여 술을 마시게 했다. 뿐만 아니라 그는 산업화정책과 농업의 근대화, 즉 농기구, 종자, 그리고 농축 등의 개량에 대해서도 깊은 관심을 보였다. 아울러 그는 청소년들의 외국유학도 장려했다. 이 당시 표트르 1세는 자신의 개혁정치를 지속적으로 추진하기 위해서는 전문가들과 숙련된 기술자들의 배출이 선행되어야 한다는 것을 잘 알고 있었다. 따라서 그는 항해학교, 포병학교, 공병학교, 그리고 해양 아카데미와 같은 군사학교를 세웠고, 공장지대에는 숙련공

---

222 여기서 그는 대규모 상비군체제를 구축하려고 했다. 이제 러시아의 젊은 남자들의 8% 정도가 종신복무를 위해 징집되었다.

223 러시아정교를 신봉하던 러시아인들에게 있어서 턱수염은 종교적 신앙과 자기존경의 기본적 상징이었다. 따라서 이들은 예수 그리스도와 그의 제자들, 그리고 예언자들이 지녔던 턱수염은 하느님이 준 장식품으로 간주하고 있었다.

을 배출하기 위한 기술학교도 세웠다. 이 당시 표트르 1세는 귀족의 자녀들로 하여금 수학과 적어도 한 가지 이상의 외국어를 반드시 배우도록 했다.[224] 또한 그는 '베도모스티(Vedomosti)'라는 신문을 발행하면서 편집장을 맡기도 했다.[225]

표트르 대제는 1698년 8월 자신의 근위병부대인 스트렐치(Streltsy)가 일으킨 반란을 무자비하게 진압했을 뿐만 아니라 친위대도 해산시켰다.[226]

1703년 5월 16일 네바(Neva)하구의 저습지였던 상트페테르부르크 [Petersburg(유럽으로 향하는 창문(Окно в Европу: 푸시긴(Alexandra Sergejewitsch Puschkin) 1799-1837)]가 신수도로 확정되었다.[227] 이 도시는 북방전쟁의 결과로 획득한 발트 해의 불모지였다. 신수도건설에는 엄청난 인원이 동원되었다. 사람들은 무릎까지 차는 얼음같이 차거운 물속에서 몇 시간씩 서서 노동을 해야만 했다. 이러한 극단적 상황은 많은 희생을 요구했지만 표트르 대제는 그것에 대해 전혀 개의치 않고 신도시 건설에 박차를 가했다. 그리고 신도시 건설에는 트레지니(D. Trezzini)와 쉬뤼터(A. Schlüter)와 같은 유명한 건축가들도 참여했다.

표트르 대제는 러시아를 근대화시키는데 많은 자금이 필요하다는 것을 인지했다. 따라서 그는 세수증대 정책을 적극적으로 펼쳤는데 그러한 것은 기존의 호구세 대신에 인두세를 도입한데서 확인할 수 있다. 아울러 표트르 1세는 과거에는 상상조차 할 수 없었던 시체 넣는 관, 목욕, 꿀벌, 턱수염까지 과세대상에 포함시켰다. 특히 그는 영혼세를 신설하여 과거의 호구세와

---

224 표트르 1세는 문맹귀족들의 결혼을 금지시켰다.

225 베도모스티는 '소식' 또는 '통보'라는 의미를 가졌다.

226 이 당시 스트렐치는 표트르 대제의 개혁에 대해 동의하지 않았을 뿐만 아니라 표트르 대제의 이복누이인 소피아의 복위도 추진했다. 반란을 진압한 표트르 대제는 1,200 명에 달하는 혐의자들을 처형했는데, 그들 중의 상당수는 크렘린 궁벽 앞에서 교수형에 처해졌다.

227 러시아로는 상뜨-뻬쩨르부르크(Санкт-Петербург)라 한다.

대치시켰다. 나아가 그는 세수증대를 위해 탄광개발정책을 적극적으로 펼쳤다. 이 당시 러시아에는 13개의 공장이 있었으나 그 시설들이 워낙 낡았기 때문에 경제적인 효율성을 기대할 수 없었다. 따라서 표트르 대제는 178개에 달하는 공장을 건설하게 했고 여기에는 서유럽의 기계들이 배치되었다.[228] 또한 내륙간의 상품수송을 원활히 하기 위해 운하, 즉 볼가(Volga)와 동해사이의 운하가 건설되었다. 이러한 제 정책과 표트르 1세의 국내산업 보호정책으로 러시아의 경제적 상황은 급속히 호전되었다.

친정체제를 확립한 표트르 대제는 러시아의 영역을 확대시키려고 했다. 특히 그는 부동항 획득에 대해 관심을 표명했고 그것에 따라 흑해진출을 모색했지만 이미 그곳에 기득권을 가지고 있던 오스만튀르크는 그러한 것을 허용하지 않았다. 이에 따라 표트르 대제는 자신의 관심을 현실화시키기 위해 1695년부터 오스만튀르크와 전쟁을 하게 되었다. 표트르의 러시아군은 돈(Don)강 입구의 아조프(Azov)를 향해 출정했으나 준비 및 경험 부족으로 원정은 실패로 끝나게 되었다.[229] 모스크바로 돌아온 그는 즉시 패인을 분석하고 대응책을 마련하는 적극성도 보였다. 이후 표트르 대제는 지휘체계를 일원화했고, 참호를 구축할 외국인 공병들도 수입했으며, 아조프 요새를 공격하기 위한 함대도 건설했다. 그리고 그는 1796년 다시 아조프 요새를 공격했고 공병대와 함대의 지원 및 카자크인 들의 용맹으로 요새를 함락시키고 그곳에 러시아 항구를 건설할 수 있었다. 이에 따라 러시아는 더 이상 오스만튀르크에 대해 조공을 내지 않아도 되었을 뿐만 아니라 러시아 상선의 지중해 출입도 허용되었다. 이후에도 표트르 대제는 계속하여 선박

228 표트르 1세는 공장을 신설하는 기업인들에게 납세의 의무를 부과하지 않았다.
229 러시아의 아조프 포위작전은 3개월이나 계속되었지만 쉽사리 요새를 공략할 수 없었는데 그 이유는 오스만튀르크가 자국의 함대를 이용하여 탄약이나 식량공급은 물론 병력까지도 공급했기 때문이다.

건조 및 해군력 증강에 대해 관심을 보였다. 따라서 그는 통치기간 중 동해함대를 창설했다. 이 함대는 32척의 전투함과 순양함(마스트 셋짜리의 쾌속 범선) 그리고 대형 갈레선(11-18세기까지 지중해에서 주로 쓰인 노와 돛이 많은 단갑판의 군함이었고 주로 노예와 죄인들이 노를 저었음)을 보유했다. 아울러 육군의 현대화에도 정책적인 배려를 했는데 그것은 근대식 훈련방식이 도입된 것과 병력 수가 5배 이상 증대된 것을 통해 확인할 수 있다.

1699년 표트르 대제는 스웨덴에 대항하기 위해 덴마크 및 네덜란드와 비밀협약을 체결했다.[230] 그러나 당시 18세의 칼 12세(Karl XII)[231]는 이러한 외부적 상황변화에도 개의하지 않고 덴마크에 대한 선제공격을 감행했다. 이어 그는 그 여세를 몰아 러시아로 이동했고 러시아군은 그러한 움직임에 따라 나르바(Narva) 요새에 집결했다. 이에 칼 12세는 스웨덴군을 이끌고 라트비아의 수도인 리가에 도착한 후 거기서 약 5주간의 군사훈련을 실시했다. 그리고 그는 11월 중순에 1만여 명의 병력을 이끌고 나르바로 진격했다. 칼 12세는 러시아 병력의 4분의 1밖에 안 되는 군대로 견고한 요새에서 저항하던 러시아군을 격파했다. 이 전투에서 러시아는 총병력의 30% 이상과 다수의 장교를 잃었다. 또한 3만 명 이상의 러시아군은 무기를 버린 채 사방으로 도망을 갔다. 만일 이 당시 칼 12세가 모스크바로 진격했다면 러시아는 회복할 수 없는 상황에 놓였을 것이다.[232] 이후 표트르 1세는 패배를 교훈삼아 군대조직을 대대적으로 개편했다. 특히 그는 귀족 계층의 복무기간을 농민출신의 병사들과 마찬가지로 일생동안으로 늘렸다. 아울러 그는

---

230 이 당시 스웨덴은 핀란드와 발트 해협의 대부분을 차지하고 있던 강국이었다.

231 칼 12세는 어린 나이에도 불구하고 국가를 효율적으로 운영했을 뿐만 아니라 군사적인 측면에서도 탁월한 지식을 가지고 있었다.

232 칼 12세와 스웨덴군이 본국으로 철수함에 따라 표트르 대제는 러시아군을 재정비할 수 있었다.

부족한 지휘관을 보충하기 위해 노련한 외국장교들을 초빙했고 군사훈련교본도 새롭게 만들었다. 이에 따른 군사훈련 역시 근본적으로 바뀌었는데 그것은 방어를 위한 무기로 사용했던 총검이 공격용무기로 전환된 데서 확인할 수 있다. 칼 12세는 1708년 러시아에 대한 공격을 재차 감행했으나 혹한으로 승리를 거두지 못했다. 다음 해 6월 27일 러시아는 키예프 남동에 위치한 폴타바(Poltava) 전투에서 스웨덴군에게 결정적인 타격을 가져다주었다.[233] 이후부터 스웨덴은 러시아를 직접 공격하지 않았다. 그러나 오스만 튀르크로 하여금 러시아를 공격하게 하는 우회적 방법을 사용하여 러시아를 괴롭혔다. 북방전쟁에서 승리한 러시아는 1721년의 니스타드(Nystad: Uusikaupunki)조약에서 카렐리아(Karelia), 잉그리아(Ingria), 에스토니아(Estonia), 그리고 리보니아(Livonia)를 획득하여 대망의 '서방으로의 창구'를 얻게 되었다. 이에 따라 발트를 지배했던 스웨덴의 지위 역시 크게 강등되었다.

이 당시 표트르 대제는 자신의 아들 알렉세이 페트로비치(Alexei Petrowitsch)가 자신의 개혁정책에 대해 관심을 보이지 않는 것에 불만을 표시했다. 이에 따라 그는 페트로비치에게 자신의 정책에 대해 관심과 협조를 보일 것을 요구했다. 이 당시 페트로비치는 그의 부친이 러시아의 정신을 망각하고 있기 때문에 제거해야 한다는 생각을 가지고 있었다. 따라서 그는 표트르 대제 암살 계획에 참여했지만 그러한 계획은 사전에 발각되고 말았다. 이에 페트로비치는 1716년 티롤(Tirol)을 거쳐 나폴리로 망명했다. 이후 그는 부친이 보낸 사신의 거짓말에 속아 러시아로 돌아왔지만 재판을 받고 황태자직을 박탈당했으며 1718년 고문후유증으로 옥중에서 사망했다.

표트르 대제는 초기 계몽주의의 영향을 받아 교회재산의 국유화조치를 시도했다. 아울러 1700년 하드리아누스(Hadrianus) 사후 수석대주교(Patriarch)

---

233 이 전투에서 5,800 명에 달하는 스웨덴군이 목숨을 잃었다.

가 더 이상 임명되지 않았는데 그것은 황제가 통제하는 종교회의(Holy Synod)가 구성되었기 때문이다.[234] 그리고 표트르 대제는 우크라이나 출신의 대주교 프로코포비치(F.Prokopowitsch: 1681-1736)의 조언에 따라 1721년 교회법(Reglement)을 제정했는데 거기서는 특히 관료주의적인 주교회의(Synod)창설이 거론되었다. 3년 후인 1724년에는 수도원의 개혁도 있었는데 수도승의 자격강화 및 수도원의 공공적 기능 등이 강조되었다.

1721년 10월 22일부터 표트르 대제는 황제칭호(*imperator vserossijskij*)를 사용하기 시작했다.[235] 그리고 유럽 열강, 즉 프로이센은 1721년, 스웨덴은 1723년, 영국과 프랑스는 1742년에 황제칭호 사용을 인정했다. 다음 해인 1722년 표트르 대제는 페르시아에 대한 원정을 단행했다. 그리고 시베리아 지역에 대한 그의 관심 역시 증대되기 시작했다.

표트르 대제는 대내외 정책에서 큰 업적을 남겼다. 그러나 그의 개혁정치는 내실이 결여되는 경우가 많았고, 러시아인들의 대다수를 차지하고 있던 농민들에게는 아무런 혜택도 없었다. 농민들과 농노들은 계속되는 전쟁으로 말미암아 감내할 수 없는 세금과 부역 그리고 병역에 시달려야 했다. 따라서 표트르 대제 치세 동안 크고 작은 농민폭동들이 발생했는데 1707년 콘드라지예 블라빈(Kondratzjie Bulavin)이 볼가 강 근처에서 일으킨 폭동이 그 대표적인 일례라 하겠다.

(3) 엘리자베타 페트로브바(Elizaveta Petrovna)

엘리자베타 페트로브바(Elizaveta Petrovna: 1741-1762)는 표트르 대제의 막내딸이었는데 그녀는 즉위 즉시 자신의 정적들을 제거하여 시베리아로 강

---

234 1917년까지 존속된 이 종교회의는 차르의 관점을 항상 지지했다.
235 원로원은 표트르 대제에게 '조국의 아버지, 전 러시아 황제(Импера-тор Всеросий ский)' 라는 칭호를 부여했다.

제유형을 보냈다.[236] 엘리자베타는 이전의 황제들이 채택한 내각회의를 폐지하고 아버지 표트르 대제가 구성한 원로원을 공식적으로 재구성했다. 대외적으로 엘리자베타는 러시아의 위상증대에 대해 관심을 보였다. 이 인물은 스웨덴과의 대립과정에서 핀란드 남부를 획득했다(Abo 평화조약: 1741-1743). 1746년 엘리자베타는 오스트리아와 25년간 군사동맹조약을 체결했는데 거기서는 프로이센이 러시아의 적으로 부각되었다. 1756년 엘리자베타는 프로이센의 성장이 발트 해에서 증대되던 러시아의 영향력을 위축시킬 수 있다는 판단 하에 7년전쟁에 참여하기도 했다. 즉 러시아는 프랑스와 오스트리아 측에 가담했던 것이다.

이 당시 엘리자베타는 학문분야에 대해서도 관심을 보였고 그것에 따라 1755년 최초의 대학이 모스크바에 설립되었다. 독일에서 수학하고 학술원의 핵심인물로 활동했던 로모노소프(Michail Wassiljewitsch Lomonossow: 1711-1765)는 러시아어의 문법체계정리에 크게 기여했다. 아울러 이 인물은 물질의 액체, 고체, 그리고 기체 상태를 연구했고, 전기에 대한 실험을 하여 구름 속의 전하본질에 관한 일련의 가정을 설정하여 발표하기도 했다.[237]

엘리자베타 사후 표트르 3세(Peotr III: 1761-1762)가 1761년 12월 25일 러시아 황제로 등극했다.[238] 이 인물은 프리드리히 대왕에 대해 깊은 감명을 받았기 때문에 프로이센과의 관계개선을 가장 중요한 외교정책으로 간주했다. 아울러 그는 귀족 계층에게 부과하던 강제봉사의 의무도 철폐하는 등의 개혁정책을 펼쳤지만 모반으로 인해 6개월 만에 제거되었다.

---

236 이 인물은 로마노프 왕조의 제 6대 군주였다. 미모와 재능을 겸비했고, 근위군의 지원을 통해 어린 황제 이반 6세(Ivan VI)를 폐위시키고 여황제로 등극했다.

237 이 인물은 질량보존의 법칙을 제시했다.

238 홀슈타인에서 태어난 표트르는 엘리자베타가 1742년에 즉위한 직후 그녀의 후계자로 지명되었다. 이에 따라 14세의 표트르는 러시아 궁전으로 왔지만 그는 러시아어를 전혀 할 줄 몰랐다.

(4) 예카테리나 2세(Ekaterina II Alexejewna)

표트르 3세에 이어 예카테리나 2세(Екатерина Великая:Ekaterina II Alexejewna: 1762-1796)가 1762년 7월 7일 러시아의 통치자로 등장했다.[239] 그러나 이 인물은 혁명이란 방법으로 황제가 되었기 때문에 재위 초부터 정통성 문제에 휘말리게 되었다. 예카테리나는 자신의 남편인 표트르 3세가 즉위한 지 얼마 안 되어 황실근위대의 힘을 빌려 자신의 남편을 폐위시키려고 했다. 따라서 그녀는 군의 지지를 확보하기 위해 이스마일로프스키 연대의 병영으로 갔다. 그곳의 사령관 키릴 라주모프스키는 예전부터 예카테리나와 각별한 사이였다. 군의 지지를 확보한 예카테리나는 스스로를 러시아 여제라 선포했고 병사들로부터 충성도 서약 받았다. 이후 곳곳의 연대 및 근위병 연대가 속속 지지대열에 합류함에 따라 예카테리나는 상트페테르부르크에 주둔하던 모든 군대를 장악할 수 있게 되었다. 권력의 핵심에서 배제된 표트르 3세는 제위에서 물러난 후 8일 만에 암살당했다.

황제 자리에 오른 예카테리나 2세는 자신을 지원한 근위대 장교들을 정부 고위직에 임명했을 뿐만 아니라 이들에게 많은 재물도 분배했다. 또한 귀족들에게는 수십만 명의 농노를 분배했고 칙령을 선포하여 그들에게 특권도 부여했다. 이에 따라 귀족들은 방대한 영지를 소유하게 되었으며 병역의 의무 및 국가 봉직의 의무까지 면제받았다.

스스로를 계몽전제군주라 자칭한 예카테리나 2세는 계몽사상에 대해 깊은 관심을 보였다. 따라서 이 인물은 볼테르(Voltaire) 및 달랑베르(D'Alembert) 등과 서신을 교환했고 백과사전의 편집자였던 디드로(Diderot)를

---

239 안할트-체르브스트(Anhalt-Zerbst) 공국의 딸로 태어난 예카테리나의 원래 이름은 소피 프리데리케 아우구스타(Sophie Frederike Augusta)였다. 이 인물은 15세가 되던 해에 당시 황태자였던 표트르 3세와 결혼하기 위해 러시아로 왔다. 이렇게 젊은 나이에 러시아로 왔지만 그녀는 러시아어를 완벽하게 구사하지 못했다.

예카테리나 2세

페테르부르크로 초청하기도 했다.[240] 예카테리나 2세는 러시아의 위상증대 및 개혁에 대해서도 큰 관심을 보였다. 따라서 이 인물은 러시아의 근대화를 현실화시킬 수 있는 정책, 예를 든다면 학교설치에 대해서 적극성을 보였다. 이 당시 예카테리나 2세는 학문적 발전의 중요성을 인식했기 때문에 학문 연구에 대해 깊은 관심을 보였다. 이에 따라 학문연구를 주도할 러시아 학술원(Россий ск ая Академия Наук)이 개원되었다. 아울러 여제는 의학부분에 대해서도 관심을 보였는데 그것은 당시 유럽에서 확산되던 천연두라는

240 이 당시 계몽군주에 대한 위정자들의 인식은 다음과 같이 정리할 수 있다: 군주와 신민 사이의 관계는 두뇌와 신체 사이의 관계와 같다. 군주는 가능한 한 신민을 위해 많은 이익을 얻도록 노력하고 사회를 위해 행동하는 것을 자신의 의무로 간주해야 할 것이다.

무서운 질병을 목격했기 때문이다.

　이 시기 파닌(Nikita Iwanowitsch Panin: 1718-1783)백작이 행정책임자로 활동했다. 1767년 여름 '법률제정위원회(Legislative Commission: 450명)'가 구성되었는데 여기에는 사회 각 계층을 대표하는 인물들이 참여했지만 성직자 및 농노 계층을 대표하는 인물들은 참석대상에서 배제되었다. 이 위원회에서는 개혁이 논의되었을 뿐만 아니라 예카테리나 2세를 정통후계자로 인정한다는 결정도 했는데 그것은 예카테리나 2세에게 정통성을 부여한 것으로 볼 수 있을 것이다. 1767년에 발표된 황제칙령(*Ukase*)을 통해 농노제를 강화시키고자 했다. 아울러 중형부과를 통해 당시 허용된 지주고발제를 무력화시키고자 했다. 러시아의 팽창정책은 예카테리나 대제 때도 지속되었다. 그리고 이러한 정책은 흑해방면으로의 남하정책과 유럽방면으로의 진출, 그리고 시베리아(Siberia)쪽으로의 동진정책으로 세분화시킬 있을 것이다. 시베리아방면으로의 진출은 일찍부터 시작되어 우랄산맥을 넘어 동진을 계속했으며, 17세기중엽에는 오호츠크 해에 도달했다. 표트르 대제 때는 남쪽으로의 진출을 꾀했으나, 흑룡강 방면에서 청의 제지를 받았고 그것은 1689년 청과 네르친스크(Nerchinsk)조약을 체결하는 계기가 되었다. 그 후 방향을 다시 동쪽으로 돌려 18세기 초에 캄차카반도에 이르렀고, 예카테리나 2세 때는 알래스카(Alaska)를 차지했다. 그러나 예카테리나가 주력한 것은 유럽과 흑해방면으로의 진출이었다.[241] 유럽으로의 진출은 폴란드 분할로 구체화되었으며, 남하정책은 즉위 초인 1774년 오스만튀르크와 체결한 쿠츄크 카이나르지(Kutchk Kainardji)조약으로 흑해 연안 일대와 크리미아의 일부를 획득했고, 흑해의 자유 항해권과 보스포루스(Bosporus) 및 다다넬즈(Dardanelles)

241　예카테리나의 지속적인 영토 확장정책으로 러시아의 영토는 63만 평방킬로미터에서 1642만 평방킬로미터로 늘어났다.

해협의 통과권도 얻었다.[242]

1772년부터 정부정책에 대해 불만을 가지고 있던 계층들이 폭동을 일으키기 시작했다. 특히 이러한 일련의 폭동은 볼가(Wolga)와 우랄(Ural) 지방에서 집중적으로 전개되었고 여기에는 카자크, 타타르인, 바시키르인, 공장 노동자, 광부, 농노, 카스피해안의 어부, 그리고 이슬람교도들이 대거 참여했다. 푸카초프(Пугачёв: Pugachev)의 주도로 진행된 이 폭동에서 농민들에게는 토지와 목초지 및 어장을 확보해 주고 영원한 자유도 보장한다는 것이 거론되었다. 그리고 푸카초프는 카자크인들에게 화약과 충분한 식량을 제공하겠다는 약속을 했고 바시키르인들에게는 민족적 자유를 부여하겠다는 입장을 밝혔다. 그리고 그는 구교도들에게 턱수염 기르는 것을 허용하며 성호를 그을 때 두 손가락을 사용할 수 있게끔 했다. 이후 반란의 여파가 러시아 전역으로 확산되었고 많은 도시들은 푸카초프의 수중 하에 놓이게 되었다. 이에 당황한 예카테리나 2세는 신속한 군대 개입을 명령했고 그것에 따라 1774년 4월 정부군은 반란군을 격파했다. 그러나 타타르인, 마리인등이 합세한 바시키르 기병대가 다시 푸카초프의 주력부대에 합류함으로써 반란군은 다시 초기의 위세를 갖추게 되었다. 이에 예카테리나 2세는 정부군을 급파하여 푸카초프 군대에 대한 포위망을 좁히면서 대접전을 펼쳤다. 이 과정에서 반란군은 수천 명의 병사를 잃었다. 이후 푸카초프의 반격이 시도되었지만 그의 동료들의 배반으로 그는 정부군에 인도되었고 모스크바에서 처형당했다.[243]

1773년에 발생한 폭동은 러시아사회의 모순과 그것에 대한 불만에서 비롯되었다. 그리고 당시 난맥 상태에 빠져있던 지방행정은 이 반란으로 거

---

242 이 해협은 에게 해와 마르마라 해(the Sea of Marmara)를 연결하는 전략적 요충 지역이었다.
243 푸쉬긴은 자신의 소설인 '대위의 딸'에서 푸카초프의 난을 다음과 같이 평가했다. "하나님, 무의미하고 무자비한 러시아의 반란을 더 이상 보지 않게 하소서"

의 붕괴상태 하에 놓이게 되었고 그것은 예카테리나 2세로 하여금 전국을 50개의 행정구역으로 재정비하게 했다. 아울러 예카테리나 2세는 반란의 과정에서 부각된 잔인성에 대해 충격을 받고 그동안 자신이 펼쳤던 계몽정 책도 포기했다.

13. 절대왕정시대의 사회적 제 현상

30년전쟁이 종료된 직후부터 유럽에서는 인구의 증가현상이 나타나기 시작했다. 이 당시 러시아를 포함한 유럽의 총인구는 약 1억 3,000만 명 정도였는데 이들의 대다수는 농촌에 거주했다.[244]

중세와는 달리 상류층과 국제공용어로 프랑스어가 사용된 반면 영어를 비롯한 각 국어는 국가언어로 만족해야만 했다. 아울러 이 시대의 사회구성원은 농민(농노적 성격), 시민(도시귀족, 관료, 자영농민), 귀족 계층으로 분류되었는데 여기서 귀족 계층은 중세처럼 법적·사회적 특권을 향유했다. 절대왕정체제의 도입으로 지방 제후들의 세력이 위축되었음에도 불구하고 이들은 그들이 소유했던 재산에 대해서 절대적인 권한을 행사할 수 있었다.

종교개혁 이후 구교 및 신교 모두가 세력 확대를 모색했지만 일부 지역에서 신교의 우위현상은 이전보다 뚜렷해졌다. 그리고 자연법의 확산으로 체형이 자유형으로 바뀌게 되었는데 그것은 공장의 급속한 확산과 연계시킬 수 있다. 이 당시 많은 공장들은 값싼 노동력이 필요했고 그러한 것은 대채적으로 범죄자들로 충당되곤 했다.

여러 국가에서 공립학교의 설립이 보편화되어졌고 그것은 문자해독율

---

244 이 당시 1 km² 당 인구밀도는 30명 정도였다.

을 크게 증대시키는 계기가 되었다. 주로 도시에 세워진 직업학교의 학생들은 국어, 토목, 수학, 물리, 그리고 경제 등 실생활에 필요한 학문들을 주로 배웠다. 이에 반해 지방학교의 학생들은 교리문답서를 읽는 것으로 만족해야만 했다.

절대왕정체제하에서도 농민들의 의무나 생활수준은 중세적 상황에서 크게 벗어나지 못했다. 이들은 이전처럼 매일 14-17 시간동안 노동을 해야만 했다. 그러나 이들의 노동시간은 점차적으로 규제되기 시작했다. 아울러 미성년자들과 부녀자들의 노동시간 역시 법률적으로 거론되기 시작했다.

공장제체제가 도입된 직후 특이한 상황이 발견되는데 그것은 범법자들이 공장에서 노동을 했다는 것이다. 그 이유는 산업자본가들이 낮은 임금으로 이들을 활용할 수 있었다는 것과 국가가 범법자들의 임금을 형무소의 운영비용으로 책정한데서 찾을 수 있을 것이다.

중세와 마찬가지로 화폐제도 역시 크게 활성화되지 못했는데 그것은 실물경제체제, 즉 물물교환체제에서 크게 벗어나지 못한데서 비롯된 것 같다. 여기서 지방의 농업생산물과 도시의 공산품간의 교류가 주종을 이루었다.

중상주의체제를 도입한 국가 들 중에서 극히 일부 국가만이 경제적 이익을 추구할 수 있었는데 그것은 많은 국가들이 적정 규모의 경제력을 갖추지 못했기 때문이다.

절대왕정체제의 후반기에 접어들면서 전통적인 가족체제가 붕괴되었는데 여성들이 경제활동에 참여한데서 그 주된 이유를 찾을 수 있을 것이다. 시간이 지날수록 여성들의 경제활동참여가 활발해졌는데 그 원인은 경제활동의 근간인 수요 및 공급의 원칙이 붕괴 된데서 찾아야 할 것이다. 즉 산업혁명 이후의 경제구조, 공장제체제의 도입으로 일을 하려는 사람들이 당시 제공된 일자리 수보다 훨씬 많았기 때문에 임금의 하락현상이 나타났고 그것은 가족성원 모두가 경제 활동에 참여해야 하는 요인으로도 작용했다.

감자의 경작이 크게 확산되는데 그 이유는 인구의 급속한 증가로 새로운 대체작물의 필요성이 제기되었기 때문이다. 그러나 감자가 대체작물로 자리를 잡기까지는 많은 시간이 필요했다. 이 당시 사람들은 감자의 조리방법을 몰랐기 때문에 감자의 구근까지 삶지 않고 그대로 먹었다. 이에 따라 이들은 감자병에 걸릴 확률이 매우 높았다. 그런데 감자병은 감자를 날로 먹은 후 나타나는 설사증세와 그것의 반복으로 인해 목숨까지 잃는 병이었다. 점차적으로 사람들은 감자의 올바른 조리방법을 터득하게 되었고 그것을 신민들에게 홍보했지만 신민들의 감자기피 현상은 지속되었고 그러한 상황을 타파하기 위해 각국의 위정자들은 전국을 순방하면서 신민들 앞에서 감자를 직접적으로 시식하기도 했다.

　　일부 상류 계층에서 파앙스(Fayence)와 도기접시가 기존의 돌그릇 또는 철 그릇 대신 사용되기 시작했다. 커피와 초콜릿이 기호식품으로 자리 잡았고 알코올 중독자가 사회적 문제로 제기되었지만 적절한 대책은 제시되지 못했다.

　　일부 경제적으로 여유 있는 계층, 즉 귀족 및 시민 계층에서 화장품 및 머리분의 사용이 보편화되어졌다. 농민들은 축제 때 도시에서 이미 유행했던 옷들을 입었지만 귀족이나 시민 계층은 프랑스에서 직수입한 옷들로 치장하여 자신들의 지위나 부를 대외적으로 부각시켰다.

　　하수도시설을 갖춘 도시들이 등장했지만 오늘날 관점에서 볼 때 도시에서 제공된 식수는 그대로 마실 수 없었다.

서 양 근 대 사 05 | **계몽주의**

1. 계몽사상의 대두

대다수의 유럽 국가들이 도입한 절대왕정체제는 자체적으로 극복할 수 없는 문제점을 가졌는데 그것은 사회성원 모두의 관점을 정책에 효율적으로 반영시킬 수 없다는 것이었다. 이에 따라 절대왕정체제의 문제점을 해결해야 한다는 사회적 분위기가 조성되기 시작했고 거기서 인간의 이성(ratio)을 강조하는 계몽사상도 등장하게 되었던 것이다. 퇴행을 부정하고 진보만을 지향한 합리주의와 계몽주의는 절대왕정체제의 후반기라 할 수 있는 17세기, 18세기 서부유럽 지성사 움직임에 큰 영향을 끼쳤다. 그런데 합리주의와 계몽주의는 이성에 따라 세계가 창조되었고 그 규율 역시 인식할 수 있다는 기본적 입장을 표방했다. 이제 문화의 모든 영역에서 이성이 강조되었고 자연법 역시 기존의 국가질서에 도전하게 되었다.[1] 이 당시 사람들은 자연법을 신이 초기에 만든 것으로 간주했다. 아울러 이들은 낙천적인 진보를 믿게 되었고 점차적으로 신, 국가, 그리고 사회의 새로운 상을 구축하기 시작했다.[2]

신은 이성의 원천이고 그것을 증명할 수 있다는 것이 실용주의의 기본적 입장이었다. 여기서는 신이 이성 법칙에 따라 세계를 창조했기 때문에 그가 자연법을 변경하는 것처럼 극히 일부만이 변경될 수 있다는 주장이 제기되었다. 이 당시 계몽 사상가들은 인간의 선함을 강조했을 뿐만 아니라

---

1 이제 이성에 맞지 않는 비합리적 요소들이라 할 수 있는 전통·관례·종교적 교리 및 권위 등이 배격의 대상이 되었다.

2 돌바흐(d'Holbach: 1723-1789)와는 달리 대다수의 계몽사상가들은 이신론자(deist)였다. 이들은 사랑과 은총을 베풀거나, 기적을 행하는 종래의 인격적인 신 대신에 기계와도 같은 우주의 창조자인 동시에, 이 우주 기계를 영속적으로 법칙에 맞게 움직이도록 한 제일동작자로서의 신을 설정했다. 따라서 이들은 이성과 계시를 조화시키려던 뉴턴(Newton)마저 비판의 대상으로 설정했다.

법적이나 능력 면에서도 모두가 동일하다는 견해를 제시했다.[3] 아울러 이들은 이성에 대한 무시가 수백 년 간 지속되었기 때문에 인류가 아직까지도 미성년적인 상태에서 벗어나지 못하고 있다는 관점도 피력했다. 또한 이들은 만일 인간을 이성적으로 대우할 경우 이들은 자유롭게 될 뿐만 아니라 그들이 가진 능력도 충분히 발휘할 수 있다는 입장을 밝혔다.

원시 시대의 사람들은 그들의 자유 및 동등권을 지키기 위해 국가협약을 체결했다. 따라서 국가는 자유로운 개인의 목적적 창조물이라 하겠다. 이렇기 때문에 실용주의자들은 중세의 국가생성론, 즉 신에 의한 국가창조론을 거부했다.

이 당시 계몽사상가들은 통치협약을 해제시킬 수 있을 뿐만 아니라 그것을 지키기 위해 저항권도 행사할 수 있다는 관점을 가지고 있었다. 아울러 이들은 국민주권과 권력분립론에 대해서도 거론했다. 이들은 국민들이 국가를 창조했기 때문에 국민들이 주권을 반드시 가져야 한다고 했다. 그리고 국민들은 직접적 또는 간접적으로 자신들의 권한을 행사해야 한다는 견해도 제시했다.

2. 계 몽 사 상 가

(1) 존 로크

계몽사상의 선구자는 영국의 존 로크(J.Locke: 1632-1704)였다.[4] 그는 토마

---

3   18세기 계몽주의자들은 철학자들로 지칭되었다. 1694년 아카데미 프랑세즈에서 간행한 사전에서 '모든 학문 연구에 열정을 바치고, 그 학문의 원인과 원리에서 결과를 알려는 사람'을 철학자라 정의했다. 이들은 절대왕정체제의 지배이념인 기독교에서 부각된 문제점들을 합리적으로 해결하려고 했다.

4   이 인물은 유년 시절을 브리스틀(Bristol) 근교의 펜스포드(Pensford)에서 보냈다. 1647년

스 홉스(T. Hobbes: 1588-1679)와는 달리 태초의 인간사회를 사람과 사람의 투쟁 상태로 보지 않고 절대적 자유와 평등이 지배한 평화로운 상태로 인식했다.[5] 그러나 사람들은 점차적으로 이러한 상태가 그들의 생명·자유·재산 등의 자연권을 영원히 보존시킬 수 없다는 생각을 하게 되었고 그것은 이들로 하여금 사회계약을 체결하여 시민사회 및 정부의 수립과 거기에 일정한 권력을 부여하려고 했던 것이 로크의 관점이었다. 여기서 로크는 사람들의 동의로 정부에게 양도한 권력이 절대적인 것이 아니라 오로지 자연법을 집행할 제한적인 권력이기 때문에 만일 정부가 폭정화될 경우 사람들은 유보된 자연권으로 정부를 타도할 혁명권도 가질 수 있다고 했다. 이러한 로크의 자연권, 제한정부론, 폭정에 대한 저항권(=혁명권) 등의 사상은 1690년 출간된 '정부이론(Two Treatises of Civil Government)'에서 체계적으로 서술되었다. 원래 영국의 명예혁명(1688)을 합리화시키기 위해 제시된 로크의 이러한 관

웨스트민스터(Westminster) 기숙사학교에 입학하여 우수한 성적으로 졸업했다. 1652년 옥스퍼드(Oxford) 대학의 크리스트 칼리지에 장학생으로 입학하여 언어, 논리학, 윤리학, 수학, 그리고 천문학을 공부하면서 데카르트 철학도 알게 되었다. 1656년 학사학위를 받은 후 2년간 석사과정도 밟았다. 1660년부터 약 5년간 옥스퍼드 대학의 튜터로 활동한 로크는 1665년부터 브란덴부르크(Brandenburg)에서 영국 공사의 비서로 근무했다. 이후부터 그는 약 10년간 정치활동에 적극적으로 참여했다.

5 홉스는 계약설을 활용하여 합리적이고, 근대적인 왕권을 옹호했다. 그는 자신의 저서인 '리바이어던(Leviathan: 구약성서에서 등장하는 거대한 바다 동물)'에서 국가를 '사람들이 신의 창조를 모방해 만든 인조인간'이라고 정의했다. 그리고 그는 '국가란 하나의 인격으로서, 모든 개인들이 그 안에서 상호간의 계약을 통해 공동행동을 하며, 자신들의 평화와 방위를 위해 모든 힘과 수단을 사용할 수도 있다'라는 보충적인 설명도 첨부했다. 이어 홉스는 자신의 저서에서 근대국가에 관한 정치사상을 제시했다. 그에 따를 경우 인간의 자연 상태는 만인 대 만인의 투쟁 상태이며 거기에는 오직 죽음과 공포가 있을 뿐이라는 것이다. 따라서 사람들은 그것을 피하기 위해 계약을 통해 국가형성에 참여했을 뿐만 아니라 그 과정에서 자신들의 모든 권리를 국왕에게 양도했기 때문에 국왕의 절대왕정체제도 인정해야 한다는 것이 홉스의 관점이었다. 이러한 홉스의 관점에서 질서유지를 위해 절대왕정체제를 허용해야 한다는 한계성이 확인되었다. 그러나 홉스는 계급사회를 당연시 한 왕권신수설과는 달리 자연 상태에서의 만인평등을 지향했기 때문에 당시의 상황에서는 매우 혁신적인 내용이라 하겠다.

로크

점은 아메리카 독립전쟁 및 프랑스 혁명기에 중요한 사상으로 수용되기도
했다. 한편 그는 1690년에 발간한 '인간오성론(An Essay concerning Human
Understanding)'에서 데카르트의 본유개념(idees innes)을 반박했다.[6] 즉 그는 인
간의 정신이 원래 백지(tabula rasa)[7]와 같은 것이라는 견해를 제시했을 뿐만
아니라 인간 지식의 근원을 감각적 기초에 입각시키려고도 했다.[8] 이러한
로크의 경험주의적 인식론은 근대 심리학·교육학 및 사회과학 발전에 지

---

6   생득관념이라고 지칭되기도 하는 본유개념은 사람들이 태어날 때부터 가지는 선천적 관념
    을 지칭한다.
7   실제적으로 로크는 백지라는 단어를 사용하지 않았다.
8   이러한 견해는 경험론에서 비롯된 것이라고 하겠다. 인간은 필요한 모든 것을 이해하는 능
    력을 가졌기 때문에 지식의 원천은 환경과의 접촉에서 얻은 경험과 그것에 대한 성찰이라
    는 것이 경험론의 기본적 관점이라 하겠다. 그런데 이러한 경험론은 인간이 지닌 이성에 대
    한 절대적 신뢰에서 비롯된 것으로 보아야 할 것이다.

대한 영향을 끼쳤다.

(2) 볼테르

볼테르(Voltaire: 1694-1778)는 정통기독교가 인류 최대의 적이라는 혹평을 가했을 뿐만 아니라 전제정부에 대한 모욕적인 발언도 했다.[9] 이에 따라 그는 1726년부터 3년간 영국으로 머무르기도 했다. 이 기간 동안 그는 로크의 작품을 읽었고 거기서 개인의 자유론에 대해 심취하게 되었다. 이후 그는 지적·종교적·정치적 자유를 위한 투쟁에 몰두하게 되었고 그것은 그로 하여금 계몽사상의 선구자역할을 담당하게 했다. 볼테르는 역사, 소설, 희곡, 수필, 팜플렛 등 90여권의 저술과 10만 통의 서신을 통해 구질서체제의 제 문제점을 폭로했을 뿐만 아니라 자연교와 종교적 관용, 과학정신과 합리주의 정신을 전파하고 언론 및 신체의 자유사상의 보급에도 노력했다. 이 당시 볼테르는 국가라는 것이 지배자 개인의 영광과 야욕을 위해서가 아니라 신민의 필요와 희망을 충족시키는 하나의 도구로서 존재해야 한다는 입장을 피력했다. 그러나 이 인물은 다른 계몽사상가들처럼 자연권을 주장했지만 계몽군주제를 이상적인 정부형태로 간주하는 보수성도 보였다.[10]

(3) 몽테스키외

몽테스키외(Charles-Louis de Secondat, Baron de La Brède et de Montesquieu: 1689-1755)는 볼테르보다 구체적이고 체계적인 정치사상을 제시했다.[11] 그는

---

9   이 인물의 원래 이름은 프랑수아 마리 아루에(F. M. Arouet)였다.

10   이 인물의 대표적인 작품으로는 '철학서간(Lettres philosophiques)', '관용론(Traité sur la tolérance)', 그리고 '풍속시론(Histoire des voyages de Scarmentodo écrite par lui-même)'를 들 수 있다.

11   몽테스키외의 원래 이름은 샤를 루이 드 스공이었다. 그러나 이 인물은 자신의 백부가 사망한 이후 그의 직위 및 봉토를 계승받아 제2대 몽테스키외 남작(Baron de secondat

몬테스키외

정치학을 순수한 연역보다는 아리스토텔레스(Aristoteles)의 연구방법처럼 과거에 실존했던 정치체제를 연구하는 학문으로 정의했다. 따라서 그는 자연법의 의미를 역사적 사실 속에서 찾고자 했다. 아울러 그는 만인에게 적합한 유일하고, 완전무결한 정부가 있다는 가정을 거부하면서 각 정치제도는 각기 고유의 외부 조건, 즉 국가의 사회적 발전수준 및 국토 규모와 조화되어야 한다고 역설했다. 따라서 그는 전제정(despotism)은 넓은 영토를 가진 국가에 적당하며, 제한군주제(limited monarchy)는 적절한 크기의 국가에, 그리고 공화정(republican government)은 작은 영토를 가진 나라에 적합하다라는 견해를 제시했다. 아울러 그는 '법의 정신(L'esprit des lois: 1748)'에서 3권분립론, 즉 입법, 사법, 행정의 분립을 주장했는데 그것은 인간의 기본적 욕구 중

Montesquieu)이 되었다.

의 하나라 할 수 있는 권력욕과 거기서 파생될 수 있는 부작용을 우려했기 때문이다. 여기서 그는 소수권한에 대한 존중도 강조했다.[12]

(4) 루소

루소(Rousseau: 1712-1778)는 '개인의 의지'와 '일반적 의지(volenté générale)'를 구분했다.[13] 그는 사리사욕에 빠질 수 있는 개인의 의지와는 달리 일반의지는 언제나 공동의 선과 이익을 추구한다는 입장을 밝혔다.[14] 따라서 루소는 사람들이 복종할 대상이 왕이나 귀족이 아닌 일반의지라는 관점을 피력했다. 이 당시 루소는 일반 의지의 표현을 법, 일반의지의 행사를 주권으로 이해했다. 여기서 그는 주권이라는 것이 항상 일반에게 있으며 그것의 양도가 불가능하므로 간접 민주주의 대신에 직접 민주주의를 채택해야 한다는 견해를 제시했던 것이다. 그러나 루소가 주장한 직접 민주주의를 거대한 영토와 많은 인구를 가진 근대국가에서 실시하기란 거의 불가능했다. 따라서 그의 일반적 의지는 국민투표를 통해 생명력을 유지할 수 있지만 국민투표의 결과가 국민전체의 집약된 의지로 해석되어야 하는 문제점도 가지게 된다. 즉 국민투표를 유도하거나 조작하여 국민의 지지를 얻어내려는 지배자는 국민의 의지라는 명목으로 독재를 실시할 가능성이 높다는 것이다. 루소

---

12 몽테스키외는 기후와 산업의 발전 역시 정치제도에 영향을 줄 수 있는 인자들이라 했다.

13 루소는 1712년 6월 28일 스위스 제네바에서 시계공으로 생계를 유지하던 아이작 루소 (Issac Rousseau)의 둘째 아들로 태어났으나, 그의 어머니였던 쉬얀 베르나르(Suyanne Bernard)는 출산후유증으로 루소가 태어난 지 불과 10여 일 만에 죽었다. 그의 가족은 종교분쟁 때문에 프랑스를 떠나 제네바로 이주했다. 루소는 일곱 살까지 방탕하고 우매한 성격의 아버지와 함께 보냈는데 그는 아들의 양육에는 무관심했다. 그러면서도 그는 루소에게 소설류를 탐독하게 했는데, 그 중의 하나가 플루타르크 영웅전이었다. 비록 체계적인 독서는 아니었으나 이때의 독서가 후일 대사상가의 기초가 마련된 시기라 하겠다.

14 그에 따를 경우 일반의지는 진리이지만 신비하거나 초월적인 진리가 아니라 현실속에서 구현되는 것이라 했다.

는 자연을 정복한다는 목적으로 시작된 문명을 인간 타락의 주된 요인으로 간주했다. 따라서 그는 문명이 자연에 근접할수록 인간의 타락 역시 축소되리라는 견해를 자신의 저서인 '에밀(Emile ou De l'Education)'에서 제시했다.

루소는 1755년에 출간한 '인간 불평등 기원론(Discours sur l'origine et les fondements de l'inégalité parmi les hommes)'에서 문명의 가장 큰 해독을 언급했는데 그것은 인위적으로 형성된 사유재산제도였다. 그에 따르면 사유재산이 등장한 이후부터 사람들은 범죄, 살인, 전쟁, 공포, 그리고 불행에 휘말리게 되었고 그들의 사유재산을 지키기 위해 법률의 제정과 지배자의 등장도 요구하게 되었다는 것이다.[15] 따라서 루소에게 있어서 정부는 악이었지만 없어서도 안 될 필요악이기도 했다. 즉 그는 개인의 자유와 정부의 제도를 반드시 조화시켜야 한다는 것을 알고 있었던 것이다. 1762년 출간된 '사회계약론(Du Contrat social ou principes du droit politique)'에서 루소는 그러한 해결책을 제시했는데 그것은 사회구성원인 인민(the people) 사이에 사회계약을 체결하는 것이었다. 그런데 루소의 이러한 견해는 로크(Locke)의 계약론과는 다른 것이라 하겠다. 루소는 사회계약을 사회구성원 전체의 개별적 의지의 집약으로 이해했지만, 로크는 통치자인 군주와 인민 사이의 정치적 계약으로 보았다.[16]

이 당시 계몽사상가 들은 경제적 측면에서도 자연법칙을 찾으려고 했다. 이러한 시도를 펼친 대표적 인물로는 케네(F.Quesnay: 1694-1774)를 들 수

---

15 18세기 후반에 접어들면서 재산권을 완전히 부정하지 않은 루소의 관점보다 진보적인 견해들이 제시되기 시작했다. 즉 모렐리(Morelly)와 마블리(Mably) 등은 사유재산이 사회적 불행의 원천임을 주장하면서 그것의 타파를 요구했다. 즉 이들은 평등이 자연의 법칙이라는 주장을 펼쳤던 것이다.

16 루소는 자신의 작품에서 국가는 개인의 재산권이 남용되는 것을 처벌하고, 유산에 대한 누진세를 도입하여 사회적 형평을 유지해야 한다고 언급했다. 볼테르는 루소의 이러한 관점에 대해 부정적인 시각을 표출하는데 주저하지 않았다.

루소

있다. 중농주의자(Physiocrats)였던 케네는 상업과 공업을 활성화시키기 위해 정부가 취하는 일련의 특혜조치를 강력히 비난했다. 케네는 재부의 원천이 금이나 화폐가 아니라 토지와 농업이라는 자연적 재부관을 피력했다. 이어 그는 인위적인 경제정책을 통해 국가가 국민의 경제생활을 간섭할 것이 아니라 자유로이 활동할 수 있게끔 자유방임(*laissez-faire*)정책을 펼쳐야 한다는 주장을 펼쳤다. 즉 그는 수요와 공급 및 가격을 자연의 추세에 위임시켜야 한다는 견해를 제시했던 것이다.

자유방임이론은 스코틀랜드의 스미스(A.Smith: 1727-1790)에 의해 보다 체계적으로 발전되었다. 스미스는 1776년에 출간한 '국부론(An Inquiry into the Nature and Causes of the Wealth of Nations)'에서 개인의 경제적 자유를 보장하기 위해서는 정부가 개인의 경제생활에 개입해서는 안 된다는 견해를 제시했다. 그는 정부과제로 첫째, 외부의 침략으로부터 사회를 지킨다. 둘째, 개인에 대한 개인의 공격을 저지한다. 셋째, 약간의 공공기관을 설치·운영하는 정도의 한정된 행동만을 해야 한다를 제시했다. 이러한 그의 관점은 정부를 소극적인 경찰관의 지위까지 낮추려는 것이었고 그것은 바로 자연법에 따르는 질서와도 일치되었기 때문이다. 그에 따르면 각 개인이 자신의 이익을 추구하도록 방임할 경우 '보이지 않는 손(invisible hand)'이 작용하여 사회전체의 복리증대를 가져올 수 있다는 것이다.[17] 이 당시 스미스는 케네와는 달리 산업 각 분야에서의 상품생산, 즉 노동을 재부의 원천으로 간주했다.

디드로(D. Diderot: 1713-1784)와 물리학자 달랑베르(Jean Le Rondo d'Alembert: 1717-1783)등 이른바 백과전서파(encyclopédistes)는 계몽사상을 널리 보급하려는 뜻에서 1751년부터 1772년까지 11권의 도판을 포함하여 총 28권으로 구성된 백과전서, 또는 과학, 예술, 직업의 합리적 사전(*Encyclopédia, ou diction-aire raisonné des sciences, des arts et des métiers*)를 편찬했다.[18] 이제 이 사전은 지식의 저장고일 뿐만 아니라 전통적인 사회악과 권위에 도전하는 무기도 되

---

17 스미스는 자유경쟁시장에서 자유롭게 결정된 가격에 의해 생산·분배 등이 효율적으로 이뤄지는 현상을 보이지 않는 손으로 이해했다.

18 백과사전편찬은 원래 영국의 체임버즈 사전(*Chambers: Cyclopedia or Universal Dictionary of the Arts and Sciences*)을 프랑스어로 옮기려는 시도에서 비롯되었다. 사전편찬에는 디드로, 달랑베르, 드조쿠르(Chavalier de Jaucourt: 1704-1779), 볼테르, 몽테스키외, 튀르고를 비롯하여 모두 184 여명에 달하는 학자 및 지식인들이 참여했지만 전체 항목의 60% 이상에서 필자가 확인되지 않았다. 이 당시 디드로는 백과사전을 단순히 참고용이 아니라 끝까지 활용할 수 있는 서적으로 간주했다. 따라서 그는 백과전서가 '사고방식 전반을 바꿀 것'이라는 기대도 했다. 여기서 디드로는 과학 및 기술 분야에서 이룩한 최신의 성과들을 전파할 경우 모든 영역에서 미신타파를 위한 시도가 펼쳐질 것이고 과학의 진보 역시 더욱 촉진되리라는 확신도 가지게 되었다. 디드로는 백과사전의 목표를 다음과 같이 요약했다. "백과사전의 목표는 지구의 표면위에 흩어져 있는 모든 지식을 수집하고, 그 지식의 전반적인 윤곽 및 구조를 우리와 더불어 살고 있는 사람들에게 제시하고, 그것을 우리의 후손들에게 전달하여 과거의 업적이 앞으로 다가 올 세기에도 유용할 수 있게끔 만드는 것이다."

었다.[19]

3 . 계 몽 사 상 의 이 행 : 개 혁 이 아 닌 혁 명 적 방 법

　유럽 군주들의 대다수는 절대왕정체제의 제 문제점을 지적한 계몽사상
에 대해 부정적이었다. 물론 이들 중의 일부는 계몽사상을 부분적으로 실제
정치에 반영시켰지만 이들은 절대왕정체제의 기본적 골격은 유지시켜야 한
다는 관점을 가지고 있었다. 따라서 유럽의 군주들은 개혁이라는 온건한 방
식을 통해 당시 제기되었던 문제점들을 해결할 수 있는 기회를 잃게 되었을
뿐만 아니라 혁명이라는 과격한 상황에 직면하게도 되었다. 일반적으로 혁
명은 기존의 질서체제를 인정하지 않으려는 속성을 가졌고 그러한 것은 역
사 속에서 확인되는 제 혁명에서 쉽게 확인할 수 있다.

　그렇다면 여기서 혁명에 관해 몇 가지 의문을 제기할 수 있는데 그것은
첫째, 혁명이란 단어가 언제부터 사용되었는가? 둘째, 혁명의 개념이 어떻
게 정립되었는가? 셋째, 혁명은 언제 발생할 까 등을 살펴보아야 할 것이다.

　혁명(*revolutio: revolve*의 명사형)이란 단어는 로마후반기부터 등장했는데
'치받음' 또는 '뒤엎음(전복)'이란 의미로 사용되었다. 근대에 접어들면서 혁
명은 천문학 분야에서, 즉 케플러(Kepler)가 행성들의 순환 및 규칙적인 회귀
를 설명하는 과정에서 그 사용이 보편화되었다. 그러다가 15세기 후반부터
이탈리아에서는 혁명(*revoluzione*)이란 단어가 정치적 분야에도 사용되기 시
작했다. 그것은 현실사회의 모순적 상황에서 이전의 정상적 상태로 복귀한

19　1751년에 제 1권이 출간되었는데 여기서는 이성이 강조되고, 신학 및 교회에 대한 비판이
　　강했기 때문에 파리 정부는 1759년부터 발행을 저지하려고 했다. 그러나 파리 정부는 백과
　　전서의 간행을 법적으로 금지하려고 하지는 않았다.

다는 순환론적 역사인식에 위배되지 않을 뿐만 아니라 역사적 변화를 인정하고 그 변화의 궁극적인 목표가 인간타락 이전의 낙원으로 회귀한다는 기독교사상과도 일치되었기 때문이다. 따라서 당시의 개념은 오늘날과는 달리 순환론적인 측면만을 강조한 것 같다. 영국 정치가 클라렌든 [Clarendon: 클라렌든법(Clarendon Code)을 1661년에 제정하여 비국교도(non-conformist)에게 제약을 가했다.] 역시 찰스 2세의 왕정복고 및 공화정체제의 붕괴를 언급하면서 혁명이란 단어를 사용했는데 그것은 이탈리아에서 사용되었던 의미와 맥을 같이 한다 하겠다. 따라서 17세기 중엽 까지 혁명은 급격한 변화를 유발시키지만 결국 다시 원상태로 회귀한다는 의미로 사용되었던 것이다. 그리고 이러한 개념은 1688년 명예혁명이 발생되었던 당시에도 여전히 유효했는데 1688년의 사건으로 이전의 긍정적인 질서체제로 회귀했다는 로크의 언급이 바로 그 일례가 된다 하겠다.

그러나 혁명을 순환적 변화로 파악하던 개념은 18세기에 접어들면서부터 바뀌게 되었는데 그것은 1688년의 명예혁명을 단순한 사건이 아니라 오래 지속되는 변화의 종결점이자 특정경향이 합친 응축된 사건으로 인식한 데서 비롯된 것 같다. 영국사회는 명예혁명이 끝난 후에도 새로운 정부, 새로운 사회를 만드는 일련의 과정을 경험했다. 1776년 아메리카 혁명에 이어 1789년 바스티유(Bastille) 감옥이 습격을 당하면서 사람들은 혁명이 무엇인지를 목격했다. 변화에 대한 인식과정에서 프랑스 혁명은 결정적인 계기를 제공했던 것이다. 특히 프랑스의 계몽사상가 들은 이러한 인식정립에 큰 기여를 했다. 디드로는 백과전서에서 '혁명은 정치적 용어이며, 한 나라에서 일어난 중요한 변화를 지칭한다.'라고 정의했고, 몽테스키외는 '프랑스 정치체제의 근본적 변화 또는 법률 집행의 큰 변화'를 혁명으로 이해했던 것이다. 이제 사람들은 1688년의 영국, 1776년의 아메리카, 그리고 1789년 프랑스에서 일어난 사건들이 연속적으로 전개되는 역사의 특정한 계기라는 인식을 가지게 되었고 그것을 정의하기 위해 혁명이란 단어를 광범위하게 사용하기 시작했던 것이다.

　　그렇다면 혁명은 어떤 상황에서 발생할까? 이 점에 대해 미국의 역사가 데이비스(C.J.Davies)는 1962년에 발표한 자신의 논문(Toward a Theory of Revolution)에서 언급했는데 그것에 따를 경우 사회성원의 기대치(정치 및 경제적 측면)와 실제적 상황사이에 극복할 수 없는 격차가 있을 때 혁명이 발생한다는 것이다. 즉 데이비스는 자신의 논문에서 혁명이론인 'J곡선이론'을 발표했던 것이다. 이어 데이비스는 어느 사회에서 회복의 조짐 없이 지속적으로 경제적 상황이 나빠지거나 또는 사회적 폐해가 심각히 부각됨에도 불구하고 혁명이 발생하지 않는 이유에 대해서도 분석했다. 그의 관점에 따를 경우 사회구성원들이 자기보존을 위해 육체적 그리고 정신적 에너지를 완전히 소진했기 때문에 그들은 과격적인 개혁, 즉 혁명에 대해 관심을 가지지 않는다는 것이다. 여기서 데이비스는 '빈곤이 사람들로부터 혁명가를 배출하지 않는다' 라는 주장을 펼치기도 했다. 우리는 데이비스가 자신의 이론이 가지는 한계성을 제시했음에도 불구하고 그의 이론을 대표적 혁명들에 대입시킬 경우 그것이 어느 정도의 타당성을 가진다는 것도 확인할 수 있다.

아메리카 혁명

1 . 방임정책의 포기

신대륙에 대한 영국의 본격적인 식민활동은 17세기부터 시작되었다. 이때부터 스튜어트 왕조의 전제정치 및 종교적 탄압을 피하기 위해 청교도를 비롯한 일련의 사람들이 신대륙으로 이주하기 시작했다. 그리고 이러한 이주자들 중에는 경제적 이익을 노리는 모험자, 국왕으로부터 특허장(Charter)을 발부받아 식민지경영에 나서는 사람들도 있었다. 마침내 1732년 13개 주로 구성된 영국식민지가 북아메리카의 동해안 일대에 건설되었다.

13개 식민지의 사정은 각기 달랐으나 전체적으로 볼 때 빈부의 격차는 그렇게 큰 편이 아니었고 유럽에서와 같은 사회적 신분차별도 없었다. 뿐만 아니라 경제적 기회는 얼마든지 제공되었고 사회적 유동성(social mobility) 역시 현저했다. 따라서 계급구조는 매우 유연했고 부의 편중으로 인한 대립과 갈등도 비교적 적은 편이었다.[1]

영국은 이러한 식민지에 총독(Governor)을 파견했지만 실제정치는 식민지인들이 담당했다. 본국의 하원과 흡사한 식민지 의회는 당시로서는 가장 민주적으로 구성되었으며 투표자격으로 토지소유라는 제한이 있었지만 투표권자는 예상외로 많았다. 매사추세츠(Massachusetts)에서는 백인성년남자의 80%이상이 투표권을 행사했고, 버지니아(Virginia)는 이보다 약간 낮았다. 이 당시 식민지의회는 유럽대륙의 어느 의회보다도 큰 권한을 가지고 있었으며 1760년까지 총독과의 권한대립에서 항상 유리한 입장에 놓여 있었다.[2] 따라서 각 식민지는 처음부터 자유를 향유하여 왔고 또한 자립에 대해서도

---

1   남부에서는 노예를 사용하는 농장경영이 성행했고 북부에서는 자영농민층이 압도적으로 많았으며 산업 역시 발달했다.
2   이 당시 식민지의회의 의결사항에 대한 총독의 거부권은 5%정도였고, 총독과의 권한투쟁에서 식민지 의회가 유리한 입장을 차지하는 경우가 많았다.

확고한 의지를 가지고 있었다.

이러한 분위기는 식민지인들로 하여금 상당한 유대감을 가지게 했다. 그리고 이러한 공동체적 유대감의 성장은 서로 상이한 그리고 때론 대립하기도 한 13개 식민지가 비교적 짧은 기간 내에 상호간의 차이 및 대립을 극복하고 본국정부에 대항하여 결합할 수 있었던 주된 이유 중의 하나라 하겠다.

지금까지 아메리카 식민지에서는 본국의 법률이 그대로 적용되었을 뿐만 아니라 중상주의 정책도 펼쳐졌다. 즉 영국에서의 종교 및 신앙에 관한 제 규정은 원칙적으로 식민지에 그대로 적용되었고 식민지교역은 본국의 이해관계에 따라 제한되곤 했다. 그리고 본국 산업과의 경쟁상대가 되는 식민지산업은 원칙적으로 금지되었다. 그러나 식민지에 대한 본국 정부의 태도는 '건전한 방임(salutary neglect)'이었기 때문에 중상주의적인 통제[3]나 종교 등에 대한 본국의 법률적용은 엄격하게 실시되지는 않았다. 그렇기 때문에 영국의 경제정책이나 정치적 관점이 식민지인들에게 불만적인 요소는 되었지만 그것이 본국에 대해 정면으로 도전할 정도의 것은 아니었다.

그러나 7년전쟁(1756-1763) 이후 영국은 그 동안 견지했던 건전한 방임 정책을 포기했는데 그러한 정책을 주도한 인물은 조지 3세(George III: 1760-1820)였다. 이 인물은 그의 부친, 조지 2세(George II: 1727-1760)와는 달리 정치활동에 능동적으로 참여하고자 했다. 여기서 그는 북아메리카 지역에 대한 방위비를 식민지인들에게 전가시키려고 했다. 아울러 그는 중상주의 정책, 특히 1651년에 제정된 항해조례를 식민지에 엄격히 적용하여 동부 상인들에게 큰 타격을 가져다주었다.

이 당시 식민지에는 유럽대륙과는 달리 근대 사회를 건설하는데 종종

---

3   상공업은 국가적 차원에서 장려되었고 그것을 위해 국내산업이 보호되는 일련의 정책이 펼쳐졌다.

장애요소로 작용했던 구제도, 즉 절대왕정체제가 없었다. 따라서 식민지인들은 당시 확산되고 있었던 계몽주의, 특히 자연권과 권력분립을 지향하던 자유주의를 수용하는데 아무런 문제도 없었다.

2. 세 입 증 대 정 책 과 그 후 유 증

1763년에 출범한 영국의 그렌빌(G.Grenville: 1712-1770) 내각은 새로이 획득한 영토 중 앨러게니(Alleghenies)산맥 서쪽지역에 대한 식민지인들의 이주를 1763년 10월부터 금지시켰다. 이러한 정책은 이곳의 인디안 들로부터 식민지인 들을 보호하려는 목적에서 기인된 것으로 볼 수 있으나 새로이 획득한 지역으로의 진출을 모색하던 식민지인들에게 있어서는 매우 불만스러운 조치였다. 1764년 그렌빌 내각은 세입증대를 위해 기존의 당밀법(Molasses Act)대신에 설탕세법(Sugar Act)을 도입했는데 거기서는 설탕, 포도주, 커피, 그리고 견직물수입에 대해 관세를 부과한다는 것이 명시되었다. 다음해인 1765년 3월 22일 영국 정부는 인지법(Stamp Act)도 시행했는데 그것은 팜플렛, 신문, 증권, 은행권, 광고, 그리고 법률적 문서들에 인지첨부를 요구했다.[4] 영국 정부의 이러한 조치는 식민지인들로 하여금 1765년 10월 뉴욕(New York)에서 인지법회의(Stamp Act Congress)를 개최하게 했다.[5] 인지법회의에 참석한 인물들은 본국 의회에 그들의 대표를 보낸 적이 없기 때문에 새로운 과세를 인간의 자연권에 포함되는 재산권침해로 간주했다. 따라서 여기서는 버지니아(Virginia)의회가 채택했던 '대표 없는 곳에 과세할 수 없다

---

4 1765년 8월 보스턴에서 인지법에 반대하는 폭동이 발생했다. 이후 인지를 파는 사무소들이 파괴되었고 사무소회계담당인 들의 집도 습격당했다.
5 인지법회의는 대륙회의의 모체역할을 담당했다.

오티스

(No taxation without representation)〈오티스(J. Otis: 1725-1783)〉'라는 헌정적 원칙이
재확인되었다. 이후부터 식민지 여러 곳에서 영국 생산품에 대한 불매운동
이 전개되었다. 사태의 심각성을 파악한 영국 정부는 인지법을 폐지했다.
그러나 영국의회는 본국이 식민지를 통제하는 법안을 제정할 수 있다는 입
장을 밝혔고 그것을 1766년 3월 18일에 제정한 선언법(Declaratory Act)제정에
서 구체화시켰다.[6]

　1767년 6월 영국의회는 식민지방위를 위해 식민지에 주둔하던 영국군
의 주둔비용을 마련하기 위해 톤젠드 법(Townshend Acts)을 제정했다.[7] 여기

6　선언법에서는 식민지인들의 지위를 다음과 같이 명문화시켰다. "식민지인들은 영국 국왕과
　　의회에 예속·의존하는 신민이므로 영국에서 제정된 법령에 절대적으로 복종해야 한다."
7　톤젠드는 로킹엄(Charles Watson-Wentforth Rockingham)내각의 재무장관이었다.

서는 유리, 차, 종이, 페인트 그리고 아연 등의 수입에 관세를 부과한다는 것이 언급되었다.

3 . 보 스 턴   차 당 사 건

점차적으로 과세문제는 과세의 영역을 넘어 자치문제로 비화되었다. 이후 식민지 여러 곳에서는 영국 정부의 조치에 항의하는 시위들이 펼쳐졌고 가장 격렬한 움직임은 매사추세츠에서 확인되었다. 여기서는 영국 상품에 대한 불매운동과 세무 관리에 대한 군중들의 야유가 공공연히 자행되었다. 이에 본국 정부는 보스턴(Boston)이 무질서상태에 이르렀다는 판단을 하고 1770년 군대를 파견했다. 그러나 이 도시의 주민들은 영국 정부의 강경한 대응에 굴복하지 않고 거리를 지나는 영국군에 대해 야유를 보내고 눈덩어리도 던졌다. 이러한 과정에서 4명의 시민이 영국군의 발포로 목숨을 잃게 되었다. 보스턴에서 희생자가 발생함에 따라 영국 의회는 톤젠드법의 시행을 포기했다.[8] 그러나 식민지에 과세할 권한이 본국 의회에 있다는 원칙을 강조하기 위해 차에 대한 관세만은 그대로 남겨 두었다. 본국 정부의 이러한 조치에 대해 온건파 식민지인들은 만족을 했으나 애국파로 불리던 급진파 식민지인들은 불만을 표시했다.

1773년 12월 16일 '보스턴 차당사건(Boston Tea Party)'이 발생하면서 식민지 사태는 새로운 국면을 맞이하게 되었다. 이 당시 동양무역에 대한 독점권을 가지고 있던 영국의 동인도회사는 파산직전에 놓여 있었다. 만일 이 회사가 파산할 경우 주주들은 물론 영국 은행, 나아가 영국 정부도 막대한

---

8   그러나 영국 정부는 차 1파운드당 3페니(penny)의 세금을 부과했다.

손해를 감수해야만 했다. 따라서 영국 정부는 동인도회사의 재고차를 식민지에 독점적으로 팔 수 있도록 허가했다. 이후 식민지 상인들은 차 수입을 금지 당했고 막대한 손실도 입게 되었다. 동인도 회사의 차가 식민지에 대량으로 유입됨에 따라 식민지인들은 불매운동으로 대응했다. 일부 급진파 인물들은 차의 판매경로를 추적하여 그것을 산 사람들을 협박하기도 했다. 이렇게 불매운동이 전개됨에 따라 동인도 회사의 대리점들은 영업활동을 중지했고 차를 싣고 왔던 배들은 다시 영국으로 되돌아가게 되었다. 그러나 보스턴에서는 경우가 달랐다. 허친슨 지사는 불매 운동자들을 엄중히 처벌했다. 게다가 보스턴 항구에 정박 중이던 3척의 차를 실은 배는 영국 군함의 호위를 받고 있었다. 1773년 12월 16일 보스턴의 시민들은 항구에 정박 중이던 배들을 본국으로 돌려보낼 것을 지사에게 요구했으나 거절당했다. 그날 밤 사무엘 애덤스(S. Adams: 1722-1803)와 존 헨콕(J.Hancock: 1737-1793)[9]을 비롯한 일부 급진주의자들은 모호크(Mohawk) 인디언으로 가장하고 동인도회사의 배에 올라가 거기에 실려 있던 차상자 모두를 바다 속으로 던져 버렸다.[10] 이러한 사건을 접한 영국 정부는 매사추세츠를 응징하고 다른 식민지들을 경고하기 위해 매사추세츠 정부법(Massachusetts Government Act), 재판운영법(Administration of Justice Act), 그리고 군대민박법(Quartering Act)을 제정했는데 거기에는 다음의 내용들이 들어 있었다. 첫째, 손해배상이 끝날 때까지 보스턴 항구를 폐쇄시킨다. 둘째, 매사추세츠에서 법을 어긴 자는 다른 식민지나 영국 본토로 옮겨 재판을 한다. 셋째, 영국 국왕은 매사추세츠 상원의원들을 직접 임명한다. 넷째, 평화시에도 필요한 경우 군인의 민박을 허

---

9   애덤스는 1772년 자신의 동료들과 더불어 통신위원회(committee of correspondence)를 구성했다. 그리고 애덤스는 헨콕과 더불어 '자유의 아들(Sons of Liberty)'이라는 비밀단체에서 활동했다.

10   이 당시 모호크 인디언은 모호크 강 연안에 살고 있었다.

워싱턴

용한다.

　1773년부터 거의 모든 식민지에 식민지인들의 의견발표 및 정보교환을 위한 통신위원회가 설립되었는데 이 위원회는 강력한 혁명조직의 기반이 되었다. 이후 식민지인 들은 버지니아 주의 제안에 따라 1774년 9월 5일 필라델피아에서 제 1차 대륙 회의(Continental Congress)를 개최했는데 거기에는 56명의 대표자들이 참여했다. 10월 5일까지 활동을 펼친 제 1차 대륙회의에서는 ① 식민지에 대한 본국의회의 입법권을 거부한다. ② 본국과의 통상을 단절한다. ③ 1763년 이후 제정된 일련의 조세법을 인정하지 않는다. ④ 평화 시 영국군의 주둔을 불허한다 등이 언급되었다.

　이러한 식민지인들의 움직임에 대한 영국 정치가들의 반응은 상이했다. 상원의원이었던 피트(W. Pitt: 1708-1778)와 하원의원으로 활동하던 버크(E.

Burke: 1727-1797)는 협상을 통해 식민지문제를 해결해야 한다는 견해를 제시했지만 조지 3세는 무력이라는 방법을 사용하려고 했다.[11] 1775년 4월 19일 보스턴 근처의 렉싱턴(Lexington)에서 영국군과 식민지 민병대(농민으로 구성되었다) 사이에 최초의 접전이 펼쳐졌다. 이에 따라 1775년 5월 10일 제 2차 대륙회의가 개최되었는데 여기서는 본국과의 전쟁이 불가피하다는 것이 거론되었다. 아울러 전쟁경비를 조달하기 위한 방안도 마련했는데 그것은 화폐를 발행하는 것이었다. 아울러 6월 15일 워싱턴(G. Washington: 1732-1799)을 연합 식민군 총사령관으로 임명하여 민병대를 정규군으로 전환시키는 조치를 취했다.[12]

4. 토머스 페인의 '상식'

1776년 1월 페인(T.Paine: 1737-1809)의 '상식(Common Sense)'이 출간되어 큰 관심을 불러 일으켰다.[13] 페인은 자신의 책에서 지금까지 살았던 모든 군주들을 전부 합쳐도 한 명의 정직한 사람만도 못하다는 주장을 펼쳤는데 그것은 절대왕정체제의 문제점과 자유주의의 장점을 부각시키기 위해서였다. 이어 페인은 자신의 저서에서 인간의 본성이 완전할 수 없으며, 인간들로 하여금 모든 책략을 구사하도록 방치할 경우 자신의 자유를 가지고 타인의 자유를 해치는 경우가 많다는 점을 지적했다. 그렇다고 해서 그것의 제어방

---

11 1765년 휘그당의 지도자 겸 수상으로 활동하던 록킹햄(Rockingham) 후작의 비서로 채용된 버크는 1766년 이 인물의 지원을 받아 하원에 진출할 수 있게 되었다.
12 워싱턴은 버지니아의 농장주였다.
13 식민지에 도착한 지 얼마 안 된 토머스 페인은 다른 이민자들과 마찬가지로 신대륙을 기회의 나라로 간주했다. 즉 그는 모든 사람들이 세습적 특권 및 기득이득의 굴레로부터 벗어날 수 있다는 확신을 가지고 있었던 것이다.

토머스 페인

법으로 활용되는 강제 역시 그것이 개인 및 공식적인 전제자에 의해 행사되든 자유를 파괴하는 성질을 가진다는 것이다. 여기서 페인은 정부에 대해서도 언급했는데 그에 따를 경우 정부는 자유민의 인권 및 재산보호에 필요할 뿐만 아니라 개인적 차원에서 처리할 수 없는 대규모 공공사업의 시행에도 필요하다는 것이다. 그러나 그는 정부행위가 매우 협소한 부분에 국한되어야 한다는 관점도 피력했다. 일반적으로 경제적 가치를 포함한 인간생활의 절대적 가치들은 자발적인 사회적 행위의 결과에서 생기는 것이다. 따라서 정부의 일차적 역할은 그 자신의 고유한 가치를 창조하는 것이 아니라, 사회가 창조한 가치들을 파괴적 인간들이 해치지 못하도록 하는데 있다는 것이 페인의 주장이었다. 페인의 사상을 요약하면 정부는 필요한 것이지만 그것은 필요악이기도 하다는 것이다. 그러한 악을 최소한으로 축소시킨다는 것, 그것은 페인의 사고방식에 따를 경우, 바로 상식의 초보적 명령에 속하는 요구였던 것이다. 아울러 그는 자신의 저서에서 영국과의 전통적 유대관계가 아메리카 식민지의 번영과 복지에 필요하다는 견해를 일축했다.[14]

1776년 7월 4일 필라델피아에 모인 식민지 대표들은 영국으로부터의 독립을 선언했다. 토머스 제퍼슨(T. Jefferson: 1743-1826)이 작성한 독립선언서(Declaration of Independence)는 계몽사상을 그대로 표현한 문서였다. 독립선언서에서는 모든 인간이 때어날 때 평등하게 창조되었다는 자연적 평등 개념이 언급되었다. 아울러 여기서는 모든 사람이 태어날 때부터 남에게 양도할 수 없는 자연권을 가지며 그것은 구체적으로 생명에 대한 권리, 자유에 대한 권리, 그리고 행복추구에 대한 권리라고 명시되었다. 그리고 이러한 자연적 권리들을 지키기 위해 정부가 필요하다는 주장도 펼쳐졌다. 아울러 정부가 그러한 의무를 제대로 수행하지 못할 경우 인민들은 그것을 축출하고 새로운 정부를 세울 수 있다는 인민주권설도 피력되었다. 결국 식민지인들이 영국 국왕에 대해 반기를 든 것은 과세문제를 포함한 영국 정부의 정책

---

14 토머스 페인의 상식론은 47쪽 밖에 안 되는 소책자였지만 인구 300만의 아메리카에서 30만 부나 팔릴 정도로 주목을 받았다. 페인은 자신의 저서에서 식민지와 영국과의 관계에 대해 많은 지면을 할애했는데 여기서 그 일 부분을 언급하도록 하겠다. '본인이 말하고 있는 것은 지극히 간단하고 당연한 이야기, 즉 상식에 불과하다.(…)아메리카는 지금까지 영국과 결합해서 번영해 왔으니 앞으로의 행복을 위해서라도 그러한 결합은 유지시킬 필요가 있으며, 그러한 결합은 똑같은 결과를 가져다 줄 것이라는 주장을 들은 적도 있다. 이런 종류의 주장만큼 어리석은 것은 없을 것이다. 만일 그러한 주장이 맞는다면, 어린 아이가 우유를 먹고 잘 자랐으니까 결코 고기를 먹어서는 안 된다는거나, 인생의 처음 20년간이 향후 20년 간의 본보기가 된다는 주장도 성립될 것이다.(…)그리고 영국이 아메리카인 들의 조국이 아닌가라는 견해를 제시하는 사람들도 있다. 그렇다면 영국의 행동은 한층 더 부끄러운 것이다. 아무리 짐승이라도 자신의 자식을 잡아먹지는 않는다. 야만족조차 같은 종족끼리는 싸우지 않는다. 그런데 영국과 결합함으로써 당하는 손해 및 불이익은 셀 수 없을 정도로 많다. 그리고 우리 자산에 대해서는 물론, 인류 전체에 대한 우리의 의무를 수행하려면 반드시 이 제휴를 중지시켜야 할 것이다. 전능한 신이 아메리카를 영국으로부터 그렇게 멀리 떨어뜨려 놓은 것을 보아도, 아메리카에 대한 영국의 지배는 결코 하나님의 뜻이 아니라는 것을 입증시켜 주고 있다.'

이 통치 받는 인민의 동의에 토대를 두지 않았기 때문이라는 점을 부각시켰던 것이다.

5 . 독 립 전 쟁 의   시 작

독립전쟁이 전개됨에 따라 식민지인 들은 독립을 원하는 애국파(Patriots)와 영국을 지지하는 충성파(Loyalists)로 나누어졌지만 식민지인들의 대다수는 애국파를 지지했다. 영국의 본격적인 개입도 가시화되었다. 이에 따라 1776년 3월 약 3만 명에 달하는 영국군이 식민지에 도착했다. 이들은 모든 면에서 식민지 군을 압도했기 때문에 뉴욕과 필라델피아(Philadelphia)에서 식민지 군을 격파했다. 그럼에도 불구하고 다음해 10월 17일 새러토가(Saratoga)에서 식민지 군은 캐나다에서 뉴욕으로 진격하던 버고인(J.Burgoyne: 1722-1792)장군의 영국군을 물리치는 승리도 거두었다.[15]

이 당시 유럽의 대다수 국가들, 프랑스, 에스파냐, 네덜란드, 프로이센, 그리고 러시아는 식민지인들에 대해 호의적인 반응을 보였는데 그 이유는 이들 국가가 영국에 대해 부정적인 시각을 가졌기 때문이다.[16] 프랑스 라파예트(Lafayette: 1757-1834)의 지원을 받은 연합식민지 총사령관 워싱턴은 1781년 10월 19일 버지니아의 요크타운(Yorktown)에서 영국의 주력부대를 격파했고 그것은 식민지군이 우위를 차지하는 계기가 되었다.[17] 1783년 9월 3일 파리에서 평화조약이 체결되었고 거기서 식민지인들의 독립이 인정되

---

15 식민지군들이 이 전투에서 사용한 무기의 대부분은 프랑스로부터 지원받은 것들이었다.

16 1778년 6월 프랑스는 영국에 대해 선전포고를 했고, 다음 해인 1779년에는 에스파냐와 네덜란드도 전쟁에 개입했다.

17 이 전투에서 콘월리스(C.Cornwallis: 1738-1805) 휘하의 영국군 7,000명이 항복했다.

었다.[18]

6. 결 과 및 의 의

아메리카 식민지인들의 독립은 군주제에 대한 공화제의 승리라 하겠다. 영국 국왕의 통치하에 있었던 13개의 식민지들은 이제 13개의 공화국으로 변형되었다. 비록 이들 국가들이 그들의 공동관심사를 논의하기 위해 느슨한 연합체(Confederation)를 구성했지만, 근본적으로는 독립된 국가들이었다. 그런데 이러한 느슨한 연합체는 1778년의 연방규약(Articles of Confederation)에서 비롯되었다. 여기서는 연합체에 가입한 국가들의 과세·통상권·화폐발행권 등 독립적 권한 및 의회에서의 동등한 가결권이 보장되었다. 그리고 중요한 안건이 통과되기 위해서는 가입국가의 3분의 2, 즉 9개국 이상의 동의가 필요했으며 규약수정에는 전원일치의 찬성이 요구되었다. 느슨한 연합체는 선전포고와 강화조약의 체결, 군대 보유, 인디언 문제 등에 관한 권한을 가지지만 이러한 권한을 수행하기 위해서는 가입 국가들의 재정적 지원이 필요했다.

18세기말의 서양사회에서 공화제는 매우 낯선 것이었다. 따라서 그러한 정치체제를 계속 유지시킬 수 있는지는 의문의 대상이었다. 실제로 공화국들은 대내외적으로 어려운 상황에 직면하게 되었다. 영국으로부터의 독립은 기존의 경제구조를 상당히 마비시켰고 그것은 시장의 혼란 및 축소를 가져왔다. 그리고 독립전쟁 때 발행된 지폐와 채권은 물가상승의 요인이 되

---

18 파리조약에서 프랑스는 동인도의 몇몇 무역지점과 서인도의 토바고(Tobago), 세인트 루시아(St.Lucia), 아프리카의 세네갈(Senegal)과 고레(Goree) 등을 차지했다.

었다. 따라서 각 공화국은 계급투쟁의 성격을 띤 사회적 갈등을 경험했고 그것은 채권자들이 유리한 금화로 채무를 변상 받으려고 한 반면 채무자들은 그것에 응하지 않은 것에서 확인할 수 있다. 여기에 덧붙여 신생 공화국들은 외국과의 교역에서도 불이익을 당하고 있었다. 아메리카인 들은 영국의 중상주의 체제하에서 누렸던 특혜 및 보호막을 상실했기 때문에 세계 시장에서 다른 경쟁국들과 직접적으로 상대하지 않으면 안 되었다. 그리고 해상에서 영국 해군의 보호를 잃었기 때문에 다른 나라의 선박과 해적들에게 시달리게 되었다. 게다가 영국군은 오대호 남쪽 지방에 계속 주둔하여 신생국들을 위협하고 있었고, 남쪽에서는 에스파냐 군대가 아메리카인 들의 미시시피 강 통행을 방해하고 있었다.

이러한 불리한 상황에서 아메리카인 들은 강력하고 통일된 국민국가의 필요성을 절실히 느끼기 시작했다. 즉 이들은 각 공화국의 경제적, 사회적 안정과 발전을 위해서는 그들을 지켜줄 보다 더 크고 강력한 국가가 필요하다는 것을 인지했던 것이다. 이에 따라 새로운 국민정신이 새롭게 부각되었고 그것에 따라 각 공화국의 보수적 지도층은 통일 정부의 수립가능성을 조심스럽게 언급하기 시작했다.

마침내 1787년 5월 필라델피아에서 제헌의회(Constitutional Convention)가 개최되었다. 이 회의는 버지니아의 제임스 메디슨(J. Madison: 1751-1836)과 뉴욕의 알렉산더 해밀턴(A. Hamilton: 1757-1804)을 중심으로 한 연방주의자(Federalists)들이 주도했다. 이들은 각국의 복잡한 이해관계를 조정하여 아메리카 합중국(The United States of America)을 수립하기로 결정하고 그 성격을 규정할 연방헌법의 초안을 마련했다. 이제 새로운 헌법초안에 따라 13개의 공화국은 13개의 주(state)로 바뀌게 되었다.

연방헌법은 연방주의론과 주권론이 적절히 반영된 타협의 소산이었다.[19] 입법 · 사법 · 행정의 3권분립으로 권력의 견제와 균형이 이루어졌는데 그것은 의회가 법률제정, 대통령이 그 시행과 적용, 법정이 그 해석을 담당한 것에서 확인된다. 화폐주조권·관세징수권·외교권을 제외한 여타의 권한들은 지방정부로 이양되었다. 간선제로 선출된 대통령은 행정수반으로 군 최고 지휘권을 가지게 되었다. 그리고 간선제는 상원의원 선출에도 적용되었다. 헌법인준과정에서 많은 논쟁이 유발되었다. 여기서 주권론자들은 연방주의자들에 의해 열세에 몰리는 경우가 허다했다. 연방주의자들은 개인의 자유에 대한 성문규정을 헌법초안에 삽입함으로써 규약수정에 필요한 9개 주의 인준을 받는데 성공했으며, 새로운 헌법은 1788년 7월 2일에 선포되었다. 3년 후에는 최초의 수정헌법(Amendment) 10개조가 추가되어 신앙·언론·출판의 자유 및 자의적 정부에 반대할 수 있는 법적 보장이 체계화되었다.

　　새 헌법에 따라 1789년 초에 총선거가 실시되어 연방의회(Congress)가 구성되었다. 각 주에서 선출된 선거인들이 수도인 뉴욕에 모여 워싱턴을 대통령으로 선출했다.[20] 워싱턴은 자신의 임기 중 고율의 관세적용, 연방은행

19　연방헌법의 전문의 내용은 다음과 같다. '우리합중국의 신민은 더욱 완벽한 연방체제를 수립하고, 정의를 구현하고, 국내의 안녕을 보장하고, 공동의 방위를 갖추고, 국민의 복지를 증진하고, 우리와 우리의 후손들이 자유의 혜택을 확실히 누릴 수 있게끔 이 헌법을 제정한다.'

20　오늘날 시행되고 있는 미국의 대통령선출은 직접 및 간접방식을 동시에 채택하고 있다. 미국의 유권자들은 우리나라와 마찬가지로 선거당일 자신들이 선호하는 후보에 신성한 한 표를 행사한다. 그러나 우리나라와는 달리 각 주마다 발표된 투표결과에 따라 대통령선출을 위한 선거인단을 구성하게 된다. 그런데 여기서 각 주에 할당된 선거인단수가 다르다는 것을 확인할 수 있는데 그것은 각 주의 인구와 그것에 따라 선출되는 하원의원수도 다르기 때문이다. 여기서 각 주에 할당된 선거인단 수는 각 주의 투표결과 한 표라도 더 얻은 후보에게 돌아간다는 특이한 제도도 확인할 수 있다. 1789년 초대 대통령 선거 시에 선거인단 수는 138명에 불과했다. 그러나 새로운 주들이 가입되고 인구수가 늘어남에 하원 수 역시 증가함에 따라 선단인단수도 늘어났다. 현재는 50개주의 상원 100명, 하원 435명, 그리고 1961년부터 배정된 컬럼비아특별구인 워싱턴 D.C.에 3명을 합한 수와 동일한 538명으로 선거인단을 구성하고 있다. 그런데 워싱턴 D.C.의 선거권에 관한 것은 1961년 4월 수정헌법 제23조에 규정되어 있다. 워싱턴 D.C.의 선거인단 3명을 배정한 것은 가장 작은 주의 선거인단이 3명이 되어야 한다는 규정에서 비롯된 것 같다. 각 주에 할당된 선거인단을 살펴볼 경우 가장 많은 선거인단 수를 배정받은 주는 캘리포니아(55명)였고 가장 적은 선거인단 수, 즉 3명을 배정받은 주는 모두 8개 주인데 그것들을 언급한다면 알래스카, 델라웨어,

설립, 공채의 액면가 지불, 그리고 영국과의 통상조약체결 등의 정책을 펼쳤다.

아메리카 혁명은 대의제의 장점을 확인시켰을 뿐만 아니라 민권신장에도 기여했다. 따라서 이 혁명은 어느 혁명보다도 주권재민설과 민족자결원칙을 분명히 하여 역사상 최초의 민주주의적인 공화제를 정착시켰다는 것이다. 그리고 미국에서 시도된 새로운 공화제는 세습적 왕 대신에 선출된 대통령, 성문헌법, 세습적 귀족제 부정, 교회와 국가의 분리, 3권분립, 연방공화제, 입법부의 선거 등에서 확인된다.[21]

몬타나, 노스다코다, 사우스다코다, 버몬트, 워싱턴 D.C., 그리고 와이오밍을 들 수 있다.

21 독일의 역사가 랑케(L.v.Ranke)는 아메리카혁명의 의의를 다음과 같이 언급했다. "영국의 군주제와 아메리카식민지의 민권사상 사이의 대립이었으며 세계사에서 가장 의미 있는 사건중의 하나로 간주할 수 있을 것이다."

07 | 프랑스 대혁명

1. 구질서체제의 내용과 문제점

일반적으로 혁명의 발생원인은 근본적 원인과 직접적 원인으로 나눌 수 있는데 프랑스 혁명에서도 그러한 것을 확인할 수 있다. 근본적 원인으로는 앙시앵 레짐(Ancien Régime), 즉 구질서체제의 모순 및 거기서 비롯된 문제점들을 들 수 있고, 직접적 원인으로는 재정적 위기를 제시할 수 있다.[1]

프랑스 혁명의 근본적 원인은 계층 간의 인구구성비율, 계몽사상의 확산, 그리고 인구의 급속한 증가 및 경제적 침체로 보다 세분화시킬 수 있을 것이다. 우선 계층 간의 인구구성비율을 살펴보도록 한다. 이 당시 제1계층은 13만 명 정도였고 이들이 전체 인구에서 차지하는 비율은 0.5%에 불과했다. 이들은 고위성직자(주교, 수도원장: 143명+800명), 하위성직자(0.46%: 10만 명: 주임신부/보좌신부(6만 명)), 조수사/평수사(2만 5,000명), 그리고 수녀(3만 5,000명)로 구성되었다.[2] 제2계층, 즉 귀족 계층은 35만 명 정도였고 이들 계층은 궁정귀족[3](4,000명)과 지방귀족(이들 중의 일부는 빈곤화)[4]으로 구분할 수 있다. 사회구성원의 절대 다수를 차지했던 제3계층은 시민 계층(16%)과 농민 계층(82%)으로 분리할 수 있다.

이 당시 제1계층과 제2계층은 많은 특권을 누리고 있었다. 우선 제1계층은 병역 및 조세의 의무로부터 면제된 상태였다. 다만 이들은 자발적으로 조세부담을 했는데 그러한 것은 이들 계층에게 그리 큰 부담이 되지는 않았다. 아울러 이들은 신자들에게 십일세를 부과할 수 있었을 뿐만 아니라 성

1　구질서체제는 16세기부터 프랑스 대혁명 발발 직전까지의 질서체제를 지칭한다.

2　고위성직자는 귀족에서, 하위성직자는 평민에서 충원되었다.

3　궁정귀족은 국왕이 임명했다.

4　이들 계층이 전체 인구에서 차지하는 비율은 1.5%였고 이러한 비율은 폴란드(4%)나 헝가리(8%)에 비해 훨씬 낮은 수치였다.

직자에 대한 재판권도 가지고 있었다. 제2계층 역시 대다수의 조세의무로부터 면제되었다. 또한 이들은 적지 않은 봉건적 권한도 가지고 있었는데 부역권과 수렵권 등이 바로 그것에 해당된다 하겠다. 이에 반해 제3계층[5]은 아무런 권한 없이, 과중한 세금만을 부담했다. 이들에게 부과된 직접세[6]와 간접세로서는 다음의 것들이 있다.

직접세로는 타이유(taille: 일반적 왕세로 귀족과 성직자 계층은 면제), 카피타시용(Capitation: 주민세로 성직자 계층은 면제), 그리고 뱅티엠(Vingtième: 1/20세로 성직자 계층은 이로부터 면제) 등이 있었다. 그리고 간접세로는 팜므 제네랄(fermes gênèrales: 물품세 내지는 소비세), 트레트(traites: 소비 관세, 국내관세 및 국외관세), 에드(aides: 음료수세), 동 그라튀(don gratuit: 성직자 계층이 자발적으로 납부), 그리고 가벨(gabelle: 염세로 7세 이상의 프랑스인들에게 정부비축의 소금구매[7]를 강요)를 들 수 있다.

---

5   이들 계층은 시민 계층과 농민 계층으로 구성되었다. 그리고 시민 계층과 농민 계층은 다시 세분화되었는데 그것을 살펴보면 다음과 같다.
 ● 시민 계층
  ① 대시민 계층: 대상인, 공장주, 은행가
  ② 중시민 계층: 수공업자, 상인, 변호사, 의사, 관료
  ③ 소시민 계층: 소수공업자, 도제, 임금노동자, 머슴(하녀)
 ● 농민 계층(Flandern, Elsass, Bearn, Bretagne)
  ① 부유한 농민 계층
  ② 가난한 농민 계층(소작농)
  ③ 농업노동자
6   제3계층이 부담하던 직접세(livres tournois)

(단위:%)

프랑스	영국
1724 - 4.5	1725 - 3.2
1740 - 4.7	1728 - 5.3
1758 - 5.3	1759 - 6.3
1768 - 6.9	1775 - 6.3
1773 - 7.3	1788 - 6.7
1789 - 7.2	

뿐만 아니라 이들 계층, 특히 농민 계층은 군사적 의무도 수행해야만 했다.

18세기 후반에 접어들면서 이러한 제도적 모순을 지적하는 계몽사상이 저변으로 확산되었다. 이 당시 루소와 디드로는 완전한 평등 및 민주주의를 지향한 반면, 마브리(Abbe de Mably: 1709-1795)는 이보다 다소 온건한 의회 대표제를 표방했다. 그리고 이들의 이론은 활자화되었고 이것은 프랑스인들에게 적지 않은 영향도 끼쳤다. 또한 일반서적의 보급도 확산되었는데 그러한 것은 프랑스 혁명발발 직전 50만 명에 달하는 프랑스인 들이 일 년에 1-2권의 책을 읽었다는 것에서 확인할 수 있다.[8] 기존질서체제의 구조적 모순과 그것의 시정을 촉구하는 계몽사상의 확대와 더불어 급속히 늘어나던 인구 및 경제적 침체현상 역시 프랑스 혁명발발의 직접적 요인으로 작용했다. 인구의 급속한 증가 요인으로는 첫째, 유아 사망률이 이전 보다 현저히 낮아졌다는 것.[9] 둘째, 프랑스인들이 섭취한 음식의 질이 이전보다 크게 향상되었다는 것. 셋째, 결혼 제한이 철폐되었다는 것. 넷째, 자연적 재해가 크게 감소되었다는 것을 들 수 있다.[10]

---

7   각 개인은 매년 정부로부터 7파운드 이상의 소금을 구매해야만 했는데 그 구매가격은 일반 판매 가격보다 10배 이상 비쌌다. 면세로 인해 매년 3만 명 이상이 투옥되었고 5백 명 이상이 처형되었다.

8   이 당시 대시민 계층의 37%, 소시민 계층의 15%가 서적을 소유했다.

9   이 당시 프랑스의 인구증가율은 4% 정도였다.

10   프랑스의 유아사망률

년 도	1000명당 사망률
1738-1743	264
1749-1758	161
1759-1768	182
1771-1779	138
1786-1792	122

* 프랑스인들의 수명도 이 시기에 늘었는데 그것은 60세 이상의 사망률이 17세기에는 28-40 % 정도였지만 18세기 후반에 이르러서는 그 비율이 43~61%로 늘어난 것에서 확인할 수 있다(Beauvais 지방).

경제적인 침체요인으로는 영국과의 식민지 경쟁에서 패한 것과 거기서 비롯된 경제적 상황악화를 들 수 있을 것이다. 아울러 국가의 과중한 부채도 직접적 요인들 중의 하나로 작용했다.

프랑스는 루이 14세 사후(1715) 약 30억 리브르(Livres)에 달하는 부채를 넘겨받았는데 그러한 금액은 당시 프랑스 1년 세입의 20배에 달하는 거액이었다. 이어 등극한 루이 15세(Louis XV)는 국가의 재정적 위기를 극복하는 것이 자신의 선결 과제임을 인식하고 그것에 따른 정책을 펼쳤다. 그리고 거기서 어느 정도의 가시적인 효과도 거둘 수 있었다. 그러나 프랑스의 재정적 상황은 다시 어려워 졌는데 그것은 프랑스의 아메리카 독립전쟁참여 및 호화로운 왕실운영에서 비롯되었다.[11]

2. 재정개혁의 실패

루이 16세 [(Louis XVI: 1774-1792, 마리 앙투아네트(Marie Antoinette[12])]는 20세에 등극했다.[13] 그러나 이 인물은 한 국가를 통치하는데 필요한 자질을 충분히 갖추지는 못했다. 다만 그는 외교 분야에서 어느 정도의 능력만을 가졌을 뿐이었다. 이 당시 루이 16세의 주된 관심은 화려한 궁중 생활이었다.[14] 당시 전쟁 장관이었던 몽바레(Alexandre de Montbarey) 역시 루이 16세의 통치력에 대해 회의적이었다. 그에 따를 경우 루이 16세는 아무런 계획 및 고려

---

11   급속히 증가된 연금지급(327%:1726-1788)도 혁명발발의 중요한 요인으로 제시할 수 있을 것이다.

12   마리아 테레지아의 딸로 1770년 루이 16세와 결혼했는데 이것은 일종의 정략적인 결혼이었다.

13   루이 15세는 1774년 5월 10일 천연두로 사망했다.

14   아울러 이 인물은 자물쇠 제조 및 사냥에 몰두했다.

루이 16세

없이, 즉 유아적인 입장에서 왕국을 통치하려고 했다는 것이다. 그리고 한 국가를 그러한 방식으로 통치할 경우 어떠한 결과가 야기될 것인가는 쉽게 예측할 수 있다는 것이 몽바레의 분석이었다.

　루이 16세의 통치력에 대한 부정적 시각이 부각되었음에도 불구하고 루이 16세는 국가의 재정을 개선시켜야 한다는 필요성을 인식했고 그것을 해소시키기 위해 1774년 중농주의자였던 튀르고(A.R.J. Turgot: 1727-1781)를 재상으로 기용했다. 이 당시 튀르고는 세제 개혁으로 국가 재정을 정상적인 궤도로 복귀시킬 수 있다는 확신을 가지고 있었다. 따라서 그의 개혁은 이러한 원칙에 근거하여 특권 계층이었던 성직자 및 귀족들에게 세금을 부과하려고 했던 것이다. 아울러 그는 농민 계층에게만 부과했던 부역세를 제2계층인 귀족에게도 부담시키려고 했다.[15] 또한 튀르고는 그 동안 시민들의 경제활동에 제약을 주던 길드의 독점권을 줄이고, 곡물의 국내수송에 대한 규제를 철폐시킴으로써 제3계층의 불만을 다소나마 완화시키려고 했다. 그러나 이러한 튀르고의 개혁안은 마리 앙투아네트를 중심으로 구축되었던 특권 계층의 조직적인 반발로 실패하고 말았다. 실제적으로 이 당시 이들 기득 계층은 자신들의 면세특권을 절대로 포기하지 않으려고 했다. 튀르고에 이어 스위스 출신의 은행가 네케르(Necker: 1732-1804)가 1777년 재무장관으로 임명되었는데 이 인물은 차입을 통해 국가를 운영하고자 했다.[16] 그러나 프랑스가 아메리카 독립전쟁에 참여함으로써 국가재정은 파탄위기에 놓이게 되었다. 1783년 마리 앙투아네트의 추천으로 칼론(Charles-Alexandre de Calonne: 1734-1802)이 새로운 재무장관으로 임명되었다. 이 인물 역시 튀르고와 같은 맥락에서 국가의 재정적 위기를 개선시키고자 했다. 즉 그는 성직자 및 귀족 계층의 면세 특권을 인정하지 않으려고 했다. 따라서 그는 모든 토지소유자들에게 일률적으로 부과하는 '보조지세(補助地稅)'를 시행하고자 했는데 그것은 그가 타이유 대신에 모든 토지소유자들에게 부과하는 일반세의 도입을 모색한데서 확인할 수 있다. 또한 칼론은 국가의 경제적 상황을 호전시키기 위해 간접세의 세율을 낮추고, 국내 관세제도를 철폐시키고자 했다. 아울러 그는 일부교회의 재산을 몰수하는 것도 고려했다. 그러나 이러한 그의 시도는 튀르고가 자신의 개혁안을 제시했을 때와 마찬가지로

---

15 이에 앞서 그는 '재정현황보고서(Compte rends)'를 발표하여 국가재정의 현실을 특권 계층에게 알리고자 했다.

16 이 당시 네케르는 5억 3,000만 리브르에 달하는 공채를 7차례에 나누어 발행했다. 그러나 이러한 방식은 매우 위험했는데 그것은 당시로는 너무 높은 8.5%, 뒤이어 10%의 공채이자를 지불해야 했기 때문이다. 아울러 이러한 방식은 연간 상환액을 증대시키는 요인도 되었다.

기득 계층의 반발로 아무런 성과도 거둘 수 없었다. 즉 귀족, 고위성직자, 그리고 소수의 시민들로 구성된 명사회는 1787년 2월 칼론의 안을 수용할 수 없다는 입장을 공식적으로 밝혔던 것이다.[17] 1787년 4월 8일 해임된 칼론에 이어 등장한 대주교 브리엔(Loménie de Brienne: 1727-1794)은 고등법원(Parlement)의 지원을 받아 재정적 위기를 극복하려고 했으나 이 역시 성공을 거두지 못했다.

3. 삼신분회의 개최와 활동

이러한 기득 계층의 반발에도 불구하고 당시의 재정적 위기는 루이 16세로 하여금 특단의 조치를 취하게 했는데 그것은 소유자의 신분에 관계없이 모든 토지에 균등과세를 부과한다는 것이었다. 이후 성직자들은 정부의 새로운 과세법에 항의하기 위해 그들이 그 동안 납부했던 '자진 증여'의 액수를 17%로 축소시켰다. 아울러 파리의 고등법원도 루이 16세의 조치가 위법적인 행위라는 주장을 펼쳤다. 이에 따라 왕실과 귀족 계층의 의결 기구였던 고등법원 사이에 대립이 심화되었다. 여기서 귀족들은 새로운 세금징수는 삼신분회(états généraux)의 고유권한이라는 주장도 펼쳤다.[18] 이와 병행하여 이들은 전단 배부 등을 통해 그들의 주장이 가지는 당위성을 프랑스인들에게 알리고 이들로부터 지지도 얻어내고자 했다. 상황이 이렇게 진행됨

---

17 명사회는 국왕이 임명한 144명으로 구성되었다.

18 삼신분회는 1302년 최초로 개원되었다. 이 회의는 영주 또는 종주(primus inter pares)에서 주권자로 발돋움하고 있던 국왕이 측근들과 봉신들을 소집하여 회의하던 기존의 봉건적 조정을 평민 신분을 포함한 모든 신분들의 회의체로 발전시킨 일종의 확대 조정회의로 볼 수 있다. 이렇게 국왕이 조정회의에 제3의 세력을 끌어들인 것은 대영주들과의 전통적 대립에서 우위를 차지하려는 의도를 가졌기 때문이다.

에 따라 루이 16세는 1788년 8월 8일 삼신분회를 다음해 5월 5일 베르사유에서 개최한다는데 동의했다. 성직자 및 귀족 계층은 이러한 결정으로 절대왕정체제하에서 축소 내지 무력화되었던 그들의 권력을 다소 나마 회복할 수 있게 되었다. 이후 이들은 1788년 9월 21일 삼신분회가 1614년의 절차에 따라 소집되고, 구성되어야 한다는 입장을 밝혔다.

1614년 이후 개최된 적이 없었던 삼신분회의는 1789년 5월 5일 베르사유의 소락궁(l'hôtel des Menus-Plaisirs)에서 개최되었고 이 회의에는 1,214명이 참여했다. 그런데 이번의 개회는 그 이전과는 전혀 다른 상황 하에서 소집되었다. 즉 평민들의 불만이 팽배한 상태에서 삼신분회의가 소집된 것이다. 이 당시 평민들의 생활은 극히 어려웠는데 그것은 계속된 흉년으로 인해 물가와 지대가 각기 65%, 98%가 오른 반면 임금은 겨우 22%밖에 상승되지 않았기 때문이다.[19] 아울러 1788년에 체결된 영·불 통상조약으로 영국의 값싼 섬유제품과 금속제품이 프랑스에 대거 유입됨에 따라 동일업종에 종사하던 많은 기술자들도 일자리를 잃은 상태였다.

---

19 이 당시 물가와 도시노동자들의 수입을 살펴보면 다음과 같다.

생산물의 가격(공산품＋농산물)

생산물 ＼ 년도	1771-1789(156)	1785-1789(166)
호밀	160	166
메밀	152	171
메귀리(Avena)	174	165
〈곡물 총계〉	156	176
포도주	135	165
장작	163	113
모직물	122	191
비단	136	
대마	138	
철	130	

(1721-1741 = 100)

삼신분회는 이전의 방식에 따라 운영되었다. 그러나 이 회의에 제3계층은 578명의 대표[20]를 파견했는데 그것은 이전보다 2배나 많은 숫자였다.[21] 반면 제1계층과 제2계층은 각각 294명과 270명을 참석시켰는데 이러한 것은 1614년 삼신분회가 개최되었을 당시의 수에서 크게 벗어나지 않았다. 회의가 개최된 직후부터 제3계층은 신분별 투표방식(Par ordre)의 철폐를 요구했는데 그것은 어떤 법안을 통과시키기 위해서는 각 계층이 따로 모여 회합을 가진 뒤 전체회의에서 투표하는 방식이었다. 그런데 제1계층과 제2계층은 이해관계가 일치되는 경우가 많았기 때문에 그들의 견해는 아무런 저항 없이 통과된 반면 제3계층은 자신들의 입장을 관철시킬 수 없었다. 그러나 이전의 삼신분회와는 달리 이번에는 하위 귀족 및 성직자 계층의 일부가 제3계층의 관점을 지지했다.

회의장 분위기는 이전에 개최되었던 삼신분회와는 달랐다. 루소의 '전체 의사'를 정당화시키는 유인물들이 나돌았는데 그것은 시에예스(Immanuel Joseph Sieyès: 1748-1836)의 주도로 이루어졌다. 이 당시 시에예스는 '제 3신분이란 무엇인가?'라는 전단을 출간했는데 여기서 그는 국가 신민 모두를 제 3신분으로 간주했고 만일 이러한 계층에 속하지 않는 사람들이 있다면 그들

도시 노동자들의 수입증가율

생산물 \ 년도	1771-1789	1785-1789
일반	117	122
건축공. 토목공	118	124
벽공(壁工)	133	

(1726-1741 = 100)

20 특히 지방행정직에 종사했던 관리들(344명) 상인, 공장주, 그리고 금융가(85명)들의 참여가 두드러졌다.
21 시민 계층은 삼신분회의에 참석할 그들의 대표수를 제1계층과 제2계층의 대표수를 합친 것과 같아야 한다는 '제3신분대표수의 배가운동'을 전개했고 루이 16세 역시 그것을 승인했다.

은 프랑스 국민이 아니라는 주장을 펼쳤다. 아울러 그는 지금까지 제3계층이 국가통치에 관여한 적이 없음을 지적하면서 그것의 시정이 절실히 필요하다는 견해도 제시했다.[22] 미라보(Mirabeau: 1749-1791) 백작을 비롯한 일부 귀족정치가 들도 시에예스의 이러한 관점에 적극적으로 동조했다.

삼신분회에서 제3계층은 전체회의를 주장했을 뿐만 아니라 머리 수 투표(par tete)도 주장했다. 이에 제1·2계층은 사태의 심각성을 인식하고 삼신분회를 폐회시키고자 했다. 귀족 및 성직자들의 대응책을 파악한 제3계층은 6월 20일 그르노블 출신의 무니에(J.-J.Mounier: 1758-1806)의 주도로 실내 정구장에 모여 자신들의 확고한 입장을 다시금 천명했다.[23] 여기서 이들은 6월 17일에 결의한 국민의회(Assemblée Nationale)의 구성을 구체화시키기로 합의했을 뿐만 아니라 여기에 성직자 및 귀족들의 참여도 요구했다. 이러한 소식을 접한 루이 16세는 제1·2계층에게 국민의회에 참여할 것을 지시했지만 국민의회의 활동을 더 이상 허용해서는 안된다는 판단도 했다. 이에 따라 그는 베르사유에 병력을 집결시켜 제3계층의 활동을 중지시키려고 했다.

정치권에서 이러한 모임을 가질 때 프랑스의 경제적 상황은 더욱 어려워졌는데 그것은 1787년 이후 계속된 흉년으로 국민 대다수가 기아상태 하에 놓여 있었기 때문이다. 아울러 이러한 상황은 귀족들의 봉건적 반동도 강화시켰는데 토지대장과 같은 옛 봉건문서를 인위적으로 갱신하여 수입을

---

22 시에예스는 자신의 저서에서 제3신분의 과제에 대해서도 언급했다.
   '제3신분이 정치적 권리를 소유하려면 앞으로 무엇을 해야 할까?
   그것은 제3신분이 의회를 별도로 개원하는 것이다. 귀족·성직자와 협력하지 않고 신분 및 사람 수에 따라 의석수를 정한다. 여기서 제3신분의회와 두 특권 신분의회와는 서로 크게 다르다는 것을 인지해야 할 것이다. 전자는 2,500만 명을 대표하며 신민의 이익과 관련된 것들을 토의하지만 후자는 소집될 필요가 있지만, 기껏해야 약 2만 명의 권한을 가지며 자신들의 특권만을 생각한다.'
23 프랑스 왕족들이 죄드폼(jeu de paume)이라는 게임을 즐기던 장소에서 제3계층의 지도자들은 헌법제정을 맹세했다.

늘리려고 한 것이 그러한 시도의 대표적인 예라 하겠다.

이 당시 대다수의 프랑스인 들은 곡물 및 빵 가격의 급격한 상승으로 그들 수입원의 80% 이상을 곡물 및 빵 구입에 할애해야만 했다. 이전에는 수입원의 50%로 자신들이 필요로 하는 기본식량을 살 수 있었다.[24]

삼신분회에 대한 루이 16세의 대응에 대해 파리 시민들은, 특히 하층민 들은 그들의 불만을 즉시 표출시켰을 뿐만 아니라 무력적인 봉기도 모색했다. 파리 시민들은 1789년 7월 14일 팔레 르와얄(Palais-Royal)에 모였고 여기서 데물랭(B.C.Desmoulins: 1760-1794)은 정부의 정책을 강력히 비방했다. 뿐만 아니라 그는 현 체제의 타파도 요구했다. 이어 그는 구질서체제의 상징으로 간주되던 바스티유(Bastille) 감옥을 습격해야 한다는 주장을 펼쳤고 그러한 견해는 참석자들의 절대적인 지지도 받았다.[25] 바스티유 감옥에 도착한 파리 시민들은 사령관에게 설치된 대포를 치울 것과 자신들에게 무기를 제공할 것도 요구했다. 그러나 사령관은 이러한 요구를 거절했을 뿐만 아니라 발포명령도 내려 98명이 목숨을 잃었다. 이러한 상황은 몇몇 선동자들의 입장을 강화시키는 계기가 되었다. 그런데 이 당시 바스티유 감옥에는 정치범 대신에 2명의 정신병자, 가족의 요청으로 감금된 성범죄자 1명, 그리고 지폐위조범 4명만이 수감되었을 뿐이다.

---

24 파리의 빵 가격(2 Kg)

1788.9.7	11
1788.11.8	12
1788.11.28	13
1788.12.11	14
1789.2.1	14 1/2
1789.7.14	15
1789.7.22	13 1/2
1789.8.8	12
1790.6	11
1790.7	8

(단위: Sous)

25 파리 중심가에 위치한 바스티유 감옥은 불법투옥 및 고문이 자행되던 장소로 알려졌다.

바스티유 감옥이 함락된 직후 각 구(sections)의 대표들로 구성된 파리 자치시 정부(commune)는 4만 8,000명의 민병을 소집하여 민병대를 구성했다. 이 때 처음 등장한 삼색기는 수도를 상징하는 빨강과 푸른 색, 그리고 부르봉 왕가를 의미하는 흰색으로 구성되었다.

4 . 인 간 과 시 민 의 기 본 권 리

파리에서의 소요는 전국적으로 영향을 주었다. 7월말부터 브르타뉴, 노르망디, 프랑쉬 콩테(Franche-Comté), 그리고 마코네(Mâconnais) 등지에서는 농민들이 자치위원회와 민병대를 구성하여 봉건영주의 저택이나 성을 습격하여 그들의 부채를 기록한 문서들, 즉 장원문서를 소각했고 그들이 필요로 하는 물품들도 얻었다. 그러나 농민들의 이러한 행동은 국지적인 성격에서 벗어나지 못했다고 볼 수 있는데 그것은 혁명적 이념을 농민들이 파악하지 못했을 뿐만 아니라 그들 간의 연대도 모색하지 않았기 때문이다. 점차적으로 귀족들도 자신들이 위험한 상황에 놓여 있다는 것을 인식하고 국외로의 탈출(La Grande Peur)을[26] 시도했다. 여기서 4만 명에 달하는 귀족들이 자신들의 재산(특히 금과 은)과 말을 국외로 유출시켰고 그것은 프랑스의 경제적 상황을 더욱 어렵게 하는 요인이 되기도 했다.

두에(Merlin de Douai: 1754-1838)가 주도한 국민의회의 한 분과소위원회에서 봉건제의 유상철폐가 안건으로 상정되었다. 그리고 이 안은 본회의에서 커다란 수정 없이 의결되었는데 그것은 전국적으로 확산되던 농민소요를

---

26 1789년 7월말부터 8월 중순까지 진행된 대공포는 농민들로 하여금 자체방어를 위해 무장하게 했다.

진정시키기 위해서였다.[27] 이제 이러한 조치로 제1 · 2계층은 자신들의 특권을 포기해야만 했다. 아울러 본회의에서는 균등세제의 도입과 십일세의 폐지도 결정되었다. 또한 제2계층의 수렵지 보유 및 장원적 특권 역시 철폐되었다.

1789년 8월 26일 〈인간과 시민의 기본권리, *Déclaration Des Droits de l'Homme et du Citoyen*〉가 국민의회에서 제정되었는데 여기서 주도적 역할을 담당한 인물은 라파예트였다. 이 선언서의 전문에서는 '인간의 권리에 대한 무지와 망각, 그리고 경멸이 공공의 불행과 정부부패의 유일한 원인이다.'라는 문장이 확인되었다.

〈인간과 시민의 기본권리〉는 영국의 명예혁명과 아메리카 혁명으로 제정된 '권리장전'과 '독립선언서'의 영향을 받았으며 루소의 정치철학도 많이 반영되었다.[28] 전문 17조로 구성된 선언문 중에서 중요한 것들을 요약하면 다음과 같다.

- 모든 사람은 자유롭고, 평등하게 태어났다. 따라서 이들의 사회적 차별은 공공복리를 위해서만 가능하다.
- 모든 정치적 결사는 양도될 수 없는 자연권보호를 위해서이다.
- 모든 주권은 국민으로부터 비롯된다. 따라서 법은 일반의지의 표현이며, 모든 시민들은 직접 또는 그들의 대표를 통해 법 제정에 참여할 권리를 가진다.

---

27 여기서는 인신적 부과조가 무상으로 폐지된 반면 물적부과조는 영주와 농민사이의 계약에 따라 해결되는 것이 타당하다는 견해가 부각되었다.

28 프랑스의 '인간과 시민의 기본권리'는 유럽 각국의 진보주의자, 자유주의자, 그리고 개혁주의자들을 자극했으며 19세기에는 절대왕정과 전제정, 봉건적 잔재 하에서 신음하던 다수의 국민들로 하여금 압제 및 폭정에 저항하게끔 유도했다.

- 자유란 타인의 권리를 해치지 않는 일이면 무엇이든지 할 수 있는 것을 지칭하며 그것의 제한은 법을 통해서만 가능하다.
- 법은 전체 의지의 표현이다. 따라서 모든 시민들은 개인적 또는 그들의 대표를 통해 그것의 정립에 협력할 의무가 있다. 법은 그것에 의해 보호되거나 또는 벌을 줄 때 모든 사람들에게 동등해야 한다. 모든 시민들은 법 앞에 동등하므로 모든 공적인 지위, 장소, 자리에 자신들의 능력에 따라 그리고 그들의 덕성과 그들의 재능이외의 어떠한 차별 없이 동등하게 들어갈 수 있다.
- 법에 명시된 경우를 제외하고는 누구든지 체포, 구금할 수 없다.
- 사상 및 의견의 자유로운 교환은 인간의 고귀한 권리중의 하나이다.
- 언론 및 출판의 자유를 보장한다.
- 3권분립을 실시한다.
- 공권력 유지 및 행정 경비를 위해 공공과세를 하는 것은 불가피하다. 그러나 조세부담은 시민 능력에 따라 평등하게 배분해야 한다.
- 사유재산은 그 어느 것도 침해할 수 없는 신성한 것이다. 따라서 합법적인 공적필요성이나 정당한 보상조건이 제시되지 않을 경우 어느 누구도 그것을 빼앗을 수 없다.

이러한 내용을 담은 〈인간과 시민의 기본권리〉는 곧 전단, 팜플렛, 그리고 소책자 등으로 인쇄되어 프랑스 전역에 배포되었다. 그러나 〈인간과 시민의 기본권리〉에 입각한 헌법기초작업은 순탄하지만은 않았다. 특히 의원들은 선전포고 및 평화체결권과 국왕의 거부권행사에 대해 심각한 의견적 대립을 보였다. 그러나 이러한 활발한 정치적 논의는 새로운 정치문화형성에 큰 기여를 했다. 점차적으로 국민의회는 정치적 관점에 따라 몇 개의 집단으로 나눠지게 되었는데 귀족의 특권적 지위를 강조하는 '귀족파(특권계

급파)', 상원의 설치와 국왕의 거부권행사를 지지하는 '왕당파', 루소의 이념을 추종한 '민주주의파(로베스피에르)', 그리고 몽테스키외의 이론을 실제정치에 활용하고자 했던 '입헌주의파(라파예트, 시에예스)'가 바로 그러한 집단들이라 하겠다.

상황이 이렇게 급변했음에도 불구하고 루이 16세는 이러한 국민의회의 활동을 귀족 계층의 지지를 통해 와해시키고자 했다. 따라서 그는 봉건제의 폐지선언과 인간과 시민의 권리선언을 인정하지 않으려고 했다.

10월 5일 식량부족으로 파리에서는 소요가 발생했다. 약 6,000명에 달하는 부녀자들이 빵을 요구하며 베르사유로 행진했고 2만 명의 국민방위군과 수많은 민중들이 이들을 뒤따랐다. 다음날에도 부녀자들의 시위는 이어졌다. 이후 국왕을 비롯한 그의 인척들은 파리로 강제 이송되었고 그러한 것은 귀족들의 대규모 해외망명을 가져 왔는데 이를 지칭하여 '제2차 귀족망명'이라고 한다.

이후 혁명 세력은 1789년 11월 2일 교회 재산을 국유화시켰고 그러한 정책은 로마 교회(비오 6세: Pius VI: 1775-1799)와 프랑스 사이의 관계를 단절시키는 계기가 되었다. 물론 혁명의 주도세력이 이러한 조치를 취했음에도 불구하고 사유재산 제도를 폐지하려고 하지는 않았다. 이들의 관점에서 볼 때 교회 토지는 공공 기관의 것이므로 그것을 사유재산의 범주에 포함시키지 않아도 된다는 것이다. 곧 이어 교회재산은 큰 단위로 매각되었는데 이는 농업자본가, 시민 계층, 그리고 부유한 자영농들의 몫이 되었다. 즉 빈농이나 토지가 없었던 농민들은 여기서 아무런 혜택도 받지 못했다.

교회재산의 몰수를 계기로 혁명정부는 교회 및 성직자 조직에 대한 개혁도 단행했다. 즉 혁명정부는 수도원을 해체시켰고 1790년 7월 12일 '성직자민사기본법(constitution cvile du clergé)'도 제정했다. 여기서는 성직자의 선출제와 국가가 이들에게 봉급을 지불한다는 것 등이 거론되었다.[29] 아울러

아시냐(assignat)

134개의 교구를 줄여 83개의 도(départment)와 일치하게 한다는 것도 명시되었다. 이제 성직자들은 교황에게 자신들의 승진을 일방적으로 전달하고 자신들의 성직취임에서 교황의 어떠한 권위도 인정할 수 없게 되었다. 아울러 교황의 서한이나 포고령 역시 정부의 허락 없이 프랑스 내에서 출간되거나 시행되지 못하게 되었다.

혁명정부는 국채총액에 해당되는 교회재산을 몰수했고 그것을 담보로 한 아시냐(assignat)를 1789년 12월 19일부터 발행하기 시작했다.[30] 따라서 아시냐는 이자지급을 보장하는 일종의 국채성격을 띠었으나 1790년부터는 지폐로 사용되기 시작했고 그 발행고도 매년 증가되었다. 이에 따라 아시냐의 가치는 급속히 하락했고 이것은 인플레이션과 경제위기의 주된 요인으로 부각되었다.[31]

---

29 이제 성직자들은 선서성직자와 비선서성직자로 나눠지게 되었다. 134명의 대주교 중에서 4명만이 선서했고, 주교들 역시 단지 ½만이 선서에 응했다.

30 아시냐는 처음에는 500리브르의 고액권으로, 그 후에는 50리브르나 5리브르의 소액권으로 발행되었다.

31 아시냐의 가치는 1793년에 50%, 1794년에 31%, 1796년에 1%로 급락했다. 이에 따라 아사

국민의회는 지방행정제도도 개혁했는데 그것은 낡은 지방행정구역을 정비하여 83개의 도로 다시 나눈 것에서 확인할 수 있다. 그리고 이 도는 군과 시읍면으로 세분화되었다.

이 기간 중 큰 역할을 담당했던 인물로는 라파예트를 들 수 있는데 그는 중도적 관점에서 혁명적 과제를 달성하려고 했다.

5 . 1 7 9 1년 헌 법

1791년 9월 3일 '91년 헌법'이 제정되었는데 여기서는 입헌군주제가 지향되었다. 이제 루이 16세는 절대적인 '프랑스 국왕'이 아니라 '프랑스 국민의 왕'이 되었다. 그렇다면 왜 국민의회의 의원들이 입헌군주제를 지향했을까? 그것은 시민 혁명의 바른 길이 자유주의의 이념을 구현하는 것, 즉 군주제의 정착으로 인식했기 때문이다. 그러나 이러한 온건적 구도도 국왕의 해외탈출 시도로 어렵게 되었다.

91년 헌법의 중요한 내용들을 살펴보면 다음과 같다. 우선 의회의 권한으로 법률제정권, 예산심의권, 전쟁선포권, 그리고 평화체결권 등이 제시되었다. 이어 거론된 왕권에서는 국민의회의 결정에 대해 국왕이 이의를 제기할 수 있다는 것이다. 그러나 국왕은 법률에 대한 절대적 거부권을 더 이상 행사하지 못하고 법률을 연기시키는 권한(2~6 년)만을 가진다는 것이다.[32] 아울러 국왕의 지위에 대한 언급도 있었는데 그것을 살펴보면 다음과 같다;

나 원판은 파기되었고 정화로 대체되었다.

32 이전의 프랑스 국왕들은 칙령형태로 모든 법들을 공포했을 뿐만 아니라 세금도 징수했다. 아울러 그들은 국고를 제한 없이 사용할 수 있는 권한도 가졌다. 뿐만 아니라 그들은 전쟁선포권과 평화체결권도 가졌다. 국왕의 법들은 국왕에 의해 임명된 관리들에 의해 수행되었으며 재판 역시 국왕의 통제 하에 있었다.

프랑스 왕국은 단일화를 지향한다. 그리고 부르봉 왕조는 계속하여 왕위계 승권을 가지지만 여자의 국왕승계는 인정하지 않는다. 국왕의 권위는 이전 처럼 신성하지만 더 이상 법을 초월하는 권위를 가질 수 없다.

91년 헌법은 선거인단의 구성 및 운영방법에 대해서도 언급했다. 그것에 따를 경우 만 25세 이상의 성인남자로 구성된 선거인단회의를 격년제 3월 2번째 주 일요일에 개최한다는 것이 명시되었다. 아울러 91년 헌법에서는 그동안 교회가 주관했던 주요 기록의 보존, 자선사업, 그리고 교육의 제 업무를 국가로 이관시킨다는 것과 의무 교육제의 도입 등이 명시되었다.

그러나 '91년 헌법'은 일부 시민에게만 참정권을 부여했다. 즉 1년에 적어도 3일분의 노동 임금을 세금으로 낼 수 있는 사람들에게만 참정권을 부여했는데 그것은 시민 계층을 430만 명의 능동적 시민(citoyen actif)과 300만 명의 수동적 시민(citoyen passif)으로 분류한 것에서 확인할 수 있다. 더욱이 시의 관리나 입법의회의 선거인단으로 선출되기 위해서는 보다 많은 세금, 즉 10 일간의 임금에 해당되는 세금을 납부해야만 했다. 그리고 의원이 되기 위해서는 1년에 54 프랑(Franc)이상의 직접세를 내야만 했다.

1791년 6월 20일 루이 16세는 왕비의 권유로 네덜란드로의 탈출을 시도했으나 6월 22일 국경 근처인 바렌 앙 아르곤(Varennes-en Argonne)에서 체포되었다.[33] 이 당시 루이 16세 역시 입헌군주정체제에 대해 부정적인 시각을 가졌기 때문에 인접국가들, 특히 오스트리아의 지원을 받아 프랑스를 절대왕정체제로 회귀시키려는 생각을 가지고 있었다.[34] 국왕의 탈출 시도로 프랑스 내부 상황은 급변하게 되었고 거기서 특히 국왕을 지지하던 우파의

---

33 마리 앙투아네트의 정부였던 페르센(Fersen)백작이 국왕일가의 탈주계획을 준비했다.
34 이 당시 오스트리아 국왕은 레오폴드 2세(Leopold II)였는데 그는 마리 앙투아네트의 오빠였다. 마리 앙투아네트는 레오폴드 2세에게 보내는 수차례의 편지에서 오스트리아가 프랑스문제에 즉각적으로 개입할 것을 요구했다.

입지적 조건이 크게 약화되었다. 아울러 그러한 탈출시도는 입헌 군주정의 시행을 어렵게 하는 결정적인 요인이 되었다.

1791년 7월 17일 6,000명에 달하는 사람들이 샹 드 마르스(Champ de Mars: 연병장)에 모였고 여기서 이들은 국왕의 퇴위를 요구했다. 이러한 시위에 대해 국민방위군사령관이었던 라파예트는 무력적인 방법으로 대처했는데 그것은 그의 정치적 생명을 박탈하는 계기가 되었다.

6. 입법의회의 활동

1791년 10월 1일부터 입법의회(Assemblée Législative)가 활동을 펼치기 시작했다. 그런데 이 의회의 의원들은 의정활동의 신인들이었는데 그것은 로베스피에르의 제안에 따라 국민의회의 의원들을 입법의회에서 배제시켰기 때문이다. 개원한 직후 입법의회는 정치적 성향에 따라 몇 개의 파(club)로 나누어졌는데 그것을 살펴보면 264명의 의원들이 우파적 성향의 푀이양파(Feuillants)에 소속되었다. 그리고 136명의 의원들은 지롱드파(Girondes)에 가입했고, 나머지 345명은 중도적 입장을 취했다.[35] 이 당시 지롱드파, 특히 과격한 지롱드파를 주도했던 브리소(J.P. Brissot: 1754-1793)는 혁명전쟁의 필요성을 강조했다.[36] 즉 그는 오스트리아를 비롯한 유럽의 절대왕정 국가들에

---

35 입법의회의 선거에서 많은 사람들이 투표에 불참했다. 8만 1,000명이 투표권을 가진 파리에서 단지 7,000명만이 투표권을 행사한 것이 그 하나의 예라 하겠다. 그리고 선출된 의원들의 상당수는 30세 미만이었다.

36 자코뱅파의 세력 확장은 다음의 수치를 통해 확인할 수 있다.
1790년 7월: 1,200명의 회원(7개의 지부)
1790년 8월: 152개의 지부
1791년 3월: 227개의 지부
1791년 6월: 406개의 지부

게 타격을 주고 프랑스의 왕실 및 귀족 계층의 반혁명적 음모를 제거하기 위해서는 혁명전쟁이 반드시 필요하다는 견해를 제시했던 것이다.[37] 1792년 4월 20일 프랑스에 대해 선전포고를 한 오스트리아는 같은 날 릴(Lille)에서 프랑스군을 격파했다. 오스트리아와 공조체제를 유지하던 프로이센도 프랑스에 대해 군사적인 압박을 가하려고 했는데 그것은 프로이센의 장군 브라운슈바이크(Braunschweig: 1735-1806)가 '파리를 군사적으로 굴복시키겠다'라는 선언한데서 확인할 수 있다. 그리고 이러한 상황변화는 루이 16세로 하여금 법령재가를 거부하게 했다.

이제 프랑스의 패배는 피할 수 없는 하나의 기정사실로 간주되었는데 그 이유로 첫째, 군의 기강이 문란한 상태에 놓여있었다는 것 둘째, 지휘부의 절반 이상이 외국으로 망명한 것을 제시할 수 있을 것이다.[38] 따라서 프랑스 혁명 세력은 자구책을 모색하게 되었고 거기서 제시된 것이 바로 '의용군 소집'이었다. 이후 전국 각지의 의용군들은 파리로 집결했다. 특히 마르세유의 의용병은 파리로 들어오면서 루제 드릴(C.J.Rouget de Lisle: 1760-1836) 대위가 작곡한 '라인 강 수비대의 노래'를 힘차게 불렀는데 그것은 후에 라 마르세예즈(La Marseillaise)로 알려졌다.[39]

1791년 9월: 1,000개의 지부
1792년 말: 약 2,900개의 지부
(모든 도시에 적어도 하나의 지부가 설치되었다.)

37 점차적으로 자코뱅파는 과격한 자코뱅파와 지롱드파로 나눠지게 되었다. 과격한 자코뱅파는 소시민 계층의 이익을 대변하려고 했고, 지롱드파는 중산 계층 및 지식인 계층의 관점을 옹호했다.

38 프랑스 대혁명이 발생하기 이전 귀족 계층만이 지휘관이 될 수 있었다. 그런데 전투경험을 많이 가진 지휘관들은 혁명이후 대거 국외로 망명했는데 그것은 이들이 혁명이후에 전개된 상황에 대해 두려움을 느꼈기 때문이다.

39 루제 드릴은 스트라스부르 시장이었던 디트리슈(Frederic de Dietrich)의 집에서 술기운을 빌려 즉흥적으로 '라인강 수비대의 노래'를 작곡했다.

"나가자 조국의 아들들이여 번영의 날이 왔다. 전제정에 대항하는 우리들의 피어린 깃발이 나부낀다.(…)시민들이여 무기를 들고 군대를 구성하라. 나가자 적들의 더러운 피로 우리의 밭고랑을 적실 때까지"

아울러 파리의 혁명세력이나 정치가들, '봉기꼬뮌', '민중투사', '꼬르들리에클럽',[40] 로베스피에르, 마라, 그리고 당통 등은 1792년 8월 3일부터 루이 16세의 폐위를 요구하기 시작했다. 이들 중의 일부가 1792년 8월 10일 루이 16세의 왕궁인 틸르리(Tuileries)궁을 습격함에 따라 국왕은 입법의회가 열리고 있던 건물로 도피했다. 이후 파리에는 시민혁명정부, 즉 파리 코뮌(Commune de Paris)이 수립되었다. 코뮌은 입법의회의 제 권한을 강제로 빼앗을 뿐만 아니라 헌법에 대한 효력정지 및 제헌의회선거도 무기한 연기시켰다.

7. 국민공회의 활동

이후 국민공회(Convention nationale)의 소집이 요구되었고 일반-보통선거제의 도입도 거론되었다. 이제 부유한 시민 계층을 대신하여 소시민 계층, 즉 수공업자 및 소상점주 등이 혁명의 주도권을 장악하기 시작했다.

전쟁의 상황이 극도로 불리하게 됨에 따라 파리의 혁명주의자들은 1792년 9월 1일 바스티유 감옥에 수감되어 있던 1,100명의 죄수를 임의적으로 처형했다.[41] 아울러 이들은 희생자들의 피를 마셨고 심장까지 먹는 극단적인 행위도 자행했다. 이러한 소식을 접한 귀족들은 다시금 망명의 필요성

---

40 이 클럽의 공식명칭은 '인간과 시민의 권리를 사랑하는 모임(Société des Amis des droit de l'homme et de citoyen)' 이었다.

41 처형된 사람들은 분리파 성직자와 반혁명분자로 간주되었다. 그러나 혁명과 무관된 사람들도 목숨을 잃었다.

을 절감하게 되었다.[42]

이 당시 핵심 정치가들은 이러한 상황에 대해 의견을 달리 했다. 우선 로베스피에르(Robespierre: 1758-1794)는 이러한 행위에 대해 당위성을 부여했는데 그것은 그가 혁명의 과격성을 지지했기 때문이다(혁명에서 다른 어떤 것들을 기대하겠는가?). 이에 반해 당통은 행위의 당위성을 인정하지 않았지만 그것에 대한 구체적인 대응책을 제시하지는 못했다. 그리고 마라는 지방에서도 동일한 행위가 펼쳐져야 한다는 견해를 제시하여 로베스피에르보다 더욱 과격한 입장을 보였다.[43]

혁명군은 1792년 9월 20일 발미(Valmy)에서 프로이센군을 격파했다. 같은 날 새로운 헌법 개정을 위해 국민공회가 소집되었고 여기서는 왕정의 폐지 및 공화정체제의 도입이 선포되었다.[44] 같은 해 11월 6일부터 약 3주에 걸쳐 프랑스군은 벨기에(오스트리아 령 네덜란드)를 정복했고 사보이(Savoy)도 합병했다.

국민공회는 점령지역에서 옛 정부들을 해체시켰고 정부 및 교회재산도 몰수했다. 아울러 십일조, 수렵권, 그리고 영주의 잡세 등도 폐지시켰다. 이후 국민공회는 '자유를 회복하려는 모든 인민들을 지원하겠다'라는 입장을 공식적으로 밝혀 혁명사상의 수출을 강력히 천명했다.

총 749명으로 구성된 국민공회[45]는 1792년 9월 21일부터 활동을 펼치기 시작했고 연방체제와 경제적 자유주의를 지향했던 평원파와 강력한 중앙집권체제 및 통제경제체제를 선호했던 자코뱅파(+상퀼로트(sansculottes)로 나눠지게 되었다.[46] 특히 후자는 민중의 복지와 전쟁수행을 자신들의 최우

---

42 루데(Rudé)는 학대음란증 환자들이 이러한 소요에 대거 참여했다는 주장을 제기했다.

43 당시 마라는 혁명의 핵심세력 중에서 가장 과격했다.

44 파리에서는 공개투표제가 채택되었다.

45 이들의 대다수는 시민 계층이었고 250명의 의원들은 법률가출신이었다.

선 과제로 인식하고 있었다.

점차적으로 국민공회의 의원들은 국왕의 처형문제로 첨예하게 대립하기 시작했다.[47] 그렇지만 이들은 1792년 12월 3일 국왕을 재판에 회부하기로 합의했고 12월 26일에는 루이 16세로 하여금 변호사를 선임하게 했다. 1793년 1월 15일 국민공회는 만장일치로 국왕의 유죄를 선고했지만 다음날 출석의원 721명 중 361명이 즉각적인 처형에는 반대했다. 이에 따라 제2차 투표가 실시되었고 거기서는 출석의원의 과반수이상, 즉 387명이 국왕의 즉각적인 처형에 대해 동의했다. 이제 국왕처형에 찬성표를 던진 국민공회의 의원들은 그들의 안전을 위해 왕정체제의 복귀에 거부적인 자세를 취할 수밖에 없었다.

루이 16세는 1793년 1월 21일 오전 10시 틸르리 궁 앞의 혁명광장에서 기요틴(guillotine)으로 처형되었고 그것은 주변 국가들을 경악하게 했다.[48] 이제 이들 국가들의 군주, 귀족, 그리고 성직자들은 혁명의 여파가 자국에 유입되는 것을 두려워하게 되었다. 이에 따라 이들은 프랑스에 대해 공동으로 대처하기로 합의했고 거기서 영국수상 피트(W. Pitt: 1708-1778)의 주도로 1793년 2월 제1차 대불동맹을 결성했다. 이 동맹에는 영국, 네덜란드, 에스파냐, 사르데냐, 나폴리, 포르투갈, 신성로마제국, 그리고 로마교황청이 참여했다. 이들 국가의 군주들은 프랑스 국왕의 죽음을 복수하고 혁명적 세력을 붕괴시키겠다는 의지를 강력히 표방했다. 국민공회는 대불동맹에 대항하여 1793년 2월 1일 영국과 네덜란드에 대해 선포포고를 했다. 3월에 이르러 프

---

46 이들은 중산 계층과 상류 계층이 착용했던 허벅지에 밀착되는 짧은 바지(culotte)대신에 긴 바지를 입었다.

47 이 당시 국민공회에서는 프랑스에 평화가 정착될 때까지 루이 16세를 국외로 추방시키거나 또는 구금시켜야 한다는 견해와 즉시 그를 처형시켜야 한다는 입장이 제기되었다.

48 기요틴은 파리의 의사 기요탱(J.I.Guillotine: 1738-1814)이 사형수의 고통을 덜어주기 위해 고안한 장치였다.

랑스는 러시아를 제외한 유럽의 대다수 국가들과 교전상태로 들어갔다.

> "프랑스 민족은 지금까지 정복을 목적으로 전쟁을 일으키지 않았을 뿐만 아니라 다른 민족의 자유를 억압하기 위해 무기도 들지 않았다. 우리 민족은 단지 자유와 독립을 위해 전쟁을 펼쳤을 뿐이다. 지금 많은 국가들이 우리에게 전쟁 선포를 한 것은 국가와 국가 간의 전쟁이 아니라 자유로운 민족에 대한 군주의 정당하지 못한 행위에서 비롯된 것이라고 하겠다."

이 당시 당통을 비롯한 상당수 의원들은 프랑스의 혁명적 업적을 보존하고 프랑스가 발전하기 위해서는 유럽의 열강들과 평화회담을 개최해야 한다는 생각을 가지고 있었다. 그러나 그러한 견해를 국민공회에 공식의제로 상정시키지 못했는데 그것은 당시 국민공회의 분위기에서 비롯된 것이라 하겠다. 만일 어떠한 인물이 국민공회에서 그러한 제의를 했다면 그는 즉시 국가반역자로 몰려 처형되었을 것이다.

1793년 초부터 대불동맹에 참여한 국가들의 압박은 보다 강화되었다. 이러한 때 프랑스 최고의 장군이었던 뒤무리에(C.F.Dumouriez: 1739-1823)가 국민공회의 실책을 비난하면서 파리로의 진격을 시도했다.[49] 그러나 그의 군대는 명령을 따르지 않았고 그것은 그로 하여금 오스트리아로 망명하게 하는 요인이 되었다. 거의 같은 시기 쿠스틴(A.P. Custine: 1742-1793)의 프랑스군은 연합군의 군사적 공세로 라인 좌안으로부터 철수해야만 했다. 이러한 상황으로 프랑스 내에서는 위기감이 고조되었을 뿐만 아니라 상퀼로트의 과격화현상도 가시화되기 시작했다.[50]

---

49 이 인물은 1792년 11월 초 제마프(Jemappes)에서 오스트리아군을 격파했다.
50 군부가 국민공회에 대해 반란을 일으킨 요인들로는 첫째, 군부에 대한 혁명정부의 배려가 미약했는데 그것은 군수품의 조달이 제대로 이루어지지 못한데서 확인할 수 있다. 둘째, 새로 도입된 모병제도가 혁명에 참여한 시민 계층을 징집대상에서 배제시켰다는 것이다. 즉

1793년 3월초 국민공회에 대한 반란이 프랑스의 서부 및 남부 지역, 즉, 노르망디(Normandie), 브르타뉴(Bretagne), 보르도(Bordeaux), 마르세유(Marseille), 투울(Toul), 그리고 리옹(Lyon)에서 발생했다. 이러한 소요의 중심지는 방데(Vendée)였고 여기에는 농민 계층과 시민선서를 거부한 성직자들이 대거 참여했다. 소요의 과정에서 왕정체제가 옹호되었을 뿐만 아니라 국민공회의 종교정책에 대한 강력한 비판도 제기되었다. 아울러 모병제도의 문제점도 거론되었다. 그런데 이러한 반란을 '도시와 지방간의 분쟁 내지는 충돌'로 간주하려는 분석도 제기되었는데 그것을 살펴보면 첫째, 혁명의 주도세력이 도시의 시민 계층에 대해서만 배려했다는 것. 둘째, 혁명의 주도세력이 지방민에 대한 중과세정책을 지속적으로 펼쳤다는 것. 셋째, 시민병들이 농민들의 불만을 무력으로 진압했다는 것. 넷째, 지방민들이 관료주의 체제에 대해 불만을 가졌다는 것을 폭동의 주된 요인으로 제시했다. 국민공회는 폭동에 참여한 사람들에게 사형선고를 내리는 등의 강경조치를 취했으나 폭동은 바로 진압되지 못했다.

이러한 시기에 물가폭동현상이 재현되었다. 그러나 지방과 도시에서의 상황은 판이하게 진행되었다. 이 당시 지방의 노동자들은 노동의 대가로 매일 20수(Sous)를 받았다. 그리고 500g의 빵을 사기 위해서는 6~8수를 지불해야만 했다. 이에 반해 파리의 노동자들은 40수 이상을 벌었고 빵 값도 지방의 절반 수준에 불과했다. 그럼에도 불구하고 파리의 상퀼로트들은 구체제의 잔재제거, 재고품의 강제몰수, 최고가격제(maximum)의 도입, 그리고 아시냐의 강제통용 등을 강력히 요구했다. 이러한 요구에 대해 국민공회는 부정적인 시각을 보였다. 로베스피에르[51] 역시 상퀼로트의 이러한 요구에 대

3만 명에 달하는 사람들을 징집하면서 시민 계층을 징집대상에서 배제시켰다는 것이다.

51   이 당시 로베스피에르는 자유시장경제원칙을 추종했다.

로베스피에르

해 동의하지 않았다.

상황이 이렇게 전개됨에 따라 1793년 5월 31일 파리 코뮌은 지롱드파를 제거해야 한다는 확신을 가지게 되었고 그것을 구체화시키기 시작했다. 이들은 국민공회에 침입하여 지롱드파 지도자들을 체포하려고 했다. 이에 따라 상당수의 지롱드파 의원들은 지방으로 피신했다. 파리에서 주도권을 장악한 상퀼로트는 '감시위원회'와 '혁명대대(Bataillone)'를 구성했다. 그리고 이들 계층은 점차적으로 자코뱅에서 시민 계층을 배제시켰을 뿐만 아니라 반혁명세력의 신속한 구속과 그들을 재판할 수 있는 혁명재판소의 설치도 관철시킬 수 있었다. 아울러 이들은 최고가격제의 도입과 아시냐의 강제통용도 현실화시켰다.

뿐만 아니라 로베스피에르는 순찰위원(Representants en mission) 80명을 지방으로 파견하여 지방 통치위원회를 주도하게 했다. 그런데 선출된 순찰위원회의 대다수는 로베스피에르의 추종자들이었다. 이 당시 로베스피에르는 루소가 '사회계약론'에서 제시한 이상을 반드시 실현시킬 수 있다는 확신을 가지고 있었다. 그에 따르면 인간의 본성은 선하며 정의의 법칙이 그 마음속에 새겨져 있다는 것이다. 따라서 그는 국민들이 사회전체의 의사가 무엇인지를 파악할 수 있는 능력을 가졌을 뿐만 아니라 도덕 공화국의 건설도 바라고 있다는 주장을 펼쳤던 것이다.

이후부터 혁명 정부는 대대적으로 반혁명 인물들을 색출하는데 주력했고 그 과정에서 30만~50만 명에 달하는 사람들을 체포했다.[52]

국민공회는 1793년 6월 23일 '93년 헌법을 공포했는데 거기서는 일반 선거제의 도입, 노동권 및 생존권의 보장, 실업자와 병약자에 대한 공공지원책 마련, 망명 귀족의 재산몰수, 봉건적 공납의 무상폐지, 그리고 권력분립 등이 거론되었다.

1793년 7월 당통이 산악당으로부터 탈당한 후 이 당은 로베스피에르에 의해 주도되었다. 로베스피에르는 상퀼로트의 정치적 또는 경제적 요구들을 수렴했는데 그것은 국민공회에서 평원파가 다수를 차지했기 때문이다. 이 당시 로베스피에르는 상퀼로트의 지지를 상실할 경우 그 자신의 몰락도 피할 수 없다는 사실을 잘 알고 있었다.

1793년 7월 17일 로베스피에르는 봉건적 잔재를 완전히 철폐시켰다. 즉 그는 지주들에 대한 농민들의 조세를 무상으로 폐지시켰는데 그러한 조치는 구체제의 기본적 통치골격을 붕괴시킨 것으로 볼 수 있을 것이다.

아울러 혁명정부는 1793년 여름부터 1794년 초까지 망명귀족 및 프랑

---

52 1793년 여름부터 본격화되었던 이러한 색출작업은 1794년까지 지속되었다.

스 내 혐의자들의 몰수 토지를 '작은 구획의 토지(Parzelle)'들로 나누어 농민들에게 유상분배 했는데 이것은 혁명에 대한 농민 계층의 관심을 유발시키기 위해서였다.

1793년 8월 23일 징병제(Levee en masse)의 도입이 선포되었다. 그리고 여기서는 18세부터 40세까지의 미혼 남성들이 반드시 군에 입대해야 한다는 것이 명시되었다.[53] 이러한 조치로 프랑스는 백만의 병력을 소유하게 되었고 그것은 대불동맹에 참여한 국가들의 병력보다 많은 수였다. 그리고 이러한 대규모의 병력은 금속 및 섬유산업의 활성화를 촉발시켰다. 이후 오슈(L.Hoche)나 저르당(J.B.Jourdan)과 같은 30세 미만의 유능한 장군들도 배출되었는데 그것은 진급에서 선임제대신에 능력을 우선시했기 때문이다.

1793년 9월 17일 공안위원회(comité de salut public)가 설치되었다.[54] 이 위원회에는 로베스피에르, 생쥐스트(L.A.León de Saint Just: 1767-1794),[55] 쿠통(G. Couthon: 1755-1794), 카르노(L. Carnot), 장봉 생탕드레(Saint-Andrée), 레 푸리에뤼(Les Prierus), 비요-바렌(J.N.Billaud-Varenne: 1756-1819), 코로 데르브아(J.-M. Collot d'Herbois), 랭데(J.-B. R. Lindet: 1746-1825), 바레르(B. Barère: 1755-1841), 그리고 에로 드 세쉘(M.J.H.de Hérault de Séchelles: 1759-1794) 등이 참여했다.[56] 이

---

53 이 당시 여성들은 텐트나 의복을 만들거나 공공병원에서 일을 해야만 했다. 그리고 아이들 역시 낡은 천들을 이용하여 붕대 만드는 일에 참여했다.

54 공안이란 개인의 안전이 아닌 전체의 안전을 의미한다. 국민공회는 공안이 혁명의 핵심적인 개념임에도 불구하고 공안담당기구에 권력이 집중되는 것을 우려하여 전담위원회의 설치를 망설였다. 그러나 국가가 대내외적으로 심각한 위기에 직면함에 따라 공안위원회의 설치를 더 이상 미룰 수 없게 되었다.

55 기병장교의 아들로 태어난 이 인물은 20대 초반부터 혁명적 이념에 심취했다. 생 쥐스트는 평등하고 덕치주의적인 공화국을 주장함으로써 민중의 우상으로 부각되었다. 아울러 그는 자신과 로베스피에르의 정적이었던 지롱드파, 에베르파, 당통파를 숙청하는데 결정적인 역할을 담당했으며 유명한 방또즈법의 초안도 마련했다.

56 공안위원회는 혁명정부(gouvernement révolutionnaire)의 주축으로 사실상의 행정부역할을 담당했다. 그리고 이 위원회에 참여한 인물들의 대다수는 산악파에 소속된 정치가들이

위원회는 과거의 악습 및 부조리를 제거하고 민주적 도덕공화국의 건설을 최우선 과제로 설정했다. 공안위원회가 설치된 이후 3만 5,000~4만 명이 처형되었고, 30만~50만 명 정도가 투옥되었다.[57] 특히 처형된 사람들 중의 15%는 파리에서 목숨을 잃었고, 나머지는 지방에서 생을 마감했다. 희생자들의 사회적 신분을 살펴볼 경우 모든 계층이 다 포함되었다는 사실도 확인할 수 있다. 그런데 이들 중에서 성직자 및 귀족 계층이 차지한 비율은 15% 정도였고 나머지는 제3계층이었다.[58]

로베스피에르는 1793년 9월 29일 상퀼로트의 요구에 따라 최고가격제 및 최고임금제(maximum général: 1790년을 기준)를 도입했다. 여기서는 특히 최고가격제를 적용할 품목 및 그 시행세칙이 자세히 언급되었다.

최고가격제로 지정된 품목은 설탕, 종이, 식용유, 꿀, 버터, 가죽, 소고기, 납, 철, 포도주, 맥주, 소금, 비누, 담배, 옷감(면, 비단), 그리고 신발 등이었다. 그리고 상인들의 이윤범위도 구체적으로 명시되었는데 도매의 경우는 5%, 소매의 경우는 10%의 이윤이 보장되었다.

이제 농민들은 그들의 생산물을 정부가 제시한 가격으로 시장에 출하

었다.

57 아래에 해당되었던 사람들은 처형 및 체포 대상이었다.
① 자신의 생계방법이나 공민적 의무수행을 증빙할 수 없는 자
② 각 자치기구와 위원회에서 발급한 '공민증'을 소유하지 못한 자
③ 정직이나 파면을 당한 후 복직되지 못한 자
④ 망명자의 친척
⑤ 혁명에 대해 지속적으로 열의를 보이지 않는 자들과 그들의 친척
⑥ 파리의 식량공급을 방해하거나 또는 공화국에 식량결핍을 유발시킨 자
⑦ 국민을 혼란·분열시키기 위해 허위 보도를 유포하는 자
공안위원회의 주도로 진행된 공포정치는 일부 혁명사가 들로부터 당위성을 부여받았는데 그것은 공포정치가 사회적으로 동화될 수 없던 요소들을 제거했다는 것과 민족적 감정을 강화시켰다는데서 비롯된 것 같다.
58 처형과정에서 단두대가 주로 사용되었지만, 리용에서는 총살형이, 낭트에서는 익사형이 행해지기도 했다.

시켜야만 했다. 그리고 군대와 시민들이 필요로 하는 것들은 '징발'을 통해 공급하게 되었고 정부조치에 응하지 않을 경우 강력한 처벌도 받도록 했다.[59] 여기서 상퀼로트는 로베스피에르에게 대규모 영지의 분배 및 시민재산의 균등화를 요구했지만 혁명정부는 이러한 요구에 대해서 부정적이었다. 그렇다면 여기서 로베스피에르가 관심 및 배려를 했던 상퀼로트 계층에 대해 살펴보아야 하는데 이 계층에 대한 연구들에서 다음의 사실들이 확인되었다.[60]

첫째, 이들 계층에서 공장 노동자들이 차지하는 비율은 극소수에 불과했고 수공업자 또는 영세 사업자들이 대다수를 차지하고 있다. 그리고 여기에 일부 실업자들도 가세했다.

둘째, 상퀼로트 계층은 기아 때문에 형성된 계층이다.

셋째, 이들 계층이 지향하는 것은 임금인상 및 노동의 가치를 인정받는 것이 아니라 국민들에게 최소한의 생존권을 보장하는 최고가격제를 도입하는 것이었다.

넷째, 사유재산권을 부정한 것이 아니라 그것의 제한을 강조했다.

다섯째, 이들은 도덕성을 강조한 집단이었기 때문에 술집과 카지노의 완전 철폐를 주장했다.

여섯째, 국민들이 직접 정치활동에 참여하는 것을 요구했다.

이 당시 국민공회는 종교적 자유도 인정하지 않았다.[61] 따라서 가톨릭 신자들에 대한 박해가 광범위하게 진행되었다. 프랑스의 교회들은 폐쇄되었고 종교적 우상들도 파괴되었다. 1793년 11월에는 이성교가 창시되었고

---

59 경작자와 상인들이 최고가격제를 위배했을 경우, 초범은 6년형, 재범은 사형에 처해졌다.
60 상퀼로트라는 용어는 1792년부터 산악파를 지지하던 파리의 시민들, 특히 생 탕트완(Saint Antoine)과 생 마르셀(Saint Marcel) 교외에 거주하던 주민들을 지칭하기 위해 사용되었다.
61 이러한 정책은 상퀼로트 계층의 요구에서 비롯되었다.

상퀼로트

그것을 위한 축제가 노트르담 교회에서 진행되었다. 12월에 가서 상퀼로트 계층에게 만족을 주기 위해 그 동안 허용했던 종교적 자유마저 박탈하는 강경책이 펼쳐졌다. 아울러 국민공회는 공화국달력을 제정했는데 그 주된 목적은 인간의 마음으로부터 주일, 성자일, 그리고 크리스마스와 부활절 같은 휴일의 기독교적인 순환을 지워버리려는 것이었다.[62]

　　1793년에 접어들면서 자코뱅파의 분열 조짐이 가시화되기 시작했다.

62　혁명력은 한 달을 30일로 하고, 10일을 1주로 했으며, 연말에 남은 5일은 휴일로 정했다. 월명은 그 달의 기후와 계절적인 특징을 고려했다. I. 가을: 방데미에르(Vendémiaire:포도의 달), 브뤼메르(Brumaire:안개의 달), 프리메르(Frimaire:서리의 달), II. 겨울: 니보즈(Nivŏse: 눈의 달), 플뤼비오즈(Pluviŏse:비의 달), 방토즈(Ventŏse:바람의 달), III. 봄: 제르미날(Germinal:맹아의 달), 플로레알(Floréal:꽃의 달), 프레리알(Prairial:목장의 달), IV. 여름: 메시도르(Messidor: 보리의 달), 테르미도르(Thermidor: 열의 달), 프뤽티도르(Fructidor: 열매의 달).

에베르는 테러를 지지했고, 산악당의 지도자들을 평민과 동등권의 적으로 간주했다.[63]

이 당시 당통은 프랑스의 안정을 위해 대불동맹에 참여한 국가들과 개별협상을 펼쳐야 한다는 견해를 가지고 있었다. 로베스피에르 역시 그러한 당통의 입장에 동조했지만 이들 사이에는 좁힐 수 없는 의견적 차이도 있었는데 그것은 테러행위의 종식이었다.[64]

1794년 에베르파는 '성스러운 폭동'을 전개했으나 그러한 시도에 동조하는 세력을 국민공회 내에서 확보할 수가 없었다. 이 당시 에베르파는 사회주의적 노선을 지향했는데 그러한 것은 이들이 사유재산을 부정한데서 확인할 수 있다.

1794년 3월 에베르를 처형한 후, 로베스피에르는 3월 30일 당통을 비롯한 그의 혁명적 동료들도 구속했다. 그리고 이들에 대한 약식 재판을 끝낸 후 로베스피에르는 시민적 자유주의 체제로 즉각 회귀했는데 그것은 그 자신을 위협할 인물이 프랑스에 더 이상 존재하지 않는다는 확신에서 비롯되었다.[65] 따라서 로베스피에르는 그 동안 견지한 경제정책의 기본적 골격을 무시하는 칙령을 발표했다. 그것의 중요한 내용들을 살펴보면 첫째, 상품의 가격 통제 및 재고감시를 철폐한다. 둘째, 상품의 가격상승을 인정한

---

63 에베르는 언론가 출신으로 파리코뮌의 관료였다.

64 당통과 로베스피에르에 대한 사학자들의 평가를 종합하기로 한다. 그것에 따를 경우 우선 로베스피에르가 당통을 비난했다. 로베스피에르가 제시한 비난 요인들로는 첫째, 그가 부패해졌다는 것. 둘째, 그가 국왕의 생명을 구하려는 시도를 펼쳤다는 것. 셋째, 그가 대불동맹에 참여한 국가들과 평화회담을 모색했다는 것에서 비롯되었다. 그러나 당통은 부채를 가진 도락자였지만 혁명에 저해되는 행위를 하지는 않았다. 그리고 그러한 저해행위를 입증할만한 자료들도 제시되지 못하고 있는 실정이다. 당통은 1792년 '혁명적 프랑스'를 민족의 조직적 저항으로 구출했다. 그는 정당간의 분쟁을 조절하려고 했고 국가방위에 대해서도 혼신의 노력을 기울였다. 이에 반해 로베스피에르는 내부의 적들을 탄핵하고, 박해하는 데 주력했고 광적으로 청렴성을 강조했다.

65 당통은 4월 5일 처형되었다.

다. 셋째, 외국과의 교역을 허용한다. 넷째, 파리 지역의 노동자들의 임금을 강제적으로 삭감한다 등이었다.

이러한 조처로 인해 임금노동자들의 생활수준은 급격히 나빠지게 되었다. 따라서 노동자들은 로베스피에르의 경제정책을 비난했고 나아가 그것의 철회를 요구하는 집회도 개최했다. 이에 국민공회는 혐의자들을 체포하는 강경책으로 대응했다. 이후에도 로베스피에르는 공포정치를 고수했는데 그것은 이 정치만이 현실적 상황에 대처할 수 있다는 자신의 판단에서 비롯된 것 같다. 이에 따라 1,285명에 달하는 사람들이 처형되었는데 이들 중의 상당수는 혁명에 적극적으로 관여한 인물들이었다.[66]

상황이 이렇게 전개됨에 따라 국민공회와 군부 내에서 반대 세력이 규합되기 시작했다. 이들 세력은 1794년 7월 27일 로베스피에르를 국민공회에서 추방하기로 결정했고 그에게 변호의 기회도 주지 않았다. 국민공회의 이러한 시도는 그 동안 독재자의 강요로 침묵 내지는 동의만 했던 입법기구가 다시 정상적인 활동을 펼치기 시작한 것으로 볼 수 있을 것이다. 이에 따라 로베스피에르는 이전에 그를 지지했던 프랑스 국민과 파리 자치위원회의 도움을 얻으려고 했다. 그러나 그의 이러한 기대는 불가능했는데 그것은 자신이 펼친 정책, 즉 비사회적 경제정책, 파리자치위원회에 대한 통제, 그리고 공포정치의 강도심화에서 비롯되었다 하겠다. 실제적으로 전체 48구 중에서 단지 16구만이 로베스피에르를 지지하기로 결정했고 이러한 결정은 로베스피에르의 기대에서 크게 벗어난 것이라 하겠다. 같은 날 바라(P.Baras)의 국민공회군은 로베스피에르를 체포했고 이 과정에서 로베스피에르는 하반신을 잃었다.

1794년 7월 28일 로베스피에르와 그의 추종자 21명이 재판과 판결의

---

66   이 시기를 지칭하여 '대공포시기'라 한다.

과정 없이 전격 처형되었다. 당시 이러한 절차에 대해 이의를 제기했던 정치가들은 아무도 없었다.

8. 공포정치의 종식과 후속상황

로베스피에르와 그의 핵심세력이 제거된 이후에도 프랑스의 상황은 크게 변하지 않았다.[67] 즉 프랑스는 대불동맹에 참여한 국가들과 전쟁을 계속했던 것이다. 아울러 국민공회의 권위 역시 손상되지 않았을 뿐만 아니라 경제적 상황 역시 호전되지 못한 상태였다.[68] 점차적으로 국민공회는 지롱드파에 의해 운영되기 시작했다. 여기서 '9인 평의회'가 구성되었는데 이들 대다수는 로베스피에르와 당통의 추종자들이었다. 얼마 안 되어 이들은 중도적 시민 계층과 상퀼로트로부터 비난을 받기 시작했는데 그것은 국민공회가 극단적인 테러주의자들만 처형하려는 의도를 보였기 때문이다.

이 당시 프레롱(L. Freron: 1754-1802)은 자코뱅파와 그의 추종세력들에 대한 처벌강화를 강력히 요구했다. 그리고 상당수의 연극배우, 가수, 문인 등도 프레롱의 이러한 입장을 지지했다. 아울러 이들은 '마디 많은 지팡이'를 가지고 다니면서 자코뱅파를 체포하는데 협력하기도 했다. 여기서 이들은 우아한 옷, 구레나룻, 그리고 산발된 머리카락 등으로 자신들을 특징지으려고 했다.[69] 국민공회는 이들의 이러한 행동에 대해 방관적인 입장을 취했지

---

67 파리 시민들은 거리로 나와 노래를 부르고, 춤을 췄다. 아울러 교도소에 감금된 사람들도 석방되었다.

68 국민공회에서 로베스피에르의 측근만이 제거되었을 뿐이다.

69 이들은 자코뱅 클럽을 폐쇄시키는 조치를 취했을 뿐만 아니라 선서파성직자 및 국유재산취득자들도 추적했다.

만 점차적으로 군부 개입을 요구하게 되었다.

백색테러는 프랑스 남동부 지역에서 집중적으로 자행되었는데 커브 (R.Cobb)는 이것을 다음과 같이 언급했다. 그에 따를 경우 테러는 종종 같은 폭행자들에 의해 자행되었다는 것이다. 이들은 이미 공포정치의 도구로서 활용된바 있었고 로베스피에르가 실각한 이후에는 잠재적 형집행자들로 국민 앞에 다시 나타났다는 것이다.

이 당시 도시 주민들의 경제적 상황은 이전보다 훨씬 열악해졌는데 물가가 급등한 것과 화폐의 가치, 즉 아시냐의 가치가 액면가의 5%로 급락한 것이 그 주된 요인이라 하겠다.[70] 그리고 이러한 경제적 상황은 임금노동자, 수공업자, 소상인, 그리고 연금수혜자들에게 큰 타격을 가져다주었다. 이에 따라 이들은 1795년 4월 1일 '1793년 헌법' 시행을 요구했지만 혁명정부는 무력으로 대응했다. 1795년 5월 20일 다시금 소요가 발생했는데 여기에 참여한 사람들은 국민공회가 개최되던 건물에 진입하여 한 명의 의원을 살해했다. 이에 9인 평의회는 국민군과 파리주둔군의 일부를 투입시켜 소요를 진압했고 여기에 관련된 국민공회의 의원들을 재판에 회부시켰는데 이들의 대다수는 산악당에 소속된 정치가들이었다.[71] 여기서 중요한 몇 가지 사실들도 확인할 수 있는데 첫째, 좌파정치가들이 1830년까지 혁명적 소요에서 아무런 역할도 담당할 수 없게 되었다는 것, 둘째, 시민 계층이 권력의 핵심으로 등장했다는 것, 셋째, 군부가 혁명에서 결정적 변수로 등장했다는 것이다.[72] 이후부터 9인평의회는 자유주의 이론에 입각한 정책을 펼치기 시작했다. 아울러 이들은 좌파정치세력제거에 적극성을 보였을 뿐만 아니라 통제교역 및 가격통제도 폐지시켰다.

---

70 1795년 혁명정부는 최고가격제도를 폐지했다.

71 체포된 60명 중에서 36명의 의원이 사형선고를 받았다.

72 물론 좌파정치가들의 이러한 입지는 한시적으로 보아야 할 것이다.

이러한 때 루이 16세의 아들이 10세의 나이로 죽게 됨에 따라 루이 16세의 아우였던 프로방스 백작이 스스로를 루이 18세(Louis XVIII)라 칭한 후 왕정체제의 복고와 국왕 처형에 가담한 인물들의 즉각적인 처벌을 요구했다. 이러한 요구는 왕정과 혁명세력간의 타협가능성을 완전히 배제시킨 것으로 볼 수 있을 것이다.

루이 18세의 왕정복귀선언이 있은 후 영국에서 결성된 망명부대가 브르타뉴에 상륙했지만 오슈 장군이 이끌던 프랑스 혁명정부군은 망명부대를 포위한 후 그들의 항복을 받아냈다. 항복군 들은 즉시 군사재판에 회부되어 처형되었는데 그 수가 무려 748명에 달했다.[73] 그런데 처형된 군인들의 대다수는 해군장교였는데 이들은 아메리카 독립전쟁에 참여했던 전력을 가지고 있었다. 이러한 조치로 프랑스에서는 분열의 조짐을 보였는데 그것은 왕당파와 중도적 공화주의파, 테르미도르파(Thermidorians)로 분류 된데서 확인할 수 있다.

이후 데르미도르파는 우파적 움직임에 대해 강력히 대응했다. 아울러 이들은 헌법제정 및 로베스피에르 시기 테러에 참여했던 인물들을 축출하는 것에 대해서도 관심을 보이기 시작했다.

9. 1795년 헌법

1795년 8월 22일 1793년 헌법을 대체하기 위해 새로운 헌법이 제정되었는데 거기서는 테러 및 독재자의 재출현을 막기 위한 조치로 비밀선거제의 도입이 명시되었다. 아울러 5인집행위원회와 500인회(Conseil de Cinq-Cents)

73　이 당시 항복군의 총수는 751명이었다.

의 일부를 매년 교체한다는 것이 언급되었는데 그것 역시 독재자의 출현을 막기 위한 것으로 볼 수 있을 것이다. 500인회의 의원들은 선거인단을 통해 선출하도록 했다. 특히 여기서는 500인회 의원의 ⅔를 국민공회의 의원들로부터 선출해야 한다는 조항이 명시되었는데 그것은 개혁의 방해요소로 부각되었다. 1795년 헌법에서 확인되는 중요한 것들은 다음과 같다.[74]

① 1793년 헌법보다 보수적 성향이 부각되었는데 그것은 국민의 ⅓정도를 차지하던 극빈자들에게 선거권을 부여하지 않은 것에서 확인할 수 있다.

② 인권 및 시민권을 보다 구체적으로 명시했다.[75]

③ 추밀선거 제도의 도입이 거론되었다.

④ 권력의 분립을 보다 구체화시켰다.

⑤ 의회는 법률안 추인권을 가진 원로원(Conseil des Anciens: 250명)과 법률안 제안권을 가진 500인회(500명)으로 이원화되었다.

⑥ 5인 집행위원회가 정부의 운영권을 장악한다.

⑦ 매년 1명의 총통과 의회의원의 ⅓을 선출한다.

⑧ 새로이 구성되어질 의회 의원의 ⅔는 국민공회에서 선출한다.

그런데 ⅔법안에 대한 프랑스인들의 반응은 매우 부정적이었다. 여기서 우파 정치가들은 반의회주의적인 입장을 취하기 시작했다. 그럼에도 불구하고 이 법안은 국민 투표를 거쳐 정식법안으로 제정되었다.[76]

1795년 10월 5일 우파 정치가들이 주도한 소요가 발생했는데 여기서

---

74 테러 및 독재자의 재출현을 막기 위해 비밀선거제가 채택되었다.

75 '소요가 일부 국민들에 의해 시도될 때 그것은 항상 법에 저촉된다고 볼 수 있다.'라는 문구를 첨부시켜 인권 및 시민권의 허용범위를 보다 명확히 했다.

76 참여 유권자의 절반 정도만이 지지한 1795년 헌법은 1799년까지 헌법으로서의 기능을 발휘했다.

언론가 들이 큰 역할을 담당했다.[77] 그리고 이 소요에는 약 2만 5,000명의 파리 시민들이 참여했는데 바레스의 정부군은 이들과 정면으로 대응하는 강경책을 펼쳤다. 나아가 파리의 위정자들은 형무소에 수감 중이었던 좌파 정치가들을 석방시켜 시위 군중들과 시가전도 펼치게 했다. 여기서 약 300 명에 달하는 희생자가 발생했는데 이들의 대다수는 자유업 종사자, 토지 소유자, 관료, 그리고 연금수혜자였다. 우익 소요가 진압된 이후 국민공회에서는 우파의원들이 소요에 동조했다는 주장도 제기되었다.

파리 정부는 신민교육의 필요성을 인식하고 학교체제도 정비했는데 거기서 초등학교는 일반적이고 필수적인 성격을 부각시켰고 대학교는 엘리트 계층을 위한 교육의 장으로 간주되었다.[78] 특히 대학교육기관은 중앙학교(Ecole Centrale:자연 과학과 현대어가 교육과정의 중심)와 고등공예학교(Ecole Polytechnique:공학계열 대학)로 분류된 후 전문가양성의 중심기구로 등장했다.

이 시기에 박물관, 음악관, 그리고 미술관 등도 건설되었는데 그것은 남아 있는 문화재들을 보호해야 한다는 필요성이 강력히 제기되었기 때문이다.[79]

95년 헌법에 따라 구성된 5인 총통정부가 1795년 10월 31일 정식으로 출범했지만 이 정부는 이전 정부로부터 전쟁 및 경제적 어려움을 유산으로 물려받았다.

이 당시 프랑스는 유럽 국가들과의 전쟁에서 1794년 네덜란드를 병합했고, 1795년 가을에는 벨기에를 점령했다. 1795년 4월 5일 프로이센은 프랑스와 바젤(Basel) 평화조약을 체결했는데 그것은 폴란드의 제3차 분할에 참여하기 위해서였다. 이제 오스트리아는 프로이센의 이탈로 프랑스와 단

---

77 이 소요를 지칭하여 방데미에르(Vendémiaire)소요라 한다.
78 초등학교의 도입은 전국적으로 시행되지 못했다.
79 이 당시 루브르(Louvre)박물관이 세워졌다.

독으로 전쟁을 펼쳐야만 했다. 이러한 상황 변화는 프랑스 정부로 하여금 경제적인 문제에 대해서도 관심을 가지게 했다.

총통정부는 좌파정치가였던 바뵈프(F-E. Babeuf: 1760-1797)와의 연계를 모색했는데 그것은 총통정부가 좌파로부터의 위험보다는 우파로부터의 위험에 대해 더욱 우려했기 때문이다.[80] 따라서 총통정부는 바뵈프가 간행하던 '트리뵝 뒤 푀플(Le Tribun du peuple: 호민관)'에 대해서도 선호적인 입장을 취했다.

이 당시 파리 시민들의 경제적 상황은 극도로 어려워졌지만 새롭게 부를 축적한 계층은 호화로운 생활을 영위할 수 있었다. 이러한 경제적 상황은 자코뱅에 대한 사람들의 관심내지는 향수를 유발시켰고 그러한 성향의 정치 단체의 결성도 부추겼다. 뿐만 아니라 총통정부 역시 이러한 단체결성에 대해 긍정적인 자세를 보였기 때문에 좌파적 정치단체의 수는 급증했다. 여기서 팡테온 클럽(club Panthéon)이 가장 활발한 활동을 펼쳤는데 이 단체는 좌파적 성향을 부각시키는데 주력했을 뿐만 아니라 사회적 여론조성에도 큰 영향을 끼쳤다. 그리고 이러한 정치 조직에서 마라파, 로베스피에르파, 그리고 에베르파는 화해를 모색했다. 이 당시 팡테온 클럽을 주도한 바뵈프는 사유재산에 대해 부정적인 시각을 가지고 있었다. 특히 바뵈프는 1795년 11월 30일에 공포한 '평민들의 선언(Manifeste des plébéiens)'에서 각 개인의 능력 때문에 토지의 일정한 분배는 일시적 평등만을 보장한다는 견해를 제시했다. 따라서 그는 사유재산의 폐지를 주장했을 뿐만 아니라 재산을 공동으로 관리할 수 있는 기구의 설립도 요구했다. 그리고 그는 이 기구를 통해 필요한 생활비를 프랑스인들에게 균등하게 제공해야 한다는 견해도 제시했다

바뵈프의 이러한 선언이후 총통정부는 팡테온 클럽의 활동을 정지시켰다. 이에 따라 1796년 바뵈프의 모반시도가 있게 되었고 그것에 대한 총통

---

80   바뵈프는 1760년 생캉탱(Saint-Quentin)에서 염세징수자와 하녀사이에서 태어났다.

바뵈프

정부 구성원들의 의견 및 처리방안은 각기 달랐다. 우선 바레스(Barrès)는 총통정부에 대한 위협이 좌익보다는 우익에서 비롯된다는 확신을 가지고 있었다. 이에 반해 카르노(L.N.Carrot: 1753-1823)는 모반의 위험성을 인식하고 1796년 5월 10일 바뵈프와 그의 추종자들을 체포했다. 그리고 그는 이를 시민 계층에게 알렸고 이들 역시 테러회귀가 불가능하다는 사실을 인지하게 되었다. 이후 2,000명 이상의 바뵈프 추종자들이 체포되었다.

상황이 이렇게 전개됨에 따라 바뵈프의 추종자들은 9월 10일 군부를 이용하고자 했으나 그러한 계획은 성공을 거두지 못했고 결국 바뵈프와 그의 측근들은 체포된 후 방돔(Vendôme)광장에서 처형되었다. 여기서 바뵈프와 자코뱅파의 차이점을 확인할 수 있는데 그것은 바뵈프가 생산력과 노동력의 국유화를 지향한 반면 자코뱅파는 통치력을 국민의 대표기구에 이양시키는데 관심을 표명했다는 점이다.

이 당시 프랑스의 경제적 상황은 전혀 호전되지 못했다. 이에 따라 구걸자 및 날치기들의 수도 급증했다. 이러한 상황을 호전시키기 위해 총통정부는 국가재산을 매각하기로 결정했는데 그것은 전쟁을 가능한 한 빨리 종료시켜야 한다는 확신에서 비롯되었다. 원로원 및 500인회에서 중도파가 주도권을 장악했는데 이들 역시 전쟁을 종식시키고 평화조약을 체결해야 한다는 생각을 가지고 있었다.

프랑스 혁명의 의의는 이론적 단계에서 머물렀던 자유주의의 제 사상을 실제적 상황에 적용시켰다는데서 찾을 수 있을 것이다. 자유·평등·박애로 표현된 프랑스 혁명의 이념은 평등이라는 의미와 자유라는 것이 불가분의 관계가 있다는 것을 밝힘으로써 오늘날에도 그 중요성을 전혀 잃지 않고 있다. 법적평등에서 사회적-경제적인 평등으로까지의 개념 확대는 사회주의처럼 사유재산권을 부정하지는 않았으나 빈부차이의 소멸이 인간사회에 바람직하다는 오늘날의 사회정의구현과도 일맥상통한 것을 고려할 때 프랑스 혁명의 이념은 여전히 중요하다 하겠다.

아울러 프랑스 혁명은 주변 국가들의 정치적 흐름에도 영향을 주었는데 그것 또한 혁명의 의의로 제시할 수 있을 것이다.

서양근대사 08

나폴레옹 시대
Napoleon

1. 나폴레옹의 등장

코르시카(Corcica)의 아작시오(Ajaccio)출신의 나폴레옹(Napoleon Bo na-parte: 1769-1821)은 1794년, 즉 24세의 젊은 나이에 장군으로 승진했다. 그러나 그는 로베스피에르에 의해 반혁명주의자로 체포되었고 그가 제거된 후 비로써 석방될 수 있었다. 이후 나폴레옹은 적당한 일자리를 구하지 못하다가 바레스의 도움으로 다시 사회활동을 할 수 있게 되었는데 그것은 그가 1795년 10월 5일에 발생한 폭동진압에 큰 역할을 했기 때문에 가능했다. 이후 나폴레옹은 육군소장으로 진급했을 뿐만 아니라 바레스가 담당했던 국내치안군 사령관도 물려받았다. 1796년 3월 9일 나폴레옹은 조제핀(Joséphine de Beauharnais: 1763-1814)과 결혼한 후 그녀의 도움으로 파리 상류사회로 진출할 수 있는 기회도 얻게 되었다.[1]

같은 해 나폴레옹은 3만 8,000명의 병력으로 이탈리아 북부 지역에서 오스트리아군과 전투를 펼쳤는데 그 과정에서 20회 이상의 승리도 거두었다. 이후 그는 일방적으로 나폴리 왕국, 사르데냐 왕국, 그리고 교황령에게 평화 조건을 제시했다.[2]

점차적으로 프랑스에서는 나폴레옹의 이러한 활약에 대해 우려를 표시하는 정치가들이 등장했지만 이들 역시 나폴레옹의 필요성을 부정하지는 않았다. 그것은 이 당시 나폴레옹이 유일한 승전장군이었다는 것과 프랑스 정부가 그로부터 막대한 재정적 지원도 받고 있다는 사실에서 비롯된 것 같다.[3]

---

1 여섯 살 연상이고 두 자녀를 두었던 조제핀은 바라스의 연인이었다.
2 나폴레옹은 1796년 5월 10일 로디(Lodi)교에서 오스트리아군을 격파한 후 다음과 같이 언급했다.
   "나는 세계가 내 밑으로 빠지는 것과 같은 느낌이 들었다. 그리고 내 자신은 하늘로 떠오르는 것 같았다."

이 당시 중도파와 왕당파는 양원에서 우위를 차지하고 있었다. 그리고 이들은 피게구르(C.Picgegur)의 주도로 쿠데타를 일으켰고 그 과정에서 영국의 지원도 받았다. 상황이 이렇게 전개됨에 따라 총통 정부는 나폴레옹에게 긴급지원을 요청했다.[4] 1797년 9월 3일 나폴레옹은 일단의 병력을 파리로 급파하여 쿠데타를 진압했다. 쿠데타를 진압한 이후 그는 총통 정부 내에서 우파로 간주되었던 카르노와 바르텔르미(F.de Barthelemy: 1747-1830)를 즉각 재판에 회부시켰다.[5]

아울러 의회 내에서 중도파 및 왕당파에 대한 침묵령이 내려졌고 언론에 대한 검열 제도도 강화되었다. 나아가 의회는 198명의 중도파 의원들을 의원으로 간주하지 않겠다는 성명도 발표했다.[6] 또한 언론의 자유를 대폭 제한하는 조치가 취해졌고 귀족 전체를 프랑스에서 추방시키는 방안도 제시되기도 했다.

1797년 10월 17일 캄포포르미오(Campo Formio) 평화조약으로 프랑스에 대해 적대행위를 펼치던 오스트리아마저 백기를 들어야만 했다. 이에 따라 오스트리아는 라인 강 좌안, 즉 벨기에를 프랑스의 영역으로 인정해야만 했다. 아울러 오스트리아는 롬바르디아 지방마저 포기해야만 했다.[7]

이러한 승리에도 불구하고 프랑스의 재정적 상황은 거의 파산 상태 하에 놓여 있었다. 따라서 총통 정부는 이러한 재정적 위기를 극복하기 위해 신자 및 연금 수혜자들에게 부담을 주는 세제를 도입했다. 아울러 총통 정부는 창문세, 문세, 그리고 교통세 등도 신설하여 재정적인 압박에서 벗어

---

3   이 당시 나폴레옹은 파리정부에게 10,000,000 리브르를 지원했다.
4   당시 5명으로 구성된 총통정부에서 좌파성향의 총통들이 주도권을 장악하고 있었다.
5   카르노와 바르델르미는 가이아나(Guyana)로 유배되었다.
6   이러한 안건은 중도파 의원들의 참여 없이 통과되었다.
7   오스트리아는 이 조약에서 베네치아 지방을 획득했다.

나고자 했다.

총통정부는 1789년 징모제도의 일반화(20세→5년)도 구축했는데 거기서는 필요 이상의 인력이 있을 경우 추첨을 통해 필요한 인원만을 징집한다는 것이 명시되었다.[8]

1798년 4월에 실시된 선거이후 총통정부는 다시금 쿠데타의 가능성을 감지하기 시작했는데 그것은 자코뱅파가 의회 내에서 다수 세력으로 등장했기 때문이다. 1798년 5월 11일에 발생한 플로레알(floréal) 쿠데타 이후 의회는 새로이 선출된 104명(자코뱅파: 102명, 왕당파: 2명)의 의원들에 대해 특단의 조치를 취했는데 그것은 이들의 의정활동을 정지시키는 것이었다.

이 당시 나폴레옹은 이집트 원정의 필요성을 역설하고 있었다. 이에 대해 의회는 부정적인 반응을 보였지만 총통 정부는 나폴레옹의 계획을 적극적으로 지지했다. 나폴레옹은 영국에 상륙하기 위해서는 강력한 해군력이 필요하다는 주장을 펼쳤다. 아울러 그는 영국의 교역 활동을 방해하기 위해서는 북아프리카의 일부 지역을 점령해야 한다는 견해도 제시했다. 이러한 그의 입장은 특히 외무장관이었던 탈레랑(C.M de Talleyland: 1754-1838)의 절대적인 지지를 받았다. 이렇게 총통정부가 나폴레옹의 주장에 동조한 것은 정부의 핵심인물들이 불편하고, 두려운 인물은 멀리 보내야 한다는데 인식을 같이 했기 때문이다.

1798년 5월 19일 프랑스를 떠난 나폴레옹의 이집트원정군은 카이로(Cairo)를 점령했다. 그러나 넬슨(Nelson)제독의 영국 해군은 같은 해 8월 1일 프랑스군을 아부키르(Abukir)에서 대파했고 그것은 프랑스군을 고립화시키는 계기가 되었다. 이에 나폴레옹은 시리아의 아파(Jaffa)로 이동하여 출구를 찾으려고 했으나 당시 만연된 흑사병으로 인해 실패했다. 이후부터 나폴레

---

8   이 제도는 1872년까지 존속되었다.

옹은 독자적으로 필요한 물자를 마련해야하는 상황에 놓이게 되었다.

나폴레옹은 이집트 원정 시 상당수의 학자, 기술자, 그리고 예술가들을 동반했는데 그 수는 무려 165명에 달했다.[9] 그리고 이들은 이집트학과 과학 발전에 큰 기여를 했다. 나폴레옹은 1년 6개월 동안 이집트에 머무르면서 이집트의 근대화를 위한 일련의 조치도 취했는데 그것들을 살펴보면 다음과 같다.

① 빈민 계층 및 병자들을 위한 공공기관을 설치했다.

② 학문적 발전을 증대시키기 위해 '이집트 중앙학문연구소'를 세웠다.

③ 교육과정의 토대를 마련했을 뿐만 아니라 고등교육기관인 대학도 세웠다.

④ 이집트 지도를 작성했다.

⑤ 관개시설을 정비했을 뿐만 아니라 중요 기간도로도 건설했다.

⑥ 위생시설을 확대했다.

나폴레옹의 이집트 원정 직후 피트의 주도로 제2차 대불동맹이 결성되었는데 거기에는 오스트리아, 영국, 러시아, 오스만튀르크, 포르투갈, 그리고 나폴리가 참여했다.[10]

이후 프랑스는 제노바를 제외한 이탈리아 북부 지역에서 영향력을 상실하게 되었다. 이러한 상황에 대해 나폴레옹은 총통 정부를 비난했지만 자신의 이집트원정실패에 대해서는 언급하지 않았다.[11]

---

9 1799년 8월 로세타(Rosetta)근처에서 진지를 구축하던 중 한 비석을 발견했다. 이 비석은 원정에 참여했던 젊은 고고학자 샹폴리용(Champollion)에게 이집트 상형문자를 해독할 수 있는 단서를 제공했다.

10 프로이센은 제2차 대불동맹에 참여하지 않았다.

11 이 당시 나폴레옹은 다음과 같이 언급했다. "당신들이 프랑스에게 가져다 준 피해가 얼마나 큰 줄 아는가? 그리고 나는 당신들에게 승리를 남기고 떠났는데 이제 나는 패배만을 보아야 하는 상황에 놓여 있다."

뤼시앵 보나파르트(L. Bonaparte: 1775-1840)의 주도로 1799년 6월 18일 쿠데타가 다시 발생했다.[12] 쿠데타가 성공을 거둔 후 뤼시앵 보나파르트는 총통 정부를 교체했다. 아울러 그는 프랑스 남동 지역에서 발생한 저항운동에 대해서도 강력히 대응했다. 또한 그는 프랑스인들의 재산을 강제로 몰수하여 전쟁경비를 마련했다.

거의 같은 시기 제2차 대불동맹에 참여한 국가들이 네덜란드 상륙을 시도했으나 영국과 프랑스 사이의 불화로 인해 실패했다.

프랑스에 대한 유럽 국가들의 위협이 지속되는 상황 하에서 프랑스 인들은 전쟁의 종결을 기대했다. 아울러 이들은 혁명 과정에서 쟁취한 영토들이 계속하여 프랑스의 영역으로 남기를 바랐다.

이 당시 1795년 헌법은 더 이상 효력을 발휘할 수 없었는데 그 주된 요인은 전쟁이 지속 된데서 찾을 수 있을 것이다.

점차적으로 나폴레옹이 모반을 일으킬 것이라는 소문도 확산되었는데 그러한 것은 쿠데타가 종종 정권교체의 수단으로 활용되었기 때문이다. 이러한 상황 하에서 시에예스는 나폴레옹에게 쿠데타를 일으킬 것을 요구했다. 이러한 요구에 대해 나폴레옹은 긍정적인 반응을 보였을 뿐만 아니라 자신이 '명령수행자에서 끝나지 않을 것'이라는 입장도 명백히 밝혔다.

이후 임시 정부의 필요성이 언론을 통해 홍보되었는데 이러한 시도는 다음의 위험성도 내포했는데 그것은 첫째, 왕당파의 반발을 야기 시킬 수 있다는 것 둘째, 무정부주의자들의 모반 가능성을 증대시킬 수 있다는 것이다.

1799년 11월 9일 군사 행동이 실제적으로 개시되었는데 그것에 앞서 나폴레옹은 5명의 총통 중에서 3명을 자신의 추종자들로 교체시켰다.[13] 아

12 나폴레옹의 친동생이었던 이 인물은 1799년 500인회의 의장으로 활동했다.
13 그에게 동조하지 않았던 2명의 총통은 파리의 한 궁에 감금했다.

울러 그는 당시 외무장관이었던 탈레랑을 금전적으로 매수하기도 했다.

　　나폴레옹은 원로원에서 임시 정부구성의 필요성을 역설했으나 긍정적 반응을 얻어내지 못했다. 이어 그는 500인회에서도 지지를 확보하지 못했는데 그것은 나폴레옹이 의원들 앞에서 자신의 의사나 구상을 정확히 밝히지 못했기 때문이다. 이에 그의 측근들은 무력적인 방법을 사용해야 한다고 주장했다. 그러나 의회를 포위했던 군은 이러한 방법에 동의하지 않았다. 상황이 이렇게 전개되고 있을 때 뤼시앵 보나파르트가 500인회가 개최되던 장소에 나타났다. 그는 군인들 앞에 나가서 의회 구성원들이 혁명정신을 파괴한 장본인들이라고 언급했다. 그리고 그는 자신과 나폴레옹은 의심할 여지가 없는 공화주의자라는 것을 천명했다. 뤼시앵 보나파르트의 이러한 언급이 있은 직후 군인들 역시 군사행동에 참여했다.[14]

　　이후 의회의 의원들은 강제로 추방되었고 100명으로 구성된 잔여의회가 활동을 펼치기 시작했다. 아울러 나폴레옹, 시에예스, 그리고 뒤코(Ducos)로 구성된 집행 위원회가 신헌법제정을 위한 작업에 착수했다.

　　이 당시 원로원은 나폴레옹의 이러한 조치에 대해 동의할 수밖에 없었는데 그것은 의원들의 대다수가 구금상태 하에 놓여 있었기 때문이다.

2 . 통 령 정 부 및 제 1 제 정

　　나폴레옹의 무력적 행위가 있은 직후 그의 지지자들은 빠른 시일 내에 프랑스에 평화가 정착되리라는 것과 혁명과정에서 쟁취한 것들이 문서화되

14　이를 지칭하여 브뤼메르(Brumaire)정변이라 하는데 그것은 혁명력으로 11월을 브뤼메르로 지칭되었기 때문이다.

리라는 기대를 했다.

통령정부(Consulat)의 기본적 골격은 혁명력 제8년(1799년 12월)헌법에서 마련되었다. 그것에 따르면 임기 10년의 통령(Consul) 3명이 강력한 행정부를 구성한다고 했으나 실제적 권한은 제1통령(Premier Consul)인 나폴레옹에게 집중되었다.[15] 4개의 기관은 각기 입법권의 일부를 행사했다. 즉 국무회의(Council of the State)는 법안을 제안하고, 호민관(Tribunat)은 그것을 토의하고, 입법원(Corps législatif)은 표결하고, 원로원(Sénat)은 거부권을 행사했다. 오늘날의 내각에 해당되는 국무회의의 구성원들은 제1통령에 의해 임명되었고 제1통령은 국무회의의 의장이 되었다. 나머지 기관들의 의원들은 여러 단계의 간접선거를 거쳐 선출되었기 때문에 부유한 시민 계층만이 선출되었고, 선거에서 정치권력이 남용될 가능성도 매우 컸다. 따라서 통령정부는 나폴레옹의 독재체제나 다름없었다.

그럼에도 불구하고 나폴레옹은 권력행사에서 제약을 느끼곤 했다. 따라서 그는 1802년 헌법을 수정하여 후계자의 임명권과 헌법수정권을 갖는 종신통령이 되었고, 1804년에는 황제로 등극하여 나폴레옹 1세라 칭했다.[16]

이러한 정체적 변화는 매번 국민투표(referendum)에 회부되었고 거기서 절대다수의 지지를 얻었다. 즉 제8년헌법에 대해 찬성 3,001,107표, 반대 1,562표, 1802년 8월의 종신통령제에 대해서는 찬성 3,568,885표, 반대 8,374표 그리고 제1제정의 성립에 대해서는 찬성 3,572,329표, 반대 2,579 표였다. 투표나 그 결과에 대한 관권의 개입이나 조작을 감안한다 하더라도 놀라운 결과임에 틀림없었으며, 당시의 프랑스 국민이 얼마나 질서와 안정을 원하고 있었던가를 알려주는 일례라 하겠다.

---

15   2명의 통령은 나폴레옹을 자문하는 것으로 만족해야만 했다.

16   이를 지칭하여 제1제정이라 한다.

나폴레옹

황제로 등극한 이후 나폴레옹은 선출제의 지방관리 들을 임명제로 바꾸었다. 도, 군, 시읍면의 장을 직접 임명하고 통제했기 때문에 그 어느 때보다 강력한 중앙집권체제가 구축되었다. 또한 그는 관리를 임명할 때, 그들의 정치적 경력을 고려하지 않고 능력과 공로만으로 채용하거나 승진시켰다. 또한 그는 귀족의 작위를 부활시켰고,[17] 원수제를 마련하는 동시에 훈장도 새로 만들었다.

---

17 이에 따라 42명의 공작, 500여 명의 백작, 1550명의 남작, 그리고 1500명의 기사가 등장하게 되었다.

3. 나폴레옹의 유럽제패 및 몰락

국내에서 정권을 완전히 장악한 나폴레옹은 곧 오스트리아를 격파하여 캄포 포르미오 조약의 내용을 재확인했고,[18] 영국과는 1802년 3월 27일에 아미앵(Amiens)조약을 체결하여 그 동안 정복한 프랑스 식민지의 거의 대다수를 양도하기로 했다.

이후 나폴레옹은 내정에 힘을 기울였다. 나폴레옹은 교황 비오 7세(Pius VII: 1800-1823)와 1801년 7월 16일 종교협약(concordat)을 체결했고 가톨릭과도 화해를 모색했다. 이 협약에서 그는 가톨릭이 프랑스 국민 대다수의 신앙임을 인정했고, 성직자를 선출하는 대신, 정부가 주교를 지명하고 교황이 서임하며, 교구신부를 주교가 임명하는 것에 동의했다. 그 대신 교회는 10분의 1세와 혁명 중에 몰수된 재산을 포기했고, 국가가 성직자에게 지급하는 봉급을 수용하기로 했다.[19]

나폴레옹은 혁명시기에 구상되었으나 실천되지 못한 통일 법전을 편찬했고 그것을 나폴레옹법전이라고 칭했다. 여기서는 법적평등, 취업의 자유, 신앙의 자유, 사유재산의 존중, 계약의 자유 등, 혁명의 원리를 부분적으로 승계했다. 그러나 고문을 부분적으로 인정하거나 개인의 권리보다 국가의 이익이 선행된다는 등 혁명원리와 일치되지 않는 부분도 적지 않았다.

이렇듯 나폴레옹은 혁명의 결과를 부분적으로 수렴하면서도 그것을 제정에 적합하게 활용하거나 왜곡시켰다. 시민적 자유에 대한 그의 태도는 임기응변적인 편의주의에서 비롯된 것이라 하겠다. 따라서 그는 파리 신문의

---

18 캄포 포르미오 조약은 나폴레옹이 1797년 10월 17일, 즉 제1차 이탈리아 원정에서 승리한 후 오스트리아와 체결한 평화조약인데 여기서 오스트리아는 프랑스 정복지의 대부분을 인정했다.

19 여기서 나폴레옹은 신교도 및 유대교도들에게도 신앙의 자유를 허용했다.

6분의 5를 폐간시켰고, 연극·학회·설교를 감시·분석하는 등 언론의 자유를 탄압하는데 주저하지 않았다. 교육부분에서 그는 고등학교인 리세(Lysee)를 신설했고,[20] 국가재정을 안정시키기 위해 1800년 반관반민의 프랑스은행(Banque de France)도 설립했다.[21]

전비부담으로 아미앵조약을 체결했던 영국은 1803년 5월 16일부터 다시 프랑스와 교전상태로 들어갔고, 1805년에는 오스트리아, 러시아, 스웨덴과 더불어 제3차 대불동맹을 결성했다. 같은 해 10월 21일 넬슨의 영국함대는 프랑스와 에스파냐의 연합함대를 에스파냐 해안에서 떨어진 트라팔가르(Trafalgar) 곶에서 격파했는데 그것은 나폴레옹으로 하여금 영국침입을 포기하게 하는 결정적인 계기가 되었다.[22] 그러나 나폴레옹은 유럽대륙에서 계속 승리를 거두었다. 나폴레옹은 1805년 10월 울름(Ulm)에서 오스트리아군을 격파했고, 다시 12월 아우스터리츠(Austerlitz: Slavkov u Brna)에서는 러시아와 오스트리아의 연합군에게 대승했다.[23]

그 결과 오스트리아는 12월 26일에 체결된 프레스부르크(Pressburg)조약

---

20 중등학교의 상급학교이며 국비로 운영된 리세는 1802년 공식적으로 출범했다. 이 학교에 입학한 학생들은 적어도 6년 이상 공부해야 했으며 중등학교에서 이수한 과목들보다 높은 수준의 교과목들을 배웠다. 리세의 교육과정에는 고전어, 수사학, 논리학, 윤리학, 그리고 수학과 물리학의 기초들이 포함되었다. 8명 이상의 교사들로 구성된 교사진은 학생 수에 따른 강의 주제를 설정하여 정부로부터 허가를 받았다. 리세의 교과과정은 지역의 환경 및 필요에 따라 편성하도록 했기 때문에 모든 리세가 같은 유형의 교육을 하지 않고 여건에 따른 특성화도 지향할 수 있었다. 리세의 행정은 학교를 총괄하는 교장, 학업 및 규칙을 관장하는 교감, 그리고 회계원이 담당했다. 교사의 봉급은 정부가 지급했으며 우수교사에게는 특별수당도 배정되었다. 교장의 주도로 행정위원회가 구성되었으며 이 위원회는 학교행정 및 일반 감독권을 부여받아 부정부패적인 상황이 초래되지 않게끔 통제했다.
21 이 은행은 상인과 기업가들에게 대부를 통해 지원하는 대가로, 국가로부터 은행권을 발행할 수 있는 특권을 부여받았다.
22 이 해전에서 넬슨이 전사했지만 이후 영국은 대서양과 지중해에서 해상권을 장악하게 되었다.
23 이 전투에서 프랑스군의 희생은 8,000명 정도였지만 오스트리아-러시아연합군의 희생은 이 보다 훨씬 많은 2만 7,000명이나 되었다.

아우스터리츠 전투

에서 영토의 상당부분, 즉 티롤, 베네치아, 그리고 달마티아를 상실했다. 1806년 7월 19일 독일 남서지방의 일부가 신성로마제국으로부터 탈퇴하여 라인동맹(Rheinbund)을 구축했다.[24] 같은 해 오스트리아 황제가 신성로마제국의 제위를 포기함에 따라 신성로마제국도 완전히 해체되었다.

한편 바젤(Basel)조약(1795)이후 프랑스와 평화를 유지했던 프로이센은 프랑스가 독일권으로 침입함에 따라, 1806년 프랑스와 개전하게 되었다. 그러나 프로이센은 10월 14일 예나(Jena)와 아우어슈타트(Auerstadt)에서 패배를 당했고 그것은 1807년 7월 굴욕적인 틸지트(Tilsit)조약을 맺게 하는 요인이 되었다. 이 조약으로 프로이센은 엘베(Elbe)강 서쪽의 영토와 폴란드 분할에서 획득한 지역을 상실하게 되었고, 상비군의 수도 4만 2,000명 이하로 제한되는 수모를 겪었다.[25]

---

24 오스트리아와 프로이센을 견제하기 위해 결성된 라인동맹은 바이에른, 뷔르템베르크, 바덴, 헤센-다름슈타트(Hessen-Darmstadt), 베르그(Berg)를 비롯하여 모두 16개의 영방국으로 구성되었다.
25 나폴레옹은 프로이센으로부터 빼앗은 지방에다 하노버 공국의 일부 지역을 포함시켜 베스

이제 나폴레옹은 유럽대륙의 지배자로 등장했고 유럽은 그에 의해 세 부분으로 나누어졌다. 그 하나는 그 동안 국경지대의 영토를 병합하면서 팽창한 프랑스 제국, 둘째는 나폴레옹 일가가 통치하는 위성국가들,[26] 그리고 셋째는 패전국의 신분으로 프랑스와 동맹체제를 구축한 오스트리아, 프로이센, 그리고 러시아였다.

나폴레옹의 지배를 받지 않던 강국은 영국뿐이었다. 트라팔가르 해전 이후 직접적인 침공을 단념한 나폴레옹은 1806년 베를린칙령(대륙봉쇄령)을 발표하여 이른바 대륙봉쇄체제(Continental System)를 구축하고자 했다. 이 체제는 유럽대륙과 영국과의 통상을 금지한 것으로서, 영국에 경제적 타격을 주면서 프랑스의 시장을 유럽에서 확대시키려는 목적을 가지고 있었다. 여기서 영국은 어느 정도의 타격을 입었지만, 대륙의 여러 나라들은 그보다 더 심한 고통을 받았다. 유럽에서의 프랑스 시장 확대는 영국에게 빼앗긴 해외시장의 규모에 비한다면 별 것이 아니었다. 제대로 실시되지는 않았으나, 그래도 대륙봉쇄령은 나폴레옹의 세력을 상징하는 것이었다.

1810년 아들 없는 조세핀과 이혼한 나폴레옹은 합스부르크 가문의 마리아 루이제(Maria Luise: 1791-1847)를 아내로 맞아하여 다음해 아들을 얻었다.[27] 이에 나폴레옹은 자신의 아들을 로마왕(roi de Rome)이라 부르고 그에게 제국을 계승시키려고 했다.

나폴레옹의 정복전쟁은 그에게 정복되거나 굴욕을 맛보게 된 국민들 사이에서 민족주의를 부각시켰고, 그것은 나폴레옹 몰락의 주된 요인 중의

트팔렌 왕국을 세웠다.

26 이를 살펴보면 나폴레옹이 국왕이고 외젠 드 보아르네(Eugène de Beauharnais)가 부왕인 이탈리아 북부의 이탈리아 왕국, 루이(Louis)를 위한 네덜란드 왕국, 카롤린 보나파르트의 남편 뮈라(Murat)를 위한 나폴리 왕국이다.
27 마리아 루이제 오스트리아 황제 프란츠 1세(Franz I)세의 딸이었다.

하나로 작용했다.[28] 나폴레옹에 대한 반항은 에스파냐에서 시작되었다. 1808년 나폴레옹이 인기 없던 국왕을 퇴위시키고, 그의 형을 에스파냐 왕으로 등극시킴에 따라 에스파냐 인들은 궐기했다. 에스파냐의 반나폴레옹 투쟁은 날이 갈수록 확대되었고 웰링턴(A.W. Wellington: 1769-1852)의 영국군은 이러한 상황을 적극적으로 활용하고자 했다. 즉 영국은 에스파냐의 반나폴레옹 세력을 지원하여 나폴레옹의 입지적 조건을 위축시키고자 했다. 이에 나폴레옹은 30만 명의 병력을 투입했으나, 에스파냐의 저항을 진압하지는 못했다. 더구나 1812년 러시아원정을 위해 투입병력의 일부를 철수함에 따라 에스파냐 저항군의 규모는 프랑스군을 능가하게 되었다.

나폴레옹은 1812년 6월 24일부터 러시아를 침공하여 9월 14일에는 모스크바도 점령했다.[29] 그러나 모스크바는 모든 것이 불타버린 쓸모없는 도

---

28 근대 세계에서 민족주의는 항상 관심의 대상이었다. 그런데 민족의 개념을 정확히 설명한다는 것은 그리 쉬운 일이 아니다. 그럼에도 불구하고 같은 종족, 지방, 그리고 직업을 중심으로 그 성원들의 충성심만으로도 개괄적인 설명이 가능한데 그것은 동일한 경험적 배경을 가진 사람들이 그들 스스로를 하나의 집단으로 생각하고, 그들 이외의 사람들을 배타시하기 때문이다. 민족 역시 자기를 집단으로 의식하는 하나의 단위로 볼 수 있다. 그러나 그것은 다른 집단과는 달리 그 자신만의 독특한 성격도 가지고 있다. 일반적으로 그것의 규모는 매우 크며, 수백만 명 이상의 성원을 중심으로 계층·직종 그리고 다양한 지방적 하부문화까지 포함하는 경우가 많다. 아울러 그 성원들은 상이한 종파에 속하며, 경우에 따라서는 서로 다른 언어를 사용하는 경우도 있다. 그러나 이러한 이질적인 요소에도 불구하고 자신들을 하나의 집단으로 생각하고, 그 밖의 모든 사람들을 외국인이라고 간주하는 하나의 민족은 그러한 유대감을 유발시키는 과거 또는 현재에 무엇인가 서로 공감할 수 있는 것을 가지고 있어야 한다. 민족을 구성하는 제 요인을 안다는 것은 그리 쉬운 일이 아니기 때문에 그것은 그것의 결과에 의해 정의될 수밖에 없다. 이유야 어떻든 하나의 민족은 스스로를 타민족과 뚜렷이 구별하는 의식을 가진 집단으로서 외국인에 의한 지배를 혐오하며 자기들의 주권국가를 요구하는 것이다. 바로 그러한 요구가 근대정치발전에서 중요한 역할을 담당하게 되었던 것이다.

29 이 당시 러시아는 1806년 11월 21일부터 효력을 발휘하기 시작한 대륙 봉쇄령으로 인해 영국에 대한 농산물수출의 길이 막히게 되었고 그것으로 인해 막대한 경제적 손실도 감수하고 있었다. 이에 따라 러시아의 알렉산드르 1세는 1810년 12월 31일 대륙 봉쇄령에 더 이상 참여하지 않겠다는 입장을 공식적으로 밝혔고 그것은 나폴레옹의 군사적 행동을 야기 시키는 요인이 되었다.

시로 변모되었다. 당황한 나폴레옹은 약 5 주 동안 모스크바에 머무르면서 러시아 황제 알렉산드르 1세와 협상을 시도했으나, 러시아의 차르는 나폴레옹의 그러한 휴전제의를 거부했다. 러시아에서 겨울을 맞게 되자, 프랑스군은 러시아에서의 혹한을 견디지 못해 결국 철수했으나, 철수 과정에서 쿠트조프(Kutuzov: 1745-1813) 휘하의 군대와 코사크 기병대로부터 습격을 당했다.[30] 그 결과 61만 명의 원정군 중 40만 명이 죽고 10만 명 이상이 포로로 잡혔다.[31] 이후부터 나폴레옹의 몰락은 가시화되기 시작했다. 나폴레옹의 러시아원정실패는 그동안 숨죽이고 지내던 독일 영방 국가들에게 반나폴레옹의 기치를 높이 들게 했다. 그 일례로 나폴레옹의 러시아 원정에 2만여 명의 병력을 파견했던 프로이센이 1813년 2월 28일 프랑스와의 동맹 관계를 파기하고 러시아와 동맹체제를 구축한 것을 들 수 있다.[32]

또한 같은 해 영국, 러시아, 프로이센, 그리고 스웨덴은 반프랑스 연합전선구축에 동의했고 이후부터 이들 국가는 나폴레옹의 팽창으로 확산된 민족주의와 자유주의를 배제시키는데 필요한 방법도 강구하기 시작했다.

영국, 러시아, 프로이센, 그리고 스웨덴간의 이러한 협력체제는 이베리아 반도의 서부 지역에서 순조롭게 진행되던 영국의 공세와 동부의 새로운 공세를 효율적으로 연계시켰으며 웰링턴 장군과 그 휘하의 군대들은 프랑스군을 이베리아 반도에서 퇴각시킬 수 있었다.

이 당시 메테르니히(Metternich: 1773-1859)는 외형상 오스트리아가 프랑스

---

30 이 당시 나폴레옹은 모스크바로부터 스몰렌스크로 후퇴할 것을 명령했다. 그런데 이 도시의 온도는 11월 5일에 섭씨 영하 10도, 11월 29일에는 섭씨 영하 30도까지 떨어질 정도로 추웠다.

31 61만 명의 원정군에서 프랑스군이 차지하는 비율은 2분의 1에 불과했다. 나머지 3분의 2 중에서 라인동맹 및 프로이센과 오스트리아에서 온 독일군이 삼분의 일을 차지했고 나머지 3분의 1은 폴란드와 리투아니아군과 기타 민족에서 차출된 군으로 충당되었다.

32 1813년 3월 16일 프로이센은 프랑스에 대해 전쟁선포를 했다.

의 동맹국이라는 사실 때문에 더 이상 전쟁에 참여하기보다는 중재적 역할을 담당해야 한다는 사실을 잘 알고 있었다.

이에 따라 그는 1813년 7월 26일 드레스덴에서 나폴레옹과 독대를 하게 되었다. 이 자리에서 나폴레옹은 오스트리아가 계속하여 군사적 지원을 할 경우 프로이센을 오스트리아에 넘겨줄 수도 있다는 파격적인 제안을 했지만 메테르니히는 그것을 받아들이지 않았다. 나아가 메테르니히는 나폴레옹에게 전쟁종결에 필요한 평화조건들을 수락할 것을 강력히 건의했지만 나폴레옹은 그것들의 수용을 거부했기 때문에 메테르니히는 러시아와 프랑스 중 어느 쪽이 오스트리아에 더 위협적인 존재인가를 판단해야만 했다. 점차적으로 메테르니히는 러시아와의 협력을 통해 프랑스를 봉쇄시켜야 한다는 확신을 가지게 되었고 그렇게 할 경우 영국도 중부 유럽에서 오스트리아의 위상증대에 협조할 것이라는 판단을 했다. 이에 따라 오스트리아는 5차 대불동맹에 이어 1813년에 재차 결성된 대불동맹에 참여했고 같은 해 8월 12일 프랑스에 대해 선전포고를 했다. 10월 16일부터 라이프치히에서 32만 명의 대불동맹군과 16만 명의 프랑스군 사이에 전투가 펼쳐졌고 이 전투에서 프랑스는 7만 명의 인명손실을 입으면서 대패했다.[33]

1814년 1월 프랑스는 연이은 공격을 받았다. 동맹국들이 시작한 전투의 목적은 프랑스를 굴복시키는 것이 아니라 나폴레옹을 축출하는 것이었다. 그러나 나폴레옹은 3월까지 잔여병력을 지휘하며 저항했다. 이에 따라 오스트리아, 프로이센, 러시아, 영국은 1814년 3월 1일 쇼몽(Chaumont)에서 회동했고 거기서 나폴레옹이 항복할 때까지 전쟁을 계속하기로 약속했다.[34] 동

---

33 이후 프랑스는 세금을 대폭 인상하고, 관리들의 임금을 25%나 삭감하여 외부적인 압박에 대응하고자 했다.
34 1814년 3월 19일 쇼몽조약이 체결되었는데 여기서는 라인 강의 자유운항보장, 스위스의 독립, 네덜란드의 영토 확대. 독일연방과 오스트리아 지배하의 이탈리아 분할이 확정되었다.

맹군이 3월 30일 파리 근처에 도달하자, 파리 시당국은 나폴레옹의 의지를 무시하고 곧바로 동맹군과 평화 교섭에 들어갔다. 임시정부의 수반인 탈레랑(C.M.de Talleyrand: 1754-1838)은 4월 2일 나폴레옹의 폐위를 선언했고 루이 16세의 동생인 루이 18세(Louis XVIII: 1814-1824)와 협상을 펼치기 시작했다.[35]

퐁텐블로에서 파리가 항복했다는 소식을 들은 나폴레옹은 4월 6일에 퇴위 했다. 퐁텐블로 조약으로 동맹군들은 엘바(Elba) 섬을 나폴레옹의 거처로 정했으며, 매년 프랑스 정부로부터 200만 프랑을 받고 400명의 자원 호위대를 거느릴 수 있게끔 허용했다. 나폴레옹은 5월 4일 엘바에 도착함으로써 그와 강력한 프랑스 그리고 프랑스 혁명의 기억들은 사라지는 듯 했다.

나폴레옹은 결코 프랑스 혁명의 정통적인 계승자나 결산자는 아니었다. 그는 오히려 군국주의자 또는 정복자에 불과했다. 그럼에도 불구하고 이 인물은 혁명의 혼란을 수습하여 혁명의 성과를 시민 계층과 자영농민들에게 분배했고, 프랑스 국민들에게 '위대한 국민'으로서의 영광도 맛보게 했다.

---

35 이 당시 탈레랑은 부르봉 왕조를 복귀시켜야 한다는 관점을 가지고 있었다.

09 산업혁명

1. 발생원인

산업혁명(Industrial Revolution)은 서양근대사에서 경이적인 사건 중의 하나로 간주되고 있다. 18세기 후반부터 19세기 전반까지 진행된 기술적 발전은 공장제와 더불어 산업생산에서 비약적인 성장을 가져왔을 뿐만 아니라 유럽문명의 기본적인 특성까지 변형시켰다. 일반적으로 근대 유럽문명의 근원은 프랑스 혁명과 산업혁명에서 찾을 수 있을 것이다. 전자가 개인적 자유, 주권재민, 권력분립 등의 원천이었다면, 후자는 노동, 교통, 생활전반에 근본적 변화를 가져왔다는 점에서 큰 의의를 가진다 하겠다.

산업 기술과 생산적 대변화는 영국에서 시작되어 유럽전역으로 확산되었으며, 종국적으로 전 세계의 여러 지역까지 파급되었다. 이에 따라 공장도시들이 세워졌고, 새로운 교통수단인 기차와 기선은 사람 및 화물을 빨리 운송하고 대량생산이 가능한 기계들이 발명되거나 개량되었다. 아울러 새로운 계층, 즉 산업자본가와 노동자 계층이 등장했다. 여기서 산업자본가들은 자본축적, 수요공급 등의 경제원리를 강조했다. 이에 반해 노동자들은 사회주의이념을 실천시켜야 한다는 주장을 펼치기 시작했다.

18세기 중반부터 시작된 영국의 산업혁명은 19세기에 접어들면서 유럽전역으로 확산되었다. 영국은 1차 세계대전이 발발하기 직전까지 신기술 개발, 새로운 동력원의 사용, 그리고 방대한 시장지배 등으로 세계경제에서 절대적 우위를 확보했다. 18세기 말의 영국은 유럽에서 가장 부유한 국가도 아니었으며, 또 그렇게 많은 인구를 가진 국가도 아니었다.[1] 따라서 당시의 복합적 요인들과 거기서 파생된 상호작용에서 산업혁명이 시작되었다고 보

---

[1] 1701년 500만 명이었던 영국의 인구는 1751년에는 500만 명, 1801년에는 800만 명으로 늘어났다.

아야 할 것이다.

그리 넓지 않은 영국은 자원들을 골고루 갖추고 있었다. 남동쪽의 평야는 비옥하고 생산적인 지역이며 전통적으로 주거중심지였다. 서북방면의 고지대에는 풍부한 석탄과 철이 매장되어 있으며, 거기로부터 뻗은 하천은 중세부터 수력을 제공했다. 사면의 바다는 물자수송의 수단이 되었으며 석탄과 철, 원료와 공장, 생산품과 시장을 상호 연결시켜 주는 기능을 수행했다. 또한 해외통상을 통해 인도산 면과 같은 좋은 상품들도 수입되었다. 더욱이 18세기 후반부터 영국은 운하나 지방도로 등을 크게 확장시키는데 주력했는데 그러한 정책은 운송수단을 획기적으로 개선시키는 계기가 되었다. 아울러 영국은 유럽대륙과는 달리 국내통상을 방해하는 내국관세 및 봉건적 통행세를 1707년에 폐지시켰으며, 전국적으로 단일 화폐제도 및 상법이 통용되고 있었다.

영국의 산업화를 촉진시킨 요인으로 숙련된 기술과 비교적 높은 생활수준을 들 수 있을 것이다. 중세 이후 축적된 수공업 기술은 새로운 공장체제에도 쉽게 적용할 수 있었다. 영국의 시민 계층과 상류 계층은 혁신과 개선에 쉽게 대응했다. 장자 상속제도로 귀족의 반열에서 탈락한 둘째 아들 이하의 귀족 자제들은 자신들에게 적합한 직업을 선택했으며, 그들은 자신들의 토지를 자본화시켜 기업가로 변신하는 능력도 발휘했다. 이렇게 형성된 자본들은 투자처를 확보하게 되었으며, 기업가의 진취성은 이것을 더욱 자극했다.[2] 18세기 후반부터 영국 정부가 이러한 유산 계층의 기업진출을 장려한 것도 산업혁명의 유리한 조건이 될 수 있었다.[3] 더욱이 영국 정부는 해외식민지 확보를 적극 장려했으며, 대외정책은 영국의 상업적 이익에 부

---

2   이 당시 국민총생산의 약 6% 정도가 산업설비확충에 투자되었다.

3   아울러 영국 정부는 사유재산권을 보호했을 뿐만 아니라 경제활동의 위해적 요소로 작용되었던 독점, 특권, 길드 등도 최대한 억제시켰다.

응시켜야 한다는 원칙 하에서 전개되었다. 이 당시 영국은 식민지를 해외원료공급지 및 시장으로 간주했으며, 1780년에 이르러 세계통상의 중심지로 부각되었다.

2 . 진 행 과 정

영국의 산업혁명은 면방업 및 광업분야에서 시작되었다. 원래 면방직은 영국의 전통적 산업은 아니었다. 면방직의 세계적 중심지는 인도였으며, 17세기 영국의 동인도회사가 면직물을 영국에 공급하기 전까지 그것에 대한 수요 역시 그리 많지 않았다. 그러다가 인도산 면직물 칼리코(calicoes)가 수입됨에 따라 중산층뿐만 아니라 하층민까지 이 직물을 사용하게 되었고 그것은 모직공업과 더불어 면직공업을 활성화시키는 계기가 되었다.[4]

18세기 초의 면직업계는 다른 분야와 마찬가지로 수공업체제에서 벗어나지 못했다. 그러나 18세기 중반부터 기계가 발명되거나 개량되어 본격적으로 사용되기 시작했다. 이러한 기계는 생산을 크게 증대시키는데 활용된 기계, 동력원을 강화시키는데 사용된 기계 등으로 나눌 수 있을 것이다. 먼저 1733년 란카샤(Lancashire)의 직포공이었던 케이(J.Kay: 1704-1764)는 비사(flying shuttle)를 발명하여 직조의 속도를 증대시켰다.[5] 즉 10명의 방적공이 생산하는 모사를 한 사람의 직공이 다 사용할 정도였으므로 비사의 보급은 방적기의 개량을 요구하게 되었다. 하그리브스(J. Hargreaves: ?-1778)는 1764년 제니방적기(spinning jenny)를 발명했는데 그것은 한 사람의 방적공이 8가닥의

---

4   면직물은 모직물보다 값이 저렴하고 세탁하기에도 편리했다.
5   재봉틀의 밀실이 들어 있는 북의 일종이다.

기계 설비를 갖춘 방직공장

모사를 동시에 방적할 수 있는 고성능의 것이었다. 이 제니방적기는 값싸고 속도가 빠른 장점을 가졌지만 실이 고르지 못하고 거칠게 뽑혀 나오는 단점도 가지고 있었다. 1769년 아크라이트(R. Arkwright: 1732-1792)는 수력을 이용하여 면사의 대량생산을 가능하게 했고 그것은 수공업체제를 공장제체제로 전환시키는 결정적인 계기가 되기도 했다.[6] 1784년 크럼프턴(S.Crompton: 1753-1827)이 제니방적기와 수력방적기의 장점을 합친 뮬(mule)방적기를 만들었는데 이것 역시 방적기술을 크게 향상시키는 요인이 되었다. 이러한 개량으로 면사는 견고하고 가늘게 만들어 질수 있게 되었으며 무명천(muslins)이나 흰 삼베 손수건지 등의 직포생산도 가능하게 했다. 이렇게 방적 기술이 향상됨에 따라 이번에는 직조기술의 보완이 요구되었는데 그것은 생산된 면사를 다 직조할 수 없다는 데서 비롯된 것 같다. 곧 동력사용이 가능한 방적기(power loom), 즉 역직기가 등장했는데, 그것은 1785년 카트라이트(E.

---

6   아크라이트는 1785년 자신이 취득한 특허권을 박탈당했다.

Cartwright: 1743-1823)가 특허권을 획득한 기계였다. [7]

방적 및 직조에서 생산속도의 향상과 그것에 따른 대량생산은 면사원료인 면의 생산도 촉진시켰는데 문제는 손으로 면화씨를 직접 떼어내야 한다는 점에 있었다. 아무리 숙련된 노동자라 하더라도 1일 2.5 내지 3 킬로그램 이상을 분리할 수 없었으므로 면화씨의 분리는 면사의 충분한 공급과 밀접한 관계를 가지게 되었다. 1793년 미국의 휘트니(E. Whitney: 1765-1825)는 조면기(cotton gin)를 발명하여 이 문제를 해결했다. 이렇게 조면기가 등장함에 따라 노동자 한 사람이 500 킬로그램의 면화를 다룰 수 있게 되었다. [8]

방직업이 기계화됨에 따라 동력개량도 뒤따랐다. 1705년 뉴커먼(T. Newcomen: 1663-1729)이 증기팽창과 응축과정을 이용한 피스턴 엔진을 고안했다. 그의 증기기관은 탄광 갱내의 물 퍼내기에 이용되었으나, 결과적으로 석탄증산에도 기여했다. 그러나 뉴커먼의 증기기관은 석탄소모가 많았으므로 일반 공장에서 실용화되기는 어려웠다. 스코틀랜드출신의 와트(J.Watt: 1736-1819)는 글라스고우(Glasgow) 대학에 근무했는데 여기서 그는 뉴커먼의 증기기관에서 확인되는 비효율성을 개량했다. [9] 와트의 엔진 역시 뉴커먼의 엔진처럼 배수용 펌프로 사용되었지만 점차적으로 그 성능을 인정받아 1785년부터 모방직공업에 사용되었고 그 후에는 증기기관차 및 기선에도 장착되었다.

영국 산업혁명의 또 다른 축이었던 철강업은 영국 북부지방에 풍부하게 매장되어 있던 원광 때문에 급속한 발전을 할 수 있었다. 그러나 제련법

---

7   그러나 카트라이트의 역직기는 1820년대 초부터 본격적으로 보급되기 시작했는데 그 이유는 초기 역직기의 기술적인 결함보다는 직업을 잃을 것을 우려한 수직공 들이 역직기의 보급을 강력히 반대했기 때문이다.

8   이제 50명의 노예가 하던 일을 단 1명의 노예가 할 수 있게 되었다.

9   1775년 와트는 자신의 동료 불톤(M.Boulton)과 더불어 증기기관공장을 버밍엄(Birmingham)에 설립했다.

이 원시적이었으므로 18세기까지 괄목할 만한 성장은 없었다.[10] 1709년 다비(A.Darby: 1677-1717)는 원광을 목탄으로 녹이던 종래방식을 코크스(coke)로 대체하는 새 방법을 고안했다.[11] 1760년 스미턴(J.Smeaton: 1724-1792)은 송풍기를 첨가하여 다비법을 개량했고, 1780년 이후에는 와트의 증기기관에 송풍장치를 첨부시켜 효율을 더욱 증대시킬 수 있었다.[12] 1784년 코오트(H.Cort: 1740-1800)는 불순물을 제거하여 단단하고 견고한 철을 생산하는 법을 고안했다.[13] 이후 영국의 선철(pig iron)생산량은 급증했다. 1740년 17톤에 불과했던 것이 1780년에는 68톤으로 증산되었다. 그리고 1796년에는 125톤, 1806년에는 258톤으로 생산량이 급격히 늘어났고 그러한 것은 선박·교량·도구·무기 등을 철강으로 제작하게 하는 요인도 되었다.

　석탄에 대한 수요 역시 급증하게 되었는데 그 이유는 석탄이 제철공장의 공업원료 뿐만 아니라 도시에서 가정연료로도 사용되었기 때문이다. 이에 따라 1800년에 1,100 만톤에 불과했던 석탄생산량이 30년 만에 2,200만톤(1830)으로 늘어났다. 그리고 1870년에는 1억 톤을 넘어서게 되었다. 산업혁명이 본격적인 궤도에 접어들면서 교통운송수단이었던 도로 및 운하의 개선도 본격화되기 시작했다. 1815년 스코틀랜드인 맥아담(J. McAdam: 1756-1836)이 맥아담법으로 알려진 방법으로 도로를 개량했으며, 거의 같은 시기 텔포드(T.Telford: 1757-1834)는 보다 개량된 도로를 건설했다. 맥아담은 자갈들을 도로 표면에 깔고 왕래의 과정에서 그것들을 가라앉게 해 단단하

10　원료 및 광석의 철분으로부터 불순물제거가 어려웠다.

11　코크스는 석탄을 가공하여 만들었다.

12　이제 사람들은 광산의 골칫거리인 갱내의 배수 문제를 해결할 수 있게 되었고 그것은 깊은 갱도에서의 작업도 가능하게 하여 생산량을 증대시키는 요인이 되었다.

13　코트는 교반법과 압연법을 발명하여 나무대신 석탄을 사용하여 선철을 연철로 가공할 수 있게 했다. 교반법이란 선철을 코크스로 가열하여 죽과 같은 상태로 만든 다음 그것을 쇠막대기로 휘저어 탄소와 기타 불순물을 제거하는 방법을 말한다. 압연법이란 액체상태의 철을 철제 롤러 사이로 통과시켜 그 속에 포함된 불순물들 짜내는 공정을 지칭한다.

고 평평하게 하는 방법을 제시했다. 텔포드는 지표아래에 큰 돌을 깔고 그 위에 맥아담공법을 첨가시켰다.

석탄 및 철강에 대한 수요가 지속적으로 증가함에 따라 철도부설 및 기관차에 대한 관심 역시 중대되었다. 19세기 초 트레비식(R.Trevithick: 1771-1833)은 조잡한 증기기관차를 만들었으나 그것을 실용화시키지는 못했다.[14] 1825년 스티븐슨(G.Stephenson: 1781-1848)이 만든 기관차가 스톡턴(Stockton)과 달링턴(Darlington)간의 64km를 성공적으로 시운전했다. 5년 후 스티븐슨의 기관차 로케트(Rocket)호가 리버풀·맨체스터 철도를 달림으로써 철도시대의 막이 올랐다.

해상교통도 기선이 운행됨으로써 획기적인 전기를 맞이하게 되었다. 1807년 미국의 풀턴(R.Fulton: 1765-1815)은 클러몬트(Clermont)호로 허드슨 강을 150마일이나 운행해 올라갔다. 약 30년 뒤에는 대서양 횡단노선이 캐나다 출신의 큐나드(S.Cunard: 1787-1865)에 의해 개설되었다.

교통의 개량은 통신의 발달도 수반했다. 미국의 모스(S.Morse: 1791-1872)가 1844년 발명한 전신이 워싱턴과 볼티모어 간에 처음으로 타전되었다. 이로부터 22년 후, 즉 1866년 필드(C. Field: 1819-1892)는 최초로 대서양에 해저 케이블을 부설하는데 성공했다.

19세기 중반부터 유럽 대륙 역시 영국에서 시작된 산업화의 영향을 받기 시작했다. 그리고 그 이후에는 산업화가 전세계적인 현상으로 자리 잡게 되었다. 또한 기술의 혁신 및 생산방식의 발달은 산업의 여러 분야에 영향을 끼쳤고 그러한 양상은 20세기까지 지속되었다.

유럽대륙의 산업화는 영국과는 달리 서서히 진행되었는데 그 이유는

14　트레비식은 빔 연접봉형의 고압복동기관을 제작했으며, 콘월식의 이름으로 알려진 양수형 고압기관은 효율이 높아 19세기말까지 상수도용으로 보급되기도 했다.

정치적으로 분열되었을 뿐만 아니라 상이한 관세제도도 운영되었기 때문이다. 아울러 교통기반시설의 미약으로 시장은 큰 제약을 받고 있었다. 이 당시 유럽 사회는 영국보다 엄격한 계층사회였으므로 인력이동의 신축성은 거의 없었다. 따라서 기업 활동은 소규모의 상태에서 벗어나지 못했고 가족 중심의 경영방식이 주종을 이루었다. 사람들 역시 지방귀족들의 생활을 자본주의적 기업가의 생활보다 더 높이 평가했다.

그러나 유럽 각국은 18세기말부터 19세기 초에 걸쳐 중요한 산업적 변화를 겪었다. 프랑스의 노르망디 지방과 저지대 지방에서는 면직공업이 활성화되기 시작했다. 노르망디의 루앙(Rouen)은 최대 면직공업 중심지로서 1732-1766년 사이의 생산고는 2배 이상 증대되었으며, 18세기 말에 이르러서는 영국식 기계생산도 가능하게 되었다. 그리고 콜베르에 의해 시작된 견직공업은 이전처럼 리옹(Lyon)을 중심으로 발달했다. 석탄과 철의 생산량도 18세기말부터 점차적으로 증가되었는데 그것은 프랑스에 공장제체제를 도입할 수 있는 계기도 제공했다. 아울러 운하·철도 등의 교통기반이 구축되었으며 국내시장을 확대시킬 수 있는 인구 증가현상도 나타났다.[15]

스위스는 산업화를 비교적 일찍 시작한 국가 중의 하나였다. 고대로부터의 상업적 전통, 풍부한 수력 및 유럽의 남북을 연결하는 교통요지에 위치했기 때문에 스위스는 면직공업이나 그 밖의 경공업 발달에 유리한 조건을 갖추고 있었다.

벨기에는 1840년 경 영국 상품과 경쟁할 만큼 산업화를 수행했다. 유리한 정부 시책, 양호한 운송수단, 그리고 안정된 시장 등의 요인들로 벨기에는 영국의 경제력과 맞설 만큼의 경제적 발전을 이룩할 수 있었다.

독일의 산업발전은 1815년부터 가시화되기 시작했다. 그리고 1834년

---

15 이 당시 프랑스 인구는 20%이상 증가했다.

관세동맹(Zollverein)이 체결된 이후부터 자유무역이 활성화되면서 산업활동은 촉진되었다.[16] 영국에서 기계류를 수입한 독일은 면직공업에서 급속한 발전을 이루었으며, 1850년대 이후에는 금속공업뿐만 아니라 석탄생산에서도 괄목할 만한 진척을 보게 되었다. 통일 이후인 1870년대부터 독일의 산업은 급격히 팽창하기 시작했는데 그러한 것은 독일이 프랑스로부터 막대한 전쟁배상금을 받았다는 것과 철강산업이 활성화된 알자스-로렌(Alsace-Lorraine)지방이 독일에 편입된 것에서 비롯되었다. 아울러 인구의 급속한 증가 역시 독일이 선진 산업국가로 탈바꿈하는데 크게 기여한 요인으로 작용했다.

이 밖에 유럽 각국, 특히 네덜란드, 에스파냐, 덴마크 등도 1830~1870년 사이에 비약적인 산업발전을 성취했다. 이에 반해 러시아는 여전히 경제적 후진성에서 벗어나지 못했지만 신대륙의 미국은 괄목할만한 산업발전을 달성했다.

3. 결과 및 후유증

영국의 산업혁명으로 시작된 경제적 변화는 사회의 여러 부분에 적지 않은 영향을 끼쳤다. 산업혁명의 과정에서 새로운 과학 기술, 투자자본의 축적, 공장노동의 조직화, 인구의 증가 및 도시의 성장, 그리고 시장의 규모 및 교역의 확대 등의 새로운 양상 등이 나타났다. 그리고 이러한 것들은 19세기 후반에 접어들면서부터 더욱 가속화되기 시작했다. 즉, 자원의 이용은

---

16 관세동맹의 체결로 독일권은 경제적 단일화(Schaffung eines einheitlichen deutschen Wirtschaftsgebiets)를 구축할 수 있게 되었다.

보다 체계화 되었고, 인구 역시 급속히 증가했다. 아울러 교통수단은 향상되었으며 자본가의 동의수단 역시 확장되었다. 정치가들과 산업자본가들은 산업성장을 촉진시킬 수 있는 방안들을 모색했다. 그 결과 더 많은 생산 및 부를 창출했지만 급속한 사회적 변화와 거기서 파생된 문제점들에 대해서는 효율적으로 대응하지 못했다.

산업화는 지방생활의 변화를 가져왔을 뿐만 아니라 도시의 인구도 급속히 증대시켰다. 이 당시 유럽 인구의 상당수는 여전히 지방에 살고 있었지만, 도시는 그 규모 및 수에서 크게 발전했으며 유럽의 생활중심 역시 서서히 지방에서 도시로 옮겨지고 있었다. 이러한 변화는 생활양식, 가치관, 생활조건, 노동형태, 그리고 사회구조를 변화시켰다. 이전의 작업장들은 지방에 위치해 있었고 기계작동에 필요한 수력의 근처에 있었다. 그러나 증기기관의 발명으로 기업가들은 더 이상 수력에 의존할 필요가 없게 되었고 그것은 대도시에 생산체제를 집결시키는 요인이 되었다. 도시에서는 교통수단이 편리했기 때문에 원료구입 및 제품 출하시 경비가 절감되었다. 이에 따라 노동자들은 도시로 집결했고 그것은 노동력의 공급을 용이하게 했다. 이 당시 런던의 인구는 13만 명, 맨체스터의 인구는 7만 명이었다. 그리고 파리는 12만 명, 빈은 40만 명의 인구를 가지게 되었다.[17]

산업혁명은 인구의 증가 및 도시로의 이동을 초래시켰을 뿐만 아니라 사회계급의 재편성도 유발시켰다. 즉 자본을 소유한 산업자본가와 임금에 의존하는 노동자 계급이 형성되었던 것이다. 이 두 계급 사이에는 부유하지도 빈곤하지도 않은 중간 계급, 즉 상점주·공무원·법률가·의사·교사·자작농 등이 있었다.

---

17 19세기에 접어들면서부터 도시로의 유입현상은 더욱 가속화되었다. 그 결과 영국인의 52%, 프랑스인의 25%, 독일인의 36%가 도시에 거주하게 되었다.

새로운 산업화의 과정에서 가장 중요한 것은 공장제(factory system)이었다. 공장이란 정해진 장소에 동력, 자원, 그리고 노동력이 효율적으로 집결됨을 의미한다. 공장은 대량의 상품을 생산하기 위해 기계를 사용했고 작업과정에서 분업이란 방식도 채택했다. 이제 숙련과 기술이 필요했던 많은 직종에서 기계도입과 더불어 노동자들은 하나의 자동기계의 위치로 전락했다. 노동자들은 기계에 예속되어 그것을 보살피는 사람으로서 하루 종일 단조로운 기계의 소리와 동작에 대해 주의를 집중해야만 했다. 더욱이 기계의 개량은 작업의 효율성을 높이게 되었고 공장마다 더 많은 기계가 설치됨에 따라 노동자들의 임금은 계속 하락했다.[18] 이후 노동자들은 실직당하는 경우가 많게 되었고 그것은 기계를 원망하고 파괴하는 극단적인 행위도 유발시켰다. 인간의 숙련기술이 기계로 대치됨에 따라, 즉 이른바 '과학기술에 의한 실업'은 이후 사회적 문제로 크게 대두되었다.

효율성 및 생산성 향상에도 불구하고 공장제는 어려운 문제를 야기 시켰다. 채광 및 조명시설이 제대로 되어 있지 않고 환기장치가 열악한 공장은 위생과 안전도에 대해서 관심을 보이지 않았다. 산업혁명 초기 영국에서는 작업 중 발생한 사고는 노동자 본인의 부주의로 간주되었고, 상해를 당한 노동자는 공장에서 쫓겨났다. 노동환경이 좋지 않은 만큼 노동조건 역시 매우 열악했다. 단순 노동에 장시간 종사하여 얻은 임금으로 가족의 생계를 꾸려 나갈 수 없음에도 불구하고 공장노동직은 심한 경쟁의 대상이었다. 부인과 아이들까지 공장이나 탄광에서 불리한 조건으로 일을 해야만 생활이 유지되었다. 폐질환이나 신경통 등은 이러한 비위생적 노동조건하에서 비롯된 질병이라 하겠다. 공장제체제하에서 가장 비참한 것은 어린이 노동자

18　이제 산업자본가들은 임금이 비싼 성인 남자들 대신에 낮은 임금으로도 고용할 수 있는 어린이나 여자들을 선호하게 되었다.

들이었다.[19] 이들은 공장이나 탄광에서 12시간 이상이나 일을 했고 그들의 미래생활을 향상시킬 수 있는 교육은 전혀 받지 못했다.[20]

산업화가 진행되는 과정에서 표출된 사회문제들 중에서 노동자들의 노동조건과 생활안정에 관한 문제가 가장 심각했다. 점차적으로 이러한 문제에 대한 노동자들의 각성이 높아지게 되었고 그것의 개선을 위한 압력단체의 결성도 시도되었다. 나폴레옹 전쟁 이후 영국에서는 수직노동자 및 그 밖의 노동자들의 실업률이 매우 높아지게 되었고 그것은 이들로 하여금 기계를 파괴하게 했다. 래스티셔(Leistershire) 출신이었던 러드(N.Ludd)가 지휘한 이러한 파괴행위를 지칭하여 러드파 운동(Luddite Movement)이라고 한다.[21]

산업혁명 초기에 노동자들의 파업이나 시위운동이 전혀 없었던 것은 아니었으나 그것들이 조직적으로 시도된 것은 아니었다. 그러나 1820년대부터 영국의 노동조합운동은 본격적으로 전개되었는데 이것은 노동자들의 조합결성을 금지하는 조합법이 철회되면서 가능했다.

4. 사회주의이론의 대두

산업혁명의 후유증, 즉 빈부의 격차, 노동자 계층의 빈곤, 그리고 계급 간의 갈등 및 소외현상이 확산되는 상황에서 생산품의 합리적 분배를 지향

---

19 5세 미만의 아이들도 노동자로 고용되었다. 그러나 이렇게 어린 나이에 고용된 아이들의 평균수명은 17세에 불과했다.

20 1830년 영국 하원이 설치한 '아동노동실태조사를 위한 위원회'의 보고서에서 이러한 것들이 구체적으로 언급되었다. '부인 및 아이들은 하루 평균 19시간 정도, 즉 오전 3시부터 오후 10시까지 일을 했다. 만일 이들이 출근시간을 어겼을 경우 임금의 ¼를 삭감당했다.'

21 1811/12년 러드파 운동이 최고조에 달했다. 그리고 이 운동에서는 국가가 노동자문제에 적극적으로 개입해야 한다는 것이 강력히 거론되기도 했다.

하던 사회주의에 대한 관심이 크게 증대되었다. 그리고 프랑스가 이러한 움직임의 중심지로 부각되었다. 여기서 초기 사회주의자들이었던 '유토피언'이 등장하게 되었는데 이들 사이에 극복할 수 없는 이론적 대립도 있었다.

(1) 유토피아적 사회주의

생시몽(S. Simon: 1760-1825)과 루이 블랑(L. Blanc: 1811-1882)은 중앙집권적인 경제체제의 도입을 주장했다.[22] 같은 시기 활동했던 다른 인물들은 여러 형태의 사적 연합체를 통해 당시 부각된 사회적 문제를 해결해야 한다는 견해를 제시하기도 했다. 즉 이들은 당시 산업사회에서 겪어야 했던 모든 괴로움으로부터 탈피하기 위해, 시장보다는 자유로운 협동원칙 하에서 사람들이 필요로 하는 모든 것들을 공급할 수 있는 자급자족적인 공동촌을 형성하자는 것이었다. 이러한 입장을 가장 잘 대변한 인물이 바로 푸리에(F.M.Fourier: 1772-1837)였다. 푸리에는 팔랑크스(Phalanges)라는 이름의 공동촌을 제시했는데 그것은 마치 취미상점으로 가득 찬 하나의 정교한 휴양호텔을 방불케 했다. 푸리에의 팔랑크스는 각각 50만평의 토지를 공유하는 약 1,600명으로 구성된 집단이었다. 여기서 공동체구성원들은 하나의 큰 건물인 팔랑크스관(phalanstere)에 집단으로 거주하면서 자유롭게 남녀 모두가 각종 즐거움을 추구할 수 있다. 그리고 각자의 관심에 따라 일에 종사하고 쾌락을 위한 물건들을 생산하기도 한다. 그런데 재화는 평등하게 분배되는 것이 아니라 특수기술이나 책임자에게 응분의 보상을 하는 차등제를 채택했다. 예컨대 직접 일을 한 사람은 이윤의 12분의 5, 경영·관리를 한 사람은 12분의 4, 자본을 투자한 사람은 12분의 3을 분배받는다는 것이다. 푸리에

---

22 이들은 정부기금으로 '모범협동조합공동체(model cooperative communities)'의 설립을 요구했다.

에 비해 프루동(Proudhon)은 좀 더 현실성 있는 이론을 제시했다. 즉 그는 노동자 계층만으로 구성된 협동조합을 전국적으로 조직하여 그 조합들이 재화 및 용역의 교환을 위해 상호간 협상한다는 제도를 제안했던 것이다. 이렇게 단 하나의 운동을 위해 적지 않은 인물들이 다양한 견해를 제시한 적은 거의 없었다. 그러면서도 이들은 공통된 관점을 가지고 있었다. 즉, 이들은 개인기업 및 시장경제가 인류복지에 위해적 요소로 작용한다는 생각을 했을 뿐만 아니라 그것을 대신하여 좀 더 책임 있는 사회적 조직이 등장해야 한다는 입장도 밝혔던 것이다. 비록 유토피아적 사회주의 이론이 많은 추종자들을 확보하지는 못했으나, 그러한 이론들이 지속적으로 대두되었다는 사실은 당시 불만이 그 어느 때보다도 훨씬 높았다는 것을 알려 주는 일례라 하겠다.

(2) 마르크스의 등장

사회주의에 대해 효율적 이데올로기를 제공한 인물은 마르크스(K. Marx: 1818-1883)였다. 마르크스는 1818년 5월 5일, 독일 남부 트리어(Trier)에서 변호사인 하인리히 마르크스(H.Marx)의 장남으로 태어났다. 그는 가계 혈통상 유대인이었지만, 가톨릭으로 개종한 자유주의자였던 아버지의 영향으로 다소간 개방적인 어린 시절을 보낼 수 있었다. 아버지는 자신과 마찬가지로 마르크스가 법학을 공부해서 변호사가 되길 바랐다. 그러나 그는 어릴 때부터 종교와 문학, 철학에 심취했으며 점차 법학으로부터 멀어져 갔다. 아버지는 아들이 변해 가는 것을 두려워했는데 그것은 그가 자신의 아들이 뛰어난 자질을 활용하여 자신에 맞는 사회적 지위를 성취하기를 원했기 때문이다. 따라서 마르크스가 아버지의 뜻에 따라 본(Bonn) 대학에서 베를린 대학으로 전학했다. 그러나 마르크스는 변호사라는 사회적 지위가 보장하는 미래를 포기했을 뿐만 아니라 교수직마저 등한시하는 자세를 보였다. 마르크스가 교수의 길을 접고 대신 선택한 것은 잘못된 제도와 가치, 허위적인 의식들을 가차 없이 폭로하고 비판하는 언론가의 길이었다. 1842년 1월, 검열제도를 비판하는 날카로운 글을 '독불연보'에 기고하면서 마르크스의 본격적인 비판 작업은 시작되었다. 1842년 가을, 마르크스는 24세의 나이에 쾰른(Köln)에서 창간된 시민적 민주주의를 신봉하던 반정부기관지인 '라인신문(Rheinische Zeitung)'의 편집장이 되었다.

마르크스와 그의 협조자였던 엥겔스(F.Engels: 1820-1895)는 생의 대부분을, 즉 1849년부터 1883년까지 산업혁명의 본거지였던 영국에서 보냈다. 엥겔스는 마르크스 보다 2살 아래로, 1820년 11월 28일 독일의 바르멘에서 방적공장을 운영하는 동일한 이름의 아버지, 프리드리히 엥겔스와 엘리자베트(Elisabeth)사이에서 장남으로 태어났다. 그의 아버지는 엥겔스가 경영수업을 받아 자신의 사업을 승계하기를 원했다. 그러나 엥겔스는 돈 버는 일보다 세계를 인간답게 변화시키는 일에 더 몰입하고 있었다. 엥겔스 또한 아버지의 기대와는 달리 마르크스처럼 벗어난 길을 걸었던 것이다. 엥겔스는 18살 때부터 '부퍼탈 통신'에 기고하기 시작했다. 이를 통해 엥겔스는 고향 부퍼탈에서 벌어지던 비참한 상황과 공장주들의 위선을 폭로했다. 마르크스가 24세에 '라인신문'의 편집장을 하면서 인간의 삶에 있어서 물질적인 조건들, 경제적 관계들에 눈을 뜨기 시작했다면 엥겔스는 훨씬 이전부터 이 관계에 주목하고 있었던 것이다. 마르크스와 엥겔스는 초기사회주의자들과 마찬가지로 중산 계층출신이었다. 따라서 개인적 경험이 아닌 인류애적 감정이 그들로 하여금 전생을 노동 계층의 지위향상에 헌신하도록 한 것 같다. 마르크스는 영국으로 건너가기 전 파리에서 일시적으로 체류했는데 이 시기에 그는 프랑스의 적지 않은 사회주의자들과 접촉했다. 여기서 그는 이들이 제시한 목표에 대해 동의했지만 그것의 실천방법이 너무나 비현실적이라는 사실도 알게 되었다. 실제적으로 그들의 이론은 논증적 절차 없이

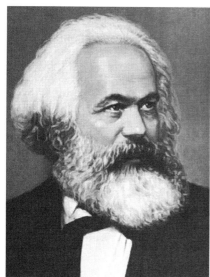

마르크스와 엥겔스(K.Marx/F.Engels)

독단적으로 구성된 이론에 불과했다. 이에 반해, 마르크스는 방법론적인 문제에 대해 깊은 관심을 가졌던 철학자였다. 그의 견해에 따를 경우 사회주의가 필요로 하는 것은 하나의 진정한 과학적 이론이고 그것은 기존의 사회질서체제를 붕괴시키는 당위성을 부각시켜야 할 뿐만 아니라 그것을 필연적으로 증빙도 해야 한다는 것이다. 그리고 이러한 이론정립이 바로 자신의 일생일대의 야심적 과제였던 것이다.[23]

　그런데 이러한 목표를 실천하는 과정에서 마르크스는 하나의 큰 장애물을 제거하지 않으면 안 되었다. 아직 보수적 반동의 여파가 제거되지 않았기 때문에 마르크스가 활동했던 시기의 지적풍토는 프랑스 대혁명이 발생했던 시기보다 혁명적 이론에 대해 훨씬 더 배타적이었다. 이 당시 사람

23　마르크스는 지배 계층의 이익을 대변하고 옹호하기 위해 사회의 구조적 관계를 은폐시키거나 변환시킴으로써 사회에 대한 우리의 생각을 왜곡시키는 것을 이데올로기라 했다.

들은 사회생활에서 연속성을 부각시키려 했고, 사회적 변화를 하나의 점진적 진화의 문제로 간주하려고 했다. 비록 궁극적인 목표에서 급진적인 자세를 가졌지만 사회주의자들 역시 자신들의 목표에 서서히 접근해야 한다는 사실을 인지하고 있었던 것이다. 그렇다고 해서 마르크스가 그들과 전혀 다른 의견을 가졌다는 것은 아니다. 마르크스는 오히려 그들보다 더욱 철저히 역사가 연속적이고 필연적 과정을 거쳐야 한다는 믿음을 가지고 있었는데 그것은 그가 헤겔(Hegel)의 역사철학의 영향을 많이 받았기 때문이다. 그러나 마르크스는 기존질서체제를 타파하기 위해서는 철저한 혁명적 격변이 필요하다라는 사실도 알고 있었다. 역사의 연속성은 프랑스 혁명이후 자유주의자들에 의한 권력쟁취를 막지 못했다. 이제 마르크스 앞에 놓인 과제는 어떻게 역사적 과정이 노동자들에게도 유사한 계기를 주는 가였다. 즉 이들이 곧, 그리고 그것도 필연적으로 혁명행위를 성공적으로 일으킬 수 있을 것이라는 것을 증빙하는 자체가 마르크스의 과제로 부각되었던 것이다. 이러한 문제에 대한 그의 답은 변증법적 유물론이었다. 변증법적이란 말은 철학에서 사용되는 기술적인 어휘 중에서 그가 차용한 하나의 용어라 하겠다.[24] 원래 변증법적이라는 것은, 우리가 지적인 대화를 하는 과정에서 어떤 관념을 형성하고 그것을 명확히 하는 과정 전체를 지칭하는 것이다. 처음에 정립(These)이라 부르는 하나의 명제가 제시되면 그것은 그 뒤에 반정립(Antithese)이라 불리는 또 하나의 대립되는 명제로부터 도전을 받게 된다. 이렇게 제시된 두개의 명제는 그 일부만이 진리인 것으로서, 우리는 그 후 토론의 결과 종합(Synthese)이라고 지칭되는 수정 명제를 얻게 된다. 이렇게 보면, 종합은 결국 앞의 두 명제로부터 각각 타당성 있는 요소만을 선택·조

---

24 마르크스가 자신의 이론을 전개하는 과정에서 그것을 어떻게 활용했는가를 살펴보면, 우리는 그가 철학도로서 받은 훈련으로부터 얼마나 많은 도움을 받았는지를 짐작할 수 있다.

화시킨 것으로 볼 수 있을 것이다. 변증법적 유물론은 바로 사회제도의 역사적 전개 역시 그러한 양식을 따른다는 것을 입증하기 위한 하나의 시도로 볼 수 있을 것이다. 유물론에 대한 마르크스의 해석에 따를 경우, 인간생활을 움직이는 근본적인 힘은 경제적 동기, 즉 물질적 복지에 대한 추구욕이라는 것이다. 경제발전의 어느 단계에도 항상 지배계급이 있게 마련인데, 그들은 토지, 공장, 또는 기타 부의 원천이 되는 것들을 소유함으로써 사회 전체를 지배할 위치에 서게 되는 것이다. 그러나 그러한 지배계급의 힘이 아무리 강력하다 하더라도 그것은 근본적으로 안정될 수 없다는 것이 마르크스의 관점이었다. 시대의 변천에 따라 부의 새로운 원천이 발견되고, 그것에 따른 새로운 형태의 경제조직이 도래한다는 것이다. 이러한 기회를 이용하기 위해 새로운 계급이 등장하게 되며, 그것에 따라 이전의 지배계급은 그들이 지금까지 향유했던 독점적 지위를 상실하게 된다는 것이다. 변증법적으로 말하여, 기존질서체제라는 하나의 정립은 필연적으로 새로운 혁명계급을 통해 그 자신과 대립된 또 하나의 반정립을 창출한다는 것이다. 그 결과로 혁명적 위기가 하나의 종합으로 등장하게 되는데, 여기서 이미 그 점진적 성장을 완료하고 이전의 계급보다 더욱 강력한 새로운 계급이 이전의 지배자들을 타도하고 자신들의 이익에 알맞게 사회를 전면 개편한다는 것이다. 즉 역사는 하나의 변증법적 과정으로서 각 시기는 혁명을 통해 그 진화적 성장의 최고조에 이른다는 것이다. 변증법적 유물론은 이렇게 필연적인 발전과정의 성격을 규명하기 위해 마르크스가 사용한 용어라 하겠다.

변증법에 대한 확신은 마르크스로 하여금 당시 대다수의 사회주의자들이 가지지 못했던 확실성을 가지고 미래의 일을 예측하게끔 했다. 당시의 지배 계층, 즉 자본가들은 공장, 은행, 또는 기타의 사회적 기구를 소유함으로써 산업혁명시대의 경제생활을 지배하기 시작했던 것이다. 이들은 프랑스 혁명을 통해, 혁명이전 토지소유를 기반으로 세력을 발휘하다가 점차적으로 약화된 구제도의 기득 계층, 즉 지배자와 귀족들을 축출하는데 성공한 신흥 자본 계층이었다. 이렇게 들어선 신흥 지배 계층은 이후 여론장악에 필요한 학교, 교회, 언론계를 포함한 당시의 모든 정치적, 사회적 제반제도를 자신들의 이익에 부합되게끔 전면 개편했다. 그러나 이들의 힘이 아무리 강력하더라도 이들 역시 그 수명이 얼마 남지 않았다는 것이다. 새로운 산업체제라는 정립은 이미 필연적으로 그것의 반정립인 공장노동자 또는 사회주의자들이 흔히 지칭하는 프롤레타리아(무산계급)을 산출시켰던 것이다. 노동이외에 아무 것도 가지지 못했던 노동자들은 자본가들이 설정한 조건에 따라 일정한 임금을 받기 위해 일할 도리밖에 없었다. 자본가들이 노동시장의 독점권을 장악한 것은 그들이 생산에 필요한 중요한 기재들을 가졌기 때문이다. 이들은 임금을 기아선상으로 내리고, 잉여가치(Mehrwert) 또는 이윤의 형태로 노동자들이 생산하는 부의 대부분을 착취했던 것이다. 여기서 착취당하는 계급으로서의 프롤레타리아들은 자신들의 공통된 이익이 바로 자본가들을 제거하는데 있다는 사실도 점차적으로 자각하게 된다는 것이다. 그리고 자본주의체제의 근본적 구조가 변하지 않는 한 프롤레타리아의 힘은 지속적으로 성장할 수밖에 없다는 것이 마르크스의 분석이었다. 경쟁적인 경제상황 하에서 취약한 자본가들 역시 그들보다 부유하고 능률적인 경쟁자들에 의해 토대될 수밖에 없고 종국적으로 그들 역시 프롤레타리아 계급으로 전락하고 만다는 것이다. 그로 인한 필연적 결과로서 숫자 및 세력에서 강력해진 프롤레타리아들이 순전히 자신들의 수적인 힘으로, 점차 수적으로나 세력 상으로 허약해진 자본가계급을 타도하는데 성공하게 된다는 것이다. 이렇게 되면 하나의 새로운 혁명적 위기가 조성되고 공장노동자들은 마치 그들 이전의 프랑스 혁명가 들이 그러했듯이 그들 자신의 변증법적 종합을 창조할 기회를 가지게 된다는 것이다.

　　노동자 계층의 주도로 등장한 국가는 실질적인 민주주의를 실현하기 위해 대공장과 기간산업, 은행 따위를 국유화시켜야 한다는 것이 마르크스의 관점이었다. 마르크스는 빈부격차를 해소하고 모든 사람들이 자유롭게 자신들의 가치를 실현할 수 있는 노동을 할 수 있게끔 하기 위해서는 이미 한 개인의 통제를 벗어나 있는 산업들을 사회가 직접적으로 운영해야 한다는 확신을 가지고 있었다. 흔히 사적 소유를 폐지한다는 마르크스의 주장은 소유 일반의 폐지를 의미하는 것은 아니다. 마르크스는 생활필수품과 소규모 생산수단에 대한 소유는 인정하려고 했다. 그러나 그는 거대기업과 같이 이미 국가가 개입해서 경제활동을 조절할 수밖에 없는 것들은 한 개인의 소유가 아니라 국가로 조직된 노동자들의 대표에 의해 운영되고 관리되어야 한다고 생각했던 것이다. 특히 마르크스는 공장이나 기계와 같은 생산수단에 대한 개인적인 소유가 빈부격차와 더불어 경제·정치적 측면에서 지배와 피지배라는 권력을 낳는다고 믿었기 때문에 사회전체가 정치적으로 그러한 것들을 관리해야 한다는 견해를 피력했던 것이다. 마르크스는 그렇게 할 경우 국가는 이전과 다른 성격을 가지게 될 것이라는 확신도 가지고 있었다. 즉, 이전의 국가가 노동자와 민중들을 통치하고 관리하는 것이었다면 노동자 계급의 국가는 사회 전체의 총생산량과 총소비량을 계산해서 그것을 조절하는 생산자들의 자율적인 공동체가 될 수 있다는 것이다. 마르크스가 보기에 일차적으로 노동자들이 건설하는 사회는 '능력에 따른 노동과 일한 만큼의 분배'를 받는 사회였다. 따라서 여기서의 평등은 '경쟁'과 '능력'이 동반되는 부르주아적 평등으로 이것이 실제적으로 구현되는 사회라 하겠다. 게다가 이러한 사회주의 사회는 아직까지 생산의 사회화가 완전히 실현된 사회가 아니기 때문에 여전히 국유화와 사회화 사이에 간극이 존재한다는 것이다. 국유화가 온전하게 사회화되기 위해서는 최종적으로 육체노동과 정신노동의 분업이 폐지되어야 한다는 것이 바로 마르크스의 주장이라 하겠다. 그래서 마르크스는 공산주의 사회로의 이행과정을 설정했다. 흔히

'국가소멸론'이라고 알려진 마르크스의 이상은 현실적으로 이런 '이행'과정 없이는 있을 수 없는 것이다. 마르크스가 보기에 모든 생산자들이 자신들의 공장과 지역, 그리고 사회를 완전히 통치할 수 있어야 공산주의 사회가 가능해 진다. 따라서 마르크스는 생산자들에 의한 직접통치와 관리가 지속적으로 이루어지고 '정신노동과 육체노동의 분업'이 제거될 경우 진정한 평등 사회가 구현되리라 믿었던 것이다.

마르크스가 생각한 공산주의 사회는 사람들이 자신들의 가치실현을 위한 노동을 하기 때문에 남보다 더 많이 가지려 하지 않는 사회이며 '능력에 따른 노동과 필요에 따른 분배'가 이루어지는 사회이다. 자신의 욕구와 가치를 실현하는 노동이 행해지는 사회이며 사회의 발전이 곧 자신의 발전이 되는 사회인 것이다. 마르크스는 이것을 지칭하여 공산주의의 높은 단계라 했다. 어쨌든 "각자는 능력에 따라! 각자는 필요에 따라!"가 바로 여기서의 원리라 하겠다. 능력이 부족한 자도, 여성도, 노인도, 어린이도 각자 할 수 있는 능력만큼 노동하고 필요한 만큼 가져가 자신의 삶을 풍요롭게 가꿀 수 있는 사회, 어떠한 개인도, 어떠한 집단도 한 개인과 한 집단을 구속하고 핍박하는 법이 없는 사회, 그것이 마르크스가 꿈꾼 진정한 사회였다. 그런 의미에서 마르크스는 유토피아를 지향했다. 하지만 마르크스의 유토피아는 현실적인 사람들이 꾸려가는 삶속에서 실현되는 역사적 유토피아라는 점에서 분명히 이전의 공상적 유토피아와 구별되는 현실적 유토피아라 하겠다. 마르크스와 엥겔스는 3월혁명이 발생한 이후 독일권으로 돌아와 자신들의 이론을 현실화시키려고 했다. 그러나 이들은 산업 노동자들이 거의 존재하지 않은 국가에서 사회주의 혁명이 발생할 수 없다는 것을 알고 있었다. 따라서 이들은 새로 구성된 노동 계급의 조직들을 무시하고, 급진좌파가 펼치던 절대왕정체제 타파지원 등을 통해 부르주아 민주주의가 굳건한 토대위에서 자리 잡게끔 하는데 집중했다.

10

메테르니히 체계
Metternich

1. 빈 회의(Wiener Kongress)

　1814년 10월부터 빈에서는 국제회의가 개최되었는데 여기에는 오스만 튀르크를 제외한 유럽의 대다수 국가들이 참석했다.[1] 빈 회의에 참가한 국가들은 13개의 특별위원회를 구성하여 당시 제기된 문제들을 해결하고자 했다. 그리고 이러한 과정에서 메테르니히, 캐슬레이(R. C. Castlereagh: 1769-1822), 탈레랑(Talleyrand-Perigord: 1754-1838), 그리고 하르덴베르크(K. A. v. Hardenberg: 1750-1822)가 핵심적인 역할을 담당했다.[2] 그런데 이 회의를 이끈 기본정신은 정통주의와 보상주의였다. 정통주의란 1789년 이전의 상태, 곧 프랑스 혁명 이전의 상태로 회귀해야 한다는 주장으로 혁명 이전의 왕조들과 영토를 부활시키고 프랑스 혁명과 나폴레옹 전쟁의 산물인 자유주의와 민족주의를 탄압한다는 것이었다. 그런데 이러한 주장은 프랑스의 대표였던 탈레랑이 프랑스에 대한 연합국들의 보복이 두려워 제시한 것이지만 메테르니히가 이를 반동정치의 기본적 이념으로 수용했던 것이다. 그러나 정통주의 정신은 영국을 중심으로 한 연합국들의 이해관계로 인해 흐려지게 되었는데 그것은 이 국가들이 전승국의 입장에서 영토적 보상을 요구했기 때문이다. 따라서 본래의 정통주의 이외에 보상주의라는 또 하나의 원칙이 제기되었던 것이다.

1　이 회의는 다음 해 6월까지 진행되었다.
2　메테르니히는 1809년부터 오스트리아 제국의 외상이었고 1812년부터는 총리를 겸임했다.

2. 메테르니히체제

(1) 정통주의 및 보상주의

정통주의 원칙에 따라 프랑스에서는 부르봉 왕조가 부활되었고 루이 18세는 프랑스 국왕으로 즉위했다. 이 당시 메테르니히는 러시아가 대국으로 등장하는 것을 막고 유럽에서 세력균형을 유지하기 위해서는 프랑스의 역할 및 협조가 필요하다는 것을 인식하고 패전국인 프랑스에 대해서 관대한 조치를 취했다. 프랑스이외에도 네덜란드에서는 오렌지(Orange)가가, 피에몬테(Piemonte)와 사르데냐(Sardinia)에서는 사보이(Savoy)가가, 그리고 에스파냐와 시칠리아에서는 부르봉가가 부활했다.

구왕조가 부활한 이후 보상주의에 따른 영토재조정 작업도 이루어졌다. 영국은 나폴레옹전쟁 중 일시적으로 프랑스 측에 가담했던 남아프리카와 남아메리카의 기아나(Guiana) 일부와 실론(Ceylon)섬을 차지했다. 영토적 손실을 보상한다는 차원에서 네덜란드에게는 오스트리아령 네덜란드, 즉 벨기에를 할애했다. 오스트리아는 그 대가로 이탈리아에서 상당한 영토를 차지했다. 즉 오스트리아는 베네치아 공화국과 밀라노 공국을 차지했으며 합스부르크 가문은 파르마(Parma)와 모데나(Modena)를 지배하게 되었다. 러시아는 1809년 스웨덴으로부터 빼앗은 핀란드(Finland)를 차지하게 되었으며 그 대신 스웨덴은 덴마크의 영토였던 노르웨이(Norway)를 병합했다. 그러나 이러한 영토보상은 관련 민족들의 관심을 전혀 고려하지 않았기 때문에 민족적 반감을 유발시키는 요인이 되었다. 문화 및 종교가 전혀 다른데도 불구하고 벨기에는 강제로 네덜란드의 지배하에 놓이게 되었고, 노르웨이 역시 스웨덴으로부터 수모를 당해야 했다. 또 이탈리아는 오스트리아에게 영토의 일부를 빼앗기는 상황에 놓이게 되었다.

메테르니히

(2) 폴란드-작센문제 및 그 후유증

　이 당시 오스트리아, 프로이센, 영국, 그리고 러시아는 빈 회의에서 자국의 이익을 최대한 관철시키려고 했다. 특히 이러한 과정에서 폴란드와 작센(Sachsen) 문제가 부각되었다. 러시아는 폴란드에 대해 관심을 가지고 있었고, 프로이센은 작센지방을 병합시켜 독일권에서 자국의 위상을 증대시키려고 했다. 그러나 그것에 대한 오스트리아 및 영국의 반응은 부정적이었다. 영국은 러시아의 서진으로 유럽의 세력균형이 파괴될 수도 있다는 우려를 표명했고, 오스트리아는 독일권에서 프로이센의 세력이 확대되는 것을 용인할 수 없었다. 따라서 오스트리아와 영국은 러시아 및 프로이센의 의도가 가시화될 경우 무력적인 방법을 통해 그것을 저지하겠다는 입장도 밝혔다. 아울러 이들 양국은 프랑스와 더불어 1815년 1월 13일 비밀조약을 체결했고 그것은 러시아와 프로이센으로 하여금 자신들의 계획을 부분적으로 포기하게 하는 계기가 되었다.

승전국의 이해관계로 빈 회의가 난항을 겪는 사이 나폴레옹은 2월 26일 엘바 섬을 탈출하여 칸느(Cannes)에 상륙한 후 프랑스 국민과 옛 부하들의 환호를 받으며 총성 없이 파리에 입성했다. 그는 즉시 정부 및 군대를 접수한 후 벨기에로 진격했다. 이렇게 나폴레옹의 복귀가 가능했던 요인들로는 첫째, 프랑스에서 왕정체제에 대한 불만이 크게 확산되었다는 것 둘째, 나폴레옹 자신이 엘바 섬에서 다른 오지로 옮겨지리라는 소문을 접하고 자구책을 모색하는 과정에서 비롯되었다는 것을 들 수 있다.

1815년 6월 18일의 워털루(Waterloo) 전투(브뤼셀에서 남쪽으로 15 Km 떨어진 지역)에서 블뤼허(Blücher: 1742-1819)와 웰링턴의 연합군은 나폴레옹의 주력군을 격파했다. 이에 따라 나폴레옹의 '백일천하'는 종료되었고 나폴레옹은 같은 해 7월 7일 대서양에 위치한 세인트헬레나(St. Helena)로 옮겨졌다.[3] 이후 프랑스에 대한 동맹국들의 조치가 강화되었는데 그것은 1815년 11월 20일 파리에서 체결된 제2차 평화조약에서 확인할 수 있다. 여기서는

① 프랑스의 국경을 1790년 이전의 영역으로 환원시킨다. 이를 통해 프로이센은 자르(Saar)지방을 차지한다.

② 프랑스는 그들이 강탈한 예술품들을 해당 국가, 즉 독일 및 이탈리아에게 반환한다.

③ 150,000명의 연합군은 프랑스의 북부 및 동부 지역을 한시적으로 점령한다(3~5년). 그리고 이 기간 중의 주둔비용은 프랑스가 부담한다.

---

3   이곳에서 자신의 행적 및 승리에 대한 회고력을 작성하는데 주력했던 나폴레옹은 1821년 5월 5일 위암으로 사망했고 그의 시신은 1840년 프랑스로 옮겨졌다.

④ 7억 프랑(Franc)의 전쟁보상금을 부과 한다 등이 언급되었다.

(3) 4국동맹의 결성

메테르니히는 정통주의 및 보상주의 원칙에 따라 결정한 사안들을 고착시키기 위해 1815년 11월 20일 4국동맹을 결성했는데 여기에는 오스트리아, 영국, 프로이센, 그리고 러시아가 참여했다. 이 동맹의 결성목적은 동맹국 중의 어느 한 국가에서 소요가 발생하여 복고된 왕조나 군주가 위태롭게 되거나 또는 설정된 국경선이 위협을 받을 경우 군사적 개입을 통해 사태를 해결한다는 것이다.[4]

이러한 4국동맹의 의도는 1818부터 1822년까지 열린 네 차례 국제회의, 즉 엑스라샤펠(Aix-la-Chapelle:Aachen: 1818)회의, 트로포우(Troppau: 1820)회의, 라이바흐(Leibach: 1821)회의, 베로나(Verona: 1822)회의에서 다시금 각인되었다. 특히 제2차 트로포우 회의에서는 소요로 군주교체 및 영토변경이 이루어 질 경우 군사적 개입을 통해 그러한 상황을 원점화시킨다는 것이 결정되었고, 제3차 라이바흐회의에서는 제2차 회의에서 결정된 사안을 실제적 상황에 적용시키는 방법 등이 구체적으로 논의되었다. 이에 따라 회의 참석자들은 자유주의자들의 강요로 제정된 헌법을 무효화시키기 위해 시칠리아 왕국의 페르디난트 1세(Ferdinand I)를 소환하기로 했다. 동시에 이들은 오스트리아 군대를 나폴리로 파병하여 자유주의 세력을 진압한다는 데도 동의했다. 제4차 베로나 회의에서는 프랑스로 하여금 헌법도입을 요구하면서 반란을 일으킨 에스파냐의 자유주의자들을 진압하도록 했다.

한편 4국동맹이 체결되기 2개월 전인 1815년 9월 26일 러시아의 알렉산드르 1세는 신성동맹(Holy Alliance)의 창설을 제의했다. 이것은 유럽의 군

---

4   그런데 이 4국동맹은 1818년 프랑스가 가입함으로써 5국동맹으로 확대되었다.

주들이 정의, 기독교적 자선심, 평화 정신으로 국제관계 및 대내통치를 해야 한다는 것을 제창한 것으로서 유럽 열강들의 동의를 받았으나 실제로는 아무런 구속력도 없었던 경건한 서약에 불과했다.

(4) 독일연방의 결성

1814년 11월부터 1815년 1월 사이의 회의에서 독일 연방(Der Deutsche Bund)의 구성은 가장 이견이 많았던 난제였다. 빈 회의가 소집되면서부터 독일 문제는 독일인에게 위임시킨다는 원칙하에 오스트리아 · 프로이센 · 바이에른 · 뷔르템베르크 · 하노버의 대표로 독일위원회가 구성되었다. 그러나 이 위원회는 처음부터 난관에 봉착하여 5개월여 동안 단 한차례의 회의조차 개최하지 못했다. 회의에 참여한 대부분의 대표들은 대륙 안정을 위해 '독일 문제'의 원만한 해결이 반드시 필요하다는 인식을 하고 있었지만, 그것은 규모, 영역, 방식에서 수많은 논쟁이 동반될 수밖에 없었다.

열강들 중에서 비교적 규모가 작았던 프로이센은 빈 회의를 통해 자신들의 위상을 증대시켜야 한다는 관점을 가지고 있었으나 다른 열강들은 프로이센의 그러한 의도에 대해 부정적이었다.

이 당시 중부 유럽의 위상 및 기능에서 핵심적 역할을 담당했던 정치가는 캐슬레이와 메테르니히였다. 캐슬레이는 프랑스의 세력 확대와 러시아의 팽창방지를 지향했다. 또한 그는 유럽에서 다시 어떠한 전쟁도 발생해서는 안 된다고 생각을 하고 있었다. 그것을 위해 그는 열강 간의 협조가 절대적이며, 그 속에서 오스트리아가 중요한 역할을 담당해야 한다는 것도 인지하고 있었다. 즉 캐슬레이는 혁명적 프랑스의 재등장과 러시아의 팽창을 방지하기 위해서 오스트리아와 중부 유럽이 현상을 방어할 수 있는 완충지대 역할을 담당해야 한다는 관점을 가졌던 것이다.

메테르니히 역시 오스트리아가 러시아와 프랑스의 잠재된 위협 속에서 안전을 확보하고 동시에 중부 유럽에서 세력균형을 유지하기 위해서는 독일권에서 오스트리아가 핵심적 역할을 해야 한다는 입장을 밝히고 있었다. 비록 그러한 공감대의 이면에 내재했던 상이한 이해관계에도 불구하고 영국과 오스트리아는 같은 입장일 수밖에 없었던 것이다.

예전부터 프랑스에 동조할 가능성이 농후한 서부 독일 지역에 강력한 국가가 있어야 한다는 것이 영국의 구상이었으며, 과거 신성로마제국을 독일 연방의 형태로 복원시키는 것 역시 그러한 전략에서 비롯된 것이라고 하겠다. 그런데 이것으로 인해 이득을 본 국가는 프로이센이었다. 프랑스의 영향이 강한 서부 독일, 즉 라인란트 지역은 프로이센에 귀속되었으며, 폴란드에 대한 러시아의 팽창이 지나치다고 생각한 캐슬레이는 작센 문제에서 프로이센의 입장을 부분적으로 지지하기도 했다. 영토 및 경제적 측면에서 프로이센은 1815년의 협약을 통해 다른 어느 강대국보다도 많은 것을 얻었고, 이는 프로이센의 위상을 크게 증대시켜 주는 계기도 되었다.

빈 회의에서 작센과 관련한 이러한 결정들은 의심할 바 없이 독일 지역에서 프로이센의 위상을 강화시켜 주는 것이었으며 오스트리아를 상대적으로 약화시키는 것이었다. 그러나 아무도 1870년대가 되기 전까지 이러한 사실을 알지 못했다. 오스트리아는 단지 과거에 나폴레옹이 점령했던 북이탈리아 일부 지역의 영유권만을 확인할 수 있었다. 수많은 논쟁 끝에 오스트리아가 독일 연방의 의장국이 되었으며 메테르니히의 감독 하에 독일연방의 국가들은 프랑스의 궤도 밖에 묶여 중부 유럽의 안정에 기여하게 되었다.

이 당시 메테르니히는 프로이센을 포함한 다른 독일계 국가들의 협력을 얻어내려 했으며 프랑스를 라인 강변에서 봉쇄시키려고 했다. 그리고 그는 러시아를 폴란드 내의 새로운 경계선에 묶어두고자 했다. 그러나 오스트리아는 이러한 구도를 지탱할 능력이 없었다. 영국과는 달리 오스트리아는 풍요롭고 발전적인 경제구조를 가진 국가가 아니라 빈약한 재정구조를 가진 후진 국가에 불과했다. 또한 오스트리아는 러시아와는 달리 대규모 군대를 조성할 수 있는 방대한 인적 자원도 가지지 못했다. 그러므로 빈 체제의 가장 중심적인 문제이자 메테르니히의 우선적 과제는 그러한 오스트리아를 어떠한 방법을 통해 중부 유럽의 질서체제를 유지시킬 수 있는 국가로 변형시키는 가였다.

결국 캐슬레이의 주선으로 메테르니히가 제안한 영방 조직 안은 1815년 6월 8일에 가서 합의되었다. 이로써 나폴레옹 전쟁 이전에 존재했던 신성로마제국의 해제가 재확인되었고 34개의 군주와 4개의 자유시로 구성된 독일 연방이 탄생되었던 것이다.[5] 독일 연방에 참여하는 모든 국가들은 주권을 가진 자주 국가라는 것이 명문화되었으며, 연방에는 프로이센 국왕과 오스트리아 황제 이외에 홀슈타인의 덴마크 국왕, 네덜란드 국왕, 룩셈부르크 공작과 같은 독립 국가들의 군주들도 동등한 자격으로 연방에 참여할 수 있다는 것이 명시되었다. 그리고 이들 국가 간에는 상호 군사적 독립성이 보장 되지만 어떠한 형태의 내부적 무력 사용은 불가능하며, 만일 외부 침략이 있을 경우 상호 지원해야 한다는 것도 거론되었다. 따라서 독일 연방은 국가원수도, 행정기구나 집행기구도, 공통적인 법체계도, 공통적인 공민권도 없었다. 다만 독일연방의 중요한 안건들을 논의하고, 처리하는 연방의회를 프랑크푸르트에 설치하는데 합의했을 뿐이다.[6]

이후 오스트리아는 자유주의 사상과 민족주의 정신을 부정하고 독일 연방 내에서 중소 국가에 대한 자국의 영향력 증대에 주력했지만 프로이센은 독일 권에서 오스트리아의 우위를 인정하려고 하지 않았다.

독일 연방은 1821년 4월 9일 군사법을 제정했고, 세부 조항까지 취급

---

5   1817년 이후에는 39개국으로 확대되었다.
6   어떤 중요한 안건이 연방의회에서 통과되기 위해서는 이 회의에 참석한 대표들 모두의 동의가 필요했다. 그러나 중요하지 않은 안건들은 3분의 2의 찬성으로 통과가 가능했다.

한 법은 1822년 7월에 공포되었다. 이에 따라 연방 군대는 영방 국가들의 부담금으로 운영되며 10개의 사단을 보유하도록 했다. 그리고 연합 내에서 세력이 가장 강력한 오스트리아와 프로이센은 각각 3개 사단의 병력을 소유하고 바이에른은 1개 사단, 나머지 중소 국가들은 모두 합해 3개의 사단을 유지하도록 했다. 또한 독일연합의 최고 지휘관은 전쟁이 발발한 경우 연방 회의에서 선출하도록 했다.

영방 국가의 헌법은 1814년 프랑스 대헌장의 사상에 입각해서 기초했으며, 의회는 대귀족 들이 대의기관의 대표로 참석하도록 했다. 이제 중부 독일의 군소 국가들은 혁명 이전의 체제로 회귀하면서 세습귀족들의 권한을 대폭 증대시켰다. 또한 작센과 하노버 공국도 이전처럼 세습귀족들이 대표기관에 참여할 수 있게끔 막강한 권한을 부여했다. 바이에른은 헌법에서 국가의 권한을 강화시키기 위해 자유 진보적인 관료주의 체제를 선택했다. 1808년 오스트리아의 요제프(Josef)는 중앙관료 체제를 구축하기 위해 법률을 개정했는데 여기서는 관료주의체제가 강화된 반면 대의기관의 기능은 상대적으로 축소되었다.

한편 영방조직을 운영하는 과정에서 오스트리아는 의장국을 담당했으며 오스트리아, 프로이센을 제외한 영방의 각국들은 의사결정과정에서 동등한 투표권을 가지게 되었다. 그러나 참여하는 많은 국가들 중에서 오스트리아와 프로이센의 발언권이 강화된 것은 당연한 귀결이라 하겠다.

3. 7월혁명(1830)이전의 각국사

(1) 영국

1815년 대지주 계층의 요구로 곡물법(Corn Laws)이 제정되었는데 그것은 대륙봉쇄령의 철폐로 값싼 곡물이 대륙으로부터, 특히 러시아로부터 대량 유입되었기 때문이다. 이렇게 도입된 곡물법으로 인해 노동자 계층은 큰 타격을 보게 되었는데 그것은 이들 계층의 임금이 인상되지 않고 동결된 상태 하에 있었기 때문이다.[7]

이에 반해 1799년에 도입되었던 소득세는 1816년에 폐지되었는데 그러한 것은 특히 중산 계층에게 유리하게 작용했다. 이 당시 런던 정부는 이러한 조치를 통해 중산 계층과 노동자 계층 간의 연대를 차단시킬 수 있다는 확신을 가지고 있었다.

1819년 8월 16일 피털루(Peterloo) 학살사건이 발생했다.[8] 6만 명의 노동자가 맨체스터의 성 피터(St. Peter)성당 앞에서 의회제도의 개혁을 요구하면서 평화적인 시위를 전개했다. 그러나 런던 정부는 이러한 시위를 무력으로 해산시키려 했고 그러한 과정에서 11명이 목숨을 잃었고 400여 명이 부상을 당했다. 리버풀(Liverpool)의 런던 정부는 이러한 상황에 개의하지 않고 언론 및 집회의 자유를 엄격히 제한하는 6법(Six Acts)을 발표했다.[9] 이러한 조치로 당시 집권당이었던 토리당은 지방에서 지지 세력을 잃게 되었다.

---

7 곡물법의 폐해를 인식했던 콥던(T.Cobden), 브라이트(J.Bright) 등은 1838년 반곡물동맹(Anti-Corn Law League)를 결성하여 곡물법폐지법안을 의회에 제출했으나 귀족 및 대지주 출신 의원들의 반대로 부결되었다. 그러나 1845-1848년 사이에 아일랜드에서 흉작이 지속됨에 따라 보수당 출신의 필(Peel)은 인도적 견지에서 곡물법을 폐지시켰다.

8 워털루전투에서 승리한 영국군이 이제 자국민들에게 총을 겨냥한 사실을 비아냥하여 붙인 이름이다.

9 여기서는 신문에 대한 과중한 인지세부과도 언급되었다.

피털루(Peterloo) 학살사건

이 당시 외무장관이었던 캐닝(G. Canning: 1770-1827)은 그리스, 포르투갈, 그리고 남아메리카의 자유 및 독립운동에 대해 관심을 가지고 있었다. 그리고 그는 경제적 성장을 통해 보다 광대한 수출 시장을 확보해야 한다는 인식도 가지고 있었다. 아울러 그는 재임 기간 중 반메테르니히 정책을 지속적으로 펼쳤는데 그것은 그가 정통주의를 무시한데서 비롯되었다 하겠다.

1824년 6월 21일부터 노동조합의 결성이 다시 허용됨에 따라 영국 내의 노동운동은 현존하는 정치 체제하에서 진행되기 시작했다.[10] 이후부터 노동운동은 그들의 권위 및 생활수준을 향상시킬 수 있는 쟁의권에 대해 관심을 표명했다. 아울러 1825년 지역 관세제도도 철폐되었는데 이것은 지방간의 교역을 증대시키는 계기가 되었다.

영국정부는 영국국교도에 속하지 않는 신교도들에게도 동등한 권한을

---

10   노동조합의 결성은 콤비네이션 법(Combination Laws)이 폐지됨에 따라 가능했다.

부여했는데 이러한 것은 선서조례(Test Act)의 철폐로 가능했다.[11] 아울러 구교신자들 역시 1829년 4월 13일에 제정된 가톨릭해방법으로 의회 및 정부에서 활동할 수 있게 되었다. 그런데 이 당시 아일랜드에서 선거권자의 수가 급격히 감소되었는데 그 이유는 런던 정부가 선거권을 부여하는 직접세를 10파운드로 상향조정했기 때문이다.

1820년대 후반부터 노동자 계층과 시민 계층의 연대가 가시화되기 시작했다. 이러한 상황에서 은행가였던 애트우드(T. Attwood: 1783-1856)가 버밍엄(Birmingam)에서 '정치적 연합체'를 구성했다. 이후 이 인물과 그의 추종자들은 런던 정부에게 선거권의 확대 및 조정을 강력히 요구했다. 그리고 이들은 참정권을 요구하기에 앞서 14세기 이래 방치된 부패선거구(rotten borough)의 시정이 필요하다는 견해도 제시했다. 영국의 선거구는 본래 14세기 튜더왕조시기에 제정되었다. 그러나 그동안 많은 도시들이 생겼고 농촌인구가 도시로 대량 유입됨에 따라 선거구의 인구분포상태가 크게 바뀌게 되었다. 이에 따라 선거구민이 거의 없어져 50명 미만의 유권자만이 남아 있음에도 불구하고 2명의 의원을 선출되는 경우가 있는가 하면 던위치(Dunwich)와 같은 선거구는 바다 속에 침수되었기 때문에 선박위에서 투표를 행하는 상황도 초래되었다. 그러나 맨체스터나 버밍엄과 같은 신흥공업도시는 선거구를 갖지 못했다.

(2) 프랑스

루이 18세(Louis ⅩⅧ: 1814-1824)는 자유주의적인 요소를 실제정치에 계속 반영시키려고 했는데 그 이유는 그가 영국의 통치체제를 하나의 이상적

---

11 1828년 5월 9일에 폐지된 이 조례는 관리로 취임하는 사람들에게 국교를 신봉할 것과 충성을 요구했다.

인 모델로 간주했기 때문이다.[12] 이 당시 프랑스 남부 지역 및 서부 지역에서는 백색테러, 즉 보나파르트파와 공화주의자들에 대한 테러행위가 자행되었는데 그것은 주로 왕당파에 의해 주도되었다.

이러한 상황하에서 의회선거가 1815년 8월 14일부터 시작되었는데 여기서 왕당극우파가 절대다수의 의석을 차지했다.[13] 그리고 보수적 성향의 뒤 플레시(A.-E. de Vignerot du Plessis: 1766-1822)가 1815년 9월 24일 탈레랑의 후계자로 선임되었다. 취임한 직후 이 인물은 매각되지 않은 교회재산을 교회에 반환시키려 했을 뿐만 아니라 민간결혼을 인정하지 않겠다는 성명도 발표했다.

루이 18세는 1816년 9월 5일 의회를 해산했는데 그것은 승전국의 압력에 의한 것이었다. 이 당시 의회는 정부가 제출한 예산안을 통과시키려 하지 않았고 그것은 승전국들의 개입을 촉발시키는 계기가 되었다. 이에 따라 의회는 새로이 구성되었고 중도 왕당파가 주도 세력으로 등장하게 되었다. 이후 샤토브리앙(Vicomte de Chateaubriand: 1768-1848) 남작이 주도하던 극우 세력은 점차적으로 약화되었고 자유주의자들의 세력은 상대적으로 강화되었다. 점차적으로 자유주의자들은 '독립당'이란 정당을 중심으로 단결하게 되었다.[14] 이후 극우세력과 자유주의자들의 이념적 대립은 보다 첨예화되기 시작했다.

1818년 9월 29일에 개최된 아헨회의에서 프랑스의 입지적 조건이 향상되었는데 그것은 예상하지 못한 경제적인 활성화로 전쟁보상금을 조기에

---

12 영국에서 망명생활을 했던 이 인물은 귀족원과 중의원의 양원제 의회를 허용했을 뿐만 아니라 나폴레옹 법전의 근간, 즉 종교적 관용, 법적 평등, 그리고 모든 시민의 공직취임권도 허용했다.

13 이 선거는 8월 22일까지 지속되었다.

14 여기서 콩스탕(B. Constant)이 주도적인 역할을 담당했다.

상환했기 때문이다.

1819년 11월 20일에 출범한 드카즈(E.duc de Decazes: 1780-1860)내각은 일련의 소요 및 반란에도 불구하고 입헌적 자유주의 체제를 견지했는데 '언론의 완전한 자유보장'이 그 일례가 될 수 있을 것이다.

그러나 1820년 2월 14일 왕의 조카이며 후계자였던 베리(C.F. duc de Berry: 1778-1820)공이 암살됨에 따라 극우세력이 다시 득세하게 되었다. 즉 리슐리외(Richelieu) 공작 플레시의 주도로 비상법이 제정되었을 뿐만 아니라 선거법의 개정도 이루어졌다. 이에 따라 1820년 10월에 실시된 의회선거에서 극우파의 입지가 크게 증대되었다.

이러한 내부적인 어려움에도 불구하고 1822년 10월 20일 베로나에서 개최된 회의에서 프랑스는 에스파냐에서 발생한 폭동진압권을 부여받았는데 그것은 프랑스가 더 이상 패전국이 아니라는 것을 우회적으로 인정한 것으로 볼 수 있을 것이다. 이에 따라 프랑스군은 1823년 에스파냐로 진군하여 폭동을 진압했다.

1824년에 실시된 선거에서 자유주의자들은 그들 의석의 상당수를 상실하고 19석으로 만족해야만 했다. 같은 해 9월 샤를 10세(Charles X.: 1824-1830)는 67세의 나이로 왕위를 계승했는데 이 인물의 정치적 성향은 반동적·복고적이라 하겠다.[15] 따라서 이 인물은 즉위즉시 '망명귀족의 10억 프랑법'을 제정하여 몰수토지에 대한 배상을 실시하려고 했다. 즉 그는 프랑스 대혁명 시기 국외로 망명한 귀족들에게 연간 3,000만 프랑의 배상금을 영구적 연부금의 형태로 지불하려고 했다. 여기서 그는 국채이자를 5%에서 3%로 인하하여 배상재원을 마련하려고 했는데 이것은 자본가 및 중산 계층에게 경제적인 타격을 가져다주는 계기가 되었다. 아울러 그는 교회의 영향

---

15 이 인물은 루이 16세의 막내 동생으로 망명귀족들의 지도자였다.

샤를 10세

력을 확대시키려 했고 그러한 과정에서 성직자들을 공립학교의 교장 및 행
정책임자로 임명하기도 했다.

이 당시 티에르(A. Thiers: 1797-1877)와 기조(F. Guizot: 1787-1874)는 프랑스
혁명을 긍정적으로 평가했을 뿐만 아니라 의회를 통한 헌법 제정의 필요성
도 강력히 요구했다. 1827년의 선거에서 자유주의자들은 이전의 의회와는
달리 180석의 의석을 차지했다. 이에 따라 샤를 10세는 1828년 1월 5일 중
도파 정치가였던 마르티냑(Martignac: 1778-1832)을 내각 책임자로 임명하여 의
회와의 타협 및 협력을 모색했으나 가시적인 성과를 거두지는 못했다. 이후
샤를 10세는 의회와의 협조를 포기했고 그것에 따라 1829년 8월 8일 정치에

대해 문외한이고 보수적 성향의 폴리냑(Polignac1780-1847)을 내각책임자로 임명했다. 상황이 이렇게 전개됨에 따라 의회는 1830년 3월 18일 '정부가 국민의 희망을 고려하지 않았다' 라는 선언문을 작성하여 그들의 불편한 심기를 표출하는데 주저하지 않았다.[16] 이러한 의회 반발에 대해 샤를 10세는 의회해산으로 대응했고 국민들의 관심을 대외적으로 돌리기 위해 1830년 5월 16일 알제리(Algérie) 원정을 단행했다. 알제리 원정이 성공을 거둔 후 샤를 10세는 1830년 7월 5일 다시 의회 선거를 실시했지만 그 결과는 국왕이 기대한 것이 아니었다. 새로 실시된 의회선거에서 자유주의자들의 의석은 이전보다 53석 많은, 즉 221석에서 274석으로 늘어났다.[17]

(3) 러시아

알렉산드르 1세(Alexander I: 1777-1825)는 빈 회의에서 주도적인 역할을 담당했다. 이후 그는 폴란드 왕국을 지배했지만 적지 않은 자치권을 폴란드 인들에게 부여했고 그것에 따라 폴란드 인들은 헌법제정권, 의회구성권, 그리고 군대통솔권을 가지게 되었다.

메테르니히 체제가 성립된 이후부터 알렉산드르 1세는 이 체제가 유지될 수 있게끔 적극적인 협조를 했는데 그것은 아헨 및 베로나 회의에서 보여준 그의 반혁명적 간섭정책에서 확인할 수 있다.

1818년 3월 러시아의 개혁을 선언했던 그가 점차적으로 반자유주의적인 정치를 펼치게 됨에 따라 그에게 가졌던 러시아인들의 희망 역시 사라지게 되었다. 이후 알렉산드르 1세는 모든 비밀결사조직체를 해체시켰다. 1825년 12월 1일 알렉산드르 1세는 러시아 남부의 타간로그(Taganrog)에서

---

16   선언문작성에 동의한 의원들은 전체의석의 과반수를 초과하는 221명이나 되었다.
17   이 당시 여당의석은 143석에 불과했다.

알렉산드르 1세

죽은 후 그의 후계자로 간주되었던 형 콘스탄틴(Constantin: 1827-1892)이 권좌
승계를 포기함에 따라 러시아는 후계자 없는 불확실한 상황에 놓이게 되었
다. 그러다가 니콜라우스 1세(Nicolaus I: 1796-1855)가 알렉산드르 1세의 후계
자로 등장했다. 반개혁적인 성향과 반동적인 입장을 취했던 이 인물은 관료
주의체제를 활용하여 자신의 정책을 강력히 펼치고자 했다. 아울러 그는 그
리스 정교회와의 관계에 대해서도 관심을 보였다.

　　이 당시 입헌군주정체제를 지향한 12월당(Dekabrist)이 니콜라우스 1세
의 즉위식 날, 즉 12월 26일 폭동을 일으켰지만 소수의 참여로 인해 실패하

고 말았다. 니콜라우스 1세는 폭동의 주동자들을 처형하거나 시베리아로 보냈다. 그리고 니콜라우스 1세는 비밀경찰제도를 보다 강화시켰고 월권적이고, 모든 부분에 간섭할 수 있는 권한을 비밀경찰에게 부여했다. 이에 따라 비밀경찰은 언론과 교육의 동향을 보다 철저히 감시할 수 있게 되었다.

1826년 10월 7일 니콜라우스 1세는 발칸반도에 살던 슬라브인들에게, 즉 오스만튀르크의 지배하에 있던 슬라브인들에게 자치권을 부여해야 한다는 입장을 밝혔지만 오스만튀르크는 그것을 수용하지 않았다. 이에 따라 러시아와 오스만튀르크 사이에 전쟁이 발생되었고 러시아는 1827년 나바리노(Navarino) 해전에서 오스만튀르크 해군을 격파했다.[18]

1829년에 체결된 아드리아노플(Adrianopel) 조약에서 러시아는 도나우 삼각주 전체와 아르메니아의 일부를 획득했다. 아울러 보스포루스(Bosporus)에 대한 자유로운 왕래는 러시아 남부 곡창지대에 새로운 시장을 제공하는 계기가 되었다. 외교적 승리를 거둔 후 니콜라우스 1세는 1830년 러시아 법전도 정리했는데 그 과정에서 스페란스키이(Speranskij: 1772-1839)가 주도적 역할을 담당했다.

(4) 독일권

빈 회의에서 독일권의 통합이 본격적으로 논의되고, 가시화되리라는 기대가 무너짐에 따라 독일의 지식인들은 메테르니히체제에 대해 분노를 표시했다. 나아가 이들은 독일통합에 필요한 방법들을 모색했는데 부르셴샤프트(Burschenschaft) 결성이 그 대표적인 일례라 하겠다.

부르셴샤프트는 1815년 6월 12일 예나(Jena) 대학에서 최초로 결성되었

---

18 러시아 · 영국 · 프랑스의 연합함대는 나바리노에서 오스만튀르크-이집트 해군을 격파하여 그리스를 제압하려던 오스만튀르크의 의도를 좌절시켰다.

고 여기서는 독일의 통합을 실현시키고 자유주의의 제 원칙을 실제정치에 반영시키겠다는 것도 강조되었다.[19] 부르셴샤프트를 결성하는 과정에서 이 대학의 학생이었던 리만(H.A.Riemann: 1793-1872)이 결정적인 역할을 담당했다. 리만과 그의 측근들의 노력으로 총 학생 수 650명 중에서 143명에 달하는 학생들이 부르셴샤프트에 가입했는데 이 대학생단체는 점차적으로 아른트(E.M.Arndt: 1769-1860), 루덴(Luden: 1780-1847), 프리스(F. Fries: 1773-1843), 그리고 프리젠(K.F.Friesen: 1784-1814) 교수의 영향을 받게 되었다. 그런데 이들 교수들은 이 당시 반메테르니히적 관점을 표방하는데 주저하지 않았던 반정부적 인물들이었다.

중부와 남부 독일의 많은 대학들이[20] 예나 대학의 예를 따랐으나, 북부 독일에서의 조직화는 매우 느리게 진행되었으며,[21] 바이에른과 오스트리아와 같은 지역은 이 운동의 영향을 거의 받지 않았다.[22] 이러한 지역적 편차를 통해 부르셴샤프트 운동이 구교 지역이 아닌 신교 지역에서 주로 진행되었다는 것도 확인할 수 있다.[23]

예나에서 부르셴샤프트가 결성된 지 2년 후인 1817년 10월 18일 부르셴샤프트 총회가 작센-바이마르-아이젠나흐(Sachsen-Weimar-Eisenach)공국의 바르트부르크에서 개최되었다. 그런데 그 외형적 목적은 루터의 종교개혁

---

19 이러한 단체의 필요성을 역설한 인물은 얀(F. L. Jahn)이었는데 그는 1811년 육체적 단련, 민족 사상의 장려, 그리고 개성 강화의 필요성을 역설했다.

20 브레스라우(Breslau), 킬(Kiel), 에어랑겐(Erlangen), 할레(Halle), 기센(Gießen), 하이델베르크(Heidelberg), 튀빙엔(Tübingen) 대학에서도 부르셴샤프트가 결성되었다.

21 베를린, 괴팅엔, 라이프치히 대학들도 예나 대학의 영향을 받았다.

22 그러나 구교 지역 내의 뷰르츠부르크(Würzburg)와 프라이부르크(Freiburg) 대학의 학생들은 예나에서 결성된 부르셴샤프트에 깊은 관심을 표방했고 그러한 조직을 그들 대학에도 구성하려고 했다.

23 부르셴샤프트에 가입한 학생들이 전체 학생에서 차지하는 비율은 20% (1,500/ 8,000명)에 불과했는데 이것은 독일 학생들의 정치적 감각 내지는 관심이 일반적으로 미비했음을 보여주는 일례라 하겠다.

300주년과 라이프치히 전승 4주년을 기념하기 위한 것이었다. 그러나 실제적인 목적은 부르셴샤프트 사이의 단결 및 현재의 독일적 상황에 그들이 어떻게 대처해야 할 것인가를 정리하자는 데 있었다.

　　이 축제에서는 공화정 체제의 도입도 언급되었지만 대다수의 학생들은 그것에 대해 동의하지 않았다. 바르트부르크 축제의 공식적 행사가 끝난 후 일부 학생들에 의해 소각행위가 있었는데 주로 반독일적인 것, 구체제의 상징물, 그리고 반 자유주의적 저술가의 작품 등이 소각되었다.[24] 이러한 소각 행위는 독일 내 위정자들의 관심 및 우려를 유발시켰다. 바르트부르크에서의 소각 행위는 지배 계층의 관심과 우려를 가지게 하는 직접적인 계기가 되었다. 아울러 이들은 학생들의 이러한 행위를 공공질서 및 국가체제에 대한 정면도전으로 간주했다. 메테르니히 역시 바르트부르크 축제가 지식인 계층에게 적지 않은 영향을 주었음을 간파했다. 특히 그는 지금까지 부르셴샤프트 운동을 부정적으로 보았던 학생들마저 이 운동에 대해 관심을 가지기 시작한 것에 대해 우려를 표명했는데 그것은 이 운동이 독일 및 유럽 소요에서 핵심적 요소로 작용될 수 있다는 자신의 판단에서 비롯된 것 같다. 실제적으로 메테르니히의 이러한 분석 및 우려는 당시 그의 비밀 정보원들이 수집한 자료와도 일치되는 정확성을 보여주었다.[25] 빈 정부와 더불어 메테르니히 체제의 근간이었던 베를린 정부도 사태의 심각성을 인식하고 빈 정부와 공동으로 대처하기로 했다.

　　바르트부르크 축제 중에 모습을 드러낸 과격적 성향의 조직은 이 축제가 끝난 후 그들의 세력을 규합하고, 증대시키려고 했다. 특히 이러한 시도는 기센(Gießen)과 예나 대학에서 집중적으로 이루어졌다. 이러한 과격적 성

24　비료를 치는 쇠스랑, 헤센의 가발(Hessischer Zopf), 창기병 군복, 할러(K.Haller)의 국가학 복고 등이 소각되었다.

25　이 당시 독일 신문들은 바르트부르크 축제를 자세히 보도했다.

향의 조직이 기센과 예나의 부르셴샤프트에서 주도권을 장악함에 따라 이들은 스스로를 각기 흑색파(Schwarze) 또는 절대파(Unbedingte), 구독일파(Altdeutschen)라 칭했는데 그러한 것은 다른 대학의 부르셴샤프트들과 차별, 특히 정치적 목표를 차별화 시키려는 의도에서 나온 것 같다. 그리고 이들 조직들은 법률학자이며 기센 대학의 강사였던 폴렌 형제(K.Follen, A.Follen, P.Follen)로부터 영향을 받았다. 이들은 점차적으로 루소의 경건주의와 로베스피에르의 광신주의를 추종하게 되었는데 그러한 것은 이 조직에 가입한 학생들로 하여금 지식인 주도로 민중혁명을 전개시켜야 한다는 것과 혁명적 프랑스가 미래 독일의 토대(Grundstein)가 되어야 한다는 생각을 가지게 한데서 확인할 수 있다. 아울러 이들은 민중혁명이 성공을 거두기 위해서는 외부세력인 프랑스, 이탈리아, 그리고 폴란드의 도움이 필요하다는 주장도 펼쳤다.

1819년 3월 23일 예나 대학의 부르셴샤프트의 일원이었던 잔드(K. L.Sand: 1795-1820)가[26] 극작가였던 코체부에(August v. Kotzebue: 1761-1819)[27]를 만하임(Mannheim) 그의 집에서 암살했다. 자유 군단의 일원(Freiwilliger im bayerischen Herr)으로 해방 전쟁에 참여했던 분지델(Wunsidel) 출신의 잔드는 대학에 돌아온 후 폴렌의 영향을 받기 시작했고 그것은 그로 하여금 기존체제를 붕괴시키는 작업에 적극적으로 동참하게 하는 요인이 되었다. 이 당시 잔드는 기독교와 조국을 하나의 융해된 상태로 보았고, 민족이라는 것 역시 신성하고, 거룩하기 때문에 사악한 것을 제거시키는 명령도 내릴 수 있다는

---

26 이 당시 예나 대학에서 신학을 전공하던 잔드는 바르트부르크 축제 때 대회기를 들고 행진할 정도로 부르셴샤프트 운동에 적극적이었다.

27 코체부에는 1761년 바이마르에서 태어났다. 1781년 예나 대학을 졸업한 그는 러시아로 가서 기대하지 않았던 경력을 쌓게 되었다. 즉 그는 1785년 러시아 황제로부터 귀족 작위를 받았을 뿐만 아니라 러시아 귀족 딸과 결혼함으로써 막대한 부도 상속받게 되었다.

 처형 직전의 잔드

확신을 가지고 있었다. 따라서 그는 1년 전부터 민족 통일을 저해하는 코체
부에를 죽여야 한다는 결심을 하게 되었다. 이후부터 그는 대학에서 해부학
강의를 들었고 거기서 심장을 쉽게 꿰뚫을 수 있는 방법도 터득하게 되었다.

잔드가 코체부에를 암살한 후 메테르니히는 자신의 체제를 유지시키기
위해서는 강력한 대응조치가 필요하다는 인식을 하게 되었다. 이에 따라
1819년 8월 6일 보헤미아의 휴양도시인 카를스바트(Karlsbad)에서 비밀연방의
회를 개최했고 여기에는 오스트리아, 프로이센, 바이에른, 작센, 하노버, 뷔르
템베르크, 바덴(Baden), 메클렌부르크-슈베린(Mecklenburg-Schwerin), 메클렌부르
크-스트레리츠(Mecklenburg-Strelitz), 그리고 나사우의 대표들이 참여했다. 그런
데 비밀연방의회에 참석한 이들 국가들은 메테르니히 정책을 원칙적으로

지지했다. 메테르니히 주도로 진행된 회의에서는 당시 독일 내에서 진행되던 반정부적 활동규제에 필요한 방안들이 구체적으로 강구되었다. 얼마 안 되어 반동적 성향이 크게 부각된 카를스바트협약이 발표되었는데 그것의 내용을 살펴보면

① 향후 5년간 신문이나 정기간행물에 대해 엄격한 사전 검열을 실시한다. 320쪽(20 Bogen) 미만의 출판물에 대해서도 이러한 검열 방식을 채택한다. 그리고 320쪽을 초과하는 출판물들은 사후 검열도 실시한다. 아울러 독일 연방에 대한 권위 및 연방회원국들의 평화와 질서를 저해하는 서적들이 발견될 경우 즉시 그것들을 회수·폐기한다. 그리고 이러한 서적들을 출간한 출판사들의 책임자들은 5년간 동일 업종에 종사할 수 없다.

② 대학이나 고등학교는 각 국 정부가 지명한 특별 전권 위원 (landesherrlicher Bevollmächtigter)의 엄격한 감독을 받는다. 그렇지만 이 인물은 이들 교육 기관의 학문적 문제나 교육 과정에 대해서는 간섭할 권한을 가지지 않는다. 그리고 기존 질서체제를 위협하는 강의를 하거나 학생들을 선동하는 교수들은 대학의 교단에서 추방한다. 이렇게 추방된 교수들은 독일의 다른 대학에서도 강의를 할 수 없다.

③ 부르셴샤프트는 즉시 해산시킨다. 향후 이 대학생단체와 계속하여 관계를 가지는 학생들은 국가 관료로 임명하지 않는다. 그리고 특별전권 위원이나 대학 평의회의 결정에 따라 제적된 학생들은 독일의 다른 대학에 재입학할 수도 없다.

④ 법률가로 구성된 중앙조사위원회(Centraluntersuchungscommission)를 마인츠(Mainz)에 설치하여 각 지역에서의 혁명적 소요를 조사하고 그것을 연방 의회에 보고하는 임무를 가지게 한다. 그리고 독일의 모

든 나라에서 체포권 및 구인권을 가진 이 위원회는 한시적으로 운
영한다.

이러한 카를스바트의 조치로 그 동안 대학들이 가졌던 자치권 및 학문
적 자유권은 대폭 축소되었을 뿐만 아니라 부르센샤프트의 활동도 금지되
었다. 아울러 언론의 자유가 크게 위축되었고 각 국가에 대한 메테르니히의
내정 간섭도 본격적으로 가동되기 시작했다.

4. 7월혁명(1830)

1830년 7월 5일에 실시된 의회선거에서 자유주의자들이 득세함에 따
라 샤를 10세는 7월 25일 의회를 해산하고 칙령도 발표했는데 거기서 거론
된 중요한 것들은 다음과 같다.

① 출판의 자유를 엄격히 제한한다. 그리고 정부는 향후 신문발간의 승
   인권을 가진다.[28]

② 투표권을 제한한다.[29]

③ 향후 국왕만이 신헌법을 제정할 수 있다.

④ 의회구성을 위한 선거를 새로이 실시한다.

샤를 10세의 이러한 조치는 파리 시민들, 특히 소시민 계층과 학생들을

---

28 이 부분을 언급한 칙서의 내용은 다음과 같다: 1814년 10월 21일 공포된 법령 제1호의 제1,
    제2, 그리고 제9조의 규정을 부활시킨다. 따라서 신문, 정기간행물, 그리고 준정기간행물을
    계속 출간하기 위해서는 취급 내용 및 지역에 상관없이 해당관청에 저작자와 인쇄자가 각
    기 허가를 받아야 한다. 그리고 이러한 허가는 3개월마다 갱신되는데 여기서 규정을 위배
    한 간행물들은 그 출간을 즉각 취소시킨다.

29 선거권 부과세금 명목에서 영업세 및 창문세를 배제시켜 산업 시민 계층의 선거권을 박탈
    했다. 이에 따라 부유한 토지소유자들만이 투표권을 행사할 수 있게 되었다.

격분하게 했고 그것은 7월 27일부터 샤를 10세의 퇴위를 요구하는 시가전도 펼치게 했다.[30] 이에 따라 샤를 10세는 자신이 취했던 조치들을 철회하여 사태를 수습하려고 했으나 아무런 성과도 거두지 못했다. 이에 따라 그는 영국으로 망명을 갈 수 밖에 없었다. 곧 의회는 당시 57세였던 루이 필리프(Louis-Philippe: Orleans: Bourbon왕조의 방계: 1830-1848)를 시민왕으로 추대했고 8월 7일에는 1814년의 헌장을 충실히 준수한다는 조건으로 루이 필리프의 왕위계승도 승인했다.[31]

이러한 파리에서의 혁명, 즉 7월혁명은 메테르니히체제에도 적지 않은 영향을 가져다주었는데 그것은 그동안 견지되었던 정통성의 원칙과 그것을 뒷받침하던 5강체제가 붕괴되었다는 점이다.[32]

국왕으로 등극한 이후 루이 필리프는 몇 가지 중요한 정책들을 펼쳤는

---

30 시가전에서 2,000명에 달하는 파리 시민들이 목숨을 잃었다.

31 이후 이 인물은 자신이 프랑스 국왕이 아니라 프랑스인의 국왕이라 자칭했고 부르봉왕조의 백합꽃 깃발대신에 삼색기를 선호했다.

32 1815년에 결성된 메테르니히체제는 이미 다음의 사건들로 흔들리고 있었다. 메테르니히체제에 타격을 가한 첫 번째 사건은 1822년의 베로나회의에서 에스파냐 내란에 대한 무력적 개입과 남미의 구에스파냐 식민지에 대한 파병론이 제기됨에 따라 영국이 반대의사를 표명하고 5국동맹으로부터 이탈한데서 비롯되었다. 두 번째는 1823년 12월 미국의 먼로(Monroe) 대통령이 합중국 의회에서 먼로독트린(Monroe Doctrine)이라는 유명한 외교선언을 천명했을 때이다. 즉 '아메리카 대륙은 그들이 획득·유지해 온 자유 독립적 지위에 입각하여, 이후로는 유럽 강대국들의 식민대상이 될 수 없으며 그것은 합중국의 권리와 이해에 관련되는 하나의 원칙이다.'라고 천명했을 때 메테르니히의 외교노선은 중대한 도전을 받게 되었던 것이다. 그러나 메테르니히는 아메리카 대륙에 개입하여 미국 대통령의 의지를 시험하려고 하지는 않았다. 먼로가 이처럼 메테르니히의 외교정책에 정면으로 대응할 수 있었던 것은 미국의 국력신장보다는 영국의 강력한 해군력에서 비롯되었다고 볼 수 있다. 따라서 유럽 열강은 영·미 양국의 공동이해가 얽혀 있는 신생 라틴아메리카 제국에 무력으로 개입할 수가 없었던 것이다. 세 번째는 그리스독립전쟁(1821-1829) 때였다. 메테르니히는 그리스의 독립전쟁에 간섭하지 않았다. 따라서 그와 더불어 유럽의 협조체제를 유지하던 유럽의 열강들 역시 방관적인 태도를 취했다. 그러나 러시아의 니콜라이 1세가 유럽의 협조정신을 어기고 러시아의 국가이익을 앞세워 그리스 독립전쟁에 개입함으로써 러시아의 남진정책에 부정적이었던 영국과 프랑스도 이 전쟁에 참여하게 되었다. 이로써 메테르니히의 협조체제는 다시금 어려운 상황에 놓이게 되었다.

데 그것들을 살펴보면 다음과 같다.

① 1830년 8월 14일 신헌법이 제정되었는데 거기서는 국왕의 비상대권
  이 인정되지 않았다. 이에 반해 의회의 권한은 상대적으로 증대되었
  는데 그것은 의회가 독자적으로 법률안을 제출할 수 있는 권리를 부
  여받은데서 확인할 수 있다.

② 선거권의 확대가 시행되었다. 이에 따라 선거권을 행사할 수 사람들
  이 늘어났지만 이들이 전체 인구에서 차지하는 비율은 1% 도 안되
  었다.[33]

③ 내각 책임제가 도입되었다.

④ 정당구성이 허용되었다.

7월혁명으로 시민 계층 모두가 혜택을 받은 것은 아니었는데 그것은
루이 필리프가 대 시민 계층과의 협력을 통해 국정을 운영하려고 했기 때문
이다. 국왕의 이러한 시도에 대해 중·소 시민 계층은 크게 반발했고 그 강
도도 시간이 지남에 따라 강화되었다.[34]

프랑스 7월혁명은 이전의 프랑스 대혁명과 마찬가지로 주변 지역에 다
시금 영향을 끼쳤다. 특히 벨기에인들과 폴란드인들은 네덜란드와 러시아
의 지배로부터 벗어나려는 독립전쟁을 펼치게 되었다.

5. 7월혁명의 영향

프랑스에서 7월혁명이 진행되었던 시기 영국에서는 휘그당이 정권을

---

33 선거권의 확대로 최종적으로 24만 983명이 선거권을 부여받았지만 이들이 프랑스 전체 인
    구(3천 300만 명)에서 차지하는 비율은 극히 미미했다.
34 이에 따라 1830-1840년 사이에 15개의 연합정권이 이합 집산할 정도로 정국은 매우 혼란했다.

장악했다. 이 당시 그레이(E.Grey: 1764-1845)내각은 부패선거구가 가지는 문제의 심각성을 인식했기 때문에 1831년 3월 부패선거구 제1차 개정안을 의회에 제출했지만 이 개정안은 토리당의 반대로 의회에서 통과되지 못했다. 이에 휘그당은 다시 의회에 개정안을 제출했고 그것은 1832년 7월 상·하 양원에서 통과되었다. 그 결과 111명의 의원을 배출하던 46개 선거구의 선출권이 박탈되었고 기타 32개의 선거구가 의석 하나씩을 상실하여 거기서 생긴 총 143석의 의석이 재배정되었다. 이에 따라 22개의 대도시들이 각각 2개씩, 21개의 소도시들이 각각 1개씩, 그리고 주(county)의 의석수는 거의 두 배로 늘어나게 되었다. 또 선거 자격도 확대하여 연수입 40실링(=2 파운드) 이상의 자유토지보유자(freeholder) 뿐만 아니라 동산 소유자들에게도 선거권을 부여하여 유권자수는 이전보다 크게 늘어나게 되었다. 그런데 노동자들은 새로운 선거법의 도입에도 불구하고 정치활동에 참여할 수 없었는데 그것은 거액의 재산소유자에게만 참정권을 허용했기 때문이다. 이에 따라 노동자들은 참정권을 얻으려는 시도를 펼쳤고 그것을 지칭하여 차티스트 운동(Chartist Movement)이라고 한다. 그렇다면 노동자들은 왜 선거권의 확대에 대해 관심을 보였을까? 그것은 당시 노동자들이 겪던 경제적·사회적 고통을 정치적 측면에서 해결해야 한다는 정치적 급진주의(radicalism)에서 비롯되었다 하겠다. 차티스트 운동에서는 보통성인 선거권, 비밀투표, 의원자격으로서의 재산소유 불필요, 의회회기의 정례화, 의원에 대한 세비지급 등이 지향되었다. 이 당시 영국의 의회를 주도하던 휘그당은 신흥자본가를 영입하여 자유당(Liberals)이 되었고, 토리당은 보수당(Conservatives)으로 당명을 변경했다.

벨기에는 1815년부터 네덜란드의 지배를 받기 시작했다. 그러나 통치과정에서 문제점들이 제기되었는데 그것은 언어, 종교, 그리고 산업활동의 차이에서 비롯되었다. 이러한 차이점을 배제시키기 위해 덴 하그(Den Haag)

정부는 벨기에인 들에게 네덜란드화를 강요했고 그것은 벨기에 인들의 반발을 유발시키는 요인이 되었다.

프랑스 7월 혁명의 영향으로 벨기에서도 1830년 8월 25일 소요가 발생했다. 여기서 벨기에인 들은 네덜란드의 빌렘 1세(William I)가 자신들의 국왕이 아니라는 것을 천명했다. 이에 따라 네덜란드의 국왕은 5국동맹에 도움을 요청했지만 각 국가가 안고 있던 문제점들로 인해 지원을 받을 수 없었다. 실제적으로 이 당시 러시아는 폴란드문제를 해결해야만 했고, 프랑스는 정통성이 결여된 루이 필리프 때문에 개입할 수가 없었다.

1830년 11월 벨기에 인들은 국민의회를 소집하여 독립을 선언했다. 다음해 국민의회는 레오폴드(Leopold: Sachsen-Coburg-Gotha)공을 그들의 국왕으로 선출했다. 아울러 헌법도 제정했는데 거기서는 ① 국민의 기본권을 인정한다. ② 의회는 법률안 제정권을 가진다. ③ 의회 공개주의를 시행한다. ④ 지방분권주의를 채택한다. ⑤ 제한 선거제도를 실시한다 등이 거론되었다.[35]

러시아의 니콜라우스 1세의 민족정책은 그의 부친의 정책과는 차이가 있었는데 그것은 그가 비러시아 민족들에 대한 박해를 가했을 뿐만 아니라 그들에게 러시아화도 강요한데서 확인할 수 있다. 이에 따라 폴란드인들에게 부여되었던 자치권 역시 축소되었다. 아울러 대학 및 교회에 대한 간섭을 증대시켰고 그것은 폴란드 자치의회의 반발을 유발시키는 계기가 되었다. 벨기에서와 마찬가지로 1830년 11월 29일 폴란드에서도 대규모 소요가 발생했는데 거기에는 공직자, 지식인 계층, 군부, 귀족, 대학생, 그리고 민족주의자들이 참여했다.

폴란드인 들은 1831년 독립을 선언했지만 러시아는 무력으로 폴란드

---

35 1831년 유럽의 열강들은 벨기에를 영세중립국화시키는데 합의했다.

함바흐 축제

문제를 해결하려고 했다. 상황이 이렇게 전개됨에 따라 혁명의 주도세력은 농민들의 투쟁참여를 요구했지만 농민들은 그러한 요구에 응하지 않았는데 그 이유는 혁명의 주도세력이 농민해방령을 적기에 시행하지 않았기 때문이다.

러시아는 1831년 9월 8일 폴란드 폭동을 진압한 후 일련의 반동적 조치도 취했는데 그것들을 언급하면 다음과 같다.

① 헌법기능을 정지시켰다.

② 폴란드의 국가신분을 러시아의 한 지방(속주)으로 격하시켰다.

③ 혁명에 참여한 인사들을 코카서스나 시베리아로 강제유형 보냈다.

④ 폴란드 자치군을 해산시켰다.[36]

---

[36] 폴란드 인들은 러시아의 이러한 강압적인 조치에 대해 1833년 재차 폭동을 일으켰지만 실패했다. 이후 러시아는 프로이센, 오스트리아와 공동으로 폴란드소요에 대응하려고 했고

프랑스의 7월 혁명과 그것이 계기가 되어 발생한 폴란드인들의 독립운동은 독일의 지식인들에게도 적지 않은 자극을 가져다주었다. 즉 이들은 민족통합의 필요성을 인식하게 되었고 그것을 위해 자신들이 무엇을 해야 하는지도 인지했던 것이다. 이에 따라 이들은 기존 질서체제의 문제점들을 지적했고 그것의 타파 역시 필요하다는 것을 역설하는 등 적극성도 보였다.[37] 점차적으로 이들은 기존의 질서체제를 대체할 새로운 정치체제의 도입을 모색했고 거기서 신문(Zeitung)이란 매개체를 활용하기도 했다. 물론 이러한 시도가 독일 전 지역에서 이루어진 것은 아니었다. 그러나 국지적 성격의 이러한 시도는 점차적으로 독일 전역에 커다란 영향을 끼치게 되었는데 그 일례는 '독일신문과 조국 연맹'이라는 단체의 활동에서 확인할 수 있다. 독일의 상황을 일반 대중들에게 알려 독일에 대한 그들의 관심을 증대시키겠다는 목적으로 결성된 이 단체는 짧은 기간 내에 전국적 조직망을 갖추게 되었고 그것은 메테르니히를 비롯한 당시 독일 위정자들이 이 단체에 대해 두려움을 가지게 하는 요인으로 작용했다. '독일신문과 조국 연맹'은 당시 반메테르니히주의자로 간주되었던 비르트(Wirth: 1798-1848)와 지벤파이퍼(Siebenpfeifer: 1789-1848)에 의해 주도되었다.

그러한 협조는 1848년까지 지속되었다.

37 아울러 이들은 자신들이 폴란드 인들을 위해 무엇을 해야 하는지를 정확히 알고 있었다. 그것은 폴란드에서 독일을 거쳐 프랑스로 망명하려는 수천 명의 피난민들을 지원하는 것이었다. 그러나 독일 연방은 피난민의 대다수가 독립투쟁에 적극적으로 참여했던 인물들이었다는 점을 주목하여 그러한 지원을 용납하지 않으려고 했다. 이것은 메테르니히를 비롯한 독일의 위정자들이 독일의 자유주의자들과 민족주의자들이 폴란드인 들을 지원하면서 그들과 연계를 모색하거나 않을 가에 깊은 우려를 하고 있었기 때문이다. 따라서 독일 보수 세력의 핵심이었던 베를린과 빈 정부는 자국민들이 폴란드 피난민들을 지원하는 것을 법적으로 금지시켰을 뿐만 아니라 독일 내 다른 정부에게도 동일한 조치를 취할 것을 요구했다. 그러나 이러한 요구는 오히려 지식인 계층의 반발만을 유발시켰다. 특히 파리에 머무르고 있었던 하이네(H. Heine)와 뵈르네(L. Börne)는 이러한 조치를 강력히 비난했을 뿐만 아니라 메테르니히체제를 붕괴시키는 방법까지 제시하는 적극성도 보였다.

1832년 4월 지벤파이퍼는 함바흐(Hambach)에서 (정치적)축제개최를 제안했는데 그것은 축제참여자들이 자유롭게 그들의 정치적 견해를 제시하거나 조율할 수 기회를 가질 수 있기 때문이다.[38] 당시 독일의 지식인들은 지벤파이퍼의 이러한 제의에 대해 전폭적인 지지를 보였을 뿐만 아니라 축제가 원만히 개최될 수 있게끔 협조도 아끼지 않았다. 메테르니히를 비롯한 독일의 위정자들은 지식인 계층의 이러한 움직임에 대해 우려를 표명했다. 특히 라인 지방의 책임자였던 안드리안-베어붕(Andrian-Werbung)은 뮌헨 정부의 조치에 따라 함바흐축제의 개최를 저지하려고 했지만 그것은 오히려 이 지역 지식인들의 조직적 반발만 유발시켰다. 상황이 이렇게 전개됨에 따라 안드리안-베어붕은 자신이 취했던 조치들을 철회하고 함바흐 축제의 개최를 승인했다.

1832년 5월 27일에 개최된 함바흐 축제에는 약 2만 명에 달하는 사람들이 참여했고 거기서는 독일의 개혁과 통합, 폴란드의 독립 문제 등이 중요한 안건으로 부상되었다. 함바흐 축제개최에 주도적 역할을 담당했던 지벤파이퍼와 비르트는 메테르니히체제의 문제점을 다시 한번 지적했을 뿐만 아니라 통합 독일의 선결과제에 대해서도 구체적으로 언급했다. 그것들을 살펴보면 첫째, 민족을 대표하는 기구, 즉 의회를 가능한 한 빨리 설립할 것. 둘째, 주권재민설을 인정할 것. 셋째, 교역활동의 자유화를 보장하여 경제적 활성화를 도모할 것 등을 들 수 있다. 물론 이들 양 정치가의 의견이 완전히 일치되지는 않았는데 그것은 독일과 프랑스와의 관계, 특히 독일통합에 대한 프랑스의 지원문제에서 의견을 달리한 것에서 확인할 수 있다.[39] 함바흐 축제에 참여한 인사들의 대부분이 메테르니히체제의 붕괴를 독일 통

---

38 이 당시 독일권의 국가들은 축제개최에 대해 관용적인 자세를 보였다.

39 이 당시 지벤파이퍼는 프랑스의 지원을 요구했지만 비르트는 프랑스가 개입할 경우 반대급부로 라인지방을 요구할 수도 있다는 판단 때문에 지벤파이퍼의 관점에 대해 동의하지 않았다.

합의 선행조건으로 제시함에 따라 연방의회는 새로운 반동 정치를 펼쳤는데 그것은 바르트부르크 축제 이후 펼쳐진 상황과 비슷하다 하겠다. 실제적으로 각 영방 정부는 함바흐 축제에서 거론된 것들에 대해 우려를 표명했고 그것에 대한 대비책을 강구해야 한다는 입장도 보였다. 메테르니히 역시 함바흐 축제에서 표출된 정치적 흐름이 자신의 체제에 위협을 줄 수 있다는 판단을 하게 되었고 강력한 대응으로 당시 상황을 극복하려고 했다. 이에 따라 1832년 6월 28일 연방의회가 개최되었고 거기서는 1820년 5월 5일 빈 협약에서 체결되었던 각 국 의회의 권한을 제한시킨다는 것이 다시금 거론되었다. 그 결과 연방의회는 각 국 의회의 청원권과 조세승인권을 제한시켰다. 7월 5일에 속개된 연방의회는 일련의 추가조치들도 공포했는데 그것들은 첫째, 향후 정치단체를 결성하거나 민중집회를 개최할 경우 반드시 해당 정부의 승인을 받아야 한다. 둘째, 사람들은 공공장소에서 흑·적·황색의 옷이나 그것과 유관한 띠를 착용해서는 안 된다. 셋째, 독일의 각 정부는 혁명적 소요를 진압하기 위한 군사협조체제를 구축한다. 넷째, 대학에 대한 연방의회의 감시를 부활시킨다. 다섯째, 바덴 지방의 신문법을 폐지한다.

　　이후 중앙사문회의가 프랑크푸르트에 설치되었고 '선동자(Demagogue)' 색출이 본격적으로 진행됨에 따라 수백 명의 반체제 인사들이 체포, 구금되었다. 이에 따라 많은 지식인, 학생, 그리고 수공업자들은 국경을 넘어 프랑스, 스위스, 영국, 그리고 미국으로 망명했다. 급진적 공화주의자들은 파리에서 '망명자 동맹'을 결성하고 그 일부는 다시 '의인 동맹(Bund des Gerechten)'을 조직했다. 망명자 동맹의 요청으로 마르크스가 '공산당 선언(Kommunistisches Manifest)'을 쓴 것도 바로 이 때였다. 의인 동맹으로 독일 노동자들도 독자적 조직을 구축하게 되었는데 이러한 동맹 창설에 주도적 역할을 담당했던 계층은 수공업에 종사하던 노동자들이었다.

　　1837년 11월 1일 하노버공국의 국왕 아우구스트(E. August: 1837-1851)가

1833년에 제정된 헌법 기능을 정지시켰을 뿐만 아니라 1819년 헌법에 따라 신분제의회소집을 위한 선거도 실시하겠다는 칙령을 발표했다. 국왕의 이러한 반동적 정책에 대해 달만(F.Dahlmann: 1785-1860), 게르비누스(G.G.Gervinus: 1805-1871), 그림형제(J. Grimm: 1785-1863/W.Grimm: 1786-1859), 알브레히트(W.D.Albrecht: 1800-1876), 베버(W. Weber: 1804-1891), 그리고 에스발트(H. Eswald: 1803-1875) 교수가 12월 12일 괴팅겐 대학에 모여 자신들의 입장을 정리했다. 여기서 이들은 국왕의 조치가 시대를 역행하는 단순한 발상에 불과하다는 항의편지(Protestbrief)를 달만의 이름으로 발표했다.[40] 이에 하노버 정부는 이들을 대학에서 강제로 추방시키는 특단의 조치를 취했지만 이들은 독일 전역을 다니면서 하노버 정부 및 연방의회의 반동적 정책을 비난했다. 특히 달만은 독일에서 정착되기 시작한 평화로운 헌법개혁에 대한 믿음이 연방의회의 결정으로 사라졌다는 입장을 밝히기도 했다. 소위 '괴팅겐의 7인 교수(Die Göttinger Sieben)사건'으로 지칭되었던 이 사건의 파장은 독일전역으로 확산되었으며 그들에 대한 후원 운동이 전개되면서 독일 전체를 하나로 인식하는 여론도 형성되기 시작했다.[41]

　　7월혁명의 영향은 오스트리아 제국의 재배를 받던 이탈리아의 북부, 파르마와 모데나에서도 확인되었다. 이탈리아인들은 오스트리아 제국의 지배로부터 벗어나려는 시도를 펼쳤지만 그러한 것은 오스트리아군의 신속한 개입으로 현실화되지는 못했다.

40　영국 국왕 윌리엄 4세의 동생이었던 컴벌랜드(Cumberland)공작 아우구스트는 1837년 국왕으로 등극하면서 헌법서약을 거부했다.

41　괴팅겐 7인 교수사건은 연방의회에서도 논의되었는데 바이에른, 작센, 뷔르템베르크, 그리고 바덴 공국만이 하노버의 1833년 헌법을 지지했다.

서양근대사 11 | **1848년 혁명**

1. 파리에서의 혁명적 소요

(1) 혁명직전의 상황

루이 필리프의 7월정권은 대시민 계층의 지지로 유지되었기 때문에 당연히 이들 계층의 이익을 옹호하는 정치를 펼칠 수밖에 없었다. 점차적으로 라마르틴(A. de Lamartine: 1790-1869)을 중심으로 한 소시민 계층의 공화파세력과 루이 블랑(L. Blanc: 1811-1882)이 주도하던 노동자 계층의 사회주의 세력은 7월왕정에 대해 불만을 표시하게 되었다. 아울러 루이 필리프의 소극적이고 회피적인 외교정책은 나폴레옹 시대의 영광을 회상하는 국내 왕당파들의 반발도 유발시켰다. 이렇듯 국내 반정부세력의 저항이 심화됨에 따라 루이 필리프는 1840년 자유주의자였던 티에르 대신 보수파의 기조를 수상으로 임명했다. 이후부터 기조는 의회를 매수하고자 의원들에게 관직 및 정부 관급 공사의 주주 자리를 제공하거나 정부기간산업의 계약특혜를 주는 등 온갖 정치적 부정 및 부패를 조장했다.[1]

이러한 정치적 부정부패와 더불어 흉작 및 경제적 공황으로 파산과 실업률은 급증하게 되었다.[2] 이에 따라 공화주의자와 사회주의자들은 1848년 2월 22일 정부의 실정을 비난하는 정치개선촉진회(Reform Banquet)를 파리 시내에서 개최하기로 합의했다.

---

1 기조는 선거권의 확대요구에 대해 다음과 같이 대응했다.
"부자가 되십시오, 그러면 여러분들도 선거권을 얻을 수 있을 것입니다."
2 감자의 병충해와 기근으로 1846년 대기근이 발생했다. 이에 따라 빵 가격이 급등했고 그것은 일부 지방에서 식량봉기를 유발시켰다. 대흉작으로 농민들의 구매력이 크게 격감하게 됨에 따라 경제적 위기는 산업계, 은행, 그리고 주식시장까지 확산되었다. 더욱이 철도건설 등의 대규모토목공사가 중단됨에 따라 실업률 역시 크게 높아졌다.

루이 블랑

(2) 혁명의 발생과 진행과정

공화주의자들과 사회주의자들이 개최하려던 정치개선촉진회는 정부 개입으로 무산되었고 그것은 촉진회의 참석자들과 시민들로 하여금 기조의 관저를 습격하고 국민방위대와 충돌하게 했다. 2월 24일의 시가전에서 우위를 차지한 이들은 파리 시청을 점령한 후 왕궁도 습격했다. 이에 따라 루이 필리프는 퇴위를 선언하고 영국으로 망명했다. 곧 라마르틴을 중심으로 한 공화주의파와 루이블랑의 사회주의파가 합세하여 임시정부를 수립했다. 이렇게 구성된 임시정부는 언론의 자유 및 집회의 자유를 보장했을 뿐만 아니라 식민지에서의 노예제도도 폐지시켰다. 아울러 임시정부는 정치범에 대한 사형 역시 금지시켰다.

이 당시 임시정부는 2월혁명에 기여한 루이 블랑의 사회주의 세력에 보답하고자 했다. 이에 따라 라마르틴의 임시정부는 2월 25일 사회주의자들의 노동권보장요구를 수용했고 그것을 가시화시키기 위해 국립공장(작업장)을 전국 여러 도시에 세웠다.[3] 그러나 4월 23/24일의 총선에서 승리한 산업자본가 중심의 온건공화파는 국립공장의 막대한 유지비 및 노동계급과 사회주의 세력의 대두에 두려움을 느껴 이 공장을 6월 21일 폐쇄시켰다.[4] 이제 국립공장에 등록한 18~25세의 노동자들은 군대에 입대해야 했고, 나머지 노동자들 역시 개간사업에 참여하기 위해 솔로뉴(Sologne) 또는 랑드(Landes)지방으로 가야만 했다.[5]

(3) 6월폭동

이러한 조치에 불만을 품은 4만 명의 노동자들이 6월 22일 대유혈폭동을 일으켰지만 이 폭동은 카베냐크(Cavaignac: 1802-1857)장군의 국민군에 의해 6월 25일 진압되었다.[6] 그리고 시위를 주도했던 루이 블랑은 프랑스를 떠나

---

3 국립공장은 1839년에 출간된 루이 블랑의 '노동조직론(L'Organisation du travil)'에 따라 설치되었다. 루이 블랑은 자신의 저서에서 자본주의의 자유경쟁에서 비롯되는 폐단과 점증되는 노동자 계층의 빈곤과 비참을 지적하고, 공업과 농업분야에서 실업 노동자들이 그들의 전문기술을 살릴 수 있는 '사회작업장(ateliers sociaux)의 설치를 제안했다. 국립공장은 루이 블랑의 원안대로 운영되지는 않았지만 1일 2프랑을 주고 10만 명 이상의 실업자를 채용하여 하수도를 파게 하거나 공원에서 흙을 나르는 일들을 시켰다. 이러한 것은 일종의 구빈사업에 불과했기 때문에 국가예산의 낭비라는 비판도 받았다. 아울러 국립공장의 운영경비를 부담했던 지방민들의 불만 역시 크게 고조되었다.
4 이 당시 온건공화파는 국립공장문제를 조속히 해결해야 한다는 견해를 제시했다. 즉 이들은 국립공장을 폐쇄시킬 경우 민중소요를 종식시킬 수 있을 뿐만 아니라 사업의 침체를 야기시키고 국민의 활동을 마비시키는 정치적 불안정도 해소시킬 수 있다는 확신을 가지고 있었다.
5 4월 총선에서 온건공화파가 전체의석(900석)의 절반 이상인, 즉 500석을 차지했다.
6 프롤레타리아 계층을 상징하는 적기가 삼색기 대신에 등장한 이 폭동에서 4,000명 이상의

야만 되었다.[7]

　이러한 6월폭동은 당시 부각된 계층 간의 대립을 심화시키는 요인으로 작용했는데 그러한 것은 노동자 계층이 자본주의체제가 그들 계층을 파멸시키리라는 확신을 가진 것과 기존의 질서체제가 노동자 계층에 의해 붕괴될 수 있다는 시민 계층의 우려에서 기인되었다 하겠다.

　6월폭동을 진압한 온건공화파세력은 1848년 11월 4일 민주주의적 공화제를 지향하는 헌법을 제정했다. 이 헌법에서는 대통령이 4년 임기를 마치고 난 후 다시 4년이 지나야만 재출마가 가능하도록 규정했다. 그리고 이러한 규정을 개정하기 위해서는 한 달씩의 간격을 두고 세 번의 심의를 의회에서 거친 후, 투표자의 4분의 3 이상이 찬성하고 투표자가 최소한 500명이 되어야 만 가능하게 했다. 신헌법에서는 대통령의 의회 해산권을 인정하지 않았을 뿐만 아니라 대통령이 무력으로 헌법을 유린하려 할 경우 헌법은 '헌법을 지키는 애국적인' 시민들의 행동으로 방어될 수 있다는 것도 명시되었다. 신헌법에서는 이러한 것 이외에도 노동권 보장철회, 언론·출판의 자유 보장, 불법체포 금지, 평화적 집회 및 청원권 인정, 그리고 단원제의회구성 등이 구체적으로 거론되었다. 신 헌법에 의거, 임기 4년의 대통령을 선출하기 위한 보통선거가 1848년 12월 10일에 실시되었다. 이 당시 프랑스 국민들은 당시 상황을 극복할 수 있는 강력한 정부의 출현을 기대했다. 이에 따라 나폴레옹의 조카였던 루이 나폴레옹(Louis Napoleon: 1808-1873)은 1848년 12월 10일에 실시된 대통령선거에서 540만 표를 획득하여 대통령으로 선출되었다.[8]

노동자들이 목숨을 잃었다. 그리고 폭동이 진압된 이후 3,000명 이상이 정부군에 의해 처형되었고 11,671명이 체포되었다. 체포된 사람들의 일부는 처형되었고 나머지는 강제노역에 처해졌다.

7　폭동과정에서 노동자들은 재산의 평등분배를 강력히 지향했다.

2 . 빈에서의 혁명적소요

(1) 메테르니히 체제의 붕괴

프랑스에서 전개된 혁명적 상황은 1830년 7월과 마찬가지로 라인 강을 건너 독일로 전해졌다. 이에 따라 독일 전역에서는 정치적·사회적·경제적 요구들이 제기되었고 그러한 것들을 실현시키기 위한 시위도 여러 곳에서 전개되었다. 특히 1848년 2월 27일 바덴의 만하임(Mannheim)에서 개최된 대규모 집회에서 참여자들은 출판 및 결사의 자유, 배심원재판제도, 그리고 전독일의회의 소집 등을 요구했다. 그리고 이러한 요구들은 향후 3월혁명 (Märzrevolution)의 주요 목표로 설정되었다.

도시에서와 마찬가지로 농촌에서도 소요가 있었다. 여기서 농민들은 봉건적 공납 및 의무의 무상철폐를 요구했다. 이러한 소요가 지속됨에 따라 각 국의 군주들은 수십 년간 거부했던 제 개혁 및 헌법을 승인할 수밖에 없었다. 이에 따라 바덴, 뷔르템베르크, 헤센-다름슈타트(Hessen-Darmstadt), 바이에른, 작센, 하노버에서는 자유주의자들이 참여한 내각이 탄생했다.[9] 프랑크푸르트 연방 의회 역시 흑, 적, 황금의 3색기를 독일의 상징으로 인정하고 예비회의(Vorparlament)의 소집도 약속했다.

1848년 3월 13일 반동의 아성이었던 빈에서도 혁명적 소요가 발생했는데 그것은 오랫동안 개혁을 외면하고 신분제 의회 소집 등을 봉쇄한 채 검

---

8   루이 나폴레옹은 나폴레옹 1세의 동생이었던 네덜란드 왕 루이 보나파르트(L. Bonaparte)를 아버지로 하고 나폴레옹 1세의 부인이었던 조세핀의 딸 오르탕스 드 보아르네(H. de Beauharnais)를 어머니로 하여 태어났기 때문에 나폴레옹 1세의 조카라 하겠다. 대통령으로 선출된 루이 나폴레옹이 헌법을 침해하지 않는 한, 즉 공화주의적 관점에서는 물론 자유주의적 관점에서도 허락되지 않은 쿠데타를 일으키지 않는 한, 1852년에 대통령직에서 물러나야만 했다.

9   이를 지칭하여 '3월정부(Märzregierung)'라 한다.

열과 경찰감시로 통치한 것에 대한 불만의 표시였다. 이 혁명으로 48 명의 시위참여자들이 목숨을 잃었고 메테르니히는 런던에서 망명처를 구하는 상황에 놓이게 되었다. 그동안 빈 정부는 제국 내 비독일계 민족들을 등한시하는 중차대한 실수도 범했다. 그럼에도 불구하고 빈 정부에 대한 비독일계 민족들의 반발은 미미한 상태에서 벗어나지 못했는데 그것은 이들의 민족운동이 저변으로 확산되지 못했기 때문이다. 그러나 이러한 상황은 3월혁명이 발발한 이후부터 급변하게 되었다. 그것은 제국 내 비독일계 민족들인 체코 민족, 폴란드 민족, 크로아티아 민족, 슬로바키아 민족, 슬로베니아 민족, 헝가리 민족, 세르비아 민족, 이탈리아 민족이 정치체제의 변경과 그것에 따른 제 민족의 법적·사회적 평등을 강력히 요구했기 때문이다.[10] 이에 따라 오스트리아 제국은 독일의 다른 국가들보다 어려운 상황에 놓이게 되었다. 뿐만 아니라 당시 독일의 통합방안으로 등장한 대독일주의가 향후 통합과정에서 채택될 경우 필연적으로 야기될 오스트리아 제국의 해체 역시 오스트리아 제국의 입지를 크게 위축시키는 요인으로 작용했다. 그러나 이당시 빈 정부는 이러한 국내외적 문제들을 원만히 해결할 능력을 갖추지 못했을 뿐만 아니라 그 해결책 마련에도 소극적인 자세를 보였다.

(2) 민족문제의 대두와 친오스트리아슬라브주의

3월혁명이 발생한 이후 제국 내 비독일계 정치가들은 그 동안 제국 내에서 등한시되었던 민족문제에 대해 관심을 표명하게 되었고 그것을 해결

---

10 이 당시 비독일계 민족들의 선각자들과 그들의 추종세력은 그들 민족이 처한 상황을 정확히 직시하고 있었다. 따라서 이들은 독일 민족과 그들 민족 간의 관계를 재정립해야 한다는 주장을 펼쳤을 뿐만 아니라 그러한 관점에 대한 빈 정부의 무관심한 태도에 대해서도 신랄한 비판을 가하는데 주저하지 않았다. 아울러 이들은 언론 및 집회의 자유, 일반 대의기구의 설립, 배심원제의 도입, 강제노역 및 농노제의 철폐, 종교의 자유, 조세제도의 개편 등이 절실히 필요하다는 주장도 펼쳤다.

코수트

할 수 있는 방법에 대해서도 구체적으로 논의하기 시작했다. 그러나 각 민족의 정치가들은 해결방법에 대해서는 의견을 달리했다. 코슈트(L. Kos- suth: 1802-1894)를 비롯한 대다수의 헝가리 정치가들은 오스트리아 제국으로부터 이탈하여 독립 국가를 세우려 했지만 제국 내에서 절대 다수를 차지하던 슬라브 민족의 정치가들은 그러한 방법에 대해 동의하지 않았다.[11] 즉 이들은 오스트리아제국의 존속을 인정하고 거기서 그동안 인정되지 않았던 민족적

---

11 코수트는 1825년부터 헝가리 지방의회의 의원으로 활동했다. 그러나 이 인물은 1839년 자신의 반정부적인 활동(Aufwiegelung)으로 인해 4년의 실형을 받았으나 다음해인 1840년에 사면을 받았다. 1841년부터 약 3년간 민족개혁정치의 핵심적 역할을 담당했던 '페스트 히르랍(Pest Hirlap)'의 편집장으로 활동하기도 했다. 그러다가 1847년부터 코수트는 헝가리 의회에서 반정부세력을 주도하면서 귀족들의 특권폐지, 농민들의 봉건적 의무철폐, 언론의 자유, 그리고 입헌군주정체제의 도입을 강력히 요구했다.

자치권을 부여받으려 했던 것이다. 이러한 방향을 주도한 인물은 오늘날 체코 민족의 국부(otec národa)로 추앙받고 있는 팔라츠키(F.Palacký: 1798-1876)였다. 팔라츠키와 그의 추종세력들은 기존의 질서체제를 인정하고 거기서 민족적 자치권을 획득하려 했는데 그것이 바로 친오스트리아슬라브주의(Austroslawismus)의 핵심적 내용이라하겠다.

팔라츠키는 1848년 4월 11일 프랑크푸르트 임시의회(Vorparlament)로부터의 제의, 즉 체코 민족의 대표로 독일통합간담회에 참석해 달라는 요청을 공식적으로 거절하면서 자신의 친오스트리아슬라브주의적 관점을 공식적으로 표명했다. 그런데 여기서 제기되는 의문점은 왜 그가 독일 정치가들의 간담회에 초청되었는가 이다. 그것은 슬라브 계통의 체코 민족이 빈회의의 규정에 따라 독일연방에 포함된 보헤미아 지방에 살고 있었다는 것과 대독일주의원칙에 따라 통합을 추진했던 예비의회의 참석자들 역시 체코 민족의 거주 지역들을 신독일에 반드시 포함시켜야 한다는 생각을 했기 때문이다. 따라서 독일 정치가들은 보헤미아 지방을 대표하여 프랑크푸르트에 참석할 수 있는 체코 인물을 찾게 되었고 거기서 예비의회에 참석한 오스트리아 정치가 쿠란다(I. Kuranda)의 제안을 수용하게 되었던 것이다.

팔라츠키 역시 이러한 이유로 자신이 프랑크푸르트로 초대된 것을 알았지만, 그는 이미 3월혁명 이전부터 논문 및 신문투고 등을 통해 체코 민족이 독일 통합에 참여하여서는 안 된다는 입장을 밝히고 있었다. 여기서 팔라츠키는 독일과 보헤미아와의 관계가 민족과 민족 사이의 관계가 아닌 지배자와 지배자 사이의 관계에 불과하다라는 견해를 제시했다.

팔라츠키는 자신의 거절편지에서 체코 민족이 신생독일에 참여할 경우 오스트리아 제국 내에서 그들이 누렸던 사회적 지위마저 상실하게 되리라는 것을 언급했다. 이러한 그의 판단은 보헤미아 지방에서 체코 민족이 독일 민족보다 수적으로 우세하다는 것과 제국 내 다른 슬라브 민족과의 유대관계가 신생독일에서는 불가능하다는 사실에서 비롯된 것 같다. 따라서 그는 자신의 거절편지에서 빈 정부의 중앙체제에 대해 불만을 가진 제국의 슬라브 민족들이 독일 민족처럼 독립을 지향할 경우, 그것은 불가능하고, 무모한 행위에 불과하다라는 견해를 제시했던 것이다. 이 당시 팔라츠키는 러시아가 유럽의 북부 지역에서 시도했던 것과 마찬가지로 유럽의 남부 지역에서도 세력 확장을 모색하고 있다는 사실을 잘 알고 있었다. 그리고 그는 이러한 시도를 통해 러시아가 하나의 보편왕조(Universalmonarchie)를 형성하려 한다는 것과 그러한 왕조가 많은 재앙만을 가져다주리라는 것도 예측했다.

팔라츠키는 러시아의 이러한 야욕에도 불구하고 슬라브 민족들이 민족주의 원칙에 따라 오스트리아 제국을 이탈하여 독립 국가를 형성할 경우 과연 그러한 국가들이 얼마나 오랫동안 지속될 수 있을 지에 대해 강한 의구심도 제기했는데 그것은 그가 러시아의 범슬라브주의와 그것에 따른 슬라브 세계의 통합시도를 의식했기 때문이다. 즉 팔라츠키는 니콜라우스 1세를 비롯한 러시아의 핵심세력들이 즉시 이들 국가들을 러시아에 병합시키려 할 것이고, 병합된 이후 이들은 더욱 열악한 상황 하에서 살아나가야 한다는 것을 인지했던 것이다.[12] 따라서 팔라츠키는 자신의 편지에서 제국 내 슬라브 민족들이 주어진 체제를 인정하고 거기서 그들의 민족성을 보존하면서 권익 향상을 점차적으로 도모하는 것이 최선의 방법이라는 견해를 제시했던 것이다. 팔라츠키의 이러한 관점에 대해 빈 정부는 우호적인 태도를 보였는데 그것은 혁명세력이 반혁명세력보다 우위를 차지한 상황에서 슬라브 민족의 대표적 정치가가 제국의 존속을 공식적으로 인정했기 때문이다.

---

12 러시아에 대한 팔라츠키의 우려는 니콜라우스 1세가 1830년 폴란드에서 발생한 소요를 무력적으로 진압한 것에서 비롯된 것 같다.

3. 베를린에서의 혁명적 소요

(1) 프리드리히 빌헬름 4세의 선제적 대응

거의 같은 시기 프로이센의 수도인 베를린에서도 소요가 발생했다. 국왕 프리드리히 빌헬름 4세(Friedrich Wilhelm IV: 1840-1858)는 다가올 혁명적 위협에 두려움을 느꼈기 때문에 3월 18일 자발적으로 출판의 자유 및 헌법제정을 허용했을 뿐만 아니라 독일을 연방 국가로 개편하는 과정에서 프로이센이 주도적인 역할을 담당하겠다는 것도 공언했다.[13] 또, 국왕은 정부군을 베를린으로부터 철수시키겠다는 약속도 했다. 이에 베를린의 시민들은 국왕에게 경의를 표시하기 위해 왕궁주변에 모이기 시작했다. 그러나 여기서 우발적인 사건이 발생되었고 그것은 시가전을 발발하게 하는 결정적인 요인이 되었다. 시가전에서 323명의 희생자가 발생했는데 이들의 사회적 성분은 152명의 노동자, 115명의 견습생, 34명의 소규모 상인, 15명의 귀족, 그리고 7명의 무직업 여성으로 분류되었다. 이를 통해 혁명적 소요에 어떤 특정 계층만이 참여한 것이 아니라 사회의 각 계층이 참여했음을 확인할 수 있다. 그러나 이들 모두가 명쾌한 정치적 목표를 가지고 시가전에 참여한 것은 아니었다.

3월 19일 프리드리히 빌헬름 4세는 '나의 사랑하는 베를린 시민'이라는 선언서를 발표했는데 그것은 그 자신이 혁명적 상황에 굴복한 것으로 볼 수 있을 것이다. 아울러 그의 내적 불확신(innere Unsicherheit)도 선언서발표에 요인으로 작용한 것 같다. 선언서를 발표한 직후 프리드리히 빌헬름 4세는 베

---

13 프리드리히 빌헬름 3세(Friedrich Wilhelm III: 1797-1840)가 1840년 6월 7일에 서거함에 따라 프로이센의 위정자로 등장한 프리드리히 빌헬름 4세는 자유주의자들에게 희망을 부여했다. 즉 그는 일련의 학자들을 복직시켰을 뿐만 아니라 언론검열도 완화시켰다. 또한 그는 지방의회(Landtag)가 정례적으로 소집되는 것도 허용했다.

를린에 주둔중인 군대를 포츠담으로 철수토록 했다. 아울러 그 자신도 포츠담으로 떠났다. 그러나 그것에 앞서 그는 시가전에서 희생된 사람들에 대한 묵념을 공개적으로 했는데 그것은 혁명세력에 대한 굴욕적 행위로 간주할 수 있을 것이다. 3월 21일 프리드리히 빌헬름 4세는 '나의 신민과 독일민족(An mein Volk und die deutsche Nation)'이라는 호소문을 발표했다. 여기서 그는 프로이센이 향후 독일통합의 과정에서 주도적인 역할(Preußen geht fortan in Deutschland auf) 을 담당하겠다는 것을 강조했다.

이러한 행보에 대해 당시 프리드리히 빌헬름 4세의 후계자였던 빌헬름(Wilhelm)은 이의를 제기했고 그것은 그로 하여금 런던에서 적지 않은 기간을 머무르게 하는 요인으로 작용했다.

(2) 혁명적 소요에 대한 보수세력의 대응

빌헬름과 마찬가지로 프로이센의 보수 세력 역시 무력을 통해 혁명세력을 진압해야 한다는 관점을 가지고 있었다. 이러한 세력에 대해 동조적이었던 비스마르크(Bismarck: 1815-1898)는 당시 베를린에서 전개되던 상황에 대해 크게 우려를 표명했다. 따라서 그는 혁명 세력을 붕괴시키기 위해 자신의 충실한 소작농들을 무장시켜 베를린으로 진격하려고 했다. 그러나 그는 자신의 구상이 비현실적이라는 것을 파악한 후 포츠담에 가서 군부의 핵심 인사들인 묄렌도르프(Mölendorff), 프리트비츠(Prittwitz)와 심도 있는 대화를 나누었다. 이 자리에서 비스마르크는 특히 묄렌도르프에게 "만일 귀하께서 국왕의 명령 없이 혁명 세력을 타파할 경우 귀하께 어떤 일이 발생한다고 생각하십니까? 본인이 생각하기로는 프로이센이 귀하께 진심으로 감사를 드릴 것이며 프리드리히 빌헬름 4세께서도 귀하의 솔선적 행동에 대해 당위성을 부여하실 것입니다"라고 했다. 즉, 그는 혁명 세력을 타파할 반혁명적 소요의 당위성을 역설했던 것이다.

그러나 묄렌도르프는 국왕의 명령 없이는 어떠한 군사적 행동도 펼칠 수 없음을 분명히 밝혔다. 결국 비스마르크 자신이 생각하는 바를 실현하기 위해서는 프리드리히 빌헬름 4세와의 독대가 필요했다. 이후 국왕을 알현하기 위한 노력을 펼친 결과 그는 국왕과 몇 분간의 독대 기회를 가질 수 있었다. 여기서 비스마르크는 병력동원을 통해 혁명적 소요를 진압시켜야 한다는 입장을 분명히 밝혔지만 국왕은 그것의 수용을 거부했다. 특히 프리드리히 빌헬름 4세는 자신이 프로이센의 상황을 정확히 파악하고 있음을 언급했는데 그것은 비스마르크로 하여금 다른 방법을 강구하게 했다. 이 당시 프리드리히 빌헬름 4세의 막내 동생이었던 카를(Karl) 왕자 역시 무력적인 방법을 통해 혁명 세력을 진압해야 한다는 생각을 가지고 있었다. 그러나 그는 자신의 형이 위정자로 있는 한 그러한 방식이 수용될 수 없음을 인지하고 있었기 때문에 자신과 같은 생각을 갖고 있던 비스마르크와 빈번한 접촉을 시도했다. 여기서 그는 비스마르크로 하여금 빌헬름(Wilhelm) 왕자의 부인이었던 아우구스타(Augusta: 1811-1890)를 통해 자신들의 계획을 구체화시킬 수 있다는 확신을 가지게 했다.[14] 3월 23일 아우구스타와 독대한 비스마르크는 프리드리히 빌헬름 4세를 권좌에서 축출하고 왕자 부처의 아들인 프리드리히 빌헬름(Friedrich Wilhelm: 1859-1941)을 국왕으로 즉위시켜 혁명적 소요를 진압해야 한다는 입장을 밝혔다. 그러나 아우구스타는 비스마르크의 제안이 카를 왕자와의 접촉에서 비롯된 것이라는 사실을 즉시 인지했기 때문에 그녀는 비스마르크의 제안을 수용할 수 없다는 입장을 분명히 밝혔다. 아울러 그녀는 비스마르크가 예의에 어긋나는 행동을 했다는 것과 혐오스러운 음모에 적극 참여했다는 사실에 대해 분노까지 표명했다.

---

14 작센-바이마르(Sachsen-Weimar) 대공 칼 프리드리히(K.Friedrich) 대공의 딸이었던 아우구스타는 1829년 빌헬름과 결혼했다.

이러한 내부적 우여곡절에도 불구하고 4월초 자유주의자들이 대거 참여한 새로운 내각이 베를린에서 구성되었고 의회소집을 위한 작업도 병행되었다. 그러나 혁명의 과격화를 우려한 입헌·자유주의자들은 민중 운동의 에너지를 차단시켜야 한다는 생각을 점차적으로 가지게 되었다.[15]

비록 프로이센 국왕이 바리케이드 전사들 앞에서 독일 통일에 앞장서겠다는 약속을 했음에도 불구하고 프로이센 또는 오스트리아의 주도로 독일이 통합되기는 어려웠다.

4. 프랑푸르트 국민의회의 활동과 한계성

(1) 프랑푸르트 국민의회의 개원과 활동

베를린과 빈에서 소요가 발생되기 이전, 즉 1848년 3월 5일 51명의 남부 독일 지식인들이 하이델베르크(Heidelberg)에 모여 독일통합의 필요성을 부각시켰을 뿐만 아니라 그것을 구체화시킬 독일 국민의회(Nationalversammlung)의 소집도 요구했다.

이에 따라 1848년 3월 31일 프랑크푸르트에서 국민의회 소집을 위한 예비 의회가 개최되었다. 활동 직후부터 온건파와 급진파의 갈등은 표면화되었지만 그것을 극복할 수 있는 방법이 제시되지는 못했다. 의회 내에서 자신들의 목적을 관철시킬 수 없다고 판단한 급진파는 슈트루베(G. v.Struve: 1805-1870)와 헤케르(F.K.Hecker: 1811-1881)의 주도로 4월 12일, 슈바르츠발트(Swarzwald: 흑림)에서 폭동을 일으켰는데 세습왕정제 폐지, 상비군 폐지, 민주적 연방 체제의 도입 등이 그들의 주장이었다.[16] 그러나 급진파의 폭동은 연

---

15   이들은 교양과 재산을 가진 시민 계층이었다.

방군에 의해 4월 27일에 진압되었고 온건파의 예비의회는 국민의회의 소집을 결정했다.

　1848년 5월 18일 프랑크푸르트의 성 파울 교회(S. Paulkirche)에서 국민의회가 활동을 펼치기 시작했다. 국민의회의 목표는 독일 연방을 하나의 통합국가로 변형시키는 것이었다. 그러나 역사적으로 형성된 개별 영방 국가들을 그대로 둔 채 강력한 중앙권력을 창출한다는 것은 쉬운 일이 아니었고 통합방안에 대한 의원들의 의견 역시 일치되지 않았다. 국민의회의 의원들 대부분은 법률적 지식을 갖춘 판사, 검사, 그리고 행정관료 출신이었다.[17] 이들 이외에 대학 교수, 언론가, 자영농, 상인들도 국민의회에 진출했지만 그 수는 위에서 언급한 계층보다 훨씬 적었다. 그리고 국민의회에 진출한 수공업자는 단지 4명에 불과했고, 농민은 한 명뿐이었다. 더욱이 이 농민은 슐레지엔 지방 출신의 폴란드인이었다. 프랑크푸르트 국민의회에 참석한 의원들은 특수한 정당이나 집단적인 정치적 신조에 대한 충성을 공개적으로 밝히지 않던 개인들이었다. 정치적 성향으로 볼 때, 절반 내지 3분의 2가 자유주의적이었고, 좌우급진파는 약 15%로 소수였다. 시간이 지나면서 느슨하게나마 정치적 집단들이 국민의회에서 형성되었는데 이들 집단들은 통상 토론을 위해 비공식적으로 모이던 숙소의 이름을 빌려 자신들의 집단을 대외적으로 알렸다.

　국민의회는 의장으로 헤센(Hessen)의 대신 가게른(H. Gagern: 1799-1880)이 선출되었고 6월 29일에는 합스부르크가문 출신의 요한(Johann: 1782-1859) 대공을 제국 섭정(Reichverweser), 즉 제국의 임시 행정 대표로 선출했다.[18] 그리

16　아울러 이들은 귀족 계층의 철폐, 수도원해산, 그리고 수입 및 재산에 대한 적절한 세금부과를 요구했다.

17　전체 의원 402명중에서 이들 계층이 차지하는 비율은 56.2%였다.

18　요한대공은 레오폴드 2세(Leopold II)의 아들로서 나폴레옹 1세와의 전투에 참여했지만 꼴

프랑크푸르트 국민의회의 개원식

고 프로이센의 라이닝겐(K. F. Leiningen: 1804-1856) 후작이 제국 내각의 실권자로 등장했다.[19] 이로써 연방 의회의 제 권한이 국민 의회에 위임되었지만 제국 대표와 행정부는 조직적 행정기구, 자체 군사력, 그리고 재원을 갖추지 못했기 때문에 실제적으로 어떠한 권한도 행사하지 못했다. 또한 유럽의 강국들은 프랑크푸르트 정부를 인정하지 않았다. 이 당시 러시아나 프랑스는 독일이 통합되는 것을 바라지 않았다. 이들 국가들과는 달리 영국 정부는

목할 만한 승리를 거두지는 못했다. 1830년대에 접어들면서 요한 대공은 당시 독일권에서 확산되던 자유주의에 대해 선호적인 자세를 보였고 그것은 자유주의자들이 국민의회에서 그를 제국섭정으로 선출하는데 결정적인 요인으로 작용했다.

19 라이닝겐 내각의 각료로 참여한 인물들의 정치적 성향은 우파 또는 중도적 좌파였다.

다소 유연한 태도를 보였지만 아직 아무 정책도 수립하지 못한 새 정부와의 외교 관계수립에 대해서는 소극적이었다. 이들 강대국가들과는 달리 스웨덴, 네덜란드, 벨기에, 그리고 스위스는 새 정부를 공식적으로 인정했다.

(2) 슐레스비히-홀슈타인 문제

프랑크푸르트 국민의회의 무력함은 슐레스비히-홀슈타인(Schleswig-Holstein)문제에서 명백히 드러났다. 두 공국은 오랫동안 덴마크 국왕의 지배 하에 있었으며 그 중 홀슈타인은 독일 연방의 일원이었다.[20] 혁명을 계기로 이 지방의 독일계 주민들이 덴마크 지배에 대해 이의를 제기했고 그 과정에서 무력적인 충돌도 발생했다. 이 당시 독일계 주민들은 슐레스비히가 명백히 독일령 홀슈타인과 수 세기 동안 긴밀히 결합된 영토이기 때문에 독일 연방의 일원이 되어야 한다는 주장을 펼치고 있었다.

이에 반해 덴마크계 주민들은 슐레스비히가 덴마크 영토이기 때문에 반드시 덴마크에 포함되어야 한다는 입장을 밝히고 있었다. 1848년 3월 코펜하겐(Copenhagen)에서 혁명이 발생했고 새로이 구성된 내각에는 덴마크의 민족주의자들이 대거 참여했다. 3월 24일 덴마크 국왕 프리드리히 7세(Friedrich VII: 1848-1863)는 슐레스비히를 덴마크에 편입시키겠다는 입장을 공

---

20 1111년 아돌프 폰 샤우엔부르크(Adolf v.Schauenburg)가 작센 공작 로타르 폰 주풀린부르크(Lothar v.Supplinburg)로부터 홀슈타인 백작으로 임명되면서 홀슈타인은 독일계 샤우엔부르크 가문의 영지가 되었다. 1459년에 이르러 홀슈타인과 슐레스비히의 귀족과 도시들 그리고 교회들은 샤우엔부르크 가문의 아돌프 8세의 사망 이후에 야기될 수 있는 공작들의 충돌을 방지하기 위해 덴마크 왕 크리스티안 1세(Christian I)를 슐레스비히의 공작과 홀슈타인의 백작으로 선출했다. 1474년부터 홀슈타인은 공작령으로 승격되었고, 덴마크 왕 크리스티안 4세는 홀슈타인 백작으로서 30년전쟁에 참여했다. 1627년부터 전쟁으로 인해 홀슈타인 지역은 황폐화되었고, 홀슈타인이 경제적, 정치적 그리고 사회적으로 덴마크의 통합국가로 흡수되면서, 아이더(Eider) 강 경계는 형식적인 의미로 전락되었다. 1490년 덴마크 왕은 아들들에게 영토를 분할해주면서 국가의 분할이 이루어졌다. 홀슈타인 내의 분리된 지역들은 왕국 혹은 공작령이 되었으며, 이는 18세기 후반까지 이어졌다.

식적으로 밝혔다. 상황이 이렇게 전개됨에 따라 독일인들은 양 공국을 덴마크로부터 지키기 위해 4월 12일 임시정부를 킬(Kiel)에 수립한 후 연방의회에 지원을 요청했다. 연방정부는 킬 정부를 승인하고 프로이센에게 양 공국 문제에 즉각적으로 개입할 것도 요청했다.

그러나 프리드리히 빌헬름 4세는 그러한 요청에 관계없이 아우구스텐베르크 공과의 약속에 따라 양 공국 문제에 개입해야만 했다.[21] 이에 따라 4월 프로이센군은 양 공국에 진입했고 다음 달에는 프로이센군과 연방파견대 사령관이었던 브랑겔(F.H.v.Wrangel: 1784-1877)장군에 의해 덴마크인들이 유틀란트(Jütland) 남부지방에서 축출되었다. 그러나 프리드리히 빌헬름 4세는 자신의 성급한 개입에 대해 후회를 하게 되었는데 그것은 오스트리아를 비롯한 대다수의 영방 국가들이 슐레스비히와 홀슈타인문제에서 프로이센을 지원하지 않았기 때문이었다. 아울러 덴마크인들이 북독일 해안을 봉쇄함으로써 프로이센의 상업 활동 역시 큰 타격을 보았다. 나아가 러시아, 영국, 그리고 프랑스가 프로이센의 정책에 대해 강한 불만을 공식적으로 표명하여 프로이센의 외교적 입지는 크게 위축되었다. 이에 따라 브랑겔은 국왕의 지시에 따라 5월 말 남부 유틀란트에서 프로이센군을 철수시켰고 그것은 프랑크푸르트 국민의회의 강한 반발을 야기 시키는 계기가 되었다. 그러나 프리드리히 빌헬름 4세는 프랑크푸르트의 이러한 반응에 대해 관심을 보이지 않았을 뿐만 아니라 브랑겔로 하여금 덴마크와 휴전협상을 체결할 것도 명령했다. 이후 8월 26일 스웨덴의 말뫼(Malmö)에서 휴전협정이 체결되었으며, 협정에 따라 프로이센군은 양 공국에서 철수 했다. 아울러 베를린 정부는 킬의 임시정부해산에 대해서도 동의했다. 이 당시 프랑크푸르트 국민의

---

21 프리드리히 빌헬름 4세는 아우구스텐베르크 공에게 외침으로부터 두 공국을 방어한다는 약속을 한 상태였다.

회는 프로이센의 정책에 동의하지 않았지만 프로이센과의 충돌가능성과 거기서 부각될 수 있는 급진주의자들의 득세 때문에 말뫼 휴전협정을 9월 16일 비준할 수밖에 없었다.[22] 이로써 두 공국의 독일계 주민은 국민의회로부터 배반을 당한 상황에 놓이게 되었고 대다수 독일인 역시 국민의회의 결정에 대해 불만을 표시했다.

슐레스비히-홀슈타인 문제로 위상이 격하된 프랑크푸르트 국민의회는 헌법의 기본구조 심의에 들어갔다. 아울러 향후 법치국가 운영에 필요한 국민의 기본권 제정에도 착수했다. 개인의 기본권은 이미 이전부터 각 영방 헌법에서 보장된 시민적 제 권리를 집약하고 봉건적 제 구속을 폐기한 토대 하에서 비롯되었다. 여기서는 개인의 자유, 법적 평등, 영업·경제 활동의 자유, 이동의 자유, 영주의 자의적 체포나 권력 남용에 대한 권리 보장, 출판·신앙·사상의 자유, 집회·결사의 권리 등이 망라되었다. 이러한 것들은 바이마르(Weimar) 공화국 헌법과 독일 연방 공화국 기본법에 계승되었다.

(3) 소독일주의와 대독일주의

슐레스비히-홀수타인 문제를 통해 독일인들은 열강의 동의 없이는 통합도 불가능하다는 사실을 확실히 깨닫게 되었다. 이후의 역사에서 확인되듯이 독일의 통일은 유럽 열강간의 힘의 공백기에서나 가능했다. 국제적 상황과는 관계없이 국민의회는 독일 국가의 기본 체제를 심의하기 시작했는데 중요한 문제로는 국민, 연방 체제, 헌법에 관한 것 등을 들 수 있다. 특히 통합방안에 대해서는 의견을 달리하는 파벌이 형성되었는데 소독일주의파(Kleindeutsch)와 대독일주의파(Grossdeutsch)가 바로 그것이었다.[23]

---

22 추후 비준 과정에서 221명의 의원들은 비준에 동의하지 않았는데 이들의 대다수는 좌파적 성향의 정치가들이었다. 9월 16일 비준에 반대했던 의원들이 덴마크와의 전쟁을 속개해야 한다는 안건을 상정시켰지만 237명만이 찬성표를 던져 부결되었다.

소독일주의파는 프로이센의 주도로 독일을 통합시켜야 한다는 견해를 제시했다. 여기서 이들은 오스트리아 제국의 역할을 인정하지 않으려고 했을 뿐만 아니라 독일권에서 이 제국을 축출하려고도 했다. 이에 반해 대독일주의파는 독일연방에 소속된 오스트리아 제국의 영역을 신독일에 포함시켜야 한다는 주장을 펼쳤다. 물론 오스트리아가 독일권에서 행사했던 기득권 역시 보장되어야 한다는 것이 대독일주의파의 입장이었다.

시간이 지남에 따라 대독일주의를 지지하던 오스트리아 출신 의원들은 점차적으로 대독일주의에 대해 부정적인 시각을 가지게 되었는데 그것은 자신들이 지속적으로 주장한 오스트리아 제국의 전 영역이 신독일에 편입되어져야 한다는 견해가 수용되지 않은데서 비롯된 것 같다.[24]

1849년에 접어들면서 소독일주의자들이 의회 내에서 과반 수 이상을

23 3월혁명 이후 오스트리아 제국의 슬라브 정치가들은 헝가리 지방을 제외한 제국의 적지 않은 지역, 즉 독일연방에 포함된 지역들이 새로운 독일로 편입되는 것과 그것에 따라 야기될 오스트리아 제국의 주권 상실화를 가장 우려하고 있었다. 왜냐하면 이들은 새로운 독일에서 그들 민족의 법적·사회적 지위가 향상되지 않고 오히려 격하될 가능성이 많다는 것을 예견했기 때문이다. 따라서 이들은 제국의 존속을 그들의 최우선 정책 내지는 과제로 삼게 되는데, 그러한 것은 친오스트리아슬라브주의적인 견해에서 확인되었다. 실제적으로 프랑크푸르트 국민의회의 개최가 5월 18일에 공고되고 거기서 대독일주의 원칙에 따라 오스트리아 제국의 일부가 '신독일'에 편입되어져야 한다는 주장이 국민의회의 의제로 상정됨에 따라 제국 내의 슬라브 정치가들은 그것에 대한 대비책을 마련하게 되었고 쿠쿨레비치-사크신스키를 비롯한 일련의 슬라브 인사들이 그 해결의 실마리를 제공했던 것이다. 팔라츠키, 샤파르지크, 하블리체크-보로프스키 등이 주도했던 슬라브 민족회의는 회의기간 중에 친오스트리아슬라브적 입장을 명백히 밝혔다. 아울러 이 민족회의에 참여한 인사들은 빈 정부에 대한 그들의 정치적 요구들을 문서화시켰다. 슬라브 정치가들은 빈 정부가 프랑크푸르트 국민의회의 견해를 수용해서는 안 된다는 견해를 제시했을 뿐만 아니라 제국 내 제 민족의 법적·사회적 동등권을 보장하는 연방체제의 도입도 강력히 요구했다. 물론 슬라브 민족회의의 요구들은 제국 내에서 반혁명세력이 점차적으로 우세해짐에 따라 수용되지는 않았지만 슬라브 민족회의는 슬라브 민족의 대표들이 공식적으로 처음 한 자리에 모여 그들의 정치적 관점 및 주장을 집약시켰다는 데서 그 의의를 찾을 수 있을 것이다.

24 이 당시 오스트리아 출신 의원들은 대독일주의의 변형모델이라 할 수 있는 오스트리아적 대독일주의를 지향했다. 여기서 이들은 대독일주의원칙에 따라 통합독일이 탄생될 경우 오스트리아 제국의 해체가 필연적이라는 것을 잘 알고 있었다.

프랑크푸르트 국민의회 사절단과 프리드리히 빌헬름 4세

차지하게 되었다. 이들은 헌법에 명시된 세습황제권을 프로이센 국왕에게 위임시켜야 한다는 생각을 가지게 되었고 그것을 국민의회에서 관철시킬 수 있었다. 이에 따라 오스트리아를 제외한 모든 영방 국가의 대표들은 1849년 3월 말 프로이센 왕에게 황제 대관을 봉정하기 위해 베를린으로 향했다.

4월 3일에 개최된 프랑크푸르트 국민의회 사절단과의 대화에서 프리드리히 빌헬름 4세는 독일 전체 제후들의 동의 없는 황제직 수용을 거부했다. 그러나 내심으로는 혁명의 선물을 받아들이는 것이 신의 은총을 받은 군주의 성스러운 권리 및 명예를 더럽히는 것으로 단정했기 때문에 그것의 수용을 거부했던 것이다. 그럼에도 불구하고 프리드리히 빌헬름 4세는 소독일주의 원칙에 따른 독일권의 통합에 대해 관심을 보였다.[25]

(4) 독일통합의 좌절

프리드리히 빌헬름 4세의 황제직 수용거부에 대해 프랑크푸르트 국민의회는 동요하지 않고 오히려 신헌법제정에 박차를 가했을 뿐만 아니라 소독일주의에 대한 자신들의 신념도 거듭 천명했다. 28개 영방국가의 전권대사들은 신헌법에 대한 지지의사를 밝혔고, 프로이센 의회 역시 프랑크푸르트 헌법이 프로이센에도 법률적인 구속력을 가진다고 결의했다. 그렇지만 1849년 4월 28일 베를린 정부는 프리드리히 빌헬름 4세가 황제직 수용을 거절한다는 것을 프랑크푸르트 국민의회에 최종적으로 통보함에 따라 프로이센 위정자의 마음이 조만간 달라지리라고 기대했던 소독일주의자들의 희망은 완전히 사라지게 되었고, 이것은 프랑크푸르트 국민의회의 활동을 중단시키는 요인이 되었다. 오스트리아 제국은 이미 자국의 의원들에게 프랑크푸르트를 떠날 것을 명령한 바 있었다. 작센, 하노버, 바이에른을 포함한 몇몇 국가들도 용기를 내어 신헌법을 파기했다. 상황이 이렇게 전개되었음에도 불구하고 프랑크푸르트 국민의회는 차기제국의회 선거를 위한 세부사항

---

25 프리드리히 빌헬름 4세는 1849년 5월 15일 '프로이센 신민들에게 보내는 편지'에서 자신이 황제직을 수용하지 않은 이유를 다시금 거론했다.
    "나는 독일 국민의회-프랑크푸르트 국민의회-측에서 제안한 황제 자리에 대해 긍정적인 답변을 할 수 없다. 왜냐하면 독일 국민의회는 독일 정부의 동의 없이 나에게 그러한 제안을 할 수 없기 때문이다. 게다가 이들은 자신들이 제정한 헌법수용을 요구했는데 거기에는 연방국가 들의 권리 및 안전을 위협하는 내용들이 다수 들어 있었다. 지금까지 나는 독일 국민의회를 이해하기 위해 모든 방법을 다 활용했다. 이제 이 의회와 프로이센과의 관계는 붕괴되었다. 독일인들은 프랑크푸르트 국민의회 의원들에 대해 이제 더 이상 긍지와 신뢰를 보이지 않고 있다. 따라서 의회활동에 대해 실망을 느낀 상당수의 의원들은 자발적으로 국민의회를 떠났다. 어제 나는 아직까지 철수하지 않은 프로이센의 대표들에게 모두 베를린으로 귀환할 것을 명령했다. 연방 국가 중 나머지 몇 나라에서도 그러한 조치를 취할 것이다. 현재는 암살주의자들과 동맹을 맺고 있는 하나의 과격한 집단이 국민의회를 장악하고 있다. 이들은 외형상 독일의 통합을 주장하고 있지만, 사실은 무신론, 거짓, 강도의 전쟁을 벌이고 군주제와의 싸움에 불을 붙이고 있다. 그리고 만일 군주제가 무너진다면 법과 자유와 소유권의 은혜 역시 사라 질 것이다."

에 대한 논의를 지속했다. 아울러 이 의회는 신제국을 책임 질 총독(Statthalter)임명을 구체화시킨다는 데도 동의했다.

그러나 5월 14일 프로이센 정부가 자신들의 대표들을 프랑크푸르트에서 철수하게 함에 따라 독일의 여러 지역에서 일어난 사태로 당황하고 있던 온건주의자들에게 프랑크푸르트에 대한 자신들의 입장을 정리하게 했다. 이에 따라 좌익급진주의자들만 프랑크푸르트에 잔류하는 상황이 초래되었다. 이들은 헌법을 지지하는 집회의 필요성을 독일인들에게 호소했고 국민의회를 슈투트가르트(Stuttgart)로 이동하여 5인의 제국 섭정단을 구성하기도 했다. 그러나 섭정단이 필요한 요원과 재정을 뷔르템베르크 당국에 요청함에 따라 국민의회의 종말은 가시화되기 시작했다. 6월 8일 뷔르템베르크의 국왕은 군대를 파견하여 잔여의회가 열리고 있던 시청을 점령했고 백여 명의 의원들을 강제로 해산시켰다.

프로이센 국왕의 대관 거부로 프랑크푸르트 국민의회의 독일 국가 창설 계획은 좌절되었다. 만일 프로이센 국왕이 그러한 제의를 수락했더라도 오스트리아와 러시아가 이의를 제기했을 것이다.

이후 프로이센과 오스트리아는 혁명 이전의 정치체제로 회귀했다. 그러나 환원된 정치체제는 이전의 절대왕정체제와는 달리 실제정치에 자유주의적인 요소를 부분적으로 반영했다. 따라서 1850년대 말까지 지속된 이 체제는 기존의 절대주의체제와 구분하기 위해 신절대주의체제(Neoabsolutismus)라는 명칭을 부여받았다.

5. 이탈리아의 혁명적 소요 및 통합시도

(1) 혁명적 소요

이 당시 이탈리아는 여러 국가들로 나눠져 있었다. 부르봉가문의 국왕이 시칠리아 왕국을 지배했고, 교황은 교황령을, 오스트리아 제국은 롬바르디아와 베네치아 지방을 다스리고 있었다. 그 외에 토스카나 공국, 파르마, 모데나는 오스트리아 제국의 영향을 받던 귀족들에 의해 통치되었고 사르데냐 섬은 이탈리아계 왕조인 사부아 왕조가 다스렸다. 이러한 정치적 분립상태보다 더욱 심각했던 것은 문화적, 경제적인 분열상이었다. 이 당시 이탈리아인들은 통일보다는 지방적 전통을 더욱 중요시했기 때문에 북부의 도시인들은 남부의 시칠리아인 들에 대해 동족으로서의 애정이나 친밀감을 가지지 않았을 뿐만 아니라 경제적 유대관계에 대해서도 등한시하는 자세를 보였다.

이러한 이탈리아에서도 혁명적 소요가 발생했는데 그러한 소요는 프랑스나 독일권보다 빠른 1월초부터 시작되었다. 그리고 이러한 혁명적 소요는 남부 지방, 즉 시칠리아에서 시작되었는데 그것은 외부로부터 유입된 왕조에 대한 저항에서 비롯되었다 하겠다.[26] 소요를 주도한 인물들은 나폴리 왕국의 페르디난트 3세(Ferdinand III)로부터 헌법도입 및 세제상의 개혁도 약속받았다.[27]

---

26 라 마사(G. La Massa), 필로(R. Pilo), 미로로(P. Miloro), 그리고 카리니(Carini) 등이 주도한 이 폭동은 1월 12일, 즉 페르디난트 3세의 생일에 발생했다. 그런데 이 폭동은 도시 및 지방의 노동자들로부터 지지를 받았을 뿐만 아니라 시민 계층과 귀족 계층의 호응도 받았다. 그런데 이 당시 나폴리 왕국의 군대는 이러한 폭동을 진압할 능력을 갖추지 못했다.

27 시행될 헌법에서는 의회의 이원화와 신민의 기본권보장이 언급되었다. 아울러 국왕의 권한에 대해서도 거론되었는데 그것은 이전의 권한에서 크게 위축되지 않았다. 신헌법에 따라 국왕은 이전처럼 행정권, 법률안 거부권, 그리고 군대통솔권을 가지게 되었다.

알베르트

혁명의 여파는 중부 이탈리아까지 확산되었다. 이에 따라 피에몬테-사르데냐 왕국에서도 소요가 발생했고 그것은 이 왕국의 왕이었던 알베르트(C.Albert)로 하여금 헌법을 도입하게 하는 요인으로 작용했다. 소요가 발생한 직후 알베르트는 자신의 왕위를 포기하려고 했다. 그러나 당시 내무장관이었던 보렐리(G.Borelli) 백작의 권유에 따라 헌법제정위원회를 구성하여 1848년 3월 4일 헌법을 제정했는데 이를 지칭하여 '알베르트 헌법(Statuto Albertino)'이라 지칭되었다. 여기서는 국왕 및 의회의 권한 등이 구체적으로 명시되었는데 그것들의 중요한 내용을 살펴보면 다음과 같다.

① 국왕은 국가의 원수 겸 정부의 책임자역할을 담당한다.

② 국왕은 헌법을 보호할 수 있는 권한을 가질 뿐만 아니라 그것에 대한 의회의 간섭, 즉 헌법내용의 개정 등을 통제할 수 있다.

③ 의회는 양원제(상원과 하원)로 운영한다. 의회는 정부에 대한 통제권

을 가지며 정부구성에도 참여할 수 있다.[28]

교황령에서도 개혁시도가 있었고 교황 비오 9세 (Pius IX) 역시 그러한 움직임에 관심을 보여야만 했다.[29]

(2) 이탈리아의 통합방안

혁명초기 이탈리아에서는 3가지 통합방안이 제시되었는데 그것은 첫째, 교황을 통합이탈리아의 원수로 하는 군주연합국체제, 둘째, 피에몬테-사르데냐의 왕인 알베르트를 통합이탈리아의 군주로 추대하는 것, 셋째, 기존의 질서체제대신에 공화정체제를 통합이탈리아에 도입하는 것이었다. 이당시 통일에 대해 관심을 가졌던 이탈리아인들, 특히 시민 계층의 대다수는 2번 째 안에 동의했다. 이들은 외국인 지배자들을 축출하고 통일을 성취할 경우 경제적 성장 역시 증대되리라는 확신을 가지고 있었다. 또한 이들은 분열된 상태 하에서 상품의 이동, 상인의 여행 시 각 나라에서 요구하는 물품세나 통행 등의 제약으로 많은 불편을 겪고 있다는 사실을 잘 알고 있었다. 뿐만 아니라 이들은 나라마다 다른 화폐단위나 도량형의 기준 역시 경제활동의 위해요소로 작용하고 있다는 점을 직시하고 있었다. 아울러 나폴레옹 점령 하에서 관리생활을 했던 시민들도 이전의 구체제적 특권사회로 복귀할 경우 자신들의 경력과 출세가 불가능하다는 사실을 인지했기 때문에 구질서체제로의 복귀보다는 통일된 이탈리아 수립에 일조하려고 했던

---

28 '알베르트 헌법'의 근간은 이탈리아에서 왕정체제가 붕괴된 1946년까지 유지되었다.

29 1846년 마스타이-페레티(G.M.Mastai-Ferreti)는 교황 비오 9세(Pius IX: 1846-1878)로 선출되었다. 선출된 직후 비오 9세는 정치범들을 석방했을 뿐만 아니라 행정구조개편을 위한 위원회의 구성도 허락했다. 그러나 보수적 성직자들은 비오 9세의 이러한 개혁시도에 반발했고 그것은 비오 9세가 구상했던 입법기구의 설립도 불가능하게 했다. 이후부터 비오 9세는 개혁에 대해 소극적인 자세를 보이다가 이탈리아에서 발생된 일련의 소요 후에 다시금 개혁의 필요성을 느끼게 되었다. 이에 따라 1848년 3월에 구성된 행정부에서 자유주의자들은 그들의 관점을 피력하게 되었고 그것은 교회령에서 개혁의 분위기를 파악하게 했다.

것이다.

그런데 이 당시 이탈리아는 내적 자유화 과정에서 국가 통일을 지향하는 단계에 놓여 있었다. 그러나 여기서 문제점도 제기되었는데 그것은 중앙의회, 중앙정부, 그리고 국가적 단위의 조세기구가 결여되었다는 점이다.

빈에서의 폭동이 3월 17일 밀라노(Milano)에도 알려졌다. 다음 날 오스트리아지배에 대한 반발 및 그것에 따른 폭동이 카사티(G.Casati)주도로 발생했는데 거기에는 하층민과 농민들도 대거 참여했다. 밀라노 시민들은 바리게이트를 쌓고 창문에서, 지붕위에서 돌을 던지고 끓는 물을 붓는 등 시가전을 펼치며 5일간 오스트리아 군대에 대응했다. 강력한 저항에 직면한 라데츠키(Radetzky: 1766-1858)의 오스트리아군은 밀라노에서 일시적으로 철수시켰다. 이렇게 오스트리아군이 철수하게 됨에 따라 밀라노는 자유를 얻게 되었고 그들이 견디어 냈던 3월 18일부터 22일까지를 '영광의 5일'로 기리게 되었다. 이후 밀라노에서는 임시정부가 구성되었는데 거기에는 중도파와 과격파(공화주의자)가 참여했다. 4월에는 마치니(Mazzini: 1805-1872)도 임시정부에 참여했다. 이러한 상황에서 피에몬테-사르데냐의 알베르트가 오스트리아와의 해방전쟁에서 핵심인물로 부각되기 시작했다. 실제적으로 밀라노에서 폭동이 발생한 직후 밀라노의 정치가들은 알베르트에게 도움을 요청했는데 그것은 이들이 프랑스의 지원과 하층민과 농민들의 동원을 포기했기 때문이다.[30]

(3) 알베르트의 통합구상

이 당시 알베르트 역시 통합구상을 가지고 있었는데 그것은 북이탈리

---

30 이 당시 밀라노의 정치가들은 프랑스의 지원을 받을 경우 영토적 보상을 해야 하고, 하층민과 농민들을 동원할 경우 혁명이 보다 과격해 질 수 있다 라는 우려도 표명했다.

아 왕국을 건설한 후 이탈리아 반도에서 주도권을 장악한다는 것이었다.[31] 그러나 이탈리아인들은 이러한 알베르트 구상에 대해 동의하지 않았다.[32]

1848년 7월 25일 라데츠키의 오스트리아군은 쿠스토자(Custozza)에서 이탈리아군을 격파했고 그것은 빈 정부가 반혁명세력을 견제하는 계기가 되었다.[33] 그리고 그로부터 한 달 후인 8월 6일 오스트리아는 밀라노를 다시 점령했다. 이에 따라 피에몬테-사르데냐는 8월 9일 빈 정부와 휴전을 체결하게 되었다. 거의 같은 시기 교황령과 토스카나에서 과격현상이 발생했다. 1848년 11월 15일 교회령의 수상이었던 로시(P. Rossi: 1787-1848)가 암살됨에 따라 교황은 로마를 떠나야 되었고 이 도시는 일시적으로 공화주의자였던 마치니에 의해 통치되었다.[34]

이 당시 알베르트는 오스트리아와의 전투재개를 거부했다. 그러나 그의 군대는 1849년 3월 23일 노바라(Novara)에서 대패를 당했고 그것은 그의 퇴위를 강요하는 계기도 되었다.[35]

오스트리아는 이탈리아 북부지역에 대한 지배권을 재 확보했다. 즉 빈

---

31 이탈리아의 저명가 역사가인 피에리(P. Pieri)는 이탈리아인들이 혁명을 두려워하던 알베르트에게 혁명의 과제를 위임시켰다는 주장을 펼쳤는데 그것은 알베르트가 혁명을 부정적으로 보았을 뿐만 아니라 혁명의 과제 역시 제대로 파악하지 못한데서 비롯된 것 같다.

32 이 당시 영국은 오스트리아와 피에몬테-사르데냐 사이의 분쟁을 중재하려고 했다. 영국은 중재안에서 피에몬테-사르데냐가 롬바르디아 지방, 오스트리아는 베네치아 지방의 회복으로 만족해야 한다는 언급을 했다. 이에 대해 알베르트는 부정적인 시각을 보였는데 그것은 그가 만일 이러한 중재안을 수용할 경우 그 자신이 민족운동에서 배제될 뿐만 아니라 마치니에게 민족운동의 주도권이 넘겨지리라는 우려도 했기 때문이다. 아울러 그는 프랑스가 제안한 동맹체제 구축에도 반대했다.

33 라데츠키는 1848년 6월 11일 비첸차(Vicenza)전투에서 이탈리아군을 격파하여 베네치아의 거의 대다수를 회복했다.

34 밀라노가 오스트리아군에 의해 재점령됨에 따라 혁명의 주체세력은 로마로 이동하여 그들의 과제를 성취하려고 했다.

35 알베르트는 1849년 3월 23일 노바라 전투에서 라데츠키에게 패한 후 자신의 아들인 비토리오 에마누엘레 2세(Vittorio Emmanele II)에게 왕위를 넘겼다.

라데츠키

정부는 1849년 4월부터 토스카나와 교회령 북부지역에 대한 점유권을 다시
주장 할 수 있게 되었던 것이다.

이탈리아 반도에서 진행된 통합운동은 아무런 성과 없이 끝났다. 그러
나 정치 활동에서 자유주의적인 요소들이 반영되었다는 것과 피에몬테-사
르데냐를 중심으로 통합운동이 지속적으로 전개되었다는 것을 혁명의 성과
로 제시할 수 있을 것이다.

| 참고문헌 |

개설서

권형진, 『독일사』, 대한교과서주식회사, 2005.

김경근, 『프랑스근대사연구』, 한울, 1998.

김응종, 『서양사 개념어사전』, 살림, 2012.

김장수, 『유럽의 절대왕정시대』, 푸른사상, 2011.

김장수, 『주제별로 접근한 독일근대사』, 푸른사상, 2010.

김학이 역, 『메리 풀브룩, 분열과 통일의 독일사』, 개마고원, 2000.

강준창 · 정민희 · 이주영 · 이재 공역, 로버트 파머, 『서양 근대사』, 삼지원, 1985.

노명식, 『자유주의의 원리와 역사』, 민음사, 1991.

배영수 편, 『서양사 강의』, 한울, 1992.

이민호, 『독일사』, 대한교과서주식회사, 1996.

이정희, 『동유럽사』, 대한교과서주식회사, 1987.

이홍구 역, 프레데릭 왓킨스, 『근대 정치 사상사』, 을유문화사, 1978.

오주환, 『혁명, 사상, 사회변동』, 경북대출판부, 1991.

손세호 역, 에드워드 맥널 번즈, 『서양문명의 역사』, 소나무, 2001.

조순승 역, 프레데릭 왓킨스, 『서양의 정치적 전통』, 을유문화사, 1963.

조한욱, 『서양지성과의 만남』, 꿈이 있는 세상, 2007.

이규현 · 이용재 역, 『장-바티스트 뒤로젤, 유럽의 탄생』, 지식의 풍경, 2009.

최갑수 역, 다니엘 리비에르, 『프랑스의 역사』, 까치, 2003.

박지향, 『영국사』, 까치, 1999.

박지향, 『영국사: 보수와 개혁의 드라마』, 까치, 1997.

허인, 『이탈리아사』, 대한교과서주식회사, 1995.

J. Bowle, *Geschichte Europas*, 1985.

E. M. Burns, *Western Civilization*, 2 vols., 8th ed., 1973.

K. Fuchs, H. Raab, *Wörterbuch Geschichte*, 1998.

E. Jesse(ed.), *Deutsche Geschichte: Vom Kaiserreich bis heute*, 2006.

J. P. Mckay · B. D. Hill · J. Buckler, *A History of Western Society*, 5th ed., 1995.

K-J. Matz, *Europa Chronik. Daten europäischer Geschichte von der Antike bis zur Gegenwart*, 1999.

C. Tilly, *Die Europäischen Revolutionen*, 1999.

K.Vocelka, *Österreichische Geschichte*, 2007.

M.Vogt(Hrsg.), *Deutsche Geschichte: Von den Anfängen bis zur Gegenwart*, 2006.

전문서

임희완,『영국혁명과 종교적 급진사상』, 새누리, 1993.

김현일 역,『절대주의의 역사』, 소나무, 1993.

홍치모 역, 로버트 포스터,『근세 서구 혁명의 분석』, 청사, 1985.

노명식,『자유주의의 원리와 역사-그 비판적 연구』, 민음사, 1991

민석홍 역, G. 르페브르,『프랑스혁명』, 을유문화사, 2000.

민석홍,『프랑스 혁명사론』, 까치, 1988.

이세희 역, A. 소불,『상퀼로트』, 일월서각, 1990.

이세희,『프랑스혁명사연구』, 부산대학교출판부, 2004.

이종길 역, 펠릭스 마크햄,『나폴레옹』, 길산, 2003.

이재석 역, E. 켈너,『민족과 민족주의』, 예하출판사, 1988.

주명철, 역, A. 소불,『프랑스혁명사』, 탐구당, 1987.

최갑수 역, A. 소불,『프랑스 대혁명사』 2권, 두레, 1984.

최갑수 역, M. 보벨,『왕정의 몰락과 프랑스혁명』, 일월서각, 1987.

정경희 역, F. 퓌레,『프랑스혁명의 해부』, 법문사, 1987.

김응종 역, F. 퓌레,『프랑스 혁명사』, 일월서각, 1990.

고봉만 역, 프레데릭 블뤼슈,『프랑스 혁명』, 한길사, 1999.

김민제,『프랑스혁명의 이상과 현실』, 역민사, 1999.

길현모 역, G. 브라운,『19세기 유럽사』, 탐구당, 1980.

차기벽,『민족주의』, 종로서적, 1983.

이재석 역, E. 켈너,『민족과 민족주의』, 예하출판사, 1988.

김장수,『프란티셰크 팔라츠키의 정치활동』, 서울대학교출판부, 2001.

한은경 역,『안토니 파그덴, 민족과 제국』, 을유문화사, 2003

김인중 역,『조르주 뒤보, 1848년: 프랑스 2월혁명』, 탐구당, 1993.

노명식,『프랑스 제3공화정 연구』, 탐구당, 1976.

나종일 · 송규범 역, 한스 콘,『민족의 예언자들』, 한국 출판 판매, 1981.

안병직 역, 미하엘 슈튀르머,『독일 제국 1871-1919』, 을유문화사, 2003.

이민호,『근대독일사회와 소시민층』, 일조각, 1992.

민석홍 역, 한스 콘,『역사가와 세계 혁명』, 탐구당.

이극찬 역, 피터 비렉크,『보수주의론』, 을유문화사, 1959.

한정숙 역, H. 쉬나이더, 『노동의 역사』, 한길사, 1982.

김쾌상 역, G. 리히트하임, 『사회주의 운동사』, 까치, 1983.

이성덕, 『종교개혁 이야기』, 살림, 2006

이인호 역, J.D. 윌킨슨, 『지식인과 저항』, 문학과 지성사, 1984.

M. Agulhon, *1848*, 1973.

P. Alter, *Nationalism*, 1989.

D. Andress, *French Society in Revolution 1789-1799*, 1999.

T.S. Ashton, *The Industrial Revolution*, 1967.

J. Atkinson, *Martin Luther and the Birth of Protestantism*, 1968.

G.X. Aylmer, *Rebellion or Revolution? England 1640-1660*, 1986.

B. Bailyn, *The Ideological Origins of the American Revolution*, 1967.

H-M. Barth, *Die Theologie Martin Luthers. Eine kritische Würdigung*, 2009.

M. Bellerstedt, "vom Bamberger zum Frankfurter Burschentag-politische Aktivierung und Differenzierung der Burschenschaften zwischen 1826/27 und 1831", in: H. Asmus (ed.),*Studentische Burschenschaften und bürgerliche Umwälzung*, 1992.

M. Beloff, *The Age of Absolutism*, 1967.

P. Berglar, *Maria Theresia. Mit Selbstzeugnissen und Bild-dokumenten*, 2004.

P. Blicke, *Die Reformation im Reich*, 1992.

I. Bonomi, *Mazzini triumviro della Repubblica Romana*, 1946.

M. Botzenhart, *Reform, Restauration, Krise*, 1984.

M. Botzenhart, *Reform, Restauration, Krise Deuschland 1789-1847*, 1985.

M. Botzenhart, 1848/49:Europa im Umbruch, 1998.

H. Brandt, *Europa 1815-1850*, Stuttgart, 2002.

M. Brecht, *Martin Luther: Sein Weg zur Reformation 1483-1521*, 1990.

W. Bringmann, *Friedrich der Grosse. Ein Porträt*, 2006.

J. Breuilly, *Nationalism and the State*, 1982.

C. Buchheim, *Industrielle Revolutionen*, 1996.

J. Burckhardt, *The Civilization of the Renaissance in Italy*, 1951.

O. Chadwick, *The Reformation*, 1976.

T. Chorherr, *Eine kurze Geschichte Österreichs*, 2013.

G. Craig, *Europe since 1815*, 1974.

G. Craig, *Germany 1866-1945*, 1980.

O.Dann, *Nation und Nationalismus in Deutschland 1770-1990*, 1993.

W.Dayle, *Origins of the French Revolution*, 1988.

F.Dickmann, *Der Westfälische Frieden*, 1992.

C.Dipper, "Nationalstaat und Klassengesellschaft(19. Jahrhundert)", in: G.Niemetz (ed.), *Epochen der modernen Geschichte*, 1988.

J.Dunn, *Moderne Revolutionen*, 1974.

M.Erbe, *Belgien, Niederlande, Luxemburg: Geschichte des niederländischen Raumes*, 1995.

M.Erbe, *Deutsche Geschichte 1713-1790: Dualismus und Auf-geklärter Absolutismus*, 1990.

M.Erbe, *Die Habsburger 1493-1918:Eine Dynastie im Reich und in Europa*, 2000.

C.Feldmann, *Martin Luther*, Reinbek, 2009.

H.Fenske, *Quellen zur Revolution in Deutschland 1848/49*, 1996.

T.Fiedler, *Die Geschichte der Deutschen*, 2008.

H.Fink, *Joseph II. Kaiser, König und Reformer*, 1990.

C.Foerster, *Der Press-u. Vaterlandsverein von 1832/1833*, 1982.

C.Foerster, *Europa zwischen Restauration und Revolution 1815-1848*, 1985.

C.Foerster, *Das Hambacher Fest*, 1981.

A.Fraser, *Cromwell, the Lord Protector*, 1973.

R.Friedenthal, Luther. *Sein Leben und seine Zeit*, München-Zürich, 1996.

K.Fuchs, *Wörterbuch Geschichte*, 2000.

A.Gerlich(ed.), *Hambacher 1832. Anstösse und Folgen*, 1984.

M.P.Gilmore, *The World of Humanism*, 1962.

A.Goodwin, *The French Revolution*, 1953.

M.Görtemaker, *Deutschland im 19. Jahrhundert*, 1988.

M.Görtemaker, *Geschichte Europas 1850-1918*, 2002.

J.Griffin, *On Human Rights*, 2008.

K.Gutkas, *Kaiser Joseph II. Eine Biographie*, 1989.

H.G.Haasis, *Gebt der Freiheit Flügel. Die Zeit der deutschen Jakobiner 1789-1805* Bd., 1, 1988.

S.Haffner, *Preußen ohne Legende*, 1982.

P-M.Hahn, *Friedrich der Große und die deutsche Nation. Geschichte als politisches Argument*, 2007.

T.Hamerow, *Restoration, Revolution, Reaction 1815-1871*, 1960.

W.Hardtwig, *Revolution in Deutschland und Europa 1848/49*, 2001.

W.Hardtwig, *Vom Deutschen Bund zum Kaiserreich 1815-1871*, 1997.

G.Heer, *Geschichte der Deutschen Burschenschaft*, Bd., 2: *die Demagogenzeit. von den Karlsbader Beschlüssen bis zum Frank-furter Wachensturm*(1820-1833), 1965.

G.Heer, "Die ältesten Urkunden zur Geschichte der allgemeinen deutschen Burschenschaft", in: H.Haupt (ed.), *Quellen und Darstellungen zur Geschichte der Burschenschaft bzw. und der deutschen Einheitsbewegung*, 1910 ff.

D.Hein, *die Revolution von 1848/49*, 1998.

G.Heinrich, *Friedrich II. von Preußen. Leistung und Leben eines großen Königs*, 2009.

H.Herrmann, *Martin Luther. Ketzer und Refomator, Mönch und Ehemann*, München, 1999.

H.Herrmann, *Martin Luther - Eine Biographie*, 2003.

J.A.Helfert, *Geschichte Österreichs vom Ausgang des Wiener Oktoberaufstandes 1848*, 1869-1886.

F.Herre, *Kaiser Franz Joseph von Österreich*, 2002.

F.Herre, *Maria Theresia, die große Habsburgerin*, 2004.

W.Herzberg, *Das Hambacher Fest Geschichte der revolutionären Bestrebungen in Rheinbayern vom das Jahr 1832*, 1982.

E.J.Hobsbawm, *The Age of Revolution 1789-1848*, 1962.

H.Holborn, *Deutsche Geschichte in der Neuzeit Bd., II.*, Frankfurt, 1981.

P.Hudson, *The Industrial Revolution*, 1992.

P.Jones, *The 1848 Revolutions*, 1981.

R.A.Kann, *Das Nationaitätenproblem der Habsburgermonarchie Bd., I*, 1964.

J.Kermann(ed.), *Hambacher Fest 1832*, 1990.

R.Knape(ed.), *Martin Luther und Eisleben*, Leipzig, 2009.

R.Koch, *Deutsche Geschichte 1815-1848. Restauration der Vor- märz*, 1990.

P-H.Koesters, *Deutschland deine Denker*, 1982.

Horst Kohl, *Otto von Bismarck: Gedanken und Erinnerungen* (I, II, III), 2000.

S.Kopf, "Studenten im deutschen Press-und Vaterlandsverein zum Verhältnis von Burschenschaften und nichtstudentischer bürgerlicher Opposition 1832/33", in: H.Asmus(ed.), *Studentische Burschenschaften und bürgerliche Umwälzung*, 1992.

J.Kunisch, *Friedrich der Große. Der König und seine Zeit*, 2004.

D.Langewiesche, *Liberalismus in Deutschland*, 1988.

D.Langewiesche, *Europa zwischen Restauration und Revolution 1815-1849*, 1993.

M.Lehse, Martin Luther. *Eine Einführung in sein Leben und sein Werk*, 1983.

V.Leppin, *Martin Luther*, 2006.

R.Lill, *Geschichte Italiens vom 16. Jahrhundert bis zu den Anfängen des Faschismus*, 1982.

W.Mager, *Frankreich vom Ancien Regime zur Moderne*, 1993.

G.Maron, *Die ganze Christenheit auf Erden. Martin Luher und seine ökumensche Bedeutung*, 1997.

G.Martina, *Pius IX 1846-1850*, 1950.

K-J. Matz, *Europa Chronik*, 2002.

A.J.May, *The Age of Metternich 1814-1848*, 1963.

I.Mieck, *Die Entstehung des modernen Frankreich 1450-1600: Strukturen, Institutionen, Entwicklungen*, 1992.

S.Miller, *Making Modern European History*, 1997.

J.Mittelstrass, *Neuzeit und Aufklärung*, 1970.

I.Mittenzwei, Friedrich II. von Preußen, 1980.

W.Neugebauer, *Die Hohenzollern*, 2007.

T.Nipperdey, *Deutsche Geschichte 1800-1866*, 1983.

H.A.Obermann, *Luther. Mensch zwischen Gott und Teufel*, 1991.

P.Palmade, *Das bürgerliche Zeitalter*, 1990.

T.Pierenkemper, *Umstrittene Revolutionen: Die Industrialisierung im 19. Jahrhundert*, 1996.

W.Piereth, *Das 19. Jahrhundert: Ein Lesebuch zur deutschen Geschichte 1815-1918*, 1996.

P. Pilbeam, *The Constitutional Monarch in France 1814-48*, 2000.

R.Pipes, *Russia under the Old Regime*, 1974.

F.Prinz, *Die Geschichte Bayerns*, 2001.

R.C.Richardson, *The Debate on the English Revolution*, 1977.

Conrad S.R. Russel, *The Causes of the English Civil War*, 1990.

F.E.Schrader, *Die Formierung der bürgerlichen Gesellschaft 1550-1850*, 1996.

T.Schieder, "vom Deutschen Bund zum Deutschen Reich", in; *Handbuch der deut-*

schen Geschichte Bd., 15, 1981.

T.Schieder, *Friedrich der Große. Eine Königtum der Widersprüche*, 1996.

R.F.Schmidt, *Otto von Bismarck(1815-1898)*, 2004.

G.Schrmann, *Der Dreißigjährige Krieg*, 1993.

W.Schröder, "die Gründung der Jenaer Burschenschaft, das Warturgfest und die Turnbewegung 1815-1819", in: H.Asmus (ed.), *Studentische Burschenschaften und bürgerliche Umwälzung*, 1992.

W.Schröder, *Burschenturner im Kampf um Einheit und Freiheit*, 1967.

W.Schubert, *Preußen im Vormärz*, 1990.

H.Schulz, *British History*, 1992.

H.Schulze, *der Weg zum Nationalstaat*, 1985.

H.Scott, *Enlightened Absolutism*, 1990.

J.Sheehan, *German History 1770-1866*, 1989.

W.Siemann, *Vom Staatenbund zum Nationalstaat*, 1995.

J.Sperber, *The European Revolutions, 1848-1851*, 1994.

W. v. Sternburg, *Die deutschen Kanzler*, 2007.

H.P.v. Strandmann, *The Revolutions in Europe 1848-1849*, 2000.

M.Stolleis, *Arcana imperii und Ratio status*, 1980.

H.Sturmberger, *Aufstand in Böhmen*, 1959.

B.H.Sumner, *Peter the Great and the Emergence of Russia*, 1962.

D.M.G.Sutherland, *France 1789-1815: Revolution and Counterrevolution*, 1986.

C.Tilly, *European Revoutions 1492-1992*, 1993.

V.Ulrich, *Die nervöse Großmacht 1871-1918: Aufstieg und Untergang des deutschen Kaiserreichs*, 2007.

M.Viroli, *From Politics to Reason of State*, 1992.

G.Wilms, *Revolutionen und Reformen 1748-1848/49*, 1994.

D.William, *The Oxford History of the French Revolution*, 1989.

G.Wright, *France in Modern Times, 1760 to the Present*, 1960.

D.Wunderlich, *Vernetzte Kaiserin. Friedrich der Große, Maria Theresia, Katharina die Große*, 2000.

H.Zahrnt, *Martin Luther. Reformator wider Willen*, 2000.

A.Zitelmann, *Die Lebensgeschichte des Martin Luther*, Weinheim, 1999.

| 저자소개 |

김장수(金長壽)
· 한양대학교 사학과 졸업
· 베를린 자유대학교 역사학부 졸업(석사 및 철학박사)
· 관동대학교 인문대학 사학과 교수(현재)
· 한국서양문화사학회 회장(현재)

저서
· *Die politische Tätigkeit F.Palackýs.*
· *Korea und der 'Westen' von 1860 bis 1900.*
· *Die Beziehungen Koreas zu den europäischen Großmächten, mit besonderer*
· *Berücksichtigung der Beziehungen zum Deutschen Reich.*
· 프란티세크 팔라츠키(F.Palacký)의 정치활동
· 서양근대사
· 독일의 대학생활동 및 그 영향
· 서양의 제 혁명
· 비스마르크
· 중유럽 민족문제(공저)
· 주제별로 접근한 독일근대사
· 유럽의 절대왕정시대
· 주제로 들여다 본 체코의 역사

논문
·「프랑스혁명시기의 독일의 대학생활동: 슈투트가르트(Stuttgart)의 칼 학교(Carlsschule)
　　　를 중심으로」
·「19세기 이후 제시된 오스트리아 제국의 존속방안: 구오스트리아주의와 친오스트리아
　　　슬라브주의를 중심으로」
·「아르놀드 루게(A.Ruge)의 정치적 활동(1821-1850)」
·「팔라츠키(F.Palacký)의 오스트리아 명제: 정립과 실천과정을 중심으로」

- 「슬라브민족회의 개최필요성제기와 그 준비과정」
- 「프라하 슬라브민족회의(1848)의 활동과 지향 목적」
- 「3월혁명기 프라하(Praha)대학생들의 활동과 그 한계성」
- 「크렘지어(Kremsier)제국의회에 제출된 오스트리아제국 개편안: 팔라츠키(F.Palacký) 와 마이어(K.Mayer)의 헌법초안을 중심으로」
- 「체코정치가들의 활동 및 지향목표: 소극정치(passivní politika) 이후부터 체코슬로바 키아공화국 등장이전까지의 시기를 중심으로」
- 「토머시 개리그 마사리크(Tomas Garrigue Masaryk)의 정치활동: 1890년대부터 체코 슬로바키아 독립국가 등장 이후까지를 중심으로」
- 「체코정치가들의 지향목표와 벨크레디(R.Belcredi)의 대응: 쾨니히그래츠(Königgrätz) 패배이후의 시기를 중심으로」
- 「팔라츠키의 정치활동과 그 한계성: 2월칙령 발표이후부터 러시아 방문까지의 시기를 중심으로」
- 「페르디난트 2세(Ferdinand II)의 대보헤미아 정책: 프라하 창밖 투척사건(1618)이후 부터 개정지방법(1627)발표까지를 중심으로」 외 다수.